● 陕西师范大学出版基金资助
● 陕西师范大学西北历史环境与经济社会发展研究院资助
● 陕西省“三秦学者”历史地理学创新团队资助

西汉城市体系的空间演化

肖爱玲　著

商務印書館
创于1897 The Commercial Press
2012年·北京

图书在版编目(CIP)数据

西汉城市体系的空间演化/肖爱玲著. —北京:商务印书馆,2012
ISBN 978-7-100-09236-4

Ⅰ. ①西… Ⅱ. ①肖… Ⅲ. ①城市—研究—中国—西汉时代
Ⅳ. ①K928.5

中国版本图书馆CIP数据核字(2012)第132820号

西汉城市体系的空间演化

肖爱玲 著

商 务 印 书 馆 出 版
(北京王府井大街36号 邮政编码100710)
商 务 印 书 馆 发 行
北 京 市 艺 辉 印 刷 厂 印 刷
ISBN 978-7-100-09236-4

2012年8月第1版 开本 787×960 1/16
2012年8月北京第1次印刷 印张 28 3/4

定价:58.00元

序一

2009年春节过后不久，肖爱玲博士即向我述及她的博士学位论文“西汉城市地理研究”已获学校资助，并由商务印书馆出版，因此请我为之作序。尽管今年上半年我有两件较大的任务需要克期完成，但我仍然立即答应了下来。这当然主要还是因为我曾是她的博士生导师，对她这篇博士学位论文从选定论题，到拟好纲目，到撰成文稿，并最后通过外审与答辩，个中的曲折与艰辛我都十分了解，并感同身受。虽然事情已过去了几年，但整个过程还历历如在眼前。

肖爱玲博士祖籍是苏鲁豫皖四省交会处的江苏省丰县，1988年考入陕西师范大学历史系读本科，1992年毕业后分配至延安大学任教。1998年再次考入陕西师范大学，随唐亦工教授攻读历史地理学硕士学位，2001年夏季毕业。当时陕西师范大学在原历史地理研究所基础上组建的西北历史环境与经济社会发展研究院刚于2000年被教育部批准为全国高校百所人文社会科学重点研究基地之一。她因学习成绩优异，不仅被中心录用为研究人员，还考取了博士研究生，随我攻读历史地理学博士学位。在攻博期间，除出色地完成了公共课、学位课、方向课等多门课程学习，取得优良成绩外，还认真参加了多项科研课题研究，内有1项国家社会科学基金项目、1项陕西省社会科学基金项目、1项中心重点研究项目，同时还主持完成了1项西安市社会科学研究项目。此外，还参与筹办了几次中心举办的全国性与国际性学术会议，并积极参加中国古都学会、中国地理学会历史地理专业委员会举办的学术会议。通过参加上述一系列的科研与学术交流活动，她开拓了学术视野，也锻炼和提升了从事学术研究的自信心与实际能力。还需提及的是，肖爱玲博士在这一期间作为一位母亲还承担了养育并辅导女儿学习及料理家务等重担。其繁难艰苦情状，是超过一般男性博士研究生的。然而，这一切都被她以超乎寻常的毅力与才智一一克服，并于2006年春季以“西汉城市地理研究”为论题撰写出长达30万言的博士学位论文，通过了预答辩。后又于2006年夏季顺利地通过博士学位论文答辩，取得博士学位。

谈及学位论文，最初她曾想做“隋唐长安城的宗教空间”、“中国古代都城佛寺社会空间分布规律研究”、“中国古代都城佛教地理研究”等有关我国古代都城中佛寺、佛教或宗教地理方面的研究，后经学习思考，决定放大研究领域，做一个有代表性的区域，如关中平原历史时期城市体系的形成与发展研究；最后选定了西汉城市地理课题为对象，展开研究，进行撰述。这说明她是经过多方面的比较与思考，才选中“西汉城市地理研究”这一论题的。很显然这一论题更具挑战性，因为这是一个宏观性的论题。但她经过综合性深入研究与提炼后，从西汉城市发展之时空特征、城市的性质与职能、城市等级、城市空间发展模式4个方面入手，竟使西汉的城市发展、区域分布、等级职能、空间特点等有关城市地理的几个主要问题具体入微地被剖陈出来。为此，她在研究与撰写中通过将西汉之疆域划分为郡县统辖、王国诸侯、边疆拓展三个大区，并从中各又选定了典型区域，如关中地区、齐地以及西北、西南等新拓展区进行个案论析，从中揭示出导致西汉城市数量增减、分布疏密及职能演变之深层次原因，明确论定均为政治权力作用使然。于是，她运用这一理论观点，分析论述了有关西汉城市地理研究中的几个主要问题，并因而得出了一系列相关的结论。例如，①区域城市社会经济发展的地域差异不仅造成了城市分布的地域间不平衡，而且产生了权力在空间分配上的差异；②西汉后期的王国是帝国空间控制制度下的产物，城市与经济发展关系不大，所以诸侯王都与同时作为区域发展中心的汉郡郡级城市在社会经济发展中的作用是不可同日而语的，王国诸侯城市的增长只能是也仅仅是数量的增长与城市的简单复制，无益于城市内涵的增长；③城市职能的单一性，促进了城市之间经济联系的加强，进而促进经济区的形成；④西汉都城的无限拓展与地方城市规模缩小的趋势，既反映了新的封建等级制度的建立，也蕴涵了当时之封建社会中央与地方权力斗争的广泛性。上述见解因为都是建立在对史实的准确把握与认识的基础上，因而颇为精当，使论文在理论上增加了深度。

肖爱玲的这篇论文值得称道的是除理论上有所建树外，还有她引用史料不限于史籍文献，十分注重采用新出土的张家山、尹湾汉简上的史料，以及在研究方法上采用了多学科综合分析法、对比法、剖面法等多种研究方法。因此，整篇论文除论述内容丰厚充实，有史有论外，还配有4个附录、70个表、9幅地图、5幅插图，使论述方式也十分多样生动。

西汉是我国历史上紧随秦王朝实施郡县制度后，在其疆域辖区内创建城市体系的关键时期，当时奠定的城市空间组织形式对之后我国两千多年来城市及其体系的发展，以及社会、经济、文化的发展，都产生过重大影响。而肖爱玲博士的论文，从几个主要方面对这一课题进行了深入的研究，其所论及的史实以及从中探析到的导致西汉城市体系建立与演变的政治、思想、文化上之“权力空间”这一理论机制，不仅大为推进了西汉城市地理研究，而且对我们今天深刻认识我国之城市及其体系，运用科学发展观，推进我国之城市化进展也有积极意义。

正是因为这篇论文选题具有明显的学术价值与现实意义以及研究撰写上的成功，所以在2006年5月27日之答辩会上，受到以暨南大学历史地理研究所郭声波教授为主席，由校内外5位教授、研究员组成的答辩委员会的一致肯定与好评。而在答辩会前进行的由校外同行专家所进行的盲审中，武汉大学历史地理研究所徐少华教授等在所写的长篇评审意见中，也多给予了热情鼓励。

然而，令我更为高兴的是，肖爱玲并没有以这篇论文所达致的上述成功而陶醉满足。她对答辩会前5位对她论文进行盲审的校外专家所提批评意见以及答辩会上5位校内外答辩委员所提出的质询与批评意见均很重视。因此，尽管在答辩通过后的当年年底她被西安建筑科技大学批准进入博士后流动站，随该校建筑学院院长刘克成教授从事汉唐长安城大遗址保护方面的研究，还于2008年申报获准了有关这方面的国家社会科学基金课题，工作担子也比前有所增加，但仍然挤出时间对西汉城市地理问题继续进行研究，针对专家们所提出的批评意见进行了认真的思考与修改。经过两年多的努力，使这篇论文不断获得新的升华与完善。直到今年3月书稿送交出版社前修改工作才暂告一段落。这种严谨务实的治学态度我当然希望她能长远地保持下去。而且我也相信，由于她在撰写“西汉城市地理研究”博士学位论文中所积累的丰硕的学术功底与培养出的严谨而又勇于创新的治学精神，她一定能在今后的学术研究的征途上不断取得新的更为优秀的研究成果！

朱士光

2009年3月22日

序二

本书是历史城市地理研究领域的一部力作，充分体现了“地理”、“历史”、“政治”和“城市”的特色。

本书的地理特色主要体现在以下四个方面。①全书自始至终围绕着“时空特征”、“空间演化”、“空间发展模式”、“空间认识”等展开论述，清晰地展现了西汉时期我国城市体系的空间特点。②从全国和具有典型意义的区域（例如齐地和关中）两个空间层次加以分析，非但可以浅揭全国之表，亦深及区域之里。③书中从“地缘政治结构的变化”、“自然与经济地理环境”等方面对齐地城市发展机制的分析，处处都打上了地理的烙印。④地图的运用增强了空间分析与说明的生动性与直观性。

本书的历史特色主要体现在以下三个方面。①为了提供确凿的资料，在《汉志》的基础上，对不同历史时期的多种权威历史文献进行了引证与分析。②为了提供西汉时期城市全面的画卷，研究主体虽以西汉城市发展的200年为主要时间跨度，但许多研究内容从春秋战国或秦开始论述，一些部分甚至追溯到了西周时期。③为了达到“察古知今”的目的，许多关于西汉时期城镇体系的论述直接联系到当今的状况。例如，书中对比了西汉时期与20世纪90年代中期我国城市群空间分布的中心（非常接近）；通过对西汉时期齐地城市发展的分析，指出其“奠定了现代山东省城市网的基本空间格局”等等。

本书的政治特色主要体现在以下三个方面。①权力是本书分析西汉城市体系演变的切入点，政治权力是其中的核心。书中阐释了政治权力的不同实现方式（暴力方式、压力与规范方式、处罚方式）及其对城市发展的影响。②中央集权是西汉国家体制的核心特征。尽管中央权力与地方权力的关系在不断变化，但中央集权及其伴生的垂直体系一直是贯穿西汉统治的主流。国家行政体制是实现政治权力的重要手段和保障。书中深刻地分析了分封制、郡县制等对西汉城市体系的影响。③国家控制的思想策略是实施政治权力的基础。书中对娄敬、贾谊、晁错、主父偃等当时重要谋士的国家控制思想与实施，及其对城市体系发展的影响进行了深入的解读。

本书的城市特色主要体现在以下三个方面。①全书论述的内容紧扣现代区域城市（镇）体系研究和规划的“三结构，一体系”，有利于把对古代城市的认识与现状紧密结合。②西汉时期缺乏城市人口的统计资料，书中运用城址规模、官员秩禄、吏员数量等数据，勾画出了当时的城市体系规模结构。资料选取之巧妙和研究结果之可信，于今天看仍甚为恰当。③书中界定了“经济中心型”（经济都会）、“经济管理型”、“军事职能（型）”和“文化职能（型）”当时四种主要的城市职能分类，挖掘出了当时城市的功能特点（例如祭祀文化的城市），为认识当今的城市提供了有力的佐证。

籍以上四“色”，作者展示了一幅清晰、完整、生动、饱满的西汉城市体系变化的画卷，值得仔细品味与鉴赏。

历史地理于我属陌生领域。既少渊博之学识，更无生花之妙笔，诚不敢为此书序。唯抱战兢之心情，学习之态度，觅以上心得，与读者共享。

薛德升

2011年11月3日于广州康乐园

目　录

第一章　绪　论

历史城市地理学是历史地理学的一门分支学科，其研究对象是历史时期城市的地理空间实体。“城市历史地理学是研究城市兴起、发展和演变规律的学科，它的研究对象是历史上的城市……城市历史地理学所研究的城市……有它明确的对象，这就是地理实体的城市[①]。” 因此，历史城市地理学是研究历史时期城市的形成、发展、空间结构和分布规律的学科，其核心是从区域的空间组织和城市内部的空间组织两种地域系统来考察城市空间组织形式及其演变规律，这在今天也已成为人们的共识。20世纪70年代末以来，历史城市地理学在社会经济发展和学科自身发展需要的双重因素推动下，发展迅速，现已成为历史地理学中最为成熟的一个分支，拥有较为完善的学科体系及丰富的研究成果[②]。

在人类历史上，城市是伴随着新的价值、新的制度而产生的最为重要的人文地理现象之一，它既是人类文明的产物，也是孕育和创造文明的社会空间。

①马正林：《中国城市历史地理》，山东教育出版社，1998年，第1页。

②葛剑雄、华林甫：“二十世纪的中国历史地理研究——回顾与展望”，《历史研究》，2002年第3期。

正如马克思所指出的："城市是随着野蛮向文明的过渡、部落向国家的过渡、地方局限性向民族的过渡而开始的，它贯穿全部文明的历史，并一直延续到现在[①]。"城市的发展从未离开过社会演进的步伐，从城市起源时起，城市的兴起、发展和演变就受到自然、经济、社会和人类等多方面的影响，呈现出复杂的动态现象。不同历史时期、不同地区、不同社会经济发展水平和发展速度、不同人口分布和迁移特点，都对城市的发展速度、性质、规模和空间组织等产生了各自不同的影响。由此，历史城市地理的研究内容、研究方法甚或研究视角也就各具特色。

同时，按照现代地理学的理论，城市作为一种空间现象，它是一个特殊的地域综合体。它的内部有各种构成要素的演变和组合问题。城市"既具有外观形态，即城市的形状和大小，又具有一定的内部结构，即具有特定功能的城市物质构成要素的空间位置、要素构成及相互关系[②]。"城市又是一种区域现象，"是兼有经济、行政和自然性质的一种综合性区域[③]"、"是一个人文景观特别复杂的区域[④]"。虽然各个城市的规模大小不同，但它作为人类活动的中心，同周围广大地区保持着密切的联系，几乎每个城市都是一个地区的经济、政治或文化的中心，都有自己的影响区域（腹地或集散地）。

正因为城市具有区域性和综合性的特点，城市作为地球表面的一种地理现象主要有两个方面的特征：一是位置与分布的特征，即城市体系；二是城市内部要素的演变和组合，即内部空间结构。由此对于历史时期城市的研究，"既可以把城市放在一定的区域里，研究城址选择与城市分布，即城市体系；也可

①中共中央文献编译局：《马克思恩格斯全集》第3卷，人民出版社，1972年，第56页。
②耿占军、赵淑玲：《中国历史地理学》，西安地图出版社，2000年，第288页。
③周一星：《城市地理学》，商务印书馆，1995年，第11页。
④马正林：《中国城市历史地理》，山东教育出版社，1998年，第8页。

以把城市自身当做一个区域空间，研究城市内部的地域结构[①]。” 李孝聪先生说：“随着现代社会的经济发展和区域开发的需要，城市史和城市历史地理学的研究已经不能总是局限在一个城市的单纯描述，而应以一个或几个中心城市为核心，连带其他一组城市，作区域城市的综合研究，阐明历史城市格局形成的原因和演化的过程，剖析区域中心城市城址选择与城市成长的自然地理条件和社会历史背景，才更有科学意义[②]。”

西汉时期是我国建立全国性城市体系确立的关键时期。秦始皇在统一全国的过程中，将郡县制推行全国，初步构建起了全国性的郡县地方行政管理系统，全国性的城市体系也随之初步形成。但秦立国不长而速亡，其城市体系也随之而崩溃。汉并天下之初，汉高祖刘邦即令“天下县邑城”，从而掀起了又一次大规模的城市建设高潮，最终在制度上确立了全国性的郡县城市体系。这一全国性城市体系的形成与确立，最终结束了商周以来以血缘政治为主体，王朝依靠宗法分封制间接控制各地的社会格局，确立了以地缘政治为主体、中央集权政府依靠一元化的郡县城市网络直接统治全国的社会结构。这在中国城市发展史和中国历史发展阶段上，都是属于本质上的变化[③]。西汉时期奠定的城市空间组织形式对西汉之后我国城市及其体系的发展，对我国社会、经济、文化发展等都产生了重大影响，对其历史地理问题进行深入、细致的分析，不但可以丰富古代城市的研究，而且对深刻地认识今天中国的城市及其城市体系也是有积极意义的。

①李孝聪：“唐代城市的形态与地域结构——以坊市制的演变为线索”，《唐代地域结构与运作空间》，上海辞书出版社，2003年，第248页。

②李孝聪：“关于中国古代城市研究的几点看法”，《北大史学》第2辑，北京大学出版社，1994年，第22页。

③徐苹芳：“中国古代城市考古与古史研究”，《中国历史考古学论丛》，台湾允晨出版公司，1995年。

第一节 相关学术研究成果

西汉时期是中国城市历史地理发展过程中的一个十分重要的阶段，海内外学者对此曾作过大量研究，取得了丰硕的研究成果，在此仅将与本文密切相关的一些研究成果作简单综述，借以说明本文研究的学术背景，形成本文的研究框架，以凸显本研究的学术和实践价值。

以往有关于西汉时期城市地理的研究中，总体而言较多地集中于单体城市内部空间结构上，在区域城市群或城市体系的研究上虽取得了一定成绩，相比而言则较为薄弱。而单体城市的研究中，又以对都城长安的研究成果最为丰富。尤以王仲殊[①]、杨宽[②]、刘庆柱[③]、刘运勇[④]、孟凡人[⑤]、李毓芳[⑥]、史念海[⑦]、王社教[⑧]、徐卫民[⑨]、李小波[⑩]等学者在复原长安城之基础上对长安城内部空间结构进行了深入探讨。马正林[⑪]、朱士光[⑫]则是从自然环境与长安的关系方面加以论述。辛德勇[⑬]、侯甬坚[⑭]是从区域研究视角，着重分析了长安城兴起、

---

①王仲殊：《汉代考古学概论》，中华书局，1984年。

②杨宽："西汉长安布局结构的探讨"，《文博》，1984年第1期；"西汉长安布局结构的再探讨"，《考古》，1989年第4期；"三论西汉长安的布局结构问题"，《中国古代都城制度史研究》，上海古籍出版社，1993年。

③ 刘庆柱："汉长安城布局结构辨析——与杨宽先生商榷"，《考古》，1987年第10期、"再论汉长安城布局结构及其相关问题——答杨宽先生"，《考古》，1992年第7期。

④刘运勇："再论西汉长安布局及形成原因"，《考古》，1992年第7期。

⑤孟凡人："汉长安城形制布局中的几个问题"，《汉唐与边疆考古研究》第1辑，科学出版社，1994年。

⑥李毓芳："汉长安城的布局与结构"，《考古与文物》，1997年第5期。

⑦史念海："汉长安城的营建规模"，《中国历史地理论丛》，1998年第2辑。

⑧王社教："论汉长安城形制布局中的几个问题"，《中国历史地理论丛》，1999年第2辑。

⑨徐卫民："论秦、西汉都城的面向"，《秦文化论丛》第6辑，西北大学出版社，1998年。

⑩李小波："从天文到人文——汉唐长安城规划思想的演变"，《北京大学学报》，2000年第2期。

⑪马正林："论西安城址选择的地理基础"，《陕西师范大学学报》（哲社版），1990年第1期。

⑫朱士光："西汉关中地区生态环境特征与都城长安相互影响之关系"，《陕西师范大学学报》（哲社版），2000年第3期。

⑬辛德勇："长安城兴起与发展的交通基础"，《中国历史地理论丛》，1989年第2辑。

⑭侯甬坚：《区域空间权衡——以定都关中为例》，陕西人民教育出版社，1995年，第161—171页。

发展与区域的关系，侯甬坚提出的“区域空间权衡”理论，对全面认识和理解古代都城选址原因提供了新思路。史念海主编的《汉唐长安与关中平原》、《汉唐长安与黄土高原》将黄土高原关中河谷的环境变迁与汉、唐盛世，特别是都城的兴衰联系在一起，进行了很有创见的研究，被认为是“近年来对黄土地带进行区域性研究的最新和前沿的成果，也可以看做是对一个世纪以来黄土地带城市与环境生态研究的回顾性综述[①]。”

都城之外的其他单体城市研究中，以临淄城[②]、福建崇安汉城[③]、临湘古城[④]、灌婴城（南昌城）[⑤]受关注较多。对其他地方城市的研究，主要停留在城市名称及地望考证方面，研究区域也主要在边疆郡县城市，如武威[⑥]、雍奴[⑦]、平刚[⑧]、白马[⑨]、平襄[⑩]、金城[⑪]、略阳[⑫]、宜城[⑬]、玉门关[⑭]等。

对西汉区域城市地理的研究，李剑农[⑮]从城市商业的角度对包括西汉在内

①李孝聪：“评史念海：中日合作研究中国黄土地带的都市与环境生态的历史”，荣新江主编：《唐研究》第7卷，2001年，第546页。

②曲英杰：《齐都临淄城》（第5、6章），齐鲁书社，1997年。

③杨琮：“论崇安汉城的年代与性质”，《考古》，1990年第10期；林忠干：“崇安汉城遗址年代与性质初探”，《考古》，1990年第12期；杨琮：“崇安汉城北岗遗址性质和定名研究”，《考古》，1993年第12期；吴春明：“再论福建崇安汉城遗址的年代”，《考古与文物》，1995年第2期；吴春明、林果：《闽越国都城的考古研究》，厦门大学出版社，1999年。

④何旭红：“长沙汉‘临湘古城’及其‘宫署’位置考析”，《南方文物》，1998年第1期。

⑤胡振：“南昌城的历史变迁及其民俗内涵”，《南方文物》，2002年第3期。

⑥王宗元、李并成：“武威绿洲城镇的形成与变迁”，《西北师院学报》（社科版），1983年第4期。

⑦嘉谷：“关于西汉雍奴古城的地理位置”，载《天津日报》，1983年1月3日。

⑧李文信：“西汉右北平郡治平刚考”，《社会科学战线》，1983年第1期。

⑨刘伟毅：“平阳城与白马城”，《山西师范大学学报》，1990年第3期。

⑩何钰：“西汉天水郡治平襄城故址在今通渭城区考”，《西北师院学报》，1984年增刊。

⑪王仁康：“东汉金城郡治地理位置考”，《历史研究》，1978年第10期；刘满：“汉代金城郡治允吾位置的初步探讨”，《兰州大学学报》，1979年第2期；王仁康：“再谈汉代金城郡治的地理位置——与刘满同志商榷”，《兰州大学学报》，1980年第2期；张文轩：“汉代金城郡治及其考证”，《兰州学刊》，1981年第4期。

⑫吴浩生：“汉代甘肃略阳城考”，《兰州社会科学》，1984年第6期。

⑬石泉：“宜城县建制沿革考辨”，《武汉大学学报》，1988年第4期。

⑭李并成：“汉玉门关新考”，《九州》第2辑，商务印书馆，1999年。

⑮李剑农：《先秦两汉经济史稿》第15章，三联书店，1957年。

的整个汉代都市的地域分布和结构进行了有深度的探讨。周长山[①]对汉代城市的空间布局进行了探讨。张继海[②]通过汉代的聚落形态、城市与城市社会三个方面，对汉代城市的一些重要问题进行了探讨。葛剑雄[③]将西汉长安及其周围陵县所组成的联系紧密、功能协调、人口稠密、经济发达的实体视作中国最早的城市群。李传永[④]对这一问题做了类似的研究。此外张南和张宏明连续撰文[⑤]，讨论了安徽省汉代城市的分布和功能。以往较少关注的岭南[⑥]、巴蜀[⑦]和河西[⑧]地区城市状况，也受到一定的关注。

此外，还应提到的是周振鹤《西汉政区地理》[⑨]和葛剑雄《西汉人口地理》[⑩]，虽然这两部著作并不是研究西汉城市地理的专著，但前者对西汉政区的沿革进行了系统研究，为西汉城市地理的研究奠定了基础。“历史政区地理的研究不但揭示了历代政区的面貌及其演变规律，而且其成果直接构成历史地理学某些分支的基础和前提。[⑪]”后者对西汉人口数量、分布及迁徙规律的研究对于探索西汉城市的等级规模及城市人口提供了较为可靠的数据资料。

众所周知，研究秦汉史的最大困难就是史料的匮乏。为弥补史料上的不

---

①周长山：《汉代城市研究》，人民出版社，2001年。

②张继海：“汉代城市社会研究”，北京大学2002年博士研究生学位论文。

③葛剑雄：“西汉长安—陵县：中国最早的城市群”，载《纪念顾颉刚学术论文集》，巴蜀书社，1990年。

④李传永：“我国最早的卫星城”，《四川师范学院学报》（哲社版），2003年第1期。

⑤张南、张宏明：“安徽汉代城市的功能初探”，《安徽史学》，1991年第4期；“安徽汉代城市的分布与建设”，《学术界》，1991年第6期。

⑥陈代光：“秦汉时代岭南地区城镇历史地理研究”，《暨南学报》，1991年第3期。

⑦段瑜：“先秦秦汉成都的市及市府职能的演变”，《华西考古研究》（一），成都出版社，1991年；段瑜：“秦汉时代四川的开发与城市体系”，《社会科学研究》，2000年第6期。

⑧杜瑜：“汉唐河西城市初探”，《历史地理》第7辑，1990年；杨平林：“历史时期河西地区城市地理初探”，《历史地理》第8辑，1990年。

⑨周振鹤：《西汉政区地理》，人民出版社，1987年。

⑩葛剑雄：《西汉人口地理》，人民出版社，1986年。

⑪周振鹤：《西汉政区地理》，人民出版社，1987年，第1页。

足，本文使用了《张家山汉墓竹简》[①]、《尹湾汉墓简牍》[②]两份简牍资料，它们分别提供了西汉前期整个汉郡区城市、后期东海一郡城市的相关资料，为展开区域综合实力、等级研究以及系统勾勒西汉时期不同类型城市间的等级变化提供了一手资料。对区域城市进行综合实力排比，借鉴了现代城市经济综合对比这一思路，而对资料较为缺乏的西汉时期，则是在城市等级划分问题上的折中处理，也是一种新的尝试。

总体而言，中国历史城市地理的研究，仍然是以单体城市的内部空间结构为主，跳出单体城市的研究模式，从一定区域范围来考察一组城市的变迁及其相互关系的研究，虽然在一些学者的研究论述中有所表现，并取得了一些重大的进展，但还远远不够。而就西汉城市地理研究来讲，这种现象更为突出，以往研究成果多围绕西汉长安城展开，都城之外地方城市研究非常薄弱。重视都城区域研究固然有其重要性，但也要看到，都城区域毕竟只是全国城市体系的一个特殊的部分，远不能涵盖西汉城市地理的全部内容。西汉时期，随着新一轮大规模的城市建设的高潮，全国性的郡县城市体系在制度上得以确立，对西汉城市的发展演变规律及其驱动力研究无疑具有非常重要的学术价值。

尽管历史文献和考古发掘资料较为零散，但相当丰富，在类型上包括了郡、县、侯国等的治所，已具备了一定的研究基础。在今后的研究中，有意识地、主动地关注都城以外的城市，关注西汉城市体系的研究，这样似乎更能加深我们对西汉城市兴衰嬗变内在机制的理解，也有助于对城市所在区域

①张家山二四七号汉墓竹简整理小组：《张家山汉墓竹简（二四七号墓）》，文物出版社，2001 年。

②连云港市博物馆、东海县博物馆、中国社会科学院简帛研究中心、中国文物研究所：《尹湾汉墓简牍》，中华书局，1997年。

地理环境变化的研究。另外，在以往的研究中，很少就西汉进行区域城市地理的专题性研究，而多是以连续几个王朝为时段，如周秦汉唐、汉魏等时段，这样的研究虽然可以从更长的时间跨度了解认识区域城市的发展脉络，但对区域城市几十年甚或十几年或者更短时间段内产生的变化则无法反映。所以在更短的时间尺度下研究区域城市的发展演变，突出发展过程中的细微变化及连续性，有助于对城市发展驱动力进行分析，这种研究也更具有学术研究价值和理论意义。

第二节　研究思路与框架

在人类历史上，城市是伴随着新的价值、新的制度而产生的最为重要的地理现象之一，它既是人类文明的产物，也是孕育和创造文明的社会空间。城市的发展从未离开过社会演进的步伐，而人们对城市的关注也随着社会的发展而不断深入。对于城市研究这一领域，无论是历史地理学、地理学、历史学，还是社会学、建筑学和城市科学等都倾注了相当大的力量，并构建了各自不同的研究框架和理论。本文无意去构建新的理论体系，而是着意填补西汉区域城市地理研究的空白，着眼于西汉统治区域城市体系的形成与演变，从西汉城市的空间发展过程入手，并以中央王朝政治权力对政治疆域的城市空间地理控制，即政治权力过程对城市地理区域变迁的影响为主线，其内容自然包括了西汉城市体系的组织结构，如等级规模结构、职能类型组合、空间分布特征和城市间的相互联系等。从而可以较全面地反映西汉时期城市体系空间结构的形成、演变的基本过程及其内在机制和规律性。

中国古代城市兴起的特点，从来就不是“经济起飞”的产物，而始终是作为政治和军事中心而产生和发展起来的。在国家产生以前，它是部落或部落联盟的政治军事中心；在国家产生以后，是国家首脑和地方官吏的政治军事中心。中国古代城市的这种性质，注定了它的产生主要不是因经济发展、从工商业荟萃的市自然发展而形成的，而是由部落或部落联盟的首领、国家首脑和地方官吏出于政治和军事的需要，选择地理位置适中，适中的地点和水源、交通、物产以及便于设防的地形等条件来修建的。当然，这也并不排除随着社会的进步，经济的发展，城市经济功能的逐步增强，这种功能优势是附加的，也可能是被加的。这样的城市尽管出现了一度的繁荣，但其作为政治军事中心的作用一旦消失，其经济功能也就随之消失了。

中国古代城市的政治属性注定了其在产生、发展、空间分布及其内部空间结构势必要受制于政治权力的历史事实。广义的“政治”，可以遍及历史文明中的每一面上，为此有人认为“一切的历史都是政治史”，如此来讲对于政治概念的研究就过于宽泛了。狭义的“政治”，特指社会秩序中以“公共权力”为核心的一种秩序形式（即权力概念中的关系说），换言之，“权力”是“政治”的核心概念。它是在“国家”这种特殊的社会组织形式发展出来后，以“国家”为其建构基地的。于是，围绕着“权力”的核心概念，安置在“国家”的社会空间基地上，一组有关于“权力”的课题，如“权力”的来源、正当性、社会基础、组织形式、分配、运作等都是“政治史”的研究范畴。本文借用政治史中“政治权力的秩序性”与“城市的空间结构”在组织形式、空间分配及运作过程的一致性特征，将权力的概念引入历史城市地理学的研究中，揭示西汉城市的时空特征及发展规律。

运用“权力”概念，进行相应的历史研究，学术界已做了一些有益探索。如台湾学者王健文主编的《政治与权力》[①]一书，就是以“（政治）权力”概

①王健文：《政治与权力》，中国大百科全书出版社，2005年。

念为中心，从各种不同角度探讨与“（政治）权力”相关联论题之论著，文中有从权力的社会基础或政权与社会的互动着眼的；有从制度层面探究的；有从空间形式的重组与地缘政治论述的；有从思想意识、儒学信仰或天文星占角度窥探其与权力之关系的；有从政权的支柱或统治手段（如军权）思考的；有从神权信仰与祭祀出发的；有论及政治斗争与史学论争的关系的；有从体制观念与政治秩序的关系立论的；也有从家与国、父权与皇权的纠结来切入的，等等，它们从不同角度论述了（政治）权力的方方面面。此外张光直的《中国考古学上的聚落形态——一个青铜时代的例子》、许倬云[①]的《西汉政权与社会势力的交互作用》、杜正胜的《“编户齐民论”的剖析》、王建文的《学术与政治之间：试论秦皇汉武思想政策的历史意义》、余英时[②]的《汉代循吏与文化传播》等也分别从聚落空间、政权结构、社会组织结构以及思想文化结构论述了西汉政治秩序的不同内容。尽管这些研究很少涉及城市，但对本研究的启发作用则是不言而喻的，因为城市是政治权力与空间结构互动的典型场所，城市以最大的密度集中展示了政治权力与空间结构之间相互纠结的复杂联系。

因此，本书以西汉区域城市地理为研究对象，引入“权力”概念，重点考察了权力影响下的西汉区域城市发展的空间过程及规律，并以中央王朝政治权力对政治疆域的城市空间地理控制，即政治权力过程对城市地理区域变迁的影响为主线，对西汉城市体系的组织结构、等级规模结构、职能类型组合、空间分布特征和城市间的相互联系以及不同规模等级城市的内部空间结构为主要内

①《许倬云自选集》，上海教育出版社，2002年。其中收录了一系列文章对本文的研究颇有启发，如“周代都市的发展与商业的发达”、“春秋战国间的社会变动”、“汉代的精耕农业与市场经济”、“中国古代社会与国家之关系的变动”、“中古早期的中国知识分子”以及“另一类考古学”等。

②余英时著，邬文玲等译：《汉代贸易与扩张》，上海古籍出版社，2005年。本书对于理解武帝拓边活动提供了一个新的视角，有助于对西汉统治上层的空间观念的理解。

容，全面系统地揭示了西汉时期城市体系空间结构的形成、演变的基本过程及其内在机制和规律性。这一研究不但丰富了中国古代城市的研究，而且对深刻认识今天中国的城市及其城市体系也是有积极意义的，可为新世纪中国区域城市规划提供借鉴。全书分为六章。

第一章绪论，首先扼要回顾历史城市地理学发展史及相关研究成果之后，引入本书主要研究内容，之后对本书涉及的一些关键词、区域划分、研究时段进行阐释，从而为正文的全面展开做了铺垫。

第二章是关于西汉城市发展时空特征的研究。文章首先依据西汉城市等级、类型系统地复原了郡县制下各级城市时空发展过程；其次复原了不同区域层面上各类城市的时空特征；最后归纳总结了西汉城市发展演化的总体特征。本章主旨不仅仅是复原西汉一代不同区域、不同级别、不同类型城市的时空发展过程，还有意于深层次地揭示区域城市空间演化过程中空间权力秩序以及新的空间秩序对区域城市发展的影响。

第三章关于西汉城市性质和职能研究。城市性质是指城市在全国或地区的政治、经济、文化生活中的地位和作用，代表了城市的个性、特点和发展方向。而城市职能是城市在区域政治、经济、文化发展中的某一方面作用。本章主要从中国古代城市在社会发展中所起的作用及西汉城市职能类型划分两个方面展开论述，勾勒了西汉城市的性质与职能之间的相互关系以及各种职能城市的区域组合关系。西汉时期的城市，是维护政治权力的工具，具有很浓厚的政治属性。城市的政治性限定了城市其他职能的发展，但不完善的城市职能加强了区域城市之间的联合。

第四章关于西汉城市等级的研究。本章从城市两种空间地理概念出发，以城市作为空间现象及区域现象两个方面对城市规模等级及区域综合实力等级进行划分。本章首先依据考古发掘资料，对不同行政等级下西汉城址规模等级及城市内部构成差异进行分析；随后根据《张家山汉墓竹简》、《尹湾汉墓简牍》分别探讨了西汉前后期城市的等级结构。得出西汉城市规模等级依其行政等级高低而定，都城是当时全国最大的城市，郡国治所城市规模大于一般县级城市，由于都尉治所的特殊性，其规模、形制有其自身特点。西汉前后期城市等级关系，仅就县级城市等级而言，西汉时期发生过一个明显的变化，即西汉前期县城与侯国城地位相仿，均略高于陵邑城，道城地位最低，而到西汉后期县邑城市高于侯国城市已成定局。

第五章关于西汉城市空间发展模式的研究。本章分别选取诸侯王国区、汉郡区、拓展区中的一个区域展开个案研究。诸侯王国区以齐地城市发展为例的研究表明，本区城市空间发展模式表现为在本地地缘政治结构演变基础之上的边缘——核心发展趋向；汉郡区城市发展的最大特点就是在稳定的社会环境下，构建城市空间等级秩序，城市数量在权力控制下缓慢增长；拓展区的城市空间推进则是借助于暴力形式，在河流、交通沿线依托于旧据点城市，采取逐步推进的发展模式。

第六章关于西汉城市发展演变机制的研究。西汉时期是中央集权制国家建立的重要时期，在地方行政制度上处于郡国并行制向郡县制逐渐过渡的历史阶段，城市作为特殊的人文地理现象在政治权力的运作、权力的客观构成、权力的分配以及权力运行结果等方面的影响下，伴随着郡县制的最终确立，最终形成了全国性城市等级、行政体系。西汉城市发展变化反映了时人空间认识水平和帝国对空间控制之目的，城市发展的根本原因就是中央权力对地方空间控制和占有的结果，也是区域空间理论与国家控制实践的统一。本章作为结语部分，在前面各章研究之基础上，进一步分析导致西汉时期城市发展的空间思想及其相应的国家控制战略，即西汉城市发展演变的驱动力研究。

本书在综合借鉴国内外相关研究成果的基础上，对西汉区域城市地理问题进行了较全面、系统的分析，取得了以下几个方面的研究成果或进步。

（1）在研究视野上，本研究跳出了以往单纯在历史城市地理学理论框架下的传统研究范式，将本研究置于历史城市地理学、历史政治地理学和政治学的理论框架下，选取与城市兴起和发展紧密相关的权力概念，从权力与空间角度，深入而全面地开展了对西汉区域城市地理及其发展机制和规律问题的研究，拓展和丰富了历史城市地理学研究的视野与内容。

（2）在研究内容上，选取与城市兴起和发展紧密相关的权力概念，以政治权力对区域城市地理变化影响为主线，全面深入地分析和总结了西汉区域城市的空间发展、城市体系的组织结构、区域城市发展机制和规律，不仅在整体研究上填补了西汉城市地理研究的空白，而且在一些具体问题的研究上取得了较大进展。同时，从城市空间与权力关系角度，探讨西汉区域城市地理及其发展机制和规律，是笔者的一次大胆尝试。

（3）在研究方法上，本研究以历史城市地理学的研究方法为主，在资料运用上除使用历史文献、考古资料之外，借用部分简牍资料作为历史文献的补充；综合运用政治学、社会学、考古学、城市史和西方空间理论等多学科的研究理论和成果，特别注意将政治学的最新研究成果运用到本研究上也是较为突出的一个方面。

同时，在研究过程中大量使用计量统计法、图表对比法、区域对比法等，力图使一些模糊的问题精细化，使西汉城市的区域发展、内在联系、空间特征等尽可能地予以直观显示。为全面地复原西汉200年间城市发展演变的过程，本书在分区、分级、分类基础上借用水平横剖面方法[①]，重视对城市这一地理现象进行发展过程的研究，揭示区域城市在各个横截面及其间的空间联系和特征，是作者最为着力之处。

鉴于西汉历史城市地理是一个传统而又较新的研究课题，需要深入研究的内容很多，非本书所能涵盖和解决。论证失宜、挂一漏万之处，敬请专家有以正之。

第三节　关键词阐释及说明

为了便于对西汉城市地理空间结构及相关问题进行研究，首先对文中涉及的几个概念略作解释。

（一）城市与城市体系

确定研究对象是一切问题研究的起点，对西汉城市地理的研究自然也不例外，首先要解决的就是关于城市概念的界定。

关于城市，按照现代学者的说法，它是以空间与环境利用为基础，以聚集经济效益为特点，以人类社会进步为目的的一个集约人口、集约经济、集约文化的空间地域系统，是社会政治、经济、文化的中心。很显然，中国历史“城市”与现代“城市”有很大差别。

历史上“城市”的形成与发展经历了一个漫长的过程，是在“城”和

①这一方法的创始人是英国著名区域历史地理学家克利福德·达比，在其1936年出版的《1800年以前的英格兰历史地理》一书中最早运用此方法。该书是从现代历史地理学的角度研究一个特定区域地理变化过程的经典之作，它的出版标志着现代历史地理学在英国的创立。20世纪中叶以后，这一方法逐渐被介绍到中国，并为中国的一些历史地理学者接受和采用。H.C.DARBY，On The Relations of Geography and History.Transactions and Paper，Institute of British Geographers，19(1953)，pp.3-6. 转引自邓辉：“试论区域历史地理研究的理论和方法——兼论北方农牧交错带地区的历史地理综合研究”，《北京大学学报》（哲社版），2001年第1期。

“市”各自发展到一定阶段之后形成的。关于“城”《世本·作篇》说：“鲧作城郭。”《吕氏春秋·君守篇》也称：“夏鲧作城。”《说文解字》云：“城，以盛民也。” 段玉裁注曰：“言盛者，如黍稷之器中也”。《墨子·七患》谓：“城者，所以自守也”。刘熙《释名·释州国》云：“城，盛也，盛受国都也。”这些记载表明，城起初的作用，主要是一种防御设施，人们居住在城内，犹如黍稷放在容器中一样。按照《吴越春秋》“鲧筑城以卫君，造郭以守民，此城郭之始也” 的说法，“城”是为“君”而筑，“郭”是为“民”而造。关于“市”，《说文解字》云：“市，买卖之所也。”《管子》载：“市者，天地之财具也，而万人之所和而利也。”《孟子·公孙丑下》说：“古之为市也，以其所有易其所无者，有司治之耳。”由此可见，“市”是买卖交易的场所，也就是现代所谓的商业区。在中国古代典籍中，“市”的出现几乎与“城”同步，或谓神农之世已经有市，或谓黄帝设市，或云祝融作市，总之出现时间很早[①]。

从考古发掘情况来看，中国早在史前时期已经形成了“早期城市”，但城市的称呼却出现得很晚，大约在战国时期，文献中才开始出现“城市”的称呼。《战国策·赵策一》提到“城市邑”。据《资治通鉴·周赧王五十三年》载：韩国“有城市邑十七。”胡三省注：“城市邑，言邑之有城市者，指言大邑也。”《韩非子·爱臣》云：“大臣之禄虽大，不得藉威城市。”自此，“城市”一词成为反映特殊地理实体的准确概念，一直沿用至今。

“从历史上看，古代、中世纪、近代和现代的城市，其内容和形态千差万别；从地理上看，城市有行政意义上、实体意义上和功能意义上的区别，……

---

①见《易·系辞》、《太平御览》卷191，引《古史考》、《世本》等。

城市包括了跨度极大的空间尺度[①]。” 对于城市的判识标准，现代各国都有明确的指标，而这种指标基本上都是计量的。譬如人口指标是目前世界各国所通行的城市的指标之一。大城市、中城市、小城市，都有人口的计量数值。但对于历史城市，要获得各种计量数据，实在非常困难。正如陈桥驿所说：“中国历史悠久，城市众多，要把每一个时代、每一个城市的人口计算出来，这实在是不可能的。其实，这不仅是中国，世界各国都有同样的困难……在这样的情况下，中国的历史城市研究者，常常采用一种不得已的历史城市标准，即凡是历史上曾经作为县一级政府驻地的聚落，就作为历史城市。”“在统计资料十分缺乏的古代，要在数量庞大的县邑之中区别哪些是历史城市，哪些不是历史城市，现在看来，这是很难做到的[②]”。尽管近些年来也有学者对这一标准颇有微词，但终究未能提出更好的解决方案，相反地这一标准被越来越多的学者所接受。不仅陈先生同时坦言：“对于历史城市的这个所谓行政标准，施坚雅实际上承认了它，而我虽然抱怨了它，却也无可奈何地接受了它；”葛剑雄也认为：“城市一般都是县级或县级以上行政机构的驻地，设有官署、监狱、仓库等一整套机构，居住着官吏及其家属、官私奴婢、士兵、囚徒等人。为了保证这些人的生活和满足官僚地主的享乐需要，又必须有商人和手工匠等人，因此城市一般也是经济中心。汉高祖开始在全国普遍筑城墙，城内虽也可能保留少量耕地，但在城内直接从事农业生产的人显然是很少的[③]；”周长山的《汉代城市研究》及其发表的一系列论文中即持此观点“我们将汉代郡县治所所在的行政统治据点定义为城市[④]”；而张继海在《汉代城市社会研究》中除沿用

①周一星：《城市地理学》，商务印书馆，1995年，第17页。

②陈桥驿：“中国城市历史地理·序”，载马正林：《中国城市历史地理》，山东教育出版社，1998年，第10—11页。

③葛剑雄：《西汉人口地理》，人民出版社，1986年，第114页。

④周长山：《汉代城市研究》，人民出版社，2001年，第121页。

了上述界定外，还以西汉时期存在的“有城墙的城”为据扩大了研究范围[①]。

本书在确定研究对象时就是基于历史城市的行政标准这一认识，即本书的城市是指西汉所有县级及其以上行政机构的治所，而对于西汉时期依然存在的为数众多的先秦古城只要不是西汉时期的郡县行政机构治所均不在本研究之内。

城市体系，作为一个科学的概念，在国外开始出现于20世纪60年代初期，是源于城市地理学与一般系统论的有机结合。一般来说，它是一个地区或国家内一系列相互依存，具有一定结构和功能的城市组合体。城市体系是一定地域内各种类型、不同等级的城市相互作用所形成的空间组织的综合反映[②]。它是具有一定的时空结构、相互联系的城市网络的有机整体[③]。本书着眼于西汉统治区内的城市体系的形成与演变，研究西汉区域城市体系的组织结构，包括等级规模结构、职能类型组合、空间联系等。

（二）权力与空间

在中西方文化中，“权力”都是一个古老的概念。在中国古代典籍中，“权”的概念有两个基本含义，一是衡量审度之义，如孔子说：“谨权量，审法度，修废官，四方之政行焉[④]。”孟子说：“权，然后知轻重[⑤]。”`二是制约别人的能力。如早期法家人物慎到认为，“贤而屈于不肖者，权轻也[⑥]。”后来的法家著作《管子》也指出：“欲用天下之权者，必先布德诸侯。”在西方，英语中的权力即power一词来自法语的pouvoir，法语的该词源于拉丁语的

①张继海：“汉代城市社会研究”，北京大学2002年博士研究生学位论文。

②中国大百科全书出版社编辑部：《中国大百科全书·地理学》，中国大百科全书出版社，1990年，第42页。

③顾朝林：《中国城镇体系——历史、现状、展望》，商务印书馆，1992年，第1页。

④《论语·尧曰》。

⑤《孟子·梁惠王上》。

⑥《慎子·威德》，《四库全书·子部杂家类一》。

potestas或potentia，意指能力，它们都是从拉丁语的动词potere即“能够”引申而来的。因此，西方的“权力”一词的基本含义是“能力”。

现代政治学中权力的定义有多种不同的说法，归纳起来不外乎以下几种。

（1）影响力说。权力是权力主体通过各种手段和方式对客体产生的一种影响力，从结果上看，权力就是主体对客体产生了切实的影响①。

（2）能力说。权力一般被认为是人际关系中的特定的影响力，是根据自己的目的去影响他人的能力②。

（3）关系说。权力是行动者之间的一种关系，一方与另一方之间有支配与被支配、制约与被制约的关系③。

本书权力是指社会公共权力，是全社会范围内的政治权力，政治主体对一定政治客体的制约能力和力量。它体现在政治主体为显示某种利益或原则的实际政治过程之中。它是以全社会成员的共同利益为基础的，在国家产生后，它表现为国家权力。政治权力概念反映的是各种政治实体之间的相互影响、相互作用和相互制约的一定方向和某种特定的实际结果。由于政治过程中的各种实体不是孤立和静止的，因此其相互关系中必然贯穿着权力现象。

城市是一个空间概念，具有双重空间特征。从空间角度来看，城市是由各种自然、社会、经济要素及城市各组成部门有机结合的地域单元，是一个面状空间类型。从城市与区域的关系上看，城市是区域经济、政治和文化的中心地，是一种点状空间类型。由此，作为面状空间的城市，是由一定物质要素构成的，如宫庙、街道、民居、市场以及各种要素间的各种关系，构成城市内部

①转引自罗伯特·达尔：《现代政治分析》，上海译文出版社，1987年，第60页。

②中国大百科全书出版社编辑部：《中国大百科全书·政治学》，中国大百科全书出版社，1992年，第498页。

③李延明：“论人民主权”，《当代思潮》，1994年第3期。

空间组织结构。作为点状空间类型城市间因存在着职能、等级、发展模式上的时空差异，形成区域城市的空间组织结构，或建立城市体系。

从政治权力的角度分析和探讨城市空间发展过程及规律是辩证思维在历史城市地理学研究中的体现。本书通过对权力客观要素构成、权力分配及权力运行方式和结果等几个方面的考察和西汉政治权力活动与地理空间实体城市之间的关系的阐述，揭示了我国古代城市发展的一般规律和机制。

春秋战国以来由区域自然地理特征差异及社会经济发展进程不同所形成的各诸侯国之间实力的空间对比导致了各诸侯国之间混战不休，先后出现的“春秋五霸”和“战国七雄”正是该时期社会政治格局的真实反映。他们借助于以争城略地为目标的战争形式，以实现对他国空间政治、经济、文化权力占有为直接目的，最终取得了当时社会政治结构中的霸主地位。因此，城市作为一个区域的社会政治、经济中心是该时期诸侯们角逐的目标。而城市作为统治阶级聚集区域，由内部权益分配不均引起的权力关系变化则将进一步影响到区域城市空间组织形式。由此，在中国古代社会，尤其在国家中央集权形成的过程中，政治权力是影响城市兴起、发展、分布及空间结构变化的关键性因素，而城市及其覆盖空间是政治权力的载体，唯有把握住这一点才能够全面正确认识我国古代城市的性质，揭示出中国古代城市的发展规律。

（三）区域划分

区域地理学是研究地球表面某一区域地理环境的形成、结构、特征和演化过程，以及区域分异规律和区际联系的学科①。区域研究是现代地理学发展方向之一，而区域历史地理学作为地理学的重要组成部分在理论上的探索早已有

①中国大百科全书出版社编辑部：《中国大百科全书·地理学》，中国大百科全书出版社，1990年，第6页。

之。20世纪90年代以来，侯甬坚认为："区域历史地理研究最重要的是从空间上对区域进行分区、分类、分级的研究，从时间上进行区域空间发展过程的研究，集中探讨区域内部的组织结构以揭示其区域特性，充分关注不同区域类型下的不同等级与同等级区域之间的疏密关系，以把握区域空间发展趋势，最终在高度综合、多维空间基础上形成区域发展系统，而这一结果，正是区域历史地理的研究方向[①]。"鲁西奇连续两篇文章就"历史地理研究中的区域问题[②]"进行探讨，他认为地区多样性包括景观的多样性和历史发展道路、模式的多样性，政区、移民、地理环境、经济类型、城市发展以及地方特权、方言、风俗是影响多样性区域之生成、演变的重要因素，地区多样性与中国历史发展的总体架构和走向有着密切的关系，而建立连续的区域历史地理剖面是历史区域地理研究的重要思路。

区域历史城市地理学作为区域历史地理的一个重要组成部分，其研究的首要任务也是分区研究。以历史时期的城市这一地理空间现象为研究对象，分别研究不同区域、不同等级、不同类型城市发展的空间过程及发展模式，揭示城市发展的时空规律，论述城市本质特性，探讨不同区域城市的内在关联性及其组合结构特征，全面把握不同时期城市的时代特性，剖析城市空间组织结构及其与时代政治生活主体的关系，应该是属于区域历史城市地理学的研究范畴。

"区域是地球表面上被某种特征所固定的空间系统"[③]，区域划分不是任意划定的地区，它研究的应该是一个有意义的地区，而区域的划定应当根据研究对象的特性进行划分。当然，任何一种人文地理现象都不是孤立的，因而本

①侯甬坚：《区域历史地理的空间发展过程》，陕西人民教育出版社，1995年，第12页。

②鲁西奇："论历史地理研究中的区域问题"，《武汉大学学报》，1996年第6期；"再论历史地理研究中的区域问题"，《武汉大学学报》，2000年第3期。

③吴殿廷：《区域分析与规划》，北京师范大学出版社，1999年。

书区划方案的确定就是在西汉时期存在的区划观念基础上，综合当时社会各种区划思想确定本书的区划标准和方案。

西汉时期的区域观念大多隐含于一些史籍中，常见的有行政区、经济区、文化区及方言区等。司马迁的《史记》、班固的《汉书》以及扬雄的《方言》为我们留下了宝贵的区划思想。西汉时期，广泛流行的区域观念有这几种：《禹贡》及《职方氏》的“九州”观、春秋战国以来形成的、人们所熟知的传统文化区、司马迁的“经济区”、西汉中央政府的“监察区”、郡县制下的“行政区”、朱赣的“风俗区”、扬雄的“方言区”等。

春秋时代的一百余国，经过不断兼并，到战国初年，见于文献的约有十几个国家，最终出现了秦、齐、楚、燕、韩、赵、魏七个实力比较雄厚的诸侯国。七国疆域四至分别是：秦国，东到黄河、函谷关与三晋为邻；南有巴蜀与楚国相接；西及西北与西戎和匈奴诸部接界。相当于西汉的京兆尹、左冯翊、右扶风、巴、蜀、广汉、武都、陇西、天水、安定诸郡。魏国，东有淮、颍与齐相邻；南有鸿沟与楚国为邻；西及黄河西岸与秦为邻；西南与韩为邻；北与赵国为邻。相当于《汉书·地理志》（后均简称《汉志》）的河东、河内、东郡、陈留诸郡部分地区。赵国，东包清河（今河北清河西）与齐为邻；南有漳河与魏为界；西有黄河与秦相望；北有燕国以易水为界；西北与匈奴为邻，领域相当广泛，相当于西汉初年的赵国、太原郡、上党部分地区。韩国，夹在魏与秦、楚之间，四周都是比较强大的国家，于《汉志》则为颍川、汝南及弘农郡部分区域。楚国，东到大海，南有苍梧（即湖北南部的九嶷山）与百越为邻；西至巴、黔而与秦为邻；北达中原，与韩、魏、齐相接，西汉将之分为三楚，区域辽阔，相当于西汉初年的楚、荆吴、淮南、长沙国等地。齐国，东濒大海，南有泰山与鲁为邻；西有清河与赵为邻；北有渤海与燕为邻，西汉末年分为12个郡国。燕国，东有辽东与朝鲜为邻；南和齐国交界；西有云中、九原与赵国相接；北有东胡、林胡、楼烦诸部，约占有今之河北北部、山西东北部和辽宁、吉林的一部分。西汉与战国相去不远，人们对七国疆界十分熟悉，加之秦汉统一王朝是建立在战争基础之上的，尽管西汉时期有意对战国区域进行了重新划分，但是，人们仍习惯于传统的说法，以至于现在人们经常所说的齐、鲁、燕、赵等区域概念仍脱不了战国区域的痕迹。

朱赣的"风俗区"、扬雄的"方言区"也是基于春秋战国形势基础形成的。秦汉王朝政治、军事上的统一，既不能消除人们心中的差异，更不能消弭各诸侯国之间文化的差异，传统的"风俗区"、"方言区"在新文化攻势下依然有顽强的生命力，即便处于信息时代的今天，产生在区域差异基础上的风俗、方言依然还存在着。所以，在遥远的西汉时期，这种差异只能是更为突出，笔者在《司马迁风俗区域与风俗文化》①一文中认为西汉时期在延续传统文化的同时，又增添了一些新的内容，形成了西汉风俗文化的新趋向。卢云在《汉晋文化地理》一书中，对文化要素进行综合评价，得出西汉时期文化繁荣区是：关中、关东六国、巴蜀等地区。另外，从司马迁《史记·货殖列传》中对楚地、齐地、河北赵魏等地的风俗描述也能看出，他生活的时代似乎还未迈出战国的历史之门。可以说，政治上结束战国是在秦代，而从文化上看，战国还远未结束，《史记》、《汉书》中记载了许多类于张仪、苏秦之流的辩士，即可视为战国文化的延续。传统文化的延续，更加强化了旧的空间格局的影响。秦晋方言多为普通用语，这与该地的政治中心地位是相适应的。

西汉时期两种九州观念依然存在，即所谓夏九州与周九州。"夏九州"指

①肖爱玲："司马迁风俗区域与风俗文化"，载《司马迁与〈史记〉研究》第4辑，陕西人民出版社，2000年，第527—543页。

《尚书·禹贡》“九州”：冀、兖、青、扬、荆、豫、雍、徐、梁；“周九州”指《周礼·职方》“九州”：冀、兖、青、扬、荆、豫、雍、幽、并。上述两种稍异的九州划分是西汉十四州部划分的基础[①]，由于西汉刺史无固定治所，本文只将之作为一级区域概念来使用。此外，较有影响的区划思想还有司马迁的四大经济区（或物产区）的划分，即山西、山东、江南和龙门碣石以北四大区域。

上述各种依据不同要素形成的区域观念对本书区划方案的产生有许多借鉴之处。西汉时期我国地域范围辽阔，区域差异显著，为突出反映研究对象的空间特征及发展规律，本书依据西汉行政区演变的时空特征，在系统剖析西汉不同级别的城市类型的区域差异基础上，将全国划分为三个大区：诸侯王国区、汉郡统辖区及拓展区，不同区域内还可划分出一些亚区。

诸侯王国区、汉郡统辖区及拓展区三大管理区的概念是自西汉初年逐步形成的。西汉初年，地方行政制度实行的是郡国并行制度，即在战国六国旧地推行的是封国制，而在汉中央直接控制的地区实行的是郡县制。两种制度于高祖十二年（公元前195年）时形成了两个均质区域，即在诸侯国区内没有汉郡的存在，同样在汉郡内也没有诸侯国的存在，两大分区的界线北起云中与定襄郡界向南沿今山陕黄河河谷至太原郡与河东郡界东下，经上党郡北界，穿魏郡涉、内黄县北，东郡东北聊城、茌平、东阿、甄城，过陈留之酸枣、陈留、尉氏东，再经汝南中部至南阳郡南下，穿江夏郡郡治东向南一线，该线以东至大海为诸侯王国区，以西为汉郡区。此时汉郡区的西北、西南、南方、东南部以及诸侯国的东北地区均不在西汉版图内，秦部分郡县也落入其他民族政权手

①如西汉十三州刺史部兼有两九州共有的七州（雍改为凉）及相异的四州［徐、梁（改为益）和幽、并］，或许正因为两九州是规划十三州的基础，班固在《汉志》开篇就收载了两九州的内容。

中。高祖十二年（公元前195年）西汉的西部边界北起汉五原西北境，向南经上郡、北地、安定、天水、陇西西部、武都、广汉，经严道西部达蜀郡，至南安、沿青弋江水至犍为郡治僰道，顺江而下达巴郡南部，过南郡南部，以东与郡国界相接，该线以东以北地区为汉郡区，而以西以南地区则为西汉武帝时武力征伐的区域，形成武帝之后的拓展区（表1—1）。

表1—1 西汉区域划分

<table>
<tr><th>区域类型</th><th>州部</th><th>郡 国①</th><th>面积(万km²)</th><th>城市数量</th><th>密度(每万km²城市数)</th></tr>
<tr><td rowspan="10">诸侯王国区</td><td>幽</td><td>广阳国、涿郡、渤海、上谷、渔阳、右北平、辽西、辽东</td><td rowspan="10">167.80</td><td rowspan="10">966</td><td rowspan="10">5.77</td></tr>
<tr><td>冀</td><td>中山国、常山、真定国、巨鹿、河间国、信都、清河、赵国、广平、魏郡</td></tr>
<tr><td>青</td><td>平原、千乘、济南、齐郡、菑川国、北海、高密国、东莱、胶东国</td></tr>
<tr><td>兖</td><td>东郡、东平国、定陶国、山阳、陈留、泰山、城阳国、淮阳国</td></tr>
<tr><td>徐</td><td>楚国、琅邪、东海、泗水国、临淮、广陵国</td></tr>
<tr><td>豫</td><td>颍川、汝南、沛郡、鲁国、梁国</td></tr>
<tr><td>扬</td><td>九江、庐江、六安国、丹阳、会稽、豫章</td></tr>
<tr><td>荆</td><td>江夏、长沙国、桂阳、武陵、零陵</td></tr>
<tr><td>并</td><td>太原、定襄、雁门、代、西河（河东部分）</td></tr>
</table>

①本文所用郡国名称，非特别说明，均指《汉志》所载的郡国名。

续表

<table>
<tr><th>区域类型</th><th>州部</th><th>郡 国</th><th>面积(万km²)</th><th>城市数量</th><th>密度(每万km²城市数)</th></tr>
<tr><td rowspan="6">汉郡统辖区</td><td>司隶</td><td>京兆尹、左冯翊、右扶风、弘农、河东、河内、河南</td><td rowspan="6">89.18</td><td rowspan="6">394</td><td rowspan="6">4.42</td></tr>
<tr><td>朔方</td><td>北地、上、五原、西河（河西部分）</td></tr>
<tr><td>并</td><td>上党、云中</td></tr>
<tr><td>凉</td><td>陇西、天水、安定</td></tr>
<tr><td>益</td><td>汉中、广汉、蜀、巴</td></tr>
<tr><td>荆</td><td>南阳、南</td></tr>
<tr><td rowspan="5">拓展区</td><td>凉</td><td>金城、武威、张掖、酒泉、敦煌</td><td rowspan="5">155.93</td><td rowspan="5">218</td><td rowspan="5">1.40</td></tr>
<tr><td>交趾</td><td>南海、郁林、苍梧、交趾、合浦、九真、日南</td></tr>
<tr><td>益</td><td>犍为、越巂、益州、牂柯、武都</td></tr>
<tr><td>幽</td><td>玄菟、乐浪</td></tr>
<tr><td>朔方</td><td>朔方</td></tr>
<tr><td>合计</td><td>14</td><td>103郡国</td><td>412.91</td><td>1578</td><td></td></tr>
</table>

说明：1. 本表诸侯王国区与汉郡区、汉郡区与拓展区之分界均以高祖十二年（公元前195年）为断；三大区西汉末年郡国数量之比为61：22：20；郡级城市数量比为61：20：20。

2. 虽然分区是以高祖十二年为界，参考此时行政区划情况，但又不能完全按照它确定区划，还必须考虑西汉末年行政区及传统文化的影响。所以，魏郡虽然在高后二年时有4城（涉、内黄、繁阳、武安）属中央直辖，因其自战国时即为赵国之地，且汉初又不曾设为郡，故依然将之划入东部诸侯王国区内；东郡，虽然高祖时只有很少部分地区属于诸侯国辖域（高后二年东郡大部分城市属于中央管理），但由于其与河水以东的梁国等地同属兖州，故也划入此区；颍川郡，高帝时虽不属于淮阳国，但此处考虑其地理及所属豫州之域的完整性，亦入东部地区；江夏郡西部汉初时属南郡，考虑西汉末年政区的完整性，亦划入诸侯国区。

3. 西河郡由黄河东西两部分组成，而且在西河郡设置之前，它们使用亦河为界分属于诸侯国和汉郡区，在统计各区面积时，不能笼统地将西河郡面积划入某一类型区网格测量法，西河郡东部面积计为2.17万km²，西部计为3.26万km²。

4. 为全面显示武帝新拓展区城市发展情况，朔方郡、玄菟郡、乐浪郡均划入该区。

三大区域内的城市类型有很大区别，首先诸侯王国区有十个诸侯王都城，汉郡区也仅有十五个汉郡治所城市，拓展区因为划入西汉版图的时间较晚，将它们统一划为一种类型。区域是一个动态的有机整体，区域边界的变化是空间地理现象发展的必然趋势。但是在相对静止的区域范围内研究空间对象的时空特征，能够更深刻地从区域对比角度突出研究对象的区域发展特征。

三大类型区内还可依据区域经济文化之差异，细分出一些亚区，比如，笔者在考察城市分布区域差异时，将东部诸侯王国地区根据西汉初年（公元前195年）所形成的诸侯国境域划分为十个亚区：齐地、赵地、燕地、楚地、梁地、吴地、淮阳、淮南、长沙、代等地。

（四）研究时段

本书研究的时段起自汉高祖五年（公元前202年），刘邦于定陶汜水边即帝位，开始逐步推行郡县制、分封诸侯王、功臣、赐地食邑等各项政策，止于《汉志》断限的成帝末年。

关于《汉志》的断代问题，早已引起学者们的注意。钱大昕以为“班志郡国之名，以元始二年户口籍为断，其侯国之名，则以成帝元延之末为断[①]。”周振鹤认为：“既然绥和元年以后的侯国名目《汉志》不予登录，是证《汉志》各郡国所属县目（即各郡国之领域）乃以元延绥和之交为断。”并由此推断，“《汉志》事实上乃是两份资料的混合物。一份是平帝元始二年各郡国的户口籍，另一份大抵是成帝元延绥和之际各郡国的版图（即所属县目）。”且“换句话说，《汉志》的郡国名只与户口籍相对应，而与县目无关[②]。”笔者认为钱、周两位考证结论多有可取之处，但是，对于二氏推断《汉志》侯国登录的年代仅止于成帝元延末年的结论稍有不同。笔者认为《汉志》记载的西汉

①［清］钱大昕：《廿二史考异》，上海古籍出版社，2004年。
②周振鹤：《西汉政区地理》，人民出版社，1987年，第22—23页。

末年侯国城市名目应有明确的时间断限，即成帝绥和二年三月，成帝去世之前，主要依据如下。

（1）《汉书》各表在分时段记载侯者时比较注意诸帝王之间的衔接，各侯者表记各帝王所封侯者时限均以其去世时间为断。如，高后八年闰九月文帝继位，而高八年四月所封建陵侯仍计入高后所封者表中。相反在帝王驾崩当月所封侯者则记入新继位帝王的纪年中，如文帝时外戚窦广国、窦彭祖封于文帝后元七年六月，但文帝驾崩于此月，所以《外戚侯者表》将此二侯列入景帝侯者表中。同样，景帝后元三年三月所封武安侯城、周阳侯城亦列入武帝时侯者表中。所以，《汉书》表中的时间概念是非常清楚的，还有更为精确的例证，比如，阳武侯刘询封于昭帝元平元年七月，但昭帝崩于此月，若按照文帝末情景，阳武后就应当列入宣帝侯者表中，但仍在昭帝侯者表中，原因就在于阳武侯刘询所封当日继皇帝位，那么阳武侯的封号既不是昭帝所封、也不是做了27天皇帝的刘贺情愿所封，肯定是出于当权者的意图，出于多方面考虑，此侯只得列入昭帝侯者表中。但也有例外，如若将阳武侯列入昭帝侯者表中出于为当权者讳的意图，那么，昭帝元平元年九月所封阳平侯无论如何都不应当列入昭帝侯者表中了。其他还有类似的例子，就不一一列举了。所以，可以看出，各表出现的上述矛盾现象，就在于各帝王驾崩之时并非在年末，且往往先帝驾崩的当日新帝宣布即位，那么，这样就给诸侯纪年带来了困难。但是，《汉书》的作者班固乃东汉时人，记载前朝之事应当有较为充分而完整的资料，尤其是西汉末年诸帝时期更应如此。况且，各诸侯王国封侯，最后都必须经皇帝裁定的，因而都应有文案可查，所以，不要说成帝绥和元年的封侯应当被计入《汉志》，就是绥和二年三月成帝驾崩之前所封侯者也都是应当记录在内的。

（2）正因为《汉书》各表的时间特征，那么，《汉志》在时间段的截取上同样会注意到这一问题。只是成帝末年侯国城市的兴废较西汉前期更为频繁，很难用确定的某一时间点作为统一标准，所以本书提出《汉志》侯国城市名目的确定是以成帝延绥至成帝末年，即绥和二年三月为下限的。

（3）就此论点的史料依据是：《汉书·外戚恩泽侯表》："成（城）都景成侯商……绥和二年，坐山陵未成置酒歌舞免"、"高阳侯薛宣，以丞相侯，鸿嘉元年四月庚辰封，永始二年，坐西州盗贼群辈免，其年复封，十年，绥和二年，坐不忠孝，父子贼伤近臣免"。《汉志》"山阳郡""城都"下、"琅邪郡""高阳"下均注为侯国，很显然《汉志》侯国之名应以成帝绥和二年为限。同表又载："博山简烈侯孔光以丞相侯，（成帝）绥和二年三月丙戌封"，《汉志》"南阳郡""博山"下亦注为侯国。另外，《汉书》诸侯者表中，成帝绥和二年三月之后所封列侯，《汉志》均不注侯国。因此，作者断《汉志》侯国之名以成帝绥和二年三月，即以成帝去世之时为下限。

（4）第二章第二节所附西汉末年侯国城市一览表，与周振鹤所补侯国城市最根本分歧就在于：成帝绥和年间的封侯应不应当计入《汉志》的问题。周先生也正是本着《汉志》记载侯国以成帝元延末年的观点来补入的，所以，难以补足其数，其所推《汉志》侯国城市也是依此时限。但是，如果将《汉志》确定的侯国城市的名目以成帝末为断，则不存在数量上的问题，而且周先生存疑的泰山郡柴城、北海郡少瓠城亦可释然。

（5）综上所述，笔者认为《汉志》记载侯国总量应当是正确的，其统计的最后时限当为成帝去世时的公元前7年3月，以此为限，《汉志》应记载的侯国刚好有241个。

已有研究者注意到《汉志》中所注诸侯国数量与总量不符的问题，对此笔者的解释是：《汉志》在传抄过程中的遗漏或文法等问题造成的。比如，《汉志》“沛郡”下注明侯国的只有12个，但据诸表统计沛郡当有16个侯国，无注的4个是：漂阳、东乡、临都、义成。那么是什么原因造成的呢？首先，我们来看《汉志》相关记载：“漂阳，平阿，侯国……东乡，临都，义成，祁乡，侯国。”很显然平阿、祁乡是侯国没有问题，其余四个依《汉志》叙述方式来讲不应是侯国，然结合《汉书》诸表的记载，这四个侯国至成帝末年尚存。其中漂阳、东乡、临都是元帝建昭元年正月所封的梁敬王子侯国，义成为元帝竟宁元年四月甘延寿因军功而封，是为功臣侯国。上述侯国在各表中没有具明其子嗣免的时间，即可认为其在成帝末年尚在，清吴卓信《汉书地理志补注》[①]、周振鹤亦都认为此四县为侯国[②]。类似的例子在《汉志》中还有一些，就不一一列举了。这就是我在补充西汉末年侯国时的依据，如果这一认识能够成立，那么，不但西汉末年侯国城市总量、名目均可确定，《汉志》侯国城市名目的断代亦可确定，而且《汉志》中部分内容的标点还要作一点修正，如可按现代文法句逗原则，可将《汉志》沛郡上述内容改变为：“漂阳、平阿，侯国……东乡、临都、义成、祁乡，侯国。”这样就不致产生误解了。

①二十五史刊行委员会：《二十五史补编》（一），中华书局，1955年，第173—174页。
②周振鹤：《西汉政区地理》，人民出版社，1987年，第240页。

第二章 西汉城市发展的时空特征

郡县制产生于先秦，定型于秦汉；源于西周以来的领地和采邑制，但在具体内容上又有很大不同。西周采邑有土有民，是私邑，具有相对独立性，而秦汉的郡县制临民而治，即无土无民，郡县管理者仅食有俸禄。郡县的产生可能经过两个阶段，第一阶段是食田的县制代替了食邑的采邑制；第二阶段是食禄的郡县两级官僚制度更趋于完善[①]。事实上，采邑制与郡县制最重要的一个差别就是二者所处政治结构的不同，前者是血缘政治的产物，后者则是地缘政治作用的结果。西汉初年实行的郡国并行制是由血缘政治向地缘政治过渡时期帝国采取的一种管理形式，也是中国古代中央集权发展的一个重要环节，西汉中期之后，诸侯王国权力和性质均发生了改变，诸侯王不治民，仅衣食租税的政治、经济特征，说明此时诸侯国只存有诸侯国的形式，而不再

①周振鹤："县制起源三阶段说"，《中国历史地理论丛》，1997年第3辑。

具有初期诸侯的内涵了，郡县由此得以确立。尽管诸侯国性质的改变能够反映中央与地方权力关系的演变，但由于其与本书主题空间概念稍远，所以这里仅从诸侯国数量变化及其与辖域的关系层面反映中央权力是通过何种方式占有地方空间的。

西汉初年实行郡国并行制，郡级城市包括一般汉郡治所和诸侯王都；县级城市则包含一般的县、太后公主的食邑城市、少数民族聚集地的道城及侯国城市四类。《史记》中某诸侯王多少城即《汉书》中某诸侯王王多少县，“城”与“县”是同一个概念。由此说明，古代中国存在着城与县的互用现象，城市不仅表示城圈范围，还代表了城市所拥有的腹地[①]。另外，《汉志》记载西汉末年各郡国辖县情况，一般而言各郡国下首县即为该郡国治所，即本书所谓的郡级城市，它们是该郡国范围内的区域中心城市。本章将分为两节叙述西汉郡级和县级城市的发展与分布特征。首先论述西汉时期郡级城市的发展及其分布特征，以揭示西汉大城市与西汉社会政治、经济、文化发展的一般规律；其次是县级城市的相关问题。

第一节　郡级城市发展的时空特征

西汉时期郡级城市从时空发展角度看，很明显地可以汉武帝时代为基点划分为前后两个阶段，第一阶段就是陆续开置秦三十六郡；第二阶段拓展三边。两大阶段西汉郡国城市的发展是否能够与《汉志》所言“自高祖增二十六，文、景各六，武帝二十八，昭帝一，讫于孝平，凡郡国一百三”一一指实，还有待于对文献的挖掘与考古资料的新发现，这里就现有史料进行分析，尽力复

①周一星、陈彦光等：《城市与城市地理》：“几乎我国所有见诸文字的关于‘城市’的数据资料，都不代表城市而代表的是一个广阔的区域”，人民教育出版社，2003年，第10页。

原西汉郡国城市的发展史，并就城市与社会经济发展之间的关系尝试分析。

一、郡级城市数量的增长

郡县制作为一种行政管理制度来推行始于秦，西汉时期渐成定制。西汉初年百废待兴之际，中央政权行政管理方所作的主要工作就是对秦郡的改造，它包括两个不同内容的改造方式，其一是对秦郡的继承，其二是对秦旧郡进行重新调整，多表现为对秦旧郡的开置。而这两种不同的改造方式又分别在不同的管理区内进行，这样也使得自汉初境内就很明显地形成了各具特色的两大区域：一个是中部中央直辖汉郡区，另一个就是东部诸侯王国区，此即所谓的郡国并行制。中央对地方郡国采取的不同态度、措施，是本次区域划分的主要依据。西汉初年，诸侯王有很大政治经济特权，这一特权的被取消就是中央帝王与诸侯王之间的政治权力争夺的结束，其实质就是中央与地方权力相互制衡，这一问题与整个社会发展相始终，直到目前仍是政区管理领域探讨的重要内容之一。西汉郡与国的相互更替使得这一时期郡国城市的数量不断发生变化，并呈现一定的阶段性特征。

（一）秦郡城数量的确定

《汉志》曰“本秦京师为内史，分天下作三十六郡。汉兴，以其郡太大，稍复开置……故自高祖增二十六……”很显然，西汉一代的行政区划是以秦始皇所划分的三十六郡为基础的。那么，这三十六郡究竟是哪三十六郡，则有不同的认识。

关于秦郡数量，前辈学人多有争讼，陈芳绩《历代地理沿革表》、洪亮吉

《卷施阁文家集·与钱少詹论地理书》、王鸣盛《十七史商榷》、杨守敬《历代舆地图·秦郡县图·序》、全祖望《汉书地理志稽疑》、毛岳生《休复居集·秦三十六郡说》、姚鼐《惜抱轩集·项羽王九郡考》、梁玉绳《史记志疑》、钱大昕的《潜研堂文集》、《秦四十郡考》、《秦三十六郡考》及《廿二史考异》、王国维《观堂集林·秦郡考》、钱穆《秦三十六郡考》及《考补》、谭其骧《秦郡新考》等有“三十六郡”、“四十郡”、“四十一郡”、“四十二郡”、“四十六郡”、“四十八郡”诸说，其间产生异议之根源在于对“秦初之郡”、“秦末之郡”的判断标准的认识上；另外，在文献排比与解读上的差异应是导致不同结论产生的另一诱因。本书无意辨别孰是孰非，仅以谭其骧48郡[①]之说为是。所以，在秦朝末年的秦境内，包括都城在内，当有49个较大的城市（表2—1）。

表2—1 秦末郡城

郡名	治城	治城今地	郡名	治城	治城今地
上郡	肤施	陕西榆林市南	邯郸	邯郸	河北邯郸市
汉中	南郑	陕西汉中市	巨鹿	巨鹿	河北平乡西南
巴郡	江州	重庆市江北	太原	晋阳	山西太原市西南
蜀郡	成都	四川成都市	上党	长子	山西长子西南
陇西	狄道	甘肃临洮	雁门	善无	山西右玉西
北地	义渠	甘肃西峰市	代郡	代县	河北蔚县西北
三川	洛阳	河南洛阳市东	云中	云中	内蒙古托克托东北
颍川	阳翟	河南禹州市	南郡	江陵	湖北荆州市
河东	安邑	山西夏县西北	南阳	宛县	河南南阳市
东郡	濮阳	河南濮阳市南	泗水	相县	安徽濉溪西北
砀郡	睢阳	河南商丘市南	薛郡	鲁县	山东曲阜市

①谭其骧：《简明中国历史地图集》“秦时期图说”，中国地图出版社，1991年。

续表

郡名	治城	治城今地	郡名	治城	治城今地
会稽	吴县	江苏苏州市	九江	寿春	安徽寿县
上谷	沮阳	河北怀来东南	长沙	临湘	湖南长沙市
渔阳	渔阳	北京密云西南	桂林		广西百色西北
右北平	无终	天津蓟县	象郡	临尘	广西崇左
辽西	阳乐	辽宁义县西	九原	九原	内蒙古包头市
辽东	襄平	辽宁辽阳市	东海	郯县	山东郯城北
临淄	临淄	山东淄博市临淄	恒山	东垣	河北石家庄市东
琅邪	琅邪	山东胶南市西南	济北	博阳	山东泰安市东南
黔中		湖南沅陵西南	胶东	即墨	山东平度市东南
广阳	蓟县	北京市西南	河内	怀县	河南武陟西南
陈郡	陈县	河南淮阳	衡山	邾县	湖北黄冈市北
闽中	东冶	福建福州市	鄣郡	鄣县	浙江安吉西北
南海	番禺	广东广州市	庐江	鄱阳	江西波阳东北

资料来源：谭其骧：《简明中国历史地图集·秦时期图说》、《中国分省地图册》。

说明：1. 据诸史家考证，本表南海、桂林、象郡、九原、东海、恒山、济北、胶东、河内、衡山、鄣郡、庐江12郡为秦始皇二十六年之后所置之郡，班固所言“三十六郡”或许即是此12郡之外者。此外，表中郡级城市有两处难以确定（黔中郡、桂林郡），其原因有二：一种情况是它们存在的时间较短，另一种情况由于地形及地缘政治结构的变化，城市废弃不用。鉴于此，秦末年，除首都咸阳之外，尚有48个二级城市分布在秦帝国版图上。

2. 古时不强调城市的记载，经常是以国、郡、县名代替城市名，所以本书各表将城市所属郡国列于城市前边，有时也以郡国代替城市，而在郡国与城市不统一时做出说明。

（二）楚汉时期诸侯王都的变化

公元前206年，秦亡之后，项羽背约分封诸王，西楚之外尚有18个诸侯王国，共辖支郡40个；公元前202年，汉王朝建立之后，刘邦对楚汉间拥兵占地、已行割据之实的7个异姓诸侯王予以确认。两次分封的诸侯王都均为这一过渡时期全国较为重要的城市（表2—2）。

表2—2 项羽所封诸侯王都

国别	王名	都城	今 地	国别	王名	都城	今 地
西楚	项羽	彭城	江苏徐州市		义帝	郴	湖南郴州市
汉	刘邦	南郑	陕西汉中市	雍	章邯	废丘	陕西兴平市东南
衡山	吴芮	邾	湖北黄冈市北	塞	司马欣	栎阳	陕西西安市阎良区武屯东
临江	共敖	江陵	湖北荆州市	翟	董翳	高奴	陕西延安市
九江	英布	六	安徽六安市	西魏	魏豹	平阳	山西临汾市区
临淄	田都	临淄	山东淄博市临淄区	殷	司马卬	朝歌	河南淇县
胶东	田市	即墨	山东平度市东南	河南	申阳	洛阳	河南洛阳市东
济北	田安	博阳	山东泰安市东南	韩	韩成	阳翟	河南禹州市
燕	臧荼	蓟	北京市西南	常山	张耳	襄国	河北邢台市
辽东	韩广	无终	天津蓟县	代	赵歇	代	河北蔚县东北

资料来源：《史记·秦楚之际月表》、《史记·项羽本纪》、《汉书·异姓诸侯王表》。

说明：郴，作为义帝之都虽然没有来得及使用，但是作为王都已成为实事，故列于表内。

通过对表2—2与表2—1对比可知，公元前206年，19个诸侯国都中有11个沿用了秦末郡城，有8个郡城为新提升的；此时所辖的40个郡，其中有35个郡沿用了秦时旧名，然郡城有所迁徙或改变，5个郡的郡名是新生的；秦末48郡中有14个郡名已不存在，秦三川郡改为河南郡（仍治洛阳城）。

楚汉相争过程中，刘邦在推行郡县制的同时，实行封国制。在汉军攻占的一些地区恢复和开置了部分秦郡，如：高祖元年（公元前206年），置渭南、河上和上郡；高祖二年，置河南、河内、中地、北地、陇西、河东、上党和太原郡；高祖三年，置常山和代郡。豫章分自秦庐江郡，武陵分自秦黔中郡。云中、雁门、代郡三郡直至高祖六年封刘喜为代王时仍为遥领[①]。与此同时高祖为取得战争的最终胜利，还分封了7个异姓诸侯王（表2—3）。

---

①《汉书》卷1《高帝纪》：六年："春正月……以云中、雁门、代郡五十三县，立兄宜信侯为代王"；《史记》卷8《高祖本纪》：七年："令樊哙止定代地，立兄仲为代王"；《史记》卷110《匈奴传》："是时汉兵与项羽相距，中国罢于兵革，以故冒顿自彊……而单于之庭直代云中"。

表2—3 高祖五年（公元前202年）郡国形势

	国名	王名	王都	今 址	始封年月	存在时间
异姓诸侯王	韩	韩王信	阳翟	河南禹州市	前205年11月	52个月
	赵	张耳	襄国	河北邢台市	前203年11月	6年
	淮南	英布	六	安徽六安市	前203年7月	约8年
	楚	韩信	下邳	江苏邳州市古邳镇	前202年10月	13个月
	梁	彭越	定陶	山东定陶西北	前202年10月	约6年
	燕	卢绾	蓟	北京市西南	前202年后9月	6年
	长沙	吴芮	临湘	湖南长沙市	前202年2月	50年
汉郡*	河上、渭南、中地、上郡、北地、陇西、汉中、巴郡、蜀郡、太原、上党、河东、河内、河南、南阳、南郡、东郡、临淄、济北、胶东、琅邪　共21郡					

资料来源：《史记·汉兴以来诸侯王表》、《汉书·异姓诸侯王表》、《汉书·汉兴以来诸侯王表》、《西汉政区地理》。

说明：*以下诸表中汉郡治城不再单列，除个别城市之外，各郡治城与汉末一致，其间变化将记述在西汉末年郡国治所城市时说明。

对比上述三表，我们可以发现，表2—2、表2—3的诸侯王都基本以秦郡城为依托，而稍有变化。具体而言表2—2中除彭城、栎阳、平阳、废丘、高奴、朝歌之外，均为秦郡治旧城；表2—3则有下邳、定陶既不是秦郡治城，也不为项羽所封之都；这些超出秦郡旧治的都城并非新产生之城，它们有着比某些秦郡还要久远的历史，而在先秦史籍中屡有记载。例如，彭城是春秋战国时期吴越进入中原之地的交通枢纽，栎阳是战国秦都，平阳早就有“尧都平阳之说”……定陶更是中原地区的交通发达、货物集散之地，它们在战乱之际不再为都，说明其地形地貌特征等不利于军事攻守，但在经济转入正轨之后这类城市还将发挥其经济上的功能。因此，可以这样说，对历史城市的延续使用是中国城市拥有悠久历史的重要原因。

另外，从秦末的48处郡治之城、项羽时19王国之都城及西汉初期21汉郡城与7个异姓王都来看，全国大城市数量呈缩减趋势，其最重要原因就是疆域的缩小及战争因素的影响。

（三）西汉郡城的变化

表2—3既是楚汉战争结束时西汉境内部分重要城市的分布状况，亦是本书将研究的郡级城市的初始状态。以下主要依据《史记》、《汉书》中《诸侯王表》（考见本节所附表）的记载，将几个变化显著的时间点作为横截面，分阶段展示西汉郡国数量的变化，以突出200年来城市变化的时间特征，时间点的选择是由西汉历史中对郡国城市发展有较大影响的历史事件来确定的。

（1）高祖末年十王国与十五汉郡的对立。异姓诸王的存在严重危及了中央汉王朝的统治，西汉统治层在总结秦亡教训之中，逐一铲除异姓诸王成为既定国策。高祖前后用了七年时间，基本消除了异姓诸侯王国，又在对相应地区调整的基础上分封同姓王作为屏藩捍卫边境之安全的地方势力。“尊王子弟，大启九国”①，加上长沙王吴芮，至高祖末年（公元前195年），出现了十个诸侯王国与十五汉郡并存的局面②。而此时的诸侯王国大者“跨州兼郡，连城数十”，与秦独立的郡相比，出现了“矫枉过正”的现象，详细情况可由表2—4来直观反映。

表2—4　高祖十二年（公元前195年）郡国形势

	国名	王名	王都	今址	始封年月
诸侯王都（10）	楚	刘交	彭城	江苏徐州市	公元前201年正月
	齐	刘肥	临淄	山东淄博市临淄区	公元前201年正月
	赵	刘如意	邯郸	河北邯郸市	公元前198年正月
	代	刘恒	晋阳	山西太原市晋源区	公元前196年正月
	梁	刘恢	定陶	山东定陶西北	公元前196年3月
	淮阳*	刘友	陈	河南淮阳	公元前196年3月
	淮南	刘长	寿春	安徽寿县城关镇东门外	公元前196年7月
	吴	刘濞	广陵	江苏扬州市北	公元前195年10月
	燕	刘建	蓟	北京市西南	公元前195年12月
	长沙	吴芮	临湘	湖南长沙市	公元前202年2月

①《汉书》卷14《诸侯王表序》。

②《史记》卷17《汉兴以来诸侯王年表》：“高祖末年，……高祖子弟同姓为王者九国，虽独长沙异姓，……”而汉独有“三河、东郡、颍川、南阳，自江陵以西至蜀，北自云中至陇西，与内史凡十五郡。”

续表

	国名	王名	王都	今址	始封年月
汉郡**（15）	内史、北地、陇西、汉中、巴郡、蜀郡、广汉、上郡、云中、上党、河东、河内、河南、南阳、南郡				

资料来源：《史记·汉兴以来诸侯王年表》、《汉书·诸侯王年表》、《西汉政区地理》。

说明：*惠帝二年，淮阳国除，二郡属汉。高后元年复置淮阳国，仅辖陈一郡。

**周振鹤通过对《张家山汉墓竹简·二年律令》"秩律"的研究指出西汉初年汉郡除文中所及的15个之外，尚有颍川郡，部分东郡及陈郡县亦在此列，只是可能当时没有单独设郡。"《二年律令·秩律》的历史地理意义"，《学术月刊》，2003年第1期。

本表合计"十五汉郡与十王国"，其中十王国共有边、支郡36个。博阳析自济北，胶西、城阳析自琅邪，河间、中山、清河源自赵旧地，定襄析云中置，东阳析自东海郡，广汉分蜀郡南部置；河上、渭南、中地又合为内史。显然，高祖末年的郡国情况与《汉志》所言"自高祖增二十六"的统计结果不符。那么从高祖为汉王以来的情况看，明言为高祖所置之郡大概有26个，此26郡名目如下：高祖元年（公元前206年）所置渭南、河上和上郡；高祖二年（公元前205年）所置河南、河内、中地、北地、陇西、河东、上党和太原郡；高祖三年（公元前204年）置常山和代郡、分秦庐江置豫章郡、分秦黔中郡置武陵郡；高祖六年（公元前201年）置博阳、胶西、城阳、东阳、广汉、云中、雁门诸郡；高祖十一年（公元前196年），析赵旧地置河间、中山、清河郡，析云中置定襄郡。

（2）"削藩"策之后，郡国数量的大幅度增长。景帝即位之后，为进一步消除东方诸侯的实力，采取了与文帝不同的"削藩"之策，用直接削地的办法夺取诸侯王的封地。然而这一措施直接触犯了诸侯王的根本利益，引起了诸侯的恐慌，所以引发了以吴楚为首的赵、济南、淄川、胶西、胶东的7个诸侯王的叛乱。叛乱平息后，景帝乘胜大幅度削减诸侯王国辖域，以部分汉郡及所削诸侯国支郡分置新的诸侯国或成为直属中央的汉郡，到公元前153年底共有诸侯王国19个，汉郡43个（表2—5）。随后又于景中六年（公元前144年）分梁为5国①。所以，景帝期间，曾先后分封亲子17人次为王②，是西汉分封诸侯王最多的一位帝王。

表2—5 景帝四年（公元前153年）郡国形势

	国名	王名	王都	今址	国名	王名	王都	今址
诸侯王都(19)	楚	刘礼	彭城	江苏徐州市	河间	刘德	乐成	河北献县东南
	鲁	刘馀	鲁	山东曲阜市	广川	刘彭祖	信都	河北冀州市
	中山	刘胜	庐奴	河北定州市	淄川	刘志	剧	山东昌乐县西
	齐	刘寿	临淄	山东淄博市临淄区	济北	刘勃	卢县	山东长清县南
	江都	刘非	江都	江苏扬州市南	胶东	刘彻	即墨	山东平度市古岘镇
	淮南	刘安	寿春	安徽寿县城关镇东门外	胶西	刘端	高密	山东高密市西
	衡山	刘赐	邾	湖北黄冈市北	城阳	刘喜	莒	山东莒县
	梁	刘武	砀	河南夏邑县东	长沙	刘发	临湘	湖南长沙市
	燕	刘嘉	蓟	北京市西南	临江	刘於	江陵	湖北荆州市
	代	刘登	晋阳	山西太原市晋源区				
汉郡(43)	沛、东海、吴、淮阳、汝南、颍川、庐江、豫章、上谷、渔阳、右北平、辽东、辽西、定襄、雁门、代、渤海、常山、邯郸、清河、巨鹿、平原、济南、东莱、琅邪、武陵、桂阳、北海（28）							
	左内史、右内史、北地、陇西、汉中、巴郡、蜀郡、广汉、上郡、云中、上党、河东、河内、河南、南阳（15）							

资料来源：《史记·汉兴以来诸侯王年表》、《汉书·诸侯王年表》、《西汉政区地理》。

---

①《史记集解》徐广曰："济阴、济川、济东、山阳也"。

②《史记》卷17《汉兴以来诸侯年表》：景二年（公元前155年）封河间献王刘德、临江哀王刘於、淮阳王刘馀、汝南王刘非、广川王刘彭祖、长沙定王刘发；景三年（公元前154年）封鲁共王刘馀、江都易王刘非、胶西于王刘端、中山靖王刘胜；景四年（公元前153年）封胶东王刘彻；景五年（公元前152年）封赵敬肃王刘彭祖；景七年（公元前150年）封临江愍王刘荣；景中二年（公元前148年）封广川惠王刘越、胶东康王刘寄；景中三年（公元前147年）封清河哀王刘乘；景中五年（公元前145年）封常山宪王刘舜。其中刘馀、刘非、刘彭祖有转徙，刘彻改为皇太子。

说明：1. 表中汉郡栏中分为两个部分，上部分是从原诸侯王国区域内划分出来的直属中央的汉郡，下部分则是原汉郡区内汉郡名目，这样做的目的是为了更加直观地反映中央皇权是如何通过在诸侯国地区设置汉郡的方式实现其占有诸侯王国的目的。以下各表相同。

2. 虽然内史分为左右内史，但南郡置为临江国，所以汉郡数量仍为15个，但原汉郡区郡级城市总数保持不变（包括临江国都江陵在内），其原因就在于左右内史同治长安城内。下面右扶风的设置如同左右内史，只加郡数而治城不加。

（3）武帝时期，因拓边而引起的郡国数量的增长。武帝初期，政治上仍然推行的是黄老之术，此时各级政区变化都不是很大。然在左右皇权的窦太后去世之后，朝廷内出现了一批要求改变周边关系的年轻官员，加上多年的经济积累，为拓边活动准备了相当的物质基础。由在边疆地区设置郡县开始，西汉郡级政区数量就处于不断变化之中。与此同时，中央权力中枢对诸侯王国的削弱仍在进行，几乎与发动对匈奴战争的同时，推行推恩之策，中央在“亲亲”的表象下实现其削弱地方势力的目的。此外，元狩年间又罢郡国盐铁，悉禁郡国毋铸钱，使诸侯财政收入锐减；后又颁布左官律和附益法，贬低王国地位。此后，诸侯王在政治上毫无建树，完全不得参与政事，经济来源仅有田租一项，逐步走向衰微，不复为中央朝廷之患。与周边战事进展密切相关的也是内部诸郡的调整①。所以，武帝朝不仅边疆地区郡级政区有不断的增长，核心区域也有部分的调整。武帝末年，西汉全国形成了19王国，87汉郡的形势（表2—6）。

（4）武帝之后，西汉中国政区总量没有太大变动。西部地区省并了一些汉郡。如，昭帝始元五年（公元前82年）罢真番、临屯，以其部分属乐浪；撤销儋耳郡建制，并入珠崖；昭帝始元六年（公元前81年）置金城郡；元凤五年（公元前76年）罢象郡，分属郁林、牂柯；宣帝地节间置武威郡，省汶山入蜀郡。东部地区有改郡为国或废国为郡的现象。如，“元平元年（公元前74

①弘农郡的设置，即是公元前114年，武帝为犒劳著名战争将领杨仆实行广关政策之后新置的。

年）废昌邑国”、宣帝间“净置王国五：广阳、高密、淮阳、东平、定陶（后徙楚），除王国六：楚（宣帝末定陶徙此）、清河、平干、中山、广陵、广川”、“元帝间共置三王国：广陵、济阳（后徙山阳）、信都；除国一：河间”、“成帝初复置河间国”[①]。至西汉成帝绥和年间，西汉全国形成了19王国，84汉郡的形势（表2—7）。

表2—6 武帝后元二年（公元前87年）郡国形势

	国名	王名	王都	在位之王封年	国名	王名	王都	在位之王封年
诸侯王（19）	楚	刘延寿	彭城	公元前100年	梁	刘毋伤	砀	公元前96年
	鲁	刘庆忌	鲁	公元前88年	昌邑	刘髆	昌邑	公元前97年
	泗水	刘安世	凌	公元前103年	燕	刘旦	蓟	公元前117年
	广陵	刘胥	广陵	公元前117年	平干	刘偃	广平	公元前91年
	六安	刘庆	六	公元前121年	赵	刘昌	邯郸	公元前92年
	河间	刘庆	乐成	公元前97年	菑川	刘遗	剧	公元前109年
	广川	刘去	信都	公元前91年	胶东	刘通	即墨	公元前106年
	真定	刘偃	真定	公元前89年	城阳	刘顺	莒	公元前97年
	中山	刘辅	庐奴	公元前89年	长沙	刘附朐	临湘	公元前100年
	清河	刘阳	清阳	公元前94年				
汉郡（87）	淮阳、陈留、大河、济阴、东、颍川、汝南、沛、东海、丹阳、会稽、庐江、江夏、豫章、上谷、渔阳、右北平、辽东、辽西、太原、定襄、雁门、代、魏、巨鹿、渤海、常山、齐、千乘、平原、济南、泰山、东莱、胶西、北海、琅邪、武陵、桂阳、涿、临淮、零陵（41）							
	左冯翊、京兆尹、河南、河东、河内、北地、上、云中、陇西、南阳、汉中、蜀、广汉、巴、南、上党、右扶风、弘农、西河、安定、天水、五原（22）							
	武都、犍为、汶山、牂柯、益州、越嶲、酒泉、敦煌、张掖、朔方、南海、郁林、象郡、苍梧、合浦、儋耳、珠崖、交趾、九真、日南、玄菟、乐浪、真番、临屯（24）							

资料来源：《史记·汉兴以来诸侯王年表》、《汉书·诸侯王年表》、《西汉政区地理》。

①周振鹤：《西汉政区地理》，人民出版社，1987年，第18—19页。

说明：1. 本表在汉郡内栏，不仅对诸侯国地区分支的汉郡单设一栏（上栏），还为武帝拓展区新置郡目独设一栏（下栏）。

2. 汉郡中栏的五原郡虽置于武帝时期，其所辖县源自秦九原郡，汉初尽管没有设郡，至迟于高后二年时五原郡所辖县均已直属汉中央所有，故仍将五原郡划入中部汉郡区内，其他如天水亦同。西河郡本跨有黄河两岸，兼有原诸侯国地区太原郡与汉郡区上郡各一部分，又史籍明言西汉分上郡置，故列入原汉郡区内，而在对比三大区之差异时将西河以黄河为界分别计算。

3. 此表仅记武帝末年状况，周振鹤先生考大约在公元前104年，西汉郡国数量达109个之多，公元前97年罢沈黎郡，表中仅列106个，少2郡，不知省并于何时。

4. 上述表中没有提到的诸侯王都城古今址对照如下：凌（江苏泗阳县北）、昌邑（山东金乡县西北谢集）、广平（河北鸡泽县东南）、乐成（河北献县东南）、真定（河北石家庄市东）、清阳（河北清河县东）。

表2—7　成帝绥和二年（公元前7年）郡国形势

<table>
<tr><th></th><th>国名</th><th>王名</th><th>王都</th><th>在位之王封年</th><th>国名</th><th>王名</th><th>王都</th><th>在位之王封年</th></tr>
<tr><td rowspan="10">诸侯王（19）</td><td>淮阳</td><td>刘玄</td><td>陈</td><td>公元前27年</td><td>广阳</td><td>刘璜</td><td>蓟</td><td>公元前23年</td></tr>
<tr><td>楚</td><td>刘衍</td><td>彭城</td><td>公元前23年</td><td>赵</td><td>刘隐</td><td>邯郸</td><td>公元前10年</td></tr>
<tr><td>河间</td><td>刘良</td><td>乐成</td><td>公元前32年</td><td>中山</td><td>刘兴</td><td>卢奴</td><td>公元前23年</td></tr>
<tr><td>真定</td><td>刘雍</td><td>真定</td><td>公元前35年</td><td>菑川</td><td>刘友</td><td>剧</td><td>公元前9年</td></tr>
<tr><td>鲁</td><td>刘晙</td><td>鲁</td><td>公元前23年</td><td>定陶</td><td>刘景</td><td>定陶</td><td>公元前8年</td></tr>
<tr><td>泗水</td><td>刘靖</td><td>凌</td><td>公元前10年</td><td>胶东</td><td>刘殷</td><td>即墨</td><td>公元前14年</td></tr>
<tr><td>广陵</td><td>刘守</td><td>广陵</td><td>公元前11年</td><td>高密</td><td>刘慎</td><td>高密</td><td>公元前20年</td></tr>
<tr><td>六安</td><td>刘育</td><td>六</td><td>公元前23年</td><td>城阳</td><td>刘俚</td><td>莒</td><td>公元前16年</td></tr>
<tr><td>东平</td><td>刘云</td><td>无盐</td><td>公元前20年</td><td>长沙</td><td>刘鲁人</td><td>临湘</td><td>公元前42年</td></tr>
<tr><td>梁</td><td>刘立</td><td>砀</td><td>公元前24年</td><td></td><td></td><td></td><td></td></tr>
<tr><td rowspan="3">汉郡（84）</td><td colspan="8">陈留、东、山阳、广平、信都、泰山、颍川、汝南、沛、琅邪、东海、临淮、平原、千乘、济南、齐、北海、东莱、庐江、九江、会稽、丹阳、豫章、江夏、桂阳、武陵、零陵、太原、定襄、雁门、代、魏、巨鹿、常山、清河、涿、渤海、上谷、渔阳、右北平、辽西、辽东（42）</td></tr>
<tr><td colspan="8">京兆尹、左冯翊、右扶风、弘农、上党、北地、上、云中、西河、河东、河内、河南、南阳、南、汉中、广汉、蜀、巴、陇西、天水、安定、五原 （22）</td></tr>
<tr><td colspan="8">犍为、越嶲、益州、牂柯、武都、南海、郁林、苍梧、交趾、合浦、九真、日南、金城、武威、张掖、酒泉、敦煌、朔方、玄菟、乐浪（20）</td></tr>
</table>

资料来源：《汉志》、《汉书·诸侯王年表》、《西汉政区地理》。

说明：本表“定陶国”在《汉志》中为“济阴郡”，“广平郡”、“信都郡”分别为“广平国”、“信都国”，均依《诸侯王年表》改。

补充说明：《汉志》所载：“本秦京师为内史，分天下作三十六郡。汉兴，以其郡太大，稍复开置，又立诸侯王国。武帝广开三边。故自高祖增二十六，文、景各六，武帝二十八，昭帝一，讫于孝平，凡郡国一百三。”

据本书对西汉各帝王时期郡国数量的考察，笔者认为高帝所增26郡[①]是：渭南、河上、上郡、河南、河内、中地、北地、陇西、河东、上党、太原郡、常山、代郡、豫章、武陵、博阳、胶西、城阳、东阳、广汉、云中、雁门郡、河间、中山、清河郡、定襄郡。

文帝所增6郡[②]是：渤海郡、河间国、济南郡、淄川国、庐江郡、胶东国。

景帝时6郡[③]是：魏郡、平原郡、东莱郡、沛郡、汝南郡、北海郡。

武帝所置28郡[④]是 ：犍为郡、牂柯、武都、越巂、益州郡、朔方、五原、张掖、敦煌郡、南海、苍梧、郁林、合浦、交趾、九真、日南、酒泉郡、乐浪、玄菟郡、西河、广平、临淮、天水、安定、弘农、零陵、泰山郡、千乘郡。

昭帝所增只金城一郡。

---

①《汉书》卷28《地理志》载高帝所增26郡：渭南郡（京兆尹）、河上郡（左冯翊）、中地郡（右扶风）、汝南郡、江夏郡、魏郡、常山郡、清河郡、涿郡、渤海郡、平原郡、千乘郡、泰山郡、东莱郡、东海郡、豫章郡、桂阳郡、武陵郡、广汉郡、定襄郡、中山国、淮阳国、胶东国、广阳国、楚国、鲁国。

②《汉书》卷28《地理志》载文帝所增6郡：庐江郡、济南郡、河间国、高密国、淄川国、城阳国。

③《汉书》卷28《地理志》载景帝所增6郡是：山阳郡、济阴郡、北海郡、信都国、广陵国（江都国）、东平国（济东国）。

④《汉书》卷28《地理志》载武帝所增28郡：西河郡、陈留郡、临淮郡、天水郡、安定郡、弘农郡、零陵郡、牂柯郡、武都郡、越巂郡、朔方郡、五原郡、犍为郡、益州郡、武威郡、张掖郡、酒泉郡、敦煌郡、玄菟郡、乐浪郡、南海郡、郁林郡、苍梧郡、交趾郡、合浦郡、九真郡、日南郡、真定国。

二、郡级城市的发展特征

为了系统考察西汉郡国城市发展特征，除上述各典型时间点的城市数量之外，还应补充更多时间点的城市数量，以便能够观察其发展趋势。据周振鹤先生考证，高后末年（公元前180年）时，全国有14个诸侯国[①]，汉郡数量与高祖末年时相同，仍有15个；文帝十六年（公元前164年）有17个诸侯国[②]、24汉郡[③]；景中六年（公元前144年）有25个诸侯国[④]、43汉郡[⑤]；昭帝末年（公元前74年）有17个诸侯国[⑥]、87汉郡；宣帝末（公元前49年）有16个诸侯国、88汉郡；元初元三年（公元前46年）放弃珠崖郡，全国成103郡国之数，直至汉末，其间偶有变化，仅为郡国间的互置，不影响整体。

根据上述各表及周先生所考定的部分时间点上的郡国城市数量，得出西汉郡国城市数量变化一览表。考虑到自景帝四年内史分为左右内史及武帝间分置右扶风均治于长安城内的情况，郡级城市数目据实际情况做了相应调整；另外，表内截取的时间段的长短亦不均匀，所以只能粗略显示西汉时期郡国城市发展的大致趋势（表2—8）。

---

①14诸侯国名目为：淮南、代、吴、齐、楚、长沙；吕氏三国：燕、赵、吕；张氏1国：鲁国（楚之薛郡）；惠帝子3国：常山（割赵）、淮阳、济川（齐济南郡）；刘姓1国：琅邪国。

②17诸侯国名目为：楚、齐、赵、代、梁、淮南、吴、燕、长沙、济北、济南、淄川、胶东、胶西、城阳、庐江、衡山。

③24郡名目为：云中、上郡、北地、陇西、右内史、左内史、河东、上党、河内、河南、南阳、汉中、蜀郡、广汉、巴郡、南郡、颍川、淮阳、汝南、东郡、河间、广川、渤海、琅邪。

④25诸侯国名目为：燕、代、常山、中山、河间、广川、赵、清河、齐、淄川、北海、胶东、胶西、济东、济北、济阴、济川、山阳、鲁、梁、楚、江都、淮南、衡山、长沙。相对于公元前153年增加了常山、赵、清河、北海、济阴、济川、山阳7国，少临江国。

⑤43郡名目为：辽东、辽西、右北平、渔阳、上谷、代郡、雁门、定襄、渤海、巨鹿、平原、济南、魏郡、北海郡、东莱、琅邪、东海、沛郡、会稽、庐江、豫章、桂阳、武陵、云中、上郡、北地、陇西、右内史、左内史、河东、上党、河内、河南、南阳、汉中、蜀郡、广汉、巴郡、南郡、颍川、淮阳、汝南、东郡。

⑥与武帝末年郡国数量相比，少燕、昌邑二国。

表2—8 西汉郡国城市数量变化

时 间	诸侯国都	汉郡治城	合 计
公元前202年	7	21	28
公元前195年	10	15	25
公元前180年	14	15	29
公元前164年	17	23	40
公元前153年	19	43	62
公元前144年	25	42	67
公元前87年	19	85	104
公元前74年	17	85	102
公元前49年	16	86	102
公元前7年	19	82	101

说明：1. 诸侯国都仅以一级行政单位来看，并没有分列其所辖支郡、边郡，主要突出西汉郡国之间的数量差别。

2. 景帝二年（公元前155年）内史分为左右内史及武帝间分为三辅郡治均在长安城中，故汉郡治城栏中公元前153年、公元前144年栏均比汉郡数量少1，公元前87年栏及其以后各栏均少2个。

把表2—8中的数据用Excel绘图（图2—1），从图中我们可以很直观地看到西汉郡级城市变化趋势：总体来看，郡级城市总量变化呈上升趋势，但在个别时段上还有减少现象。若将西汉分为三个历史时段，则有：西汉初期郡级城市数量减少时期；武帝期间，郡级城市数量基本上处于直线上升态势；武帝之后至汉末城市数量则趋于平稳发展。从图中还可看出，影响郡级城市数量变化的主要方面是汉郡数量的变化，诸侯国的变化相对较为平缓。这一变化趋势说明，社会经济发展与城市数量的变化有着很密切的关系，即当在社会经济恢复阶段城市的数量不但不会增长反而会有所减少，经济处于上升阶段时城市数量也随之增长，但发展到一定阶段，在不改变生产方式的条件下，经济积累仅是一种简单再生产，生产力发展水平既限制了社会经济的发展，同时也影响了与经济发展紧密相关的城市发展。所以，当西汉中后期社会经济再次从战争转入和平时期时，城市发展的脚步同样慢了下来，进入调整期，直至西汉末年再没有大的变化。

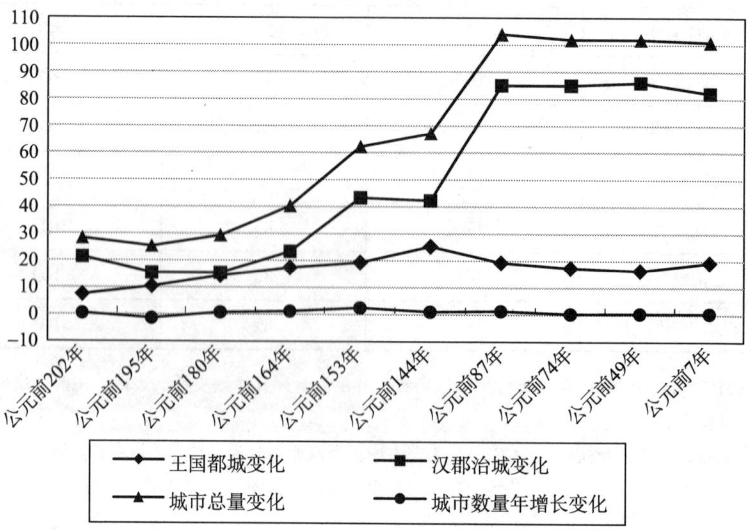

图2—1　西汉郡国城市数量变化

从图中我们还可以发现，自西汉初年的7个异姓诸侯王，到武帝中期最高峰的25个同姓诸侯，诸侯王国总量变化不大，而且在武帝以后的西汉中后期王国总量基本控制在20个以内。从这一点上即可得出，引起西汉郡级城市数量变化的根本因素是中央辖郡数量的增长，图中明确显示汉郡治城数量变化曲线与全国城市数量变化曲线一致。这一特征与我们一贯认为的西汉城市数量的变化与诸侯国城市数量变化密切相关的结论多少有些不同，我们的常识固然有其产生的土壤，但对西汉城市全貌的认识却是不相符的。因为，西汉后期的王国处于非常态发展之中，是帝国空间制度下的产物，与经济发展水平关系不大，所以后期诸侯王都与作为区域发展中心的郡级城市在社会经济发展中的作用是不可同日而语的。

三、郡级城市发展的空间差异

将上述考证结果对应于三大类型，各区城市发展特征如表2—9所示。从表中内容来看各区域城市发展情况，区域差异显著。如，在东部诸侯王国区郡国城市数量变化呈上升趋势，由西汉初年10个郡国城市发展到西汉末年的60多个，每4年就增长1个大城市；中部汉郡区，郡级城市增长非常之缓慢，西汉200年间，仅增长了7个郡级城市，而且均发生在武帝时期；拓展地区在西汉初期的六七十年间不在西汉政权的管辖内，但自武帝建元五年（公元前136年）开辟犍为郡始，至武帝太初元年（公元前104年）共析置郡国35个，平均年增长率为1.17，每年都有1个大城市产生，城市增长迅速①。

表2—9　西汉郡级城市时空对比

时 间	诸侯王国区	汉郡区	拓展区	合 计
公元前202年	14	14		28
公元前195年	10	15		25
公元前180年	14	15		29
公元前164年	25	15		40
公元前153年	47	15		62
公元前144年	52	15		67
公元前87年	60	20	24	104

①公元前135年开辟犍为郡；公元前127年置朔方、五原郡；公元前122年置广平国；公元前121年置酒泉郡；公元前117年置涿郡、临淮郡；公元前114年置西河、天水、安定、弘农郡；公元前111年分置张掖、敦煌郡、南海、郁林、象郡、苍梧、合浦、儋耳、珠崖、交趾、九真、日南、武都、汶山、沈黎、牂柯、越巂、零陵郡；公元前109年置益州；公元前108年置乐浪、真番、临屯、玄菟郡；公元前104年置右扶风。天汉四年（公元前97年）省沈黎郡。

续表

时 间	诸侯王国区	汉郡区	拓展区	合 计
公元前74年	61	20	21	102
公元前49年	62	20	20	102
公元前7年	61	20	20	101

资料来源：《史记》中的《汉兴以来诸侯王年表》、《南越列传》、《东越列传》、《朝鲜列传》、《西南夷列传》；《汉书》中的《诸侯王年表》、《西南夷两粤朝鲜传》；《西汉政区地理》。

把表2—9中的数据用Excel绘图，可以更直观地看到三大管理区郡级城市的发展变化情况（图2—2）。

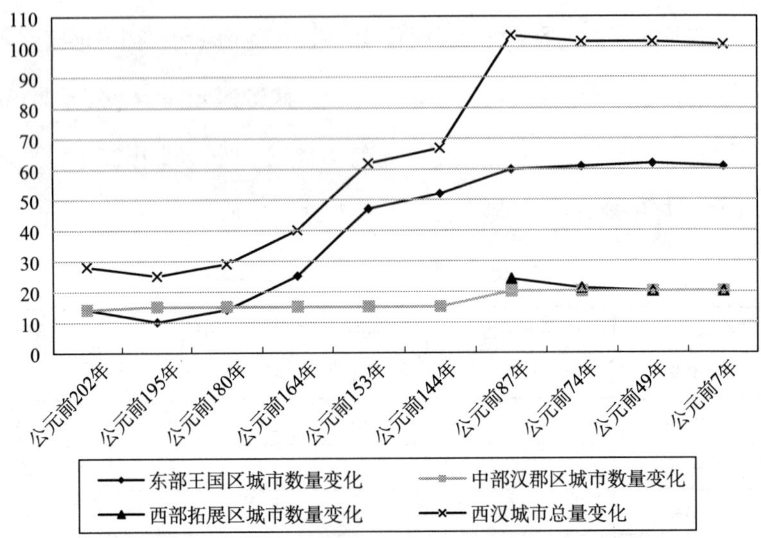

图2—2 西汉郡级城市时空对比

由图中内容可知：①西汉郡级城市的数量变化主要受诸侯国地区城市数量变化影响，二者发展趋势基本一致；②西汉初年拓展区不在西汉版图内，但在武帝拓边之后，拓展地区城市数量的净增长使得西汉城市数量猛然大增，但随后趋于平稳；③武帝之后三大管理区内郡级城市数量均趋于稳定，全国郡级城市总量稳定下来；④汉郡区、拓展区郡级城市数量之和才只有诸侯王国地区郡级城市数量的三分之二；⑤西汉一代汉郡区郡级城市及后期拓展区郡级城市数量基本保持衡稳态势，这一现象有两种可能性，一种是该区域城市发展处于自然状态，受人为干涉较少，另一种情况刚好相反，是在强力控制下的稳定，也正符合古代中国管理的目的——稳定。

在中央权力与地方权力的关系中，实际上是社会公共权力在其权力主体内部不同层次之间的纵向关系，同时，它又是全社会整体利益与特定政治社区的局部利益之间关系在权力关系上的体现。所以，当地方权力过于强大时，中央权力将采取压制与削弱措施，那么，西汉时期东部地区大量兴起的郡及城市与两者之间的权力关系配置有很直接的关系。通过这一措施东部诸侯王的实力大为减低，不再能够对中央帝国构成任何威胁。东部地区县级城市的增长这也正是帝国这一政策深化的表现，武帝时期推恩令的颁布，使帝国得以通过分封侯城的途径，彻底地从实体上削弱了诸侯王国。

附录：西汉诸侯王统计

编号	号谥	王都及封域	始封者		始封		沿袭	国除之年	失国之因
					年	月			
1	楚元王	彭城/王薛郡、东海、彭城36县	刘交	高祖弟	高祖六年（公元前201年）	1	公元前178年夷王郢客嗣，公元前174年楚王刘戊嗣，公元前154年反。公元前153年文王礼以平陆侯绍封[①]，公元前150年安王刘道嗣，公元前128年襄王刘注嗣，公元前116年节王刘纯嗣，公元前100年楚王刘延寿嗣	宣地节元年（公元前69年）	谋反
2	代王	马邑/遥领《汉志》云中、定襄、雁门、代郡4郡53县	刘喜	高祖兄	高祖六年（公元前201年）	1	公元前200年废为合阳侯	高祖七年（公元前200年）	弃国自归
3	吴	吴/同刘贾之荆域	刘濞（沛侯）	刘喜子	高祖十二年（公元前195年）	10		景三年（公元前154年）	谋反，诛
4	齐悼惠王	临淄/临淄、济北、博阳、城阳、胶东、胶西、琅邪7郡73县	刘肥	高祖子	高祖六年（公元前201年）	1	公元前188年哀王襄嗣，公元前178年文王则嗣，公元前165年薨无后。公元前164年孝王将闾以悼惠王子杨虚侯绍封[②]，公元前153年懿王寿嗣，公元前131年厉王次昌嗣	武元朔二年（公元前127年）	无后
5	城阳	莒/北界《汉志》箕、昆山一线，东界昆山、高乡一线，西界以泰山和蒙山为限，南界为锯齿状，有东海郡之费县、南城、利城等	刘章（朱虚侯）	齐悼惠王子	文二年（公元前178年）	2	公元前176年共王喜嗣（公元前172年至公元前168年徙王淮南），公元前143年顷王延嗣，公元前117年敬王义嗣，公元前108年惠王武嗣，公元前97年荒王顺嗣，公元前51年戴王恢嗣，公元前43年孝王景嗣，公元前19年哀王云嗣，公元前16年城阳王俚以云弟嗣		
6	济北	卢县/《汉志》之平原、济南、泰山3郡及渤海郡大部	刘兴居（东牟侯）	齐悼惠王子	文二年（公元前178年）	2		文四年（公元前176年）	谋反，诛
7	菑川懿王	剧/汉初临淄郡东部（《汉志》菑川国加上所封21侯国之地）	刘志（安都侯）	齐悼惠王子	文十六年（公元前164年）	4	为济北王[③]，公元前153年徙淄川，公元前129年靖王建嗣，公元前109年顷王遗嗣，公元前74年思王终古嗣，公元前46年考王尚嗣，公元前40年孝王横嗣，公元前9年怀王友嗣，公元前3年刘永嗣		

①公元前154年刘礼之楚国封域当为《汉书·地理志》楚国加上广戚、阴平2县。
②公元前164年刘将闾之齐国封域与元狩六年齐怀王之封域同，即《汉书·地理志》齐郡与千乘郡之和。
③公元前164年至公元前154年之济北国为公元前153年至公元前127年之域加上平原郡（公元前154年之北界濒大河，东西界如《汉书·地理志》，南与济北接壤）。

续表

编号	号谥	王都及封域	始封者		始封 年	始封 月	沿袭	国除之年	失国之因
8	济南	（博阳）东平陵/《汉志》济南郡加上博县以东部分	刘辟光（扐侯）	齐悼惠王子	文十六年（公元前164年）	4		景三年（公元前154年）	谋反，诛
9	菑川	剧/汉初临淄郡东部	刘贤（武城侯）	齐悼惠王子	文十六年（公元前164年）	4		景三年（公元前154年）	谋反，诛
10	胶西	营陵/《汉志》北海之营陵、平寿、斟、淳于、都昌、桑犊以南，南界约至琅邪东武县附近，东界循胶水，即胶西于王之域加上北海始置之6县	刘卬（平昌侯）	齐悼惠王子	文十六年（公元前164年）	4		景三年（公元前154年）	谋反，诛
11	胶东	掖/东至海，西至潍水和胶水，南则以皋虞、壮武一线与琅邪为界，减去《汉志》东莱郡之平度侯国（公元前127年菑川王子侯）	刘熊渠（白石侯）	齐悼惠王子	文十六年（公元前164年）	4		景三年（公元前154年）	谋反，诛
12	荆王	吴/故东阳郡、鄣郡、吴郡3郡53县	刘贾	高祖从父弟	高祖六年（公元前201年）	4		高祖六年（公元前201年）	为英布所攻，无后
13	淮南厉王	寿春/汉初九江、庐江、衡山、豫章4郡	刘长	高祖子	高祖十一年（公元前196年）	10	公元前174年谋反徙蜀死雍，公元前164年厉王子安以阜陵侯绍封①	武元狩元年（公元前122年）	谋反，自杀
14	衡山	邾、下雉/北界淮水、西达下雉、邾一线以西、东界西阳、潜县、居巢以东（公元前164年至公元前121年）	刘赐（阳周侯）	淮南厉王子	文十六年（公元前164年）	4	为庐江王②，公元前154年徙衡山	武元狩元年（公元前122年）	谋反，自杀

①公元前164年至公元前124年淮南国封域北临淮水，南濒大江，西至西阳、潜山、居巢一线以东，东北循《汉书·地理志》九江、临淮之界（该边界自汉初至汉末未曾变动）；公元前124年至公元前122年之淮南国为上一段淮南国除去弋扬、期思2侯国。

② 汉初庐江郡治鄱阳，东起《汉书·地理志》丹阳庐江水（春谷、宣城、泾、陵阳4县），西至江夏下雉城之大江以南地，隔江与衡山相望，南有《汉志》豫章郡北部濒江数县；公元前164年至公元前153年庐江国封域为汉初庐江郡与《汉书·地理志》豫章郡无艾、宜春、建成3王子侯国。

续表

编号	号谥	王都及封域	始封者		始封		沿袭	国除之年	失国之因
					年	月			
15	济北	公元前154年至公元前126年约当《汉志》泰山郡西部及平原郡南部，东界大约在泰山以东，北界至羽侯国，西界至茬平，南界至蛇丘、刚县	刘勃（安阳侯）	淮南厉王子	文十六年（公元前164年）	4	为衡山王，公元前154年徙济北，公元前151年成王胡嗣，公元前97年王宽嗣	武后元二年（公元前88年）	谋反，自杀
16	赵隐王	邯郸/公元前198年至公元前196年赵国封域为常山以南、太行山左转、南至大河、东濒渤海；公元前196至公元前195年为前阶段之赵加上《汉志》之代、雁门、定襄、云中4郡	刘如意	高祖子	高祖九年（公元前198年）	4		高祖十二年（公元前195年）	为高后杀，无后
17	代王	晋阳/《汉志》定襄、雁门、代郡、太原郡及西河郡之离石、蔺、临河、隰成、土军、皋狼、干章、平周、中阳	刘恒	高祖子	高祖十一年（公元前196年）	1		高后元年（公元前187年）	为孝文帝
18	赵共王	邯郸	刘恢	高祖子	高祖十一年（公元前196年）	3	为梁王①，公元前181年徙赵	高后七年（公元前181年）	自杀，无后
19	赵幽王	邯郸/公元前195至公元前187年、公元前181至公元前178年赵封域比高祖九年之域少《汉志》涿郡之高阳、饶阳、武垣、安平、蠡吾、南深泽等县地	刘友	高祖子	高祖十一年（公元前196年）	3	为淮阳王②，公元前194年至公元前181年徙赵，公元前179年王遂以幽王子绍封③	景三年（公元前154年）	谋反，自杀
20	河间文王	乐成/编号30、41之域加上《汉志》渤海郡之浮阳、章武、中邑、东光、阜城、东平舒、束州7县地的规模	刘辟疆	幽王子	文二年（公元前178年）	2	公元前165年哀王福嗣	文十五年（公元前165年）	无后国除

①公元前196年至公元前181年梁王刘恢封域为梁怀王封域加东郡。

②公元前196年至公元前194年刘友之淮阳国都陈，封域为陈、颍川2郡，陈郡，即全祖望以为楚郡者，于《汉书·地理志》相当于淮阳国、汝南郡之和；公元前176年至公元前169年文帝子刘武之淮阳国为《汉书·地理志》淮阳国加上襄邑、傿、宁陵3县；公元前155至公元前154年景帝子刘馀至宣帝元康二年之淮阳国比《汉书·地理志》淮阳国多一长平县。

③公元前187年至公元前181年赵国实领比公元前195至公元前187年之赵大体少《汉书·地理志》常山郡；公元前178年至公元前156年之赵大致有《汉书·地理志》常山、中山、真定、赵国、魏郡、清河、巨鹿、广平8郡国，实领邯郸、巨鹿、清河、常山4郡。

④公元前181年琅邪国10余县：《汉书·地理志》琅邪郡52县减去侯国31个，再减去胶西之九县仅剩12县，与本传相符。

续表

编号	号谥	王都及封域	始封者		始封		沿袭	国除之年	失国之因
					年	月			
21	燕灵王	蓟/《汉志》上谷、渔阳、右北平、辽西、辽东及公元前154年之后之燕国	刘建	高祖子	高祖十二年（公元前195年）	2		高后7年（公元前181年）	薨，高后杀其子
22	燕敬王	公元前179至公元前154年之燕同燕灵王之燕，公元前154年之燕为《汉志》广阳国加上文安、安次及涿郡除去中山、河间王子侯国和鄚县之余	刘泽（营陵侯）	高祖从祖昆弟	高后7年（公元前181年）	3	为琅邪王[4]，公元前179年徙燕，公元前177年康王嘉嗣（至公元前154年仅余广阳郡），公元前151年王定国嗣	武元朔元年（公元前128年）	坐禽兽行，自杀
23	梁怀王	定陶/北界泰山、西至高阳，比梁孝王少淮阳3县	刘辑	文帝子	文二年（公元前178年）	2		文十年（公元前170年）	无后
24	梁孝王	砀/公元前144年之济川、济东、山阳、济阴及公元前143年梁国与淮阳之襄邑、宁陵、傿之和	刘武	文帝子	文二年（公元前178年）	2	为代王[1]，公元前176年徙为淮阳王*，公元前169年徙梁，公元前143年恭王买嗣[2]，公元前136年平王襄嗣，公元前96年贞王毋伤嗣，公元前85年敬王定国嗣，公元前45年夷王遂嗣，公元前39年荒王嘉嗣，公元前24年王立嗣，公元3年有罪废		
25	济川	陈留/《汉志》陈留17县减去傿、宁陵、酸枣	刘明（桓邑侯）	梁孝王子	景中六年（公元前144年）	5		武建元三年（公元前138年）	坐杀中傅，废迁房陵（后为陈留郡）
26	济东	陈留/《汉志》东平国7县加上栗乡、桑丘、桃乡、富阳、西阳	刘彭离	梁孝王子	景中六年（公元前144年）	5		武元鼎元年（公元前116年）	坐杀人，废迁上庸
27	山阳哀王	昌邑/《汉志》山阳郡23县除去薄及黄、中乡、平乐、郑、瑕丘、甾乡、栗乡、曲乡、西阳等王子侯国	刘定	梁孝王子	景中六年（公元前144年）	5		武建元五年（公元前136年）	无后
28	济阴哀王	定陶/《汉志》济阴郡9县之域	刘不识	梁孝王子	景中六年（公元前144年）	5		景后元元年（公元前143年）	无后

①公元前178至公元前176年刘武之代国为《汉书·地理志》代、雁门、定襄3郡。
②公元前143至公元前127年梁王封域为《汉书·地理志》梁8县及所削8县：谯、鄼、芒、敬丘、建平、傿、宁陵、襄邑与元朔之后所封17王子侯国，合计有18城。

续表

编号	号谥	王都及封域	始封者		始封 年	始封 月	沿袭	国除之年	失国之因
29	代孝王	晋阳/公元前176至公元前154年地域同刘恒之代，公元前154至公元前126年为《汉志》太原郡21县及离石、蔺、临河、隰成、土军、皋狼、干章、平周、中阳10侯国	刘参	文帝子	文二年（公元前178年）	2	为太原王，公元前176年更为代王，公元前161年恭王登嗣，公元前132年刚王义嗣，公元前113年徙清河[①]，公元前94年顷王阳嗣，公元前69年王刘年嗣	宣地节四年（公元前66年）	坐与同产妹奸，废迁房陵，予邑百家
30	河间献王	乐成/《汉志》河间国四县加上元朔三年以来所封18王子侯国	刘德	景帝子	景二年（公元前155年）	3	公元前129年共王不周嗣，公元前125年刚王基嗣，公元前113年顷王缓嗣，公元前97年孝王庆嗣，公元前54年王刘元嗣，公元前38年坐杀人废迁房陵。公元前32年惠王良以孝王子绍封，公元前5年王刘尚嗣		
31	临江哀王	江陵/《汉志》南郡18县无高城、华容、州陵3县，则有江夏郡之沙羡、安陆、云杜、竟陵等县地	刘於	景帝子	景二年（公元前155年）	3		景五年（公元前152年）	无后
32	鲁共王	鲁/《汉志》鲁国与公元前128年以后所封20个王子侯国	刘馀	景帝子	景二年（公元前155年）	3	为淮阳王[②]，公元前154年徙鲁，公元前128年安王光嗣，公元前88年孝王庆忌嗣，公元前51年顷王封嗣，公元前23年文王睃嗣	哀建平三年（公元前4年）	无后
33	江都易王	江都/东阳、鄣2郡	刘非	景帝子	景二年（公元前155年）	3	为汝南王[③]，公元前154年徙江都，公元前127年刘建嗣	武元狩二年（公元前121年）	谋反，自杀（后为广陵郡）
34	赵敬肃王	邯郸/公元前152年至公元前127年有《汉志》赵全部及巨鹿、常山、魏、广平诸郡之县数	刘彭祖	景帝子	景二年（公元前155年）	3	为广川王，公元前152年徙赵，公元前92年顷王昌嗣，公元前73年怀王尊嗣，公元前66年哀王高以顷王子绍封，公元前65年共王充嗣，公元前10年王刘隐嗣		
35	平干顷王	广平/《汉志》广平郡16县除去张县、南曲	刘偃	赵敬肃王子	武征和二年（公元前91年）	缺	公元前80年缪王元嗣	宣五凤二年（公元前56年）	坐杀谒者，会薨，不得代
36	长沙定王	临湘/公元前157年至公元前129年之域东至安城，北至州陵—高城，南至洮阳—便县，西至临沅—都梁	刘发	景帝子	景二年（公元前155年）	3	公元前127年戴王庸嗣，公元前100年顷王附朐嗣，公元前83年刺王建德嗣，公元前49年炀王旦嗣，公元前47年薨。公元前45年孝王宗以刺王子绍封[④]，公元前42年缪王鲁人嗣		

①公元前113年至公元前81年清河国为《汉书·地理志》14县加上蒲陵、南曲、修市、东昌4侯国及观津县。

②公元前196年至公元前194年刘友之淮阳国都陈，封域为陈、颍川2郡，陈郡，即全祖望以为楚郡者，于《汉书·地理志》相当于淮阳国、汝南郡之和；公元前176年至公元前169年文帝子刘武之淮阳国为《汉书·地理志》淮阳国加上襄邑、傿、宁陵3县；公元前155年至公元前154年景帝子刘馀至宣帝元康二年之淮阳国比《汉书·地理志》淮阳国多一长平县。

③公元前155年至公元前154年刘非之汝南国封域仅陈郡之南部，其东、北、西皆循《汉书·地理志》汝南郡界，唯南界无弋阳、期思，西北无定陵、长平。

续表

编号	号谥	王都及封域	始封者		始封		沿袭	国除之年	失国之因
					年	月			
37	胶西于王	高密/北界《汉志》北海之安丘—胶阳一线，东南界约至东武县附近，东界循胶水	刘端	景帝子	景三年（公元前154年）	6		武元封三年（公元前108年）	无后，国除为胶西郡
38	中山靖王	卢奴/公元前154年至公元前128年中山国（郡）为《汉志》中山国再加广网、樊与、成、利乡、谷丘等县	刘胜	景帝子	景三年（公元前154年）	6	公元前112年哀王昌嗣，公元前110年康王昆侈嗣，公元前89年顷王辅嗣，公元前86年宪王福嗣，公元前69年怀王休嗣，公元前55年薨。公元前19年夷王云客以怀王从父弟子绍封为广德王（1年薨），公元前4年王刘汉以夷王弟绍封		
39	胶东王	即墨/东至海，西至维水和胶水，北以阳乐—居止山—昌阳一线邻东莱郡，南则以皋虞、壮武一线与琅邪为界	刘彻	景帝子	景四年（公元前153年）	4		景中元年（公元前149年）	立为皇太子
40	临江愍王	江陵/同临江哀王之域	刘荣	景帝子	景七年（公元前150年）	11		景中二年（公元前148年）	坐侵庙壖地为宫，自杀（国除为南郡）
41	广川惠王	信都/公元前155至公元前127年广川国及信都郡范围为《汉志》信都之信都、扶柳、辟阳、南宫、下博、武邑、高隄、广川、桃、西梁、昌成加别属汉郡之新市、历乡、武陶、乐信、蒲领、枣阳、堂阳	刘越	景帝子	景中二年（公元前148年）	4	公元前136年缪王齐嗣，公元前91年王刘去嗣，公元前70 年坐亨姬不道，废徙上庸，予邑百户。公元前66年，戴王文以缪王子绍封，公元前60年王刘汝阳嗣	宣甘露四年（公元前50年）	杀人废徙房陵
42	胶东康王	即墨/公元前110年之前封域同胶东王	刘寄	景帝子	景中二年（公元前148年）	4	公元前120年哀王贤嗣，公元前106年戴王通平嗣，公元前82年顷王音嗣，公元前28年恭王授嗣，公元前14年王刘殷嗣		
43	六安恭王	六/《汉志》六安国6县加博乡、松滋2侯国	刘庆	胶东康王子	武元狩二年（公元前121年）	7	公元前83年夷王禄嗣，公元前73年缪王定嗣，公元前50年顷王光嗣，公元前23年王刘育嗣		
44	清河哀王	清阳/《汉志》清河郡14县加上南曲、修市、东昌三侯国及观津县	刘乘	景帝子	景中三年（公元前147年）	3		武建元五年（公元前136年）	无后

续表

编号	号谥	王都及封域	始封者		始封 年	始封 月	沿袭	国除之年	失国之因
45	常山宪王	真定/《汉志》常山郡之元氏、石邑、灵寿、蒲吾、上曲阳、九门、井陉、房子、关、平棘、平臺、南行唐、乐阳、桑中、《汉志》真定国4县及省并了的遽乡	刘舜	景帝子	景中五年（公元前145年）	3	公元前114年王勃嗣	武元鼎三年（公元前114年）	王刘勃坐宪王丧服奸，废徙房陵
46	真定顷王	真定/《汉志》真定国4县加上常山之乐羊、桑中及省并之遽乡	刘平	常山宪王子	武元鼎三年（公元前114年）	缺	公元前89年烈王偃嗣，公元前84年孝王申嗣，公元前35年安王雍嗣，公元前7年王刘杨嗣		
47	泗水思王	凌/《汉志》泗水国3县及于乡、就乡、昌阳	刘商	常山宪王子	武元鼎三年（公元前114年）	缺	公元前103年哀王安世嗣一年薨，公元前102年戴王贺以思王子绍封，公元前80年勤王综嗣，公元前41年厉王骏嗣，公元前10年王刘靖嗣		
48	齐怀王	临淄/《汉志》齐郡和千乘郡	刘闳	武帝子	武元狩六年（公元前117年）	4		武元封元年（公元前110年）	无后
49	燕刺王	蓟/广阳顷王封域加良乡、文安、安次	刘旦	武帝子	武元狩六年（公元前117年）	4		昭元凤元年（公元前80年）	谋反，自杀
50	广阳顷王	蓟/《汉志》广阳4县加临乡、西乡、阳乡、益昌侯国	刘建	燕刺王子	宣本始元年（公元前73年）	7	公元前48年穆王舜嗣，公元前23年思王璜嗣，公元前3年王刘嘉嗣		
51	广陵厉王	广陵/公元前47年之域为《汉志》广陵4县及襄平、兰陵、广平侯国	刘胥	武帝子	武元狩六年（公元前117年）	4	公元前54年坐祝诅上，自杀。公元前47年孝王霸以厉王子绍封，公元前34年共王意嗣，公元前31年哀王护嗣，公元前16年薨无后，公元前11年靖王守以孝王子绍封		
52	高密哀王	高密/武帝削胶西国后至公元前48年之域为《汉志》高密5县加胶阳、成乡、安丘、胶乡、卑梁、武乡、丽兹等侯国	刘弘	广陵厉王子	宣本始元年（公元前73年）	7	公元前65年顷王章嗣，公元前31年怀王宽嗣，公元前20年王刘慎嗣至王莽时绝		
53	昌邑哀王	昌邑/比山阳哀王之域多薄县	刘髆	武帝子	武天汉四年（公元前97年）	4	公元前86年王刘贺嗣，公元前75年征为昭帝后，立27日，以行淫乱，废归故国，予邑三千户		

续表

编号	号谥	王都及封域	始封者		始封		沿袭	国除之年	失国之因
					年	月			
54	淮阳宪王	陈/《汉志》淮阳国有陈、苦、阳夏、宁平、扶沟、固始、圉、新平、柘	刘钦	宣帝子	宣元康三年（公元前63年）	7	公元前27年文王玄嗣，公元前1年王刘縯嗣		
55	东平思王	无盐/《汉志》东平国7县加上栗乡、桑丘、桃乡、富阳、西阳	刘宇	宣帝子	宣甘露二年（公元前52年）	9	公元前20年炀王云嗣	哀建平三年（公元前4年）	坐祝，诅上
56	楚孝王	彭/《汉志》楚国7县加上阴平、广戚侯国	刘嚣	宣帝子	宣甘露二年（公元前52年）	1	为定陶王，公元前49年徙楚，公元前24年怀王芳嗣一年薨无后。公元前23年思王衍以孝王子绍封，公元前2年王刘纡嗣		
57	信都		刘景	楚孝王孙	成绥和元年（公元前8年）	11	为定陶王奉共王后，公元前5年徙信都		
58	中山哀王	卢奴/《汉志》中山国14县除去北新成、安险、安国、陆城、薪处	刘竟	宣帝子	元初元二年（公元前47年）	2	为清河王，公元前43年徙为中山王	成建始二年（公元前31年）	无后
59	定陶共王	定陶/《汉志》济阴郡9县	刘康	元帝子	元永光三年（公元前41年）	3	为济阳王，公元前34年徙山阳，公元前25年徙定陶，公元前22年王刘欣嗣	成绥和元年（公元前8年）	为皇太子
60	中山孝王	卢奴/《汉志》中山国14县	刘兴	元帝子	元建昭二年（公元前37年）	6	为信都王，公元前23年徙中山，公元前7年王刘箕嗣	哀元寿二年（公元前1年）	为皇帝

资料来源：《史记》卷17《汉兴以来诸侯年表第五》；《汉书》卷14《诸侯王表第二》及《汉书》诸王本传；王先谦《汉书补注》；吴越、徐克范《读史记十表》，《二十五史补编》第一册；夏燮《校汉书八表》；钱大昕《二十四史考异》；周振鹤《西汉政区地理》。表中王都与封域若非特别注明均为初封之状况。

说明：本表共有诸侯王60位，其中4人成为后来皇帝，其编号为17、39、59、60；14人因无后国除；13人因谋反国除；11人因犯罪国除；17人延续至西汉末年者有：5、7、24、30、34、36、38、42、43、46、47、50、51、52、54、56、57；昌邑王（53号）废为列侯。

第二节 县级城市（侯国城市）发展的时空特征（上）

西周初年，周公兼制天下，立七十一国[①]，其后还陆续建有封国；春秋时期，大国争霸，战事频仍，各诸侯国莫不纷纷筑城自卫，致使城市数量空前增加。许倬云根据《左传》的材料认为春秋时城邑有466个，比西周城邑多出395个[②]，反映了春秋城市在先前西周的基础上成四倍的增加。又据杨守敬《嬴秦郡县图序》的估计：秦县当八九百矣。由于秦代短促，这一数据当与战国城市数量相近，而较之春秋的城市则又有成倍的增加；周振鹤推算西汉初年的城市数量当在1000个左右[③]，西汉城市数量的大规模增长始自武帝，经过昭宣时代的发展至成帝末年，据《汉志》记载有郡国103个，县级城市1587个，较之与西周时期城市增长15倍有余，与秦代相比增长了近2倍，相较于汉初也增长1.5倍；所以，不论从何时算起，西汉城市的总体数量都有了大规模的增长。不过，东汉初年，这一发展趋势就发生了逆转，县城数量大减。《后汉书·光武帝纪》载建武六年诏曰："今百姓遭难，户口耗少……县国不足置长吏可并合者，上大司徒、大司空二府。于是条奏并省四百余县，吏职减损，十置其一。"这是对县的一次大裁并，县城数量也随之骤减400多个。原来县级城市有1587个，减去400多个，还剩1100多个。这个数字几乎一直保持到东汉末。《后汉书·郡国志》记顺帝永和五年有县、邑、道、侯国1180 个[④]，再也没有恢复到西汉末的水平。说明前后汉两个时段中，城市发展模式是有很大区别的。

---

①《荀子·儒效》。

②许倬云："周代都市的发展和商业的发达"，《中央研究院历史语言研究所集刊》第四十八本第二分册。

③周振鹤：《西汉政区地理》，人民出版社，1987年，第237页。

④陈昌文："《后汉书·郡国志》县邑数质疑" 统计发现，《郡国志》所载的县、邑、道、侯国实际总和为 1181 个，不是 1180。

西汉时期，是我国社会从血缘向地缘政治过渡的时代，在由分封制向郡县制过渡的过程中，过渡时期的一个最明显的特征就是事物发展的反复现象，表现在城市——基层行政机构上就是该基层组织实体兴废无常。西汉城市经过200年的发展，不但奠定了中国古代城市的基本空间格局，而且也创造了城市迅速发展的奇迹。那么，弄清西汉一代城市数量变化发展的脉络对研究西汉的社会、政治、经济、文化有很大裨益。

对西汉城市发展与分布的探讨，首先必须依据不同的城市类型分别考察。《汉志》记载西汉末年，县级城市分为县、邑、侯国、道四个类型，由于史料原因很难将县与邑明确区分开来，只能在某些资料相对充足的地区，对与邑相关的问题时略作说明。为此，本书在探讨不同类型城市的发展变化时，也仅分为三种类型，即侯国城市、县邑城市、道治城市，本节内容主要考察西汉一代侯国、县、道城市的发展变化与分布。

一、西汉侯国城市的发展

侯国城市的兴废变化是引起西汉城市变化的主要内容，对侯国城市的探讨也有助于把握其他县级城市的发展变化，为此，笔者首先对侯国城市的发展与分布进行考证与分析。

西汉时期东部地区城市数量变化的考察引用史料主要以《史记》、《汉书》各侯者表，在研究过程中主要以时间发展变化为线索，以考察侯国城市的数量变化为目的，而不再详细划分侯者类型，但考虑到武帝及其以后时期侯者数量庞大，还是以《史记》、《汉书》为据将王子侯、功臣外戚侯分别列表，以便于查询。为此，依各侯者表制成一组四份表格，因篇幅过长，且为本书的重要依托，故附于书后，见附录2西汉侯国城市统计（附录2—A高祖时期侯国城市兴统计、附录2—B景惠时期侯国城市统计、附录2—C武成时期王子侯城统计、附录2—D武成时期功臣、外戚侯城统计）。同时，为便于将各表内容与《史记》、《汉书》相对照，排列顺序基本不变，史籍中附于前期侯者后面又有所更封、绍封者，均排在前期表中，但在前表中不参与排序。通过以上四份表格的研究，我们可以发现，西汉时期的城市发展不但存在着时间分布上的不均衡性，而且在空间上也有很强的区域性。当然，认为《汉志》记载城市以成帝末年为限的结论，也是通过对《汉志》中侯国城市的排比最终形成的论点。

（一）高祖时期侯国城市的兴起与发展

高祖时期侯国城市的兴起与发展的情况详见附录2—A，其时空分布特征如下。

（1）高祖六年至十二年共封有143个侯国城市，从分封年份来看，高祖六年（公元前201年）封有66个，占该时期所封侯国城市总量的46%，几乎占了一半；其次集中于十一年（公元前196年）、十二年（公元前195年）各20个，共占此期侯国城市总量的28%；最后，高祖七年（公元前200年）13个、高祖八年（公元前199年）18个、高祖九年（公元前198年）6个略少；高祖十年（公元前197年）无封。

（2）高祖时期是从战争向和平过渡阶段，战后对功臣的封赏是稳定其统治的有效措施之一。因此，汉初短短的六七年间就产生了143个侯国城市，不论在其数量上，还是在产生的频率上都是西汉200年历史上绝无仅有的（平均每年有20个侯国城市产生）。同时，正因为社会处于过渡时期，战争期间大量无人耕种的土地及流离失所的编户齐民逐渐回到原有的土地上，帝国通过侯国城市的设立一方面逐渐恢复了地方生产，另一方面也解决了功臣将领的食禄，所以，高祖时期分封的侯国城市在空间上并没有受到任何的限制，基本上当是西汉版图内均有分布，比如在《汉志》[①]南阳、南郡、河东、河内、河南、上党、上郡、安定、北地、犍为、广汉，甚至京畿之地的左冯翊、右扶风也都有分布。

（3）尽管高祖时期侯国城市在全国范围内分布，但是也体现了一定的地域差异。143个侯国城市中除有18个不知所属郡国的城市外，其余城市的地域分布很不均匀，主要集中于西汉初年刘肥齐国、刘如意赵国域内，合计有40城，占该时段侯国城市总量的32%；另外，集中分布于刘交楚国、刘友淮阳国域内，计有21城，占总量的17%；该时段侯国的分封不限于诸侯王国地区，还有相当一部分散布于中央所属的汉郡地区，但偏集中于三河及南阳诸郡中，所有汉郡内总计有32个侯国城市，占总量的26%（各区侯国城市的详细统计过程见下一部分内容）。

（4）高祖时期所封侯国城市数量呈逐渐减少之势。高祖时所封侯国城市延至武帝末年，无一幸存，更无所谓延至西汉末年了。具体来讲：高祖末年（公元前195年）之前就有3个侯国城市被废为一般县级城市[②]，高后末年（公元前180年）时有127个侯国城市、文帝末年（公元前157年）时有102个、景帝末年（公元前141年）时有56个、武帝中期（公元前112年）有25个、武帝末年（公元前87年）时仅剩余有2个[③]。自高祖六年至武帝后元二年的115年间，侯

①后文不作说明的郡国均指西汉末年《汉书·地理志》中行政区划单位。

②沛郡芒城、淮阳阳夏城、临淮淮阴城分别于高祖九、十、十一年除国为县，沛侯刘濞则于高祖十二年（公元前195年）被提升为诸侯王，除国为县。后文侯国城市的统计均以当年度存在为准，比如，沛侯刘濞的侯国城市。

③邓弱的离城和沛郡谷阳城史表均失载，但谷阳侯冯谿的后人于宣帝元康四年以“谷阳公乘复家”，说明其至少在宣帝元康四年之前该侯国城就已废除，所以后文进行分区统计时将二者除国时间认定为武帝末年。下文薄昭之侯国城市亦存在这一问题。

国城市平均每年增加至少1到2个，由于武帝在位时间长，所以除国数量最多；但是景帝时因吴楚之乱除国的频率最高，平均每年有3侯国城市变为一般县级城市或者析分为其他侯国城市。

（5）高祖所封143个侯国城市中，有15个城市虽然能够推断其所属郡国，但《汉志》无载，说明其在西汉历史发展中已被省并，再减去18个不知所属郡国的城市，至汉末高祖所封侯国城市中仍有110个作为一般县级城市存在。虽然，高祖时期的侯国城市往往被作为秦末汉初就已存在的城市来看有一定的道理，但是并不是所有的侯国城市都如此，只是绝大部分是这样（后文将进一步考证）。高祖时期所封侯国城市为后世分封奠定了基础，尤其是分布在中央汉郡地区的侯国城市与以后诸帝时期的侯国城市的分封存在着明显的地域差异，这与中央皇权的建立不无关系。

（二）惠景时期侯国城市的缓慢发展

继高祖之后，惠景诸帝继续分封侯国城市作为对军功贵族的赏赐，据《史记》卷19《惠景间侯者年表》、《汉书》卷16《高惠高后文功臣年表》、《汉书》卷17《外戚表》整理而成附录2—B，惠景间合计分封侯国城市94座，除此之外惠景期间存在的侯国城市还当包括高祖文功臣侯者表中改封、废后复封及绍封的侯国城市，如果不计算这部分城市，则很难全面说明不同时间点上城市的数量。再者，一些改封他地、国除后复封和长时间国绝之后绍封者也很难在此中体现，因此，出于便于核校的目的，本书将这类城市仍计算在内附于主表之下。惠景时期的此类城市在附录2—A中共有23个，所以，惠景时期共封有侯国城市117座。这里先就惠景间所封附录2—B中侯国城市的时空分布特征作如下归纳。

（1）惠景时期是指惠、高后、文、景四位帝、后在位时期，该时期除孝惠时仅封有3侯城外，其余三各时段分封数量基本相仿，高后时32个、文帝时29个、景帝时30个。

（2）在本表除本期侯国城市在构成上有一个较为突出的现象，即除功臣侯城外，尚有31个王子侯城（12个齐悼惠王子、7个楚元王子、4个淮南历王子、2个梁孝王子、3个孝惠子、2个异姓长沙王子、1个吕肃王子）和25个外戚侯城。此与高祖功臣侯城中2个外戚、4个王子侯城相比较为突出，说明侯国城市构成上有了很大变化。另外，外戚侯城主要产生于高后时期（16个），说明高后作为女主执政依持其近亲之力量的社会现实，外戚侯的分封显然改变了高祖定下的非功不得为侯的白马盟约[①]；而王子侯城主要产生于孝文时期（14个），最集中的区域是齐、楚及淮南地，仅孝文四年（公元前176年）作为对齐悼惠王诸子协助其登基帝位的回报就分封了10个齐悼惠王子为侯，封地赐邑成为历代统治者为拉拢臣下而采取的一种手段。

（3）就附录2—B各时段产生的本期侯国城市兴衰变化而言，孝惠、高后所封35个侯国城市，至文帝末年时仅有10个，至武帝元封元年（公元前110年）时无一幸免；文帝所封29城，景帝末年时仅有8个，至武帝元封六年（公元前105年）仅余1个（轵城），而该侯国城市在《汉志》中又不注侯国，所以，其或许也于武帝期间除为一般县城；景帝所封30个侯国城市，武帝元鼎五年（公元前112年）时尚余15个，但至武帝末年之后则消除殆尽。

此外，所附录2—A中上文提到此期所封23侯国城市的兴废情况大致如下：高后封3、孝文封3、孝景封17；它们分别除国于高后时1、文帝时4、景帝时1、武帝时17（且15城除于元鼎五年之前）。因此，至武帝末年，自高祖至

①《史记》卷17《汉兴以来诸侯王年表》：“高祖末年，非刘氏而王者，若无功上所不置而侯者，天下共诛之。”

孝景所封260个侯国城市荡然无存（作为侯国城市），因此，周振鹤等认为的西汉末年侯国均自武帝及其之后所封并不为妄。

（4）惠景间产生的117个侯国城市中，18个侯国城市被省并，另有13个既然不知所属郡国，也就不可能延至西汉末年，那么延至西汉末年的（包括曾经是侯国的城市）只有86个。

（5）惠景时期侯国城市的分布在地域上依然显示出很大差异，齐地、赵地分别有20个，占此期分封总量的34%；其次为楚地，再次是梁、燕地等；而广阔的汉郡区仅分布有23个侯国城市。

（三）武成时期侯国城市的迅速发展

经过汉初六七十年的恢复与发展，到武帝时期社会经济繁荣、物质丰富、人民富足，同时在这一时期中央集权也达到了顶峰，最直接的表现即是西汉版图的迅速扩展。伴随着大规模的军事活动而来的是大量军功贵族的涌现，在城市建设上则出现了一批新兴城市。就侯国城市而言，不但又一次掀起了因军功封侯的高潮，还出现了分封投降的周边政权首领的现象。另外，宣帝时期还对汉初功臣之后采取复家等政策，重封、绍封及更封了部分侯国，因而此类侯国城市的数目相对武帝时期也有了恢复与发展，大约有182座侯国城市产生（其中8城分别入附录2—A、2—B中）。

与此同时，相对于周边地区的军事活动，汉武帝还颁布了推恩之令，即“诸侯王或欲推私恩分子弟邑者，令各条上，朕且临定其号名[①]。”太史公曰：“盛哉，天子之德！一人有庆，天下赖之。”正是在这一政策之下，王子侯国城市的数量获得了迅猛发展，自武帝元光五年（公元前130年）至成帝绥和二年（公元前7年）共产生了349座侯国城市。

①《史记》卷21《建元以来王子侯表》。

经合计，武成之间共有531座侯国城市（前后相继者暂不区分）。其中武帝时期分封的273座侯国城市，其中就有115城省并，武帝之后产生的258座侯国城市中有33座省并（后文详考）。下文分别叙述王子侯成、功臣外戚侯城的时空演变特征（其中6个分入附录2—A、2—B中）。鉴于此期分封侯国城市较多及便于核查，本部分内容借鉴《汉书》记载方式，分为两部分叙述，即王子侯国城市（附录2—C）和功臣外戚侯国城市（附录2—D）。

其一，王子侯国城市的大量涌现（附录2—C）。本表共有侯国城市343个，相对于其他诸侯者表来讲简单得多，其分布地域均位于汉初十王国地区。但由于各诸侯王国在汉中央政治结构中的地位不同，王子侯国城市分布的地域特征比较突出。具体而言，武帝及其后之王子侯国城市的时空特征表现如下。

（1）从时间角度而言，本表王子侯城的产生集中于武帝时期，尤其是颁布推恩令前后几年间，特别是在武帝元朔年间（武帝元朔二年颁布推恩令）共产生了127个王子侯国城市；若以武帝末年为界划为前后时段，尽管前期时间跨度仅仅是后期的一半，但前段所封侯国城市数量多于后一时段（178：165），说明西汉武帝时期王子侯城分封频率之高。

（2）按照汉初诸侯王区域的划分，王子侯城在各诸侯国领域内的数量分布差异相当之大。从各区域王子侯分封的数量来看，西汉武帝至成帝末年，齐地125城、赵地113城，它们是境内侯城数量较多的两个大区；其次楚地27个、梁地21个、长沙地21个、荆吴地13个、代地9个、燕地8个、淮南地4个，淮阳地仅有1个王子侯分封，不知所属郡国；另有2个非东部诸侯王子：一个是孝武曾孙阳武侯城（属河南地），另一个是做了27天皇帝的刘贺的海昏侯城（属淮南地）。

（3）王子侯城与其他类型侯国城市的一个最显著的差异就是其全部分布

在汉初诸侯王国地区，最根本原因就是推恩令的推行。为了解除东部地方势力对中央的威胁，武帝时期继续采取削弱和打击诸侯王国势力的措施，推恩之策就是很重要的内容之一。武帝通过分封大量诸侯子为侯的途径，将诸侯国领域逐渐划入汉郡统辖区，最终结果是诸侯国辖域越来越狭小。因而，推恩令是中央政权逐渐削夺诸侯王领域的极具隐蔽性的一种措施，它比景帝时晁错提出的“削藩”政策要温和得多，在没有遭到任何反抗的情况下，实现了对地方的削弱与控制。由推恩令的分封原则限定了王子侯城的分布区域全部在汉初诸侯王国域内，这与其他类型（功臣、外戚、恩荫）的侯国城市以东部为主，全国其他地区亦有散布的分布特征是有所不同的。

其二，功臣外戚侯国城市（见附录2—D）的时空分布特征，与前两个时段有相近之处。

（1）在时间分布上，此期功臣侯城以武帝末年为界，前后两个阶段产生的侯国城市数量相等；因后期时段长于前期，所以从频率上来讲，武帝时期该类侯国城市的增长要快得多，这与王子侯城的发展趋势基本一致；又因该时段距汉末较近，此段侯国城市是《汉志》侯国城市的重要组成部分。

（2）在分布区域上，功臣侯城的分布仍以东部诸侯王国地区为主，但汉郡区的分布有所增长。刘肥齐地有45城、刘友淮阳地取代赵地也接纳了较多的功臣侯城（有29城）；分布于汉郡区的功臣侯国城市数量有所增长，有47城，占全部该类侯国城市的25%，接近高祖时期份额。其主要成分是军功侯、降者侯以及绍封的原功臣侯。

除附录2—C、2—D表中的侯国城市外，武帝及其之后共产生侯国城市还应包括入附录2—A 、2—B、 2—C及2—D之中的14座城市，加上附录2—C、2—D中的517座次排序城市，武成之间共有531座侯国城市（前后相继者暂不计）。其中武帝时期分封的273座侯国城市，其中就有115城省并，武帝之后产生的258座侯国城市中有33座省并。

总体而言，武成时期侯国城市的地域分布仍以齐地（141个）、赵地（90个）、楚地（69个）为主；另有46座无法判断所属郡域的侯国城市，然从王子侯来源上可以看出，它们大多数仍分属于齐地（17个）、赵地（14个）境内。

武帝及其之后侯国城市数量迅速增加，显然与王子侯城的分封有关，王子侯城与功臣侯城之比为349：182；原诸侯王国地区大量涌现的侯国城市标明中央皇权对诸侯王国地区侵夺的加剧，并最终从区域行政实体上消除了地方势力对中央的威胁。《汉志》记载成帝末年各诸侯王国所辖城市数量均比较少，大多数仅有三、五城之数，远远小于普通汉郡之规模，就是最直接的证据。

（四）西汉末年侯国城市的数量考察

《汉志》记载西汉末年共有侯国城市241个，然而《汉志》标注为侯国城市的仅有194个，漏载颇多，其中又有不少误注者，钱大昕先生、周振鹤先生已先后有所补正，尚不全面。本书综合以上各时段侯国城市的考察，得出存留于西汉末年的侯国城市均产生于武成时所封侯城之中。下面将附录2—C、2—D中的侯国城市，分别以武帝元光二年（公元前133年）①至元鼎四年（公元前113年）、元鼎五年（公元前112年）至后元二年（公元前87年）、昭帝始元元年（公元前86年）至宣帝黄龙元年（公元前49年）及元帝初元元年（公元前48年）至成帝绥和二年（公元前7年）划分为四个阶段，进一步观察侯国城市的兴废变化。

通过系统整理，武帝至成帝末年共有531城次为侯国城市，其中武帝元鼎

①通过对资料的排比研究，发现武帝建元元年至元光元年间并无封侯。

五年（公元前112年）之前共产生213个侯国城市，元鼎五年（公元前112年）至后元二年（公元前87年）封59个，昭帝始元元年（公元前86年）至宣帝黄龙元年（公元前49年）封126个，元帝初元元年（公元前48年）至成帝绥和二年（公元前7年）封133个；据对侯国除国之年的统计，则有元鼎四年（公元前113年）底时存有172个侯国城市，武帝后元二年底时有97个，宣帝黄龙元年时有148个，成帝绥和二年三月有241城（王子侯城155个，功臣等侯城86个），此当即《汉志》所载之侯国城市（表2—43）。

对表2—43内容作如下说明。

（1）表中侯国城市名目与周振鹤先生所定有所不同。首先，侯国数量差别，周先生共辑录侯国226个[①]，本表多出15个。且不唯数量的有别，具体到各郡中的侯国名目也有多处不同。首先，从周先生所考226个侯国城市中减去泰山郡柴城、北海郡瓡城、桂阳郡阴山城；其次，加上《汉志》注明侯国然周先生退去的南阳郡博山、涿郡良乡、桂阳郡阳山；最后，补入渤海沈(浮)阳、齐郡要(西)安、南阳氾乡城、汝南殷绍嘉城、涿郡鄚城、中山安国城、上郡宜乡城、代之广昌及7个未知属何郡的城市：堂乡、襄乡、容乡、缊乡、都安、乐平、方乡。

（2）与周先生所补侯国名目相异的主要原因就在于统计时限上。笔者以为，应尊重《汉志》对侯国城市名目的记载，当以成帝去世的绥和二年三月为最终截止时间，这与钱大昕先生所断，并得到周振鹤先生所认可的《汉志》侯国名目以成帝元延末为断的结论稍有所不同，但并不冲突。关于《汉志》的断代问题，早已引起学者们的注意。钱大昕先生《廿二史考异》认为“班志郡国之名，以元始二年户口籍为断，其侯国之名，则以成帝元延之末为断。”周

①周振鹤：《西汉政区地理》，人民出版社，1987年，第238页。

振鹤认为："既然绥和元年以后的侯国名目《汉志》不予登录，是证《汉志》各郡国所属县目（即各郡国之领域）乃以元延绥和之交为断。"并由此推断，"《汉志》事实上乃是两份资料的混合物。一份是平帝元始二年各郡国的户口籍，另一份大抵是成帝元延绥和之际各郡国的版图（即所属县目）。"且"换句话说，《汉志》的郡国名只与户口籍相对应，而与县目无关。"[①]对于钱、周两位的考证结论多有可取之处，但是，笔者认为《汉志》侯国登录的年代不仅止于成帝元延末年，而应是一段时间：成帝元延至其去世之前，其中原因在绪论中已讲明。

（3）根据上文的考证结果，成帝末年应有侯国241个，说明《汉志》关于西汉末年有241个侯国城市的记载是不错的。具体来讲，上述诸侯国城市在地域上的分布如下：琅邪郡31个、东海郡18个、北海郡16个、沛郡16个、涿郡14个、汝南郡12个、山阳郡11个、南阳郡10个、渤海郡9个、齐郡8个、巨鹿郡8个、平原郡8个、临淮郡7个、广平郡7个、泰山郡6个、东莱郡6个、信都郡6个、常山郡5个、千乘郡5个、魏郡4个、零陵郡3个、济南郡3个、九江郡3个、清河郡2个、豫章郡2个、颍川郡2个，桂阳、庐江、江夏、南郡、陈留、东郡、河东、中山、上郡、代郡各1个；不知何郡者9个。

（五）补充问题

在整理《史记》、《汉书》诸侯者表的过程中，有一个小问题始终萦绕眼前，即不同帝王时期分封列侯时间在月份之间有很大不同，冥冥之中感觉有章法所依，为什么高祖、武帝时期如此大量的分封，仍各有一个月份从无分封历史记载，分别是高祖之五月份、武帝之八月份。但笔者对月历知之甚

①周振鹤：《西汉政区地理》，人民出版社，1987年，第240—242页。

少，故将西汉时期所有帝后在位期间所封侯者月份分布情况整理成表2—10，以待高明。

表中分封侯国城市数量最多的帝王是武帝时期，最少的是惠帝时期；频率最高的是高祖时期；分封月份最全的是宣帝时期，他是唯一一位所有月份都有分封的帝王。

表2—10 西汉侯国城市分封月际分配

月份	高祖	孝惠	高后	孝文	孝景	孝武	孝昭	孝宣	孝元	孝成
一月	27			1		16	2	3	14	16
二月	7		1	1		2	3	8	1	7
三月	22			2	2	47		15	25	2
四月	7	1	26	5	14	57		26	6	9
五月			3	14	4	31	2	3		6
六月	11	1		5	1	28	6	3	4	24
七月	7		1			21	7	10	1	6
八月	10				2			10		
九月	5	1	1			3	2	1		
十月	10					27		1		
十一月	5			1	1	8	4	8		1
十二月	22				6	2		1	2	
合计	133[a]	3	32	29	30	242[b]	26	89[c]	53[d]	71[e]

资料来源：诸侯国城市表统计。

a. 高祖时期本封有侯国城市143个，其中有9个没有月份，根据《史记》、《汉书》侯者表的记载，推测封于六月份的有4城、七月份的有2城、八月份的有3城。

b. 武帝时期共封有侯国城市265个，其中王子侯城178、功臣外戚侯城 87，然其中闰九月者3个、闰四月3、缺月者7、不得封年者10，故余242个。

c. 宣帝时共封有侯国城市99个，其中闰月者8、缺月者2，余89城。

d. 元帝时有1城无分封月份。

e. 成帝时闰六月封1城，缺月者1城。

二、西汉侯国城市的时空特征

城市空间布局不但反映一个国家、民族或一个区域的社会经济状况，也可以体现出其文化传统和政治思想。所以城市空间发展过程对区域和历史研究有着同样重要的意义。城市是兼有经济、行政和自然性质的一种综合性区域，城市作为地球表面的一种地理现象具有发生和发展的历史过程，并具有特定的时空特征。上文通过对《史记》、《汉书》诸侯者表中内容探讨了西汉侯国城市的兴衰发展规律，那么，对应于时空上又有什么样的特征呢？

《史记·汉兴以来诸侯年表第五》："高祖末年……高祖子弟同姓为王者九国，独长沙异姓。"随后又载："自雁门、太原以东至辽阳，为燕代国；常山以南，太行左转，度河、济，阿、甄以东薄海，为齐、赵国；自陈以西，南至九疑，东带江、淮、谷、泗，薄会稽，为梁、楚、淮南、长沙国，皆外接于胡、越。而内地北距山以东尽诸侯地，大者或五六郡，连城数十，置百官宫观，僭于天子。汉独有三河、东郡、颍川、南阳，自江陵以西至蜀，北自云中至陇西，与内史凡十五郡，而公主列侯颇食邑其中。何者？天下初定，骨肉同姓少，故广强庶驱，以镇抚四海，用承辅天子也。"

从此段引文可知，高祖末年有十个诸侯王，其中九个为同姓，一个异姓（长沙王吴芮）。九个同姓诸侯，文中仅提到七个，而少淮阳①和吴国②，另外，《史记》、《汉书》经常记载某某王王多少城，某某王王多少县，这一方面说明了在古代中国县与城一体之关系，另一方面，也显示出西汉初年诸侯王

①《汉书》卷1《高帝纪》：十一年，立"子友为淮阳王……罢颍川郡，颇益淮阳。"直至惠帝元年，淮阳王友徙王赵，淮阳国除为二郡。

②《史记》卷51《荆燕世家》："汉六年春……废楚王信……分其地为二国……立刘贾为荆王，王淮东五十二城。"十二年更为吴国。

初封时区域范围，故而下文的区域就以西汉初年同姓诸侯国辖域为据，分为十个诸侯王国区和1个中央汉郡区等11个区域，考虑到统计资料的完整性，对部分所属郡国不明确的侯国城市作为一种情况附于汉郡区之后。

本书的考察思路是，在把握西汉行政区划演变基础之上，将西汉初期诸侯王国区域与西汉末年行政区划相对应，对照各时期所封侯国城市与《汉志》各郡国所辖城市的关系，反映西汉一代侯国城市的兴衰变化。现以下文首先要论述的齐地城市发展为例作一说明，西汉初期刘肥齐国，伴随着西汉行政区划的演变，到西汉末年演变为12个郡国，那么根据各侯国城市表中所确定的属于本区12个郡国的侯国城市，即属于齐地[①]的侯国城市共有183座，将此183个侯国城市与《汉志》齐地12个郡国的198个城市相比照，得到50个侯国城市在《汉志》中找不到相对应的城市，另有22城次前后相继分封。也就是说齐地183个曾封为侯国的城市到西汉末年仍然作为城市使用的有111个。再通过对各侯存在时间进行排比，发现其中有83个城市到西汉末年仍然是侯国城市，且分属于齐地各汉郡之中。此外，还发现，齐地198个城市中有87个从未被封为侯国的城市，如果认为从未封为侯国的城市都是汉初已有的城市的话，那么，将与文献记载刘肥齐国“七十余城”的数量不符。因而，如何认识这部分城市，或者说其与西汉初年就已存在城市的关系如何是非常值得深究的。不过，本节仅复原西汉所有侯国城市发展演变的时空分布特征，后一问题将放入第五章论述。

（一）齐地侯国城市的发展与分布

据附录1西汉政区图示可知，刘肥齐国地区到西汉末年演变为12个郡国，综合西汉各时期侯国城市表，得到属于该12个郡国的侯国城市有183座，它们

①刘肥齐国在西汉时期政区发生了很大变化，期间发生多次齐国、齐郡的转换，至西汉末年已无齐国建制，为了突出西汉初年所确定的诸侯王国的区域范围，这里使用“齐地”代替齐国则更为科学，其他九个诸侯王国地区亦同此理。

在各郡国的时空分布情况见表2—11。

由表2—11内容可知，西汉齐地共产生了侯国城市183座，从各帝王在齐地分封侯国城市总量来看，主要在武帝时期，其次是成帝和高祖时，最少的是景帝和宣帝时期以及高后时。从各郡国所辖的侯国城市数量来看，主要集中于琅邪郡，其次是东莱和平原郡，最后是济南和泰山郡；汉末诸侯国中淄川与高密国境内始终没有分封过侯国城市，胶东和城阳国为数不多的两次分封也集中于西汉早期。

表2—11 西汉各帝王时期齐地各郡国封侯城市数量统计

郡国	高祖	高后	文帝	景帝	武帝	昭帝	宣帝	元帝	成帝	合计
平原	2		3		11	1	4		3	24
千乘	1			1	4	1	1	1	1	10
济南	6		1		6		4			17
齐郡			1		7			4	1	13
北海	2		1		7		3	5	5	23
东莱	1	2	1	1	4				4	13
琅邪	7	3	3	2	25		6	8	9	63
泰山	1				7		2	1	5	16
胶东国	1		1							2
菑川国										
高密国										
城阳国	1						1			2
合计	22	5	11	4	71	2	21	19	28	183

资料来源：《史记》、《汉书》侯者表。

另外，以各帝王末年作为典型时间点，分别统计各郡国侯国城市在各时间点上存在的数量，以反映本区侯国城市的数量变化特征，绘制出表2—12。由表中信息可以看到，齐地在公元前195年、公元前180年、公元前164年、公元前157年、公元前140年、公元前112年、公元前87年 、公元前74年、公元前49年、公元前33年、公元前7年的侯国城市数量分别是：22、26、29、22、11、48、34、31、41、59、83座。以成帝末年侯国城市数量最多，其次在元帝末年和武帝中期（公元前112年）稍次，侯国城市数量最少的时间点是景帝末年，武帝即位前。若以西汉末年齐地各郡国侯国城市数量分布来说，琅邪郡最多，其次是北海郡。

表2—12　西汉齐地侯国城市时空分布

郡国	公元前195年	公元前180年	公元前164年	公元前157年	公元前140年	公元前112年	公元前87年	公元前74年	公元前49年	公元前33年	公元前7年
平原	2	2	4			10	4	4	7	7	8
千乘	1	1	1	1	2	2	2	2	3	4	5
济南	6	6	7	7	3	5	4	3	4	4	3
齐郡						3	3	3	3	7	8
北海	2	1	2	2		7	7	6	7	12	16*
东莱	1	3	1		1						6
琅邪	7	10	10	8	3	15	11	10	15	22	31
泰山	1	1	1	1	1	6	3	3	2	3	6**
菑川国											
高密国											
胶东国	1	1	2	2	1						
城阳国	1	1	1	1							
合计	22	26	29	22	11	48	34	31	41	59	83

资料来源：《史记》、《汉书》侯者表。

说明：*不包括瓡侯国。**不包括柴侯国。

对照表2—11、表2—12可知，齐地所封183座侯国城市到汉末仍为侯国城市的只有83座，那么，其余100座侯国城市怎么样了呢？通过与齐地对应的

《汉志》郡国境内的城市对比，其中有有22城次相继分封，50座城市在《汉志》中找不到与之相对应的城市，本书称之为废弃的侯国城市，或省并之城。齐地废弃侯国城市最多的郡仍然是琅邪郡，占总量的三分之一；时间上仍是武帝时期，占总废弃城市的五分之三（表2—13）。

表2—13 西汉齐地废弃侯国城市时空分布

郡国	高祖	高后	文帝	景帝	武帝	昭帝	宣帝	元帝	成帝	合计
平原			2		5		1			8
千乘					2	1				3
济南				1	4		2		1	8
齐郡			1		4					5
北海							1			1
东莱					1	1				2
琅邪		1	2		12	1		1	1	18
泰山					3		2			5
菑川国										
高密国										
胶东国										
城阳国										
合计		1	5	1	31	3	6	1	2	50

资料来源：《史记》、《汉书》侯者表。

因而，从齐地侯国城市的兴起及各时间点上各郡国侯国城市的数量上来看，以时间角度为说，武帝时期产生的侯国城市最多，废弃的也最多；成帝末年存在的侯国城市量最大。以空间来讲，琅邪郡域产生的侯国城市最多，占西汉一代齐地侯国城市总量的三分之一；同时其境省并城市之数亦是最多的，比例相同；成帝末年琅邪郡侯国城市亦是最多的，且位居全国之首。

（二）赵地侯国城市发展的时空特征

据《汉志》所言："赵地，赵分晋，得赵国。北有信都、真定、常山、中山，又得涿郡之高阳、鄚、州乡；东有广平、巨鹿、清河、河间，又得渤海郡之东平舒、中邑、文安、束州，成平、章武，河以北也；南至浮水、繁阳、内黄、斥丘；西有太原、定襄、云中、五原、上党。上党，本韩之别郡也，远韩近赵，后卒降赵，皆赵分也。"此乃战国赵地之分域，而于西汉初年（高祖十一年）赵国之域有所不同，"常山以南，太上山左转，度河、济、阿、甄以东薄海，为齐、赵国[①]"，齐赵以大河为界，故赵国范围在常山以南，太行山以东和大河之间。文帝二年（公元前178年）时赵地有赵、河间二国；文帝十五年（公元前165年）赵地有赵国及河间、广川、渤海三郡；景帝四年（公元前153年）时有中山、河间、广川3国和邯郸、清河、巨鹿、常山、渤海5郡；成帝末年有赵、中山、真定、河间4国及魏、清河、巨鹿、广平、常山、渤海、信都7郡。渤海郡大河之南4城属齐地、东平舒之北2城属燕地（表2—14）。

表2—14　西汉各帝王时期赵地各郡国封侯城市数量统计

郡国	高祖	高后	文帝	景帝	武帝	昭帝	宣帝	元帝	成帝	合计
魏郡	1		1	2	14		2	1		21
巨鹿郡	5			1	7	1	4	2		20
常山郡	1			2	2		5			10
清河郡	3	1		1	2		2			9
渤海郡	1	2	3	1	16	1	2		1	27
广平郡	3			1	1	1	9		1	16
信都郡	3	3	1		1		7	1		16

①《史记》卷17《汉兴以来诸侯王年表》。

续表

郡国	高祖	高后	文帝	景帝	武帝	昭帝	宣帝	元帝	成帝	合计
中山国	4				6				1	11
河间国	1		1							2
真定国										
赵国										
合计	22	6	6	8	49	3	31	4	3	132

资料来源：《史记》、《汉书》侯者表。

西汉初年，赵地有五十余座城市[①]，而《汉志》赵地有129城，前后增长了70余城，增长幅度紧随齐地之后，城市增长当与齐地城市增长原因相一致，源自于侯国城市的分封。

据诸侯国城市表统计，西汉赵地共产生侯国城市132座，有17城前后相继分封，28座城市省并，因此，赵地曾封为侯国的城市中有87城延至汉末，其中42城汉末仍为侯国城市（本节附表）。从表2—14来看，赵地侯国城市的分封主要集中于武帝时期，其次是宣帝和高祖时期，不过从频率上来说则以后者为高；从空间上来说，则以渤海郡最多（上文已说明渤海郡境域来自三地：赵地、齐地、燕地），其次是魏郡、巨鹿郡，最后是广平郡、信都郡。

那么，再从表2—15中看，赵地各郡国在各重要时间点上所存在的侯国城市数量相对均衡，但以西汉后期侯国城市数量为多；赵地除了西汉末年的4个诸侯国外，其余各郡相差并非特别悬殊，但仍以渤海、巨鹿、广平三郡稍多。

从赵地省并侯国城市的数量来看（表2—16），以武帝时期最多，占一半以上；省并城市所在区域以魏、渤海二郡较多。

①《史记》卷92《淮阴侯列传》："将军将数万众，岁馀乃下赵五十馀。"

表2—15 西汉赵地各郡国侯国城市时空分布

郡国	公元前195年	公元前180年	公元前164年	公元前157年	公元前140年	公元前112年	公元前87年	公元前74年	公元前49年	公元前33年	公元前7年
魏郡	1	1	2	2	3	8	4	2	3	4	4
巨鹿郡	5	5	4	4	3	5	4	4	6	8	8
常山郡	1	1			2	1	1	1	5	5	5
清河郡	3	4	3	3	4		1	1	3	2	2
渤海郡	3	3	4	5	3	10	9	9	10	9	9
广平郡	3	2	1	1	1	1		1	9	8	7
信都郡	3	6	4	4	2	2			5	6	6
中山国	4	4	4	4	3	7	2	1			1
河间国	1	1	2	2	2	1					
真定国											
赵国											
合计	24	27	24	25	23	35	21	19	41	42	42

资料来源：《史记》、《汉书》侯者表。

表2—16 西汉赵地废弃侯国城市时空分布

郡国	高祖	高后	文帝	景帝	武帝	昭帝	宣帝	元帝	成帝	合计
魏郡					7		1			8
巨鹿郡			1		2		2			5
常山郡				1		1				2
清河郡										
渤海郡					5			1	1	7
中山国						1	1			2
广平国					1			1	1	3
信都国								1		1
河间国										

续表

郡国	高祖	高后	文帝	景帝	武帝	昭帝	宣帝	元帝	成帝	合计
真定国										
赵国										
赵地			1	1	15	2	4	3	2	28

资料来源：《史记》、《汉书》侯者表。

（三）西汉刘交楚国地区城市的兴衰演变

与刘肥齐国同时建立的还有高祖刘邦的弟弟刘交之楚，《史记·荆燕世家》：汉六年春，“废楚王信……分其地为二国……高祖弟交为楚王，王淮西三十六城”；《汉书·楚元王传》：汉六年，立“交为楚王，王薛郡、东海、彭城三十六县”。

景帝三年（公元前154年）冬，削楚东海郡①，引起吴楚七国之乱。平乱后，以薛郡改置鲁国，彭城郡北部置楚国，南部置沛郡属汉；武帝元鼎四年（公元前113年），“泗水思王商，以元鼎四年用常山宪王子为泗水王②。”因而，高祖六年（公元前201年）所封刘交楚国至《汉志》时乃为东海郡、沛郡、鲁国、楚国、泗水国组成。

结合西汉侯国城市发展一节对各史、汉表的统计整理，《汉志》东海郡、沛郡、鲁国、楚国、泗水国区域共分封了93个侯国城市。楚地各郡国在不同帝王时期封侯城市数量的统计见表2—17。从分布区域上，以东海郡侯国城市数量最多，有51个，其中王子侯国就有40个，主要来自于城阳（19个）和鲁（15个）两国；沛郡次之，有33个，其中王子侯国12，主要来自于楚、梁（8个）二国；其余3个诸侯国内侯国城市则比较少（泗水国无封），仅有的7个侯国城

①《史记》卷106《吴王刘濞传》。
②《史记》卷59《五宗世家》。

市就分封在西汉建国之初的高祖时期，后期根本无有分封，从而印证了西汉武帝之后王子侯国城市在分封之后必属汉郡的历史事实。其次，在发展时段上楚地各郡国虽稍有不同，但从量上来讲以武帝时期最多；最后，西汉后期分封数量多于前期。

表2—17　西汉各帝王时期楚地各郡国封侯城市数量统计

郡国	高祖	高后	文帝	景帝	武帝	昭帝	宣帝	元帝	成帝	合计
东海	1	1	1	4	21	4	11	3	5	51
沛郡	5	2		3	8	1	2	9	3	33
楚国	3	2			1					6
鲁国	1	1			1					3
泗水国										
合计	10	6	1	7	31	5	13	12	8	93

资料来源：《史记》、《汉书》侯者表。

为更好地说明楚地不同时期侯国城市数量分布差异，下面选择各帝王末年为关键点，分别统计各郡国所存在的侯国城市数量（表2—18）。表2—18显示的各时间点上侯国城市数量变化趋势呈周期性发展变化，与全国侯国城市数量变化趋势基本一致，即以武帝中期为分水岭，前后期基本对称分布。成帝末年楚地东海、沛两郡内共有侯国城市34个（表2—43），占全国侯国城市总量的14%。

表2—18　西汉楚地各郡国侯国城市时空分布

郡国	公元前195年	公元前180年	公元前164年	公元前157年	公元前140年	公元前112年	公元前87年	公元前74年	公元前49年	公元前33年	公元前7年
东海	1	2	2	1	3	16	2	5	15	15	18
沛郡	4	3	1	1	3	5	5	6	6	15	16
楚国	3	5	3	3	1	1	1				

续表

郡国	公元前195年	公元前180年	公元前164年	公元前157年	公元前140年	公元前112年	公元前87年	公元前74年	公元前49年	公元前33年	公元前7年
鲁国	1	1				1					
泗水国											
合计	9	11	6	5	7	22	8	11	21	30	34

资料来源：《史记》、《汉书》侯者表。

另外，将西汉时期的侯国城市与《汉志》楚地所辖五郡国城市对照，有28城不存于《汉志》中，东海郡19个，沛郡6个，楚国2个，鲁国1个；省并城市中有王子侯国城市23个（城阳王子侯城12个）[①]；武帝时期既是省并侯国城市数量最多的时期，也是分封数量最多的时期，上述28城市中有16个封于武帝时期。

综上所述，西汉初年刘交楚国所对应于《汉志》的五郡国中有后期划入楚地的城市，如20[②]个城阳王子侯城、8个梁王子侯城、3个武帝时所削梁城[③]；另有划入他郡的城市，如临淮郡之淮西地的高平、下相、睢陵及泰山宁阳侯城均应在刘交楚国境内。那么，要计算西汉末年楚地曾经封为侯国城市的数量还必须将另外省并的14个侯城[④]及前后相继分封的9个城市排除在外，因而，刘交之楚境内则应有43个曾经是或者西汉末仍是侯国的城市。

根据《汉志》记载楚地五郡国共有91个城市，那么，减去11个保存下来的城阳、梁王子侯城和即丘、临沂、开阳、祝其4个汉初城阳城市[⑤]以及梁所

①西汉一代分封王子侯国最多的诸侯国即是城阳国，省并最多的也是城阳国。

②包括陈贺之费国。

③《史记》卷58《梁孝王世家》：（武帝元朔中）"乃削梁八城，梁余尚有十城"。周振鹤先生考其中谯、鄴、芒、敬丘、建平五城削入沛郡，见《西汉政区地理》，第57页。按表芒、敬丘、建平为侯国城市。

④指从楚地28个省并城市中减去14个城阳、梁国王子侯城所得。

⑤笔者按：从谭图显示的地形地势来看，即丘、临沂、开阳、祝其四城在东海郡所属的城阳王子侯国之北，故应属城阳；且因其均非侯国城市，推测诸城当在高后至文帝初年，即城阳作为鲁太后奉邑及回属齐国时划入东海郡的。

削5城（谯、鄼、芒、敬丘、建平），加上汉初属沛郡的临淮郡淮西之地的7个城市[①]及武帝元朔三年泰山郡所入宁阳鲁王子侯国，刘交之楚地在西汉末共有79城。

用《汉志》所载刘交楚地之79城减去西汉一代楚地曾经封侯国的43个城市，刚好余36城，但能否就此认为这36城就是刘交初封时的36城呢？尚需进一步推敲。就目前笔者所掌握的史料来看，很显然未必如此。

经甄别史料，刘交楚地能够证明为西汉之前的城市（通称为秦城）有27城，如：郯、兰陵、下邳[②]、朐、缯、相、竹、萧、铚、下蔡、蕲、城父、邹、薛、彭城、凌、徐、取虑、僮、公丘[③]、符离、沛、栗、鲁、留、戚、下相。

上述27城来自于两个组成部分：第一部分是19个西汉一代从没有封为侯国的城市；第二部分是后8个留存于《汉志》的侯国城市，它们在西汉之前就已存在。因此，从汉初楚地城市的这一组成结构来看：其一，所有西汉不曾封为侯国的城市大部分在西汉之前就已存在的论断应予以认可；其二，以西汉所有封侯城市均为新兴城市的假设难以成立；其三，高祖时所封侯国城市在西汉之前存在的机率比较高；其四，西汉之前存在的城市在析分新城后有时会更名。

鉴于此，对刘交楚国所属的36城不能确定的9个城市则应从27城之外的52城中去找。在此仅作如下推测：首先，最有可能成为刘交之城的是西汉以来从没有封为侯国的城市，即如丰、山桑、卞、汶阳、甾丘、泗阳、平曲、厚丘、曲阳、司吾。尤其沛郡之丰城，战国末年曾作为魏国的临时都城；秦末战争

①《晋书》卷15《地理志》云武帝分沛东阳置临淮郡，东阳无淮西地。故周振鹤考，临淮郡中位于淮西之地的部分城市汉初属沛郡，而非属东阳郡，因此《汉志》临淮郡之下相、徐、睢陵、取虑、僮、仇犹汉初属沛郡，高平为后置侯国城市，另开阳、播旌地望不详，难以确定是否属淮西。

②武帝时曾分封术阳侯、葛绎侯，两侯省并后入下邳。

③公丘侯国乃秦滕城，高后四年封吕更始的滕侯国，吕氏，败国除；武帝时分滕为二，一为蕃县，一为公丘。公丘封侯后属沛。《汉志》沛郡："公丘，侯国，古滕国"。

期间，雍齿与刘邦为争夺丰城发生过激烈战争[①]，丰城应有完善的城墙防御设施；尽管史书常称丰为“沛郡丰邑”，笔者认为此“邑”乃城邑之“邑”，而非乡邑之“邑”，其最有可能成为刘交36城之一[②]；另据《读史方舆纪要》载：丰，“高祖使雍齿守丰，齿反为魏即此，寻置县属沛”[③]。其次，向、夏丘皆先秦古国，武原、傅阳、建成、谷阳乃高祖所封侯国城市，也有可能早已存在；最后，东海郡之襄贲曾析分鳣侯国，后又并入襄贲[④]；至于具体是哪8个城市则有待进一步考证。

从西汉前后时期楚地城市数量变化来看，在大约6.6万平方公里的楚地共增长了43个城市，将之放入西汉200年中，城市增长与西汉社会政治经济的发展趋势基本一致，而且相对于齐地城市的增长要缓慢得多。城市数量的增长除经济因素、自然地理基础之外，更多地来自于政治上的变化。

（四）淮阳地侯国城市的发展与分布的时空特征

《汉书·高帝纪》十一年，立“子友为淮阳王……罢颍川郡，颇益淮阳”；惠帝元年（公元前194年）淮阳王刘友徙为赵幽王[⑤]，颍川郡属汉；高后元年（公元前187年）复置淮阳国，文帝十二年（公元前168年），分陈郡置汝南郡[⑥]。此处有一点要说明的是，汉初罢颍川郡颇益淮阳到底有多少城市，周振鹤先生虽然本着客观科学的态度在《张家山汉墓竹简》出土后对其《西汉政区地理》中相关内容做了修改，但似仍有不尽之意。其实问题就出在汝南郡是分陈一郡置，还是分颍川、陈二郡置，因为《二年律令》载汝南郡有6城属

①《汉书》卷1《高帝纪》。

②但是，丰在高后二年（公元前186年）中直属中央管辖，或许之前被分封给刘交楚国也未为可知。

③［清］顾祖禹：《读史方舆纪要》卷29《江南十一》，上海书店出版社，1998年，第219页。

④武帝元鼎元年封城阳王子侯国鳣，于武帝元鼎六年省并，入襄贲。

⑤《史记》卷17《汉兴以来诸侯王年表》。

⑥周振鹤认为高后时淮阳国仅陈一郡，周振鹤：《西汉政区地理》，人民出版社，1987年，第42页。

于汉郡直辖，而此时淮阳国尚存，若汝南分陈一郡置，则此6城就不当属汉。所以，颇疑高祖十一年（公元前196年）益淮阳的颍川地就是《二年律令》中所载的6城，也就是《汉志》汝南郡西部部分城市。由此，也可推论《汉志》颍川郡自汉初至汉末均不曾划入淮阳国地（后文另有论述），而汝南郡当分自汉初颍川及陈两郡，所置时间当为惠帝元年（公元前194年）至文帝十二年（公元前168年）淮阳两次除国之间。若此不误，延至汉末，淮阳地政区演化即为淮阳国和汝南郡2个郡国，辖有46城。

淮阳地2郡国西汉时期共分封侯国城市33城次，可以说全部分布于汝南郡（32城次），淮阳国仅有1城，即淮阳宪王子侯城，未见有汝南王子侯城的记录（表2—19）。所以，淮阳地侯国城市类型可以说是比较单纯的，是功臣、外戚侯城的主要分布区之一（表2—20），下文南阳郡的分封情况与此有些相似。

表2—19　西汉各帝王时期淮阳地各郡国封侯城市数量统计

郡国	高祖	高后	文帝	景帝	武帝	昭帝	宣帝	元帝	成帝	合计
汝南	7		1	2	5	2	8		7	32
淮阳	1									1
合计	8		1	2	5	2	8		7	33

资料来源：《史记》、《汉书》侯者表。

表2—20　西汉淮阳地各郡国侯国城市时空分布

郡国	公元前195年	公元前180年	公元前164年	公元前157年	公元前140年	公元前112年	公元前87年	公元前74年	公元前49年	公元前33年	公元前7年
汝南	7	7	7	6	6	6		2	7	5	12*
淮阳											
合计	7	7	7	6	6	6		2	7	5	12

资料来源：各侯者表。

说明：*含定陵。

将《汉志》淮阳地46城与《二年律令》及文献记载的秦城相较，有17城可以确定汉初即已存在，但是期思、终弋二城汉初不属淮阳地，其余城市难以确定汉初是否存在。但从高祖时期各同姓诸侯王所封城市数量来看，淮阳国城市数量当不少于30城。

（五）燕地侯国城市发展及其分布特征

《史记·高祖本纪》：（十二年）“二月，使樊哙、周勃将兵击燕王……立皇子建为燕王。”《史记·诸侯王表序》言：“高祖末年……自雁门太原以东至辽阳为燕代国。”此时燕国与刘恒之代国为邻，因而，燕国当有《汉志》广阳、上谷、渔阳、右北平、辽西、辽东诸郡国。吴楚之乱后，燕国仅有广阳一郡，其余边郡属汉，至汉末变化不大[①]。武帝元狩六年（公元前117年）分置涿郡，至汉末，汉初燕地有《汉志》广阳国、涿郡、上谷、渔阳、右北平、辽西、辽东，仅分出1郡（表2—21）。

表2—21 西汉各帝王时期燕地各郡国封侯城市数量统计

郡国	高祖	高后	文帝	景帝	武帝	昭帝	宣帝	元帝	成帝	合计
涿郡	5		1	4	11	2	4	5	1	33
辽西	2									2
上谷		1								1
广阳国										
合计	7	1	1	4	11	2	4	5	1	36

资料来源：《史记》、《汉书》侯者表。

据诸侯者表，西汉燕地侯国城市共有36城次（表2—22），仅涉及《汉志》三郡，辽西郡2（高祖时封）、上谷郡1（高后时封），其余33城次集中于涿郡。从侯国城市分封的时空上来看，高祖时5个侯城主要分布于西汉初年燕

①周振鹤：《西汉政区地理》，人民出版社，1987年，第69页。

赵国边境，武帝元朔二年至元朔五年（公元前127年至公元前124年）共有11个王子侯城产生，分别来自河间和中山两国，元帝时5王子侯城来自于北边的广阳国，由此也可看出涿郡徐水以南地域原属赵地，也正是由于赵地王子侯的分封促成了涿郡的析置。

虽然，涿郡境内侯国城市数量较多，其中有9城省并，相继分封的有2城，所以《汉志》涿郡29城中仍有7个城市从未有封侯的记录，保留到西汉末年的侯国城市尚有14城，它们均为武帝元朔二年以后分封的王子侯城。

表2—22　西汉燕地各郡国侯国城市时空分布

郡国	公元前195年	公元前180年	公元前164年	公元前157年	公元前140年	公元前112年	公元前87年	公元前74年	公元前49年	公元前33年	公元前7年
涿郡	5	5	4	5	6	14	8	8	10	14	14*
辽西	2	2	2	2							
上谷											
广阳国											
合计	7	7	6	7	6	14	8	8	10	14	14

资料来源：《史记》、《汉书》侯者表。

说明：*含高郭。

据周振鹤先生考证西汉初年燕国地共有城市87座，而《汉志》燕地则有101城，多出部分刚好就是西汉末年燕地侯国城市的数量。查表2—44中有燕地城市6个：沮阳、渔阳、無终、令支、阳乐、襄平均不在燕地侯国城市之内，又查表2—46内燕地亦无新建城市的记录。因而似乎可以认为，西汉末年燕地所封侯国城市就是本区城市新增长的城市。但事实上并非如此，最主要原因就是因为涿郡并非完全是在燕地上发展而来的，部分城市来自于赵地。结合《汉志》涿郡所辖城市的侯城史，对照谭图，可以发现，汉初不当属燕地的当有12

余城：广望、州乡、樊舆、阿武、高郭、鄡是武、宣时期分封的中山、河间王子侯国；安平、中水、阿陵是高祖时期分封的功臣侯城，它们与饶阳、武垣、高阳3城均在赵地6王子侯城之南，另外成、利乡2城是昭宣时期分封的中山王子侯城，为谭图无考地名，大约应属汉初赵地之境。就此来讲，燕地西汉一代城市并无变化，而且，西汉末年燕地存在的侯国城市并不全是新增城市，燕地城市的增长原因就是地域的扩展。燕地城市发展的这一特殊现象，应当与本区所处地理位置有很密切的关系。

西汉时期，燕地北境与匈奴、乌桓、鲜卑为邻，它们与西汉帝国的关系处于不断的变化之中，战争的威胁始终存在[①]。燕地作为北方游牧民族与中原农耕民族的过渡地带，两种不同的生活方式同样对地方城市的发展产生了一些不利影响。虽然西汉时期没有这方面的直接资料来说明，但东汉时期，“贸易和掠夺呈现出他们在整个东汉时期的活动。在这一时期，他们可能比任何其他胡族人进行了更多的边境侵犯……”[②]所以，燕地与其北部胡族之间这种战争、掠夺等活动的频繁发生，使得西汉一代本区城市驻足不前。这种情况在与燕所处地理位置近邻的代地同样存在。

（六）荆吴地区侯国城市的发展及其特征

西汉初年的荆国与刘交之楚国均是韩信楚国的组成部分。

《史记·荆燕世家》：“汉六年春……废楚王信……分其地为二国……立

①余英时：“汉代初年，居住在东北南部的乌桓人战败被匈奴征服。此后他们被迫每年向匈奴进献牲畜和皮毛等物品。而当武帝打败匈奴之后，乌桓被置于中国纳贡体系的保护之下，他们的首领每年到汉廷觐见效忠。到西汉末年，当匈奴再次变得强大的时候，他们抓住中国政治混乱的机会，强行向乌桓人征收一种‘皮布税’。后来，当乌桓在中国的煽动之下拒绝交纳这些税的时候，匈奴抓捕了大约一千名乌桓妇女和儿童，要求乌桓人支付一大笔赎金，包括牲畜、皮毛和布匹，乌桓人最终按照他们的要求去做了。”“（鲜卑人）也向乌桓人一样，在西汉初年曾经被匈奴征服并受其直接控制。”载余英时、邬文玲等译：《汉代贸易与扩张》，上海古籍出版社，2005年，第52—53页。

②余英时、邬文玲等译：《汉代贸易与扩张》，上海古籍出版社，2005年，第53页。

刘贾为荆王，王淮东五十二城。”《汉书·高帝纪》：六年“春正月……以故东阳郡、鄣郡、吴郡五十三县，立刘贾为荆王。”时间不长，荆王刘贾战死沙场，高祖十一年秋，“淮南王黥布反，东击荆。荆王贾……为布军所杀。”高祖十二年（公元前195年），“立沛侯刘濞为吴王，王故荆地。”[①]

荆王刘贾与吴王刘濞的封域相同，故此地简称为荆吴地，辖有53或者52个城市。且汉初荆吴三郡至《汉志》演化为临淮、会稽、丹阳及广陵4郡国，城市数量也发展成为76城。在此要提请大家注意的是，此76城并不是在公元前53或者52城基础上发展而来的，在地域上，它包含了武帝元狩二年（公元前121年）并入的庐江郡4城[②]，临淮郡之淮西7城：下相、徐、睢陵、取虑、僮、仇犹、高平，会稽郡之回浦、冶2城[③]。那么，西汉末年荆吴地的城市数量就应当用《汉志》4郡国的城市数量减去上述13个城市，而只有63城，相对于汉初53或者52城，荆吴地区200年间仅增长了10到11个城市，相对于齐地、楚地的城市发展来说其发展速度要缓慢的多得多。

结合西汉城市发展一节对各史、汉表统计整理，《汉志》刘贾之荆国境内共有侯国城市33个（表2—23），其中有7个省并[④]，所余26个侯国城市中有5个是前后相继分封的[⑤]，延至汉末的有21个城市。另又有分布于淮西的下相、睢陵、高平3城本应属于楚地，则余18城，再减掉6个已确认的秦城[⑥]，余

①《史记》卷51《荆燕世家》。

②宣城、陵阳、泾、春谷4城于武帝元狩二年（公元前121年）从庐江郡划入鄣郡，与此同时，鄣郡改名为丹阳郡。载周振鹤：《西汉政区地理》，人民出版社，1987年，第38页。

③《汉书》卷64《严助传》载，汉初至武帝击东越之前会稽郡“东接于海，南近诸越，北枕大江”，当时会稽郡与诸越的分界线当在《汉书·地理志》大末、鄞县一线，所以，回浦、冶二城不在汉初荆吴域内。另外，《汉唐地理书钞·吴地理志》亦载，回浦汉初为东瓯地，冶（今福州市）更在其南的闽越地。

④临淮之乐通、南陵、商利、博成、贳乡、乐安及会稽郡之御儿7城。

⑤临淮郡之高平、开陵(2次相继分封)、襄平、广平。

⑥6城是：盱眙、淮阴、堂邑、阳羡、秣陵、丹阳。

12城[①]，从城市数量上汉末比汉初仅多出1—2个。能否认为西汉荆吴地区增长的城市全在这12城中呢？

表2—23 西汉各帝王时期荆吴地区各郡国封侯城市数量统计

郡国	高祖	高后	文帝	景帝	武帝	昭帝	宣帝	元帝	成帝	合计
临淮	6	1			7	1	3	5	3	26
会稽	1				2					3
丹阳					4					4
广陵国										
合计	7	1			13	1	3	5	3	33

资料来源：《史记》、《汉书》侯者表。

可能还不能这样认为，事实上，荆吴地区的这种情况与楚地有相似之处，因为在所余的12个侯国城市中有6个有史料证明在汉初就已存在。因此，要确定荆吴地区在西汉初年与末年的具体城市，还必须借助于史料。

爬梳史料后，荆吴地区《汉志》63城中有26城可以确定为秦末汉初之城[②]：盱眙、淮阴、东阳、棠（堂）邑、吴、曲阿、阳羡、诸暨、山阴、丹徒、娄、海盐、由拳、太末、乌程、句章、余杭、鄮、钱塘、鄮、江乘[③]、秣陵[④]、丹阳[⑤]、黝、歙、广陵。那么，也就是说汉初53城中包括上述6个已确认的有26个城市在汉初已经存在，另有27城待考。由于本区城市增长的数量比

①12城是：射阳、淮陵、西平、兰阳、襄平、无锡、赘其、开陵、昌阳、广平、句容、胡孰，后6个为王子侯城。

②表2—49：徐、取虑、僮、下相汉初已存。

③《读史方舆纪要》卷20《江南二》：江乘城"本秦县属鄣郡。始皇三十七年自会稽还过吴从江乘渡即此，汉亦曰江乘县属丹阳郡"，第160页。

④《读史方舆纪要》卷20《江南二》：秣陵城"秦县，属鄣郡"，第158页。

⑤周振鹤认为丹阳置于武帝元朔元年，有误。见《读史方舆纪要》卷20《江南二》载"丹阳城……本秦县"，第159页。又其在考察《汉书·地理志》丹阳郡辖县情况时，本17县，而只言16县，并由此推出西汉初之鄣郡仅有11县，最终凑出刘濞吴国53县之数。观周振鹤所定汉初县数多以侯国分封为据，从上文对齐地、楚地及本部分城市数量的统计上来看，此立足点是值得商榷的。

较少，可以推想，首先是所有从来就没有封为侯国的城市都有可能在西汉前已存；其次，高帝所封侯国城市非常有可能；最后，武帝时所封亦有可能，因为在已经确定为秦城的6个侯国城市中高祖、武帝时所封各有3个，这一特点在其他诸侯国地区也有类似之处，只不过没有荆吴地区明显罢了。因此，提供的考察对象有28城：高山、盐渎、富陵、海陵、舆、乐陵、乌伤、昆陵、馀暨、馀姚、上虞、剡、富春、宛陵、于潜、故鄣、石城、芜湖[①]、溧阳、江都、高邮、平安、广平、襄平、射阳、赘其、淮陵、句容。

鉴于荆吴地区城市数量的增长比较少，且此处地广人稀，城市的兴建与当地经济发展有很大关系。虽然，西汉荆吴地区新增城市部分来源于侯国城市的兴建，和中央与地方的关系密切相关，但城市的兴起更为重要的原因应当是区域社会的开发。本区侯国城市相对于其他诸侯王国区来说要少得多，城市增长速度缓慢，其中最为重要的原因应当与本区自然与人文地理环境有很大关系，“地势卑湿”的自然环境特征、相对落后的区域经济发展状况以及当地人不善于经营、积累等的生活习性[②]均是造成本区城市发展缓慢的因素。

江南的会稽郡，在春秋时代，这里大部分还是古木参天的原始森林。甚至直到森林开始被破坏的南北朝初期，会稽山地南部仍然“茂松林密”，拥有许多“干合抱、杪千仞”的巨材[③]。春秋越部族时代的高大豫章树当时也还存在。说明这里从战国到汉代，尚不乏高大的林木。同时还说明汉代的会稽郡经济开发的进程还是比较缓慢的。

---

①《左传》：“（襄公三年）楚子重伐吴克鸠兹”；见《读史方舆纪要》卷27《江南九》：芜湖县“春秋时为吴之鸠兹邑，汉置芜湖县属丹阳”；“芜湖城县东30里，古鸠兹也”，第209页。

②《史记》卷129《货殖列传》：“楚越之地，地广人稀，饭稻羹鱼，或火耕而水耨，果蓏蠃蛤，不待贾而足，地埶饶食，无饥馑之患，以故呰窳偷生，无积聚而多贫。是故江淮以南，无冻饿之人，亦无千金之家”。

③谢灵运：“于南山往北方经湖中瞻眺”，载《全宋诗》卷3。

由于此地城市增长多源于侯国城市的兴建，下文通过对本区侯国的兴废简述其发展特征。此处不考虑荆吴领域之变化，而以《汉志》所在区域考察，西汉一代，本地城市变化时空特征如表2—23、表2—24所示。

表2—23中，侯国的分封主要集中在高祖、武帝、元帝三个时期，以武帝时最多，文景两帝均无所分置；区域上则集中分布于临淮郡。

表2—24中，从时间发展角度上来说，西汉前期荆吴地区相对比较均匀，徘徊在5～6个侯国城市之间，武帝朝内前后期城市数量变化相对较大，后期侯国城市数量平均较少，至成帝末年也仅有7个侯国城市。空间上，荆吴地区侯国城市主要分布于临淮郡。这一时空变化特征与其他诸侯国区域有很大不同，与经济发展、区位条件（非核心区）、军事形势等有关。

表2—24　西汉荆吴各郡国侯国城市时空分布

郡国	公元前195年	公元前180年	公元前164年	公元前157年	公元前140年	公元前112年	公元前87年	公元前74年	公元前49年	公元前33年	公元前7年
临淮	5	5	4	4	2	5	1	1	2	6	7
会稽	1		1								
丹阳						1					
广陵国											
合计	6	5	5	4	2	6	1	1	2	6	7

资料来源：《史记》、《汉书》侯者表。

（七）梁地侯国城市的发展

《汉书·高帝纪》：汉“五年冬十月”，高帝许以“取睢阳以北至谷城皆以王彭越”；十一年“三月，梁王彭越谋反，夷三族”，“立子恢为梁王”，“罢东郡，颇益梁”。由此，周振鹤先生考刘恢之梁国领有东、砀二郡。笔者认为不确切。首先是高祖十一年至高后七年间（公元前195年至公元前188

年）[①]，梁国无疆域调整记录，所以，从《汉志》东郡大部分城市记载于在张家山汉简之中的情况看，东郡此时不可能全属于刘恢之梁国，但有可能东郡建制不存在，因为上文提到了"罢东郡"之事。

据《汉书·贾谊传》亦可知东郡一直不曾属梁。《汉书·贾谊传》："愚计，愿举淮南地以益淮阳，而为梁王立后，割淮阳北边二、三城与东郡以益梁；不可者，可徙代王而都睢阳，梁起于新郪以北著之河，淮阳包陈以南揵之江，则……梁足以扞齐赵，淮阳足以禁吴楚。"于是文帝十二年（公元前168年），"淮阳王徙武为梁王"[②]，而文中所言梁王是指文帝爱子刘辑[③]。所以，文帝十一年（公元前169年）之前，东郡不属梁国。刘武之梁国亦没有包括东郡，而景帝中元六年（公元前144年）之后更不可能再包有东郡了。因为，景中元六年四月，梁孝王薨后，"梁分为五"[④]。即有《汉志》梁国、东平、定陶[⑤]、山阳、陈留2国3郡，合计64城，而此前刘武梁国之域"北界泰山，西至高阳，得大县四十余城"[⑥]。所以梁国之地西汉一代共增长了20余城。

从表2—25中可以看出，西汉梁国之地共产生侯国城市32座，其中有7城省并，2城前后相继分封，延至西汉末年曾经的侯国城市有23城。23城有7城于高帝时分封，很可能汉初就已存在。那么，梁地新增城市应当在剩余部分侯国城市中，另外元朔中削入沛郡的5城[⑦]至少有2城在梁40余城中。

①《史记》卷9《吕太后本纪》：七年二月"徙梁王恢为赵王，吕王产徙为梁王……更名梁曰吕"。

②《史记》卷17《汉兴以来诸侯王年表》。

③《史记》卷10《孝文本纪》：二年三月，"立子辑为梁王"，"十一年，梁王辑死，无后"。

④《史记》卷11《孝景本纪》："立梁孝王子明为济川王，子彭离为济东王，子定为山阳王，子不识为济阴王，梁分为五"。

⑤《汉书》卷28《地理志》济阴郡："哀帝建平二年定陶王徙信都，国除为济阴郡"。

⑥《汉书》卷48《贾谊传》。

⑦指谯、郪、芒、敬丘、建平。

表2—25 西汉各帝王时期梁地各郡国侯国城市数量统计

郡国	高祖	高后	文帝	景帝	武帝	昭帝	宣帝	元帝	成帝	合计
陈留	2			1			1			4
山阳	2	1			2		3	5	4	17
定陶国	2			2	2	1	1			8
东平国		1	1							2
梁国	1									1
合计	7	2	1	3	4	1	5	5	4	32

资料来源：《史记》、《汉书》侯者表。

从本地侯国城市产生的时段来看，以高祖时分封数量最多；从空间上来看，5郡国所分侯国城市又集中于山阳郡和定陶国。

表2—26反映梁地各时间上侯国城市数量基本平衡，起伏变化不大；空间上，西汉末年侯国城市基本全属山阳郡。

表2—26 西汉梁地各郡国侯国城市时空分布

郡国	公元前195年	公元前180年	公元前164年	公元前157年	公元前140年	公元前112年	公元前87年	公元前74年	公元前49年	公元前33年	公元前7年
陈留	2	2	1	2	2			1	1	1	1
山阳	2	2	1	1	1	2	1		2	7	11
定陶国	2	2		1			2	1	1		
东平国		1	1	1	1						
梁国	1	1		1	1	1					
合计	7	8	3	6	5	3	3	2	4	8	12

资料来源：《史记》、《汉书》侯者表。

（八）淮南地城市的兴衰

《史记·鲸布列传》："汉五年……布遂剖符为淮南王，都六，九江、庐江、衡山、豫章郡皆属布。"《史记·淮南王传》："高祖十一年七月淮南王鲸布反，立子长为淮南王，王鯨布故地，凡四郡。”刘长，都寿春[①]。《史记·诸侯王表》：“文帝七年，淮南王（按指历王）无道迁蜀死雍，为郡。”《汉书·淮南王传》：文帝十二年，“徙城阳王王淮南故地”。十六年，“徙淮南王喜复王故城阳”，而立历王三子王淮南故地“阜陵侯安为淮南王，安阳侯勃为衡山王，阳周侯赐为庐江王”。武帝元狩二年（公元前121年），故淮南王旧地分为庐江郡、豫章郡、九江郡、江夏郡、六安国[②]，这一结果至汉末不变，《汉志》淮南故地共有67城（表2—27）。

表2—27　西汉各帝王时期淮南地侯国城市数量统计

郡国	高祖	高后	文帝	景帝	武帝	昭帝	宣帝	元帝	成帝	合计
庐江	1	1		1		1				4
豫章					2		1	2		5
江夏		1					1		1	3
九江			2		3			1	1	7
六安	1									1
合计	2	2	2	1	5	1	2	3	2	20

资料来源：《史记》、《汉书》侯者表。

从本地侯国城市的发展情况来看，总量并不太多，而且各帝王时期分封数量基本没有区别，在分封郡域上虽以九江郡最多，但并不突出。而且，江夏郡西部部分城市汉初当属南郡，东部为汉初衡山国地，则“衡山、南郡之界当在下雉、邾县一线以西”[③]。那么，江夏郡属城西汉初年即不属淮南地，另外，本区以及后文长沙地与荆吴之地由于在地理环境和经济开发等方面的相似性，

①《汉书》卷27下之上《五行志》。

②景帝四年，庐江国除为庐江郡和豫章郡，属汉；武帝元狩元年，衡山国、淮南国除为衡山郡、九江郡；武帝元狩二年，割衡山郡西部和南郡东部置江夏郡；衡山郡东部与九江郡南部置新庐江郡；原庐江郡南部并入豫章郡，东部四城属鄣郡，并改名丹阳；置六安国。

③周振鹤：《西汉政区地理》，人民出版社，1987年，第48页。

因而推断在分封侯国城市上亦当有相似之处，故而，西汉一代城市总量变化当不是太大，至多增长10城。依此，汉初淮南之地城市数量大约有50城之数（表2—28）。

表2—28 西汉淮南地侯国城市时空分布

郡国	公元前195年	公元前180年	公元前164年	公元前157年	公元前140年	公元前112年	公元前87年	公元前74年	公元前49年	公元前33年	公元前7年
庐江	1	2	2	2	1			1	1	1	1
豫章						1				2	2
江夏		1	1	1	1	1			1	1	1
九江			1				1	1	1	2	3
六安	1	1	1	1	1						
合计	2	4	5	4	3	2	1	2	3	6	7

资料来源：《史记》、《汉书》侯者表。

（九）长沙地侯国城市的分布

据周振鹤先生考证，西汉初年吴姓长沙国[①]至文帝后元七年（公元前157年）已分为长沙、武陵、桂阳3郡，而武帝元鼎六年（公元前111年）分桂阳置零陵郡[②]，汉末长沙地已分为长沙、武陵、桂阳、零陵4郡国，共有46城。考诸侯者表，我们可以看到西汉一代长沙地侯国城市分封的数量相对比较少，共有16城次，有3城省并（高祖、高后、武帝时各1），13城延至汉末，而侯国城市则只有4个。在侯国城市的构成上表现为13个王子侯城和3个功臣侯城，省并的3个城中有2个功臣侯城，这与其他地区更多地省并王子侯城的现象稍有不同。详细情况见表2—29、表2—30。

①《汉书》卷1《高帝纪》："五年……诏：'其以长沙、豫章、象郡、桂林、南海立藩郡芮为长沙王'。"

②《水经·湘水注》。

表2—29　西汉各帝王时期长沙地侯国城市数量统计

郡国	高祖	高后	文帝	景帝	武帝	昭帝	宣帝	元帝	成帝	合计
长沙	1	1			5					7
零陵					5					5
武陵	1	1								2
桂阳		1						1		2
合计	2	3			10			1		16

资料来源：《史记》、《汉书》侯者表。

表2—30　西汉长沙地各郡国侯国城市时空分布

郡国	公元前195年	公元前180年	公元前164年	公元前157年	公元前140年	公元前112年	公元前87年	公元前74年	公元前49年	公元前33年	公元前7年
长沙	1	2	1	1	1	4	1	1			
零陵						4	4	4	3	3	3
武陵	1	1	1	1							
桂阳		1	1	1	1	1				1	1
合计	2	4	3	3	2	9	5	5	3	4	4

资料来源：《史记》、《汉书》侯者表。

从表2—29中可以看出，本地侯国城市分封的时间比较集中，尤其集中于武帝四、五年，空间上以长沙国、零陵郡稍多。另从表2—30中可以看出，长沙地在各典型时间点上侯国城市数量相对比较均衡，从而也说明了长沙地由于偏居于南方卑湿之地，经济开发相对落后之区，自然环境条件的不利影响使之在城市建设上没有太多的作为。汉末与汉初城市数量的变化应当源于地域的扩展，比如，元鼎六年（公元前111年），南越平，地属汉，“桂阳郡又增加了相当于《汉志》曲江、浈阳、含洭、始安等县的一片地方”①，于是分桂阳置

①周振鹤：《西汉政区地理》，人民出版社，1987年，第128页。

零陵郡。因而，长沙地汉初城市数量应减去新辟地之城市，大约有40城的规模。

（十）代地侯国城市的发展与分布

《汉书·高帝纪》：六年“春正月……以云中、雁门、代郡五十三县，立兄宜信侯喜为代王……以太原三十一县为韩国，徙韩王信都晋阳”；《史记·高帝纪》：七年“令樊哙止定代地，立兄仲为代王”；《汉书·高帝纪》：“七年……立子如意为代王。”将三条资料串接起来即说明了西汉初年中国北方与匈奴之间的关系。楚汉战争之际，北方匈奴趁中原之乱直入汉境[①]，高祖六年（公元前201年）时虽然立刘喜为代王，但当时代地三郡云中（汉定襄郡）、雁门、代依然在匈奴的势力之下，故于高祖七年命令樊哙收复代地，刘喜到代地就国，然随后又遭匈奴攻击，刘喜弃国逃亡洛阳，故而，高祖又立刘如意为代王。

高祖九年，代王如意为赵王；高祖十一年（公元前196年），分赵常山以北，立子刘恒为代王，都晋阳，此代国之地包括太原郡在内[②]，同时，代地之云中郡一分为二，其西部依然称为云中郡属汉，这样，刘恒之代国就能够少受胡族的侵袭了。所以，高祖末年之代国（刘恒代国）对应于《汉志》实有代郡、定襄、雁门、太原四郡组成；刘喜（刘如意同）之代国实为《汉志》之云中、定襄、雁门、代组成。景帝三年（公元前154年）雁门、定襄、代三郡属汉，代国只有太原一郡。自后代共王子9人为侯，其中8个侯城属西河郡[③]，由

①《史记》卷110《匈奴列传》：“冒顿……悉复收秦所使蒙恬所夺匈奴地者，与汉关故河南塞，至朝那、肤施，遂侵燕代，是时汉兵与项羽相距，中国罢于兵革，以故冒顿自疆……而单于之庭直代云中。”

②《汉书》卷1《高帝纪》：“十一年诏曰：代地居常山之北，与夷狄边……数有胡寇，难以为国，颇取山南太原之地益属代，代之云中以西为云中郡，则代受边寇少矣。”

③利昌侯国，王先谦定于齐郡。

此可知，西河郡河水之东部分原属代国。《汉志》载西河郡武帝元朔四年（公元前125年）置，所辖36城，谭图定点的有8个在河水之东①，因此推断，另外两个不能确定的代王子侯城亦应在河水之东，其中一城省并②。查诸侯者表，西汉武帝之前，太原郡境有祁、汾阳侯城分别封于高祖六年和十一年（公元前196年），西河郡有土军、平定侯城分别封于高祖十一年（公元前196年）和高后元年（公元前187年），其中土军侯城后又封于代王子，而平定侯城（今内蒙古准格尔旗西南）在河水之西，不属原太原境域。

综上所述，高祖六年（公元前201年），刘喜之53城发展到西汉末年有55城，增2城，其中雁门郡增阴馆县，另一县无法确定；西汉一代代地无侯国城市兴起。韩王信之韩国（太原郡）31城，有13城次曾为侯国城市（表2—31，表2—32），2侯城前后相继，1城省并，至西汉末年，原太原郡域尚有30城。

从西汉城市发展的角度而言，刘恒代地城市数量基本没有变化，或者是诸侯国地区城市数量唯一不受侯国城市影响的区域。尽管名为代国的太原郡有侯国城市的分封，对汉初、汉末本地城市总量上没有影响，但却影响了郡级城市数量的变化，正是因为代王子侯国的分封，使位于河水之西的上郡境域过大，才分置了西河郡，并于十几年后（元鼎四年）最终撤销了代地诸侯王国的建制③。

表2—31　西汉各帝王时期代地侯国城市数量统计

郡国	高祖	高后	文帝	景帝	武帝	昭帝	宣帝	元帝	成帝	合计
西河	1	1			8					10
太原	2									2

①有6个王子侯城，另及平周（今山西孝义市西南）、中阳（今山西离石市中阳县）2城。

②代共王子刘慎（顺）郘（邬）城于武元朔三年（公元前126年）正月封，武天汉元年（公元前100年）因坐杀人及奴凡16人，以捕匈奴千骑免，《汉志》不见郘（邬）城；千章谭图无考地名。

③《史记》卷17《汉兴以来诸侯王年表》："元鼎四年，代王徙清河，代国除为太原郡。"

续表

郡国	高祖	高后	文帝	景帝	武帝	昭帝	宣帝	元帝	成帝	合计
代									1	1
合计	3	1			8				1	13

资料来源：《史记》、《汉书》侯者表。

表2—32 西汉代地各郡国侯国城市时空分布

郡国	公元前195年	公元前180年	公元前164年	公元前157年	公元前140年	公元前112年	公元前87年	公元前74年	公元前49年	公元前33年	公元前7年
西河	1	2	2	2	2						
太原	2	2	2	2	2	1					
代											1
合计	3	4	4	4	4	1					1

资料来源：《史记》、《汉书》侯者表。

（十一）西汉汉郡区侯国城市的发展与分布

西汉时期侯国城市的分封虽然多分布于诸侯王国地区，然而并不是说，此外其他区域就一个也不分封，相反，西汉各帝王时期在中央直属汉郡地区同样有侯国城市的分封，而且，同样具有其特殊的时空发展特征。

（1）整理各侯国城市表，西汉一代在汉郡区共分封了侯国城市124座，前后相继者21城，省并城市40座。

（2）从各帝王所封侯国城市的数量来看，主要集中于两个时段：首先是武帝时期有38个侯国城市产生；其次是高祖时期，共有35个侯国城市。相对于诸侯国地区，本区侯国城市数量偏少，而且在侯国城市的构成上体现出与诸侯国地区不同的特征，几乎全部是功臣、外戚侯城①。

①仅有王子侯城：南郡之舂陵、安众、復阳、高城；河内之轵；河南之平；上郡之阳周；代郡之广昌，计有8城。

（3）汉郡区侯国城市的分布面较广，基本上在当时所有汉郡区均有分封；呈稀疏分布状，但也有比较密集的区域，如南阳郡，共有42城，仅次于琅邪郡、东海郡；依次是河内、河东、东郡，各有13个侯国城市，其余汉郡地区则比较少（表2—33）。

表2—33　西汉各帝王时期汉郡区侯国城市数量统计

郡国	高祖	高后	文帝	景帝	武帝	昭帝	宣帝	元帝	成帝	合计
南阳	4	2	1	1	19	2	6		7	42
南郡	1			1			1			3
河东	6			1	5				1	13
河内	5	1	3	3	2	1				15
河南	4		1		1	1				7
颍川	3	1	1		5	1	2	1		14
东郡	3	1	1	1	5	1		1		13
上党	1	1			1					3
上郡		1*	2	1					1	5
安定	2									2
北地	1									1
左冯翊	2									2
右扶风	1									1
犍为	1	1								2
广汉	1									1
合计	35	8	9	8	38	6	9	2	9	124

资料来源：《史记》、《汉书》侯者表。

说明：*惠帝时封（公元前190年）。

同时，从各典型时间点上汉郡地区侯国城市存留的数量上来看（表2—34），侯国城市的时空分布更具特色。①西汉一代各时间点上汉郡区侯国城市的总量呈衰减之势，且以西汉武帝中期为界，前期侯国城市数量明显多于后期，后期侯国城市数量呈急剧缩减之势。②相对于诸侯国地区武帝中期侯国城市普遍增多的史实，汉郡区此期侯国城市之数量落后于景帝之前各帝王时期；而且自武帝末年之后各时间点上侯国城市的数量越来越少，说明了西汉后期侯国城市分封区域集中于东部地区，以王子侯城的分封为主。③本区西汉末年侯国城市集中于南阳郡，几乎包揽了汉郡区所有侯国城市，奠定了东汉时期南阳的政治地位，尤其是作为光武帝刘秀龙兴之地之后，其政治地位更加突出。

表2—34　西汉部分汉郡侯国城市时空分布

郡国	公元前195年	公元前180年	公元前164年	公元前157年	公元前140年	公元前112年	公元前87年	公元前74年	公元前49年	公元前33年	公元前7年
南阳	4	6	5	4	4	6	5	5	6	5	10
南郡	1	1	1	1	2	1			1	1	1
河东	6	6	5	5	2	3	2	2	1	1	1
河内	5	5	6	4	5	3	2				
河南	4	4	5	5	3	3		1			
颍川	3	3	4	3	1	4	1	2	2	2	2
东郡	3	4	4	4	4	6	1	2		1	1
上党	1	2	1	1	1	2	1				
上郡		1	2	1	1						1
安定	2	2	1	1	1	1					
北地	1	1									
左冯翊	2	1	1	1	1						
右扶风	1	1	1	1							
犍为	1	2	1	1							
广汉	1	1	1	1	1	1					
合计	35	40	38	33	26	30	12	12	10	10	16

资料来源：《史记》、《汉书》侯者表。

（十二）不明郡国的侯国城市的发展

查诸侯者表，有一大批侯国城市，不能确定其所属郡国，尽管它们不能归入某一区，然其数量较多，暂归一类为“不明郡国者”。这批城市累计西汉一代共有76座：高祖时18城①、高后时3城②、景帝时10城③、武帝时28城④、昭帝时2城⑤、宣帝时4城⑥、元帝时1城⑦、成帝时10城⑧，可以说，较多产生于武帝时期，高祖时所分封的143座侯国城市中就有18座（表2—35）。对应于西汉各典型时间点，不明郡国的侯国城市数量仍以武帝中期最多，公元前112年时有39城（表2—36），高祖、高后末年相仿，位居其次，而《汉志》侯国城市则更多地来自成帝时期的分封；对照各帝王分封侯国城市数量分布与各典型时间点上侯国城市的数量分布，不难得出，这批主要产生于西汉中期之前的侯国城市，至西汉中期之前大多已被废除。

表2—35　西汉各帝王时期侯国城市所属郡国不明者数量统计

帝王	高祖	高后	文帝	景帝	武帝	昭帝	宣帝	元帝	成帝	合计
城市数量	18	3		10	28	2	3	1	10	75

资料来源：《史记》、《汉书》侯者表。

---

①信武、棘蒲、武彊、棘丘、宣曲、高胡、羹颉、柏至、赤泉、繁（平）、高京、离、宣平、江邑、临辕、庄、纪信、甘泉。见附录2—A。

② 博成、成陶（阴）、信平。见附录2—A、2—B。

③发娄、临汝、绳、棘乐、桓邑、塞、缪、节氏、南、臾。见附录2—A、2—B。

④兹、张梁、壤（怀昌）、葛魁、尉文、榆丘、阴城、西熊、距阳、周坚（望）、西昌、山州、钧（驺）丘、广陵、莊（杜）原、东野、高丘、戎丘、安道、挍、俞闾、从骠、涅野、将梁、缭安（荧）、浩、南峁、临汝。见附录2—A、2—B、2—C、2—D。

⑤温水、博陆。见附录2—C、2—D。

⑥宣处、新利、户都、将陵。见附录2－C、2—D。

⑦乐。见附录2－C。

⑧卑梁、窦梁、乐平、堂乡、襄乡、容乡、缊乡、都安、乐平、方乡。见附录2－C。

表2—36 不明郡国侯国城市统计

时间	公元前195年	公元前180年	公元前164年	公元前157年	公元前140年	公元前112年	公元前87年	公元前74年	公元前49年	公元前33年	公元前7年
城市数量	18	17	10	9	17	39	10	11	6	5	9

资料来源：《史记》、《汉书》侯者表。

三、西汉侯国城市时空特征分析

（一）西汉侯国城市发展的时段特征

将上述各时段分封产生的侯国城市统计，高祖封143个、高后封38个[①]、文帝封32个、景帝封47个、武帝前期（至元鼎五年）封213个、武帝后期封59个、昭帝封27个、宣帝封98个、元帝封57个、成帝封77个，西汉一代先后共有791城次，平均每年有4个侯国城市产生。相对而言，高后、文、景、昭、成诸帝时期低于平均数，宣、元时期保持平均增长水平，唯高祖、武帝时期，侯国城市增长超出平均量。各帝、高后时期所封侯国城市呈现出的各具特色的时间特征是与社会政治、经济环境相吻合的。高祖时期处于社会经济恢复发展时期，大量分封功臣侯有利于社会的稳定和经济的发展，而武帝时期侯国城市的大量分封除军事因素之外尚有更深层次原因，宣、元时期是在经过昭帝对武帝所推行的穷兵黩武政策的修正与调整之后的发展，高后、文、景、昭、成是动荡之后的平稳发展。从侯国城市分封总量上看大致如此，然而，在历史发展中，有一些侯国城市被废除，一些则又被省并，为便于对西汉一代侯国城市发展总貌进行了解，这里将各时段分封及部分时间点上所存在的侯国城市制成表2—37。

①含惠帝时所封3个侯国城市。

表2—37 西汉不同时间点侯国城市数量统计

时间	附录2—A	附录2—B	附录2—C	附录2—D	合计
公元前195年	140				140
公元前180年	127	33			160
公元前164年	107	35			142
公元前157年	102	26			128
公元前140年	56	53			109
公元前112年	25	19	138	34	216
公元前87年	2	4	73	24	103
公元前74年			76	27	103
公元前49年			115	34	149
公元前33年			153	36	189
公元前7年			185	56	241

资料来源：《史记》、《汉书》侯者表。

从上表中可知，西汉侯国城市的数量不是直线上升的，而是不断有反复的。自高后以后至武帝之前，侯国城市数量逐年减少，至武帝继位前基本达到了最低值，仅有109个侯城。随后至武帝前期却迅速飚升，至其后期，则又开始猛降，降至最低谷，此后又逐年增长，到西汉末年再次出现高峰期。从这一变化中，我们可以认为以武帝中期为分水岭，前后阶段对称发展；或者刨除武帝时期，也可以认为自高祖至景帝末和自武帝末年至成帝末年侯国城市数量的发展经过了一个完整的周期；同样，单独观察武帝一朝也是一个完整的周期，从低谷发展至顶峰，再由顶峰至低谷，而且前后期时间跨度也基本一致。

另从不同时期所封侯国城市存续上看，武帝之前所封的260城至武帝末年消失殆尽；武帝时期所封272城在其末年也只剩有97城，《汉志》侯国城市主要源自于武帝及其以后帝王所封。

（二）西汉侯国城市地域分布特征

西汉侯国城市发展的阶段性特征是西汉社会环境发展的直接体现，对其地域分布特征的探索将成为全面认识西汉城市发展模式的关键。

首先将上述各区域侯国城市发展与分布的结果以地域为单位制成以下三幅表格（表2—38～40），排列顺序首先将所有侯国城市分为：诸侯王国地区、汉郡地区两个部分（与本文三大区的划分一致），对所属郡国不明确者忽略不计[①]；其次，东部诸侯国地区以各分区侯国城市数量从多到少排序。

表2—38　西汉各时期不同区域侯国城市数量统计

郡国	高祖	高后	文帝	景帝	武帝	昭帝	宣帝	元帝	成帝	合计
齐地	22	5	11	4	71	2	21	19	28	183
赵地	22	6	6	8	49	3	31	4	3	132
楚地	10	6	1	7	31	5	13	12	8	93
燕地	7	1	1	4	11	2	4	5	1	36
荆吴	7	1			14	1	3	5	3	34
淮阳地	8		1	2	5	2	8		7	33
梁地	7	2	1	3	4	1	5	5	4	32
淮南地	2	2	2	1	5	1	2	3	2	20
长沙地	2	3*			10			1		16
代地	3	1			8				1	13
汉郡	35	8**	9	8	38	6	9	2	9	124
不明者	18	3		10	28	2	3	1	10	75
合计	143	38	32	47	274	25	99	57	76	791

资料来源：前述各区封侯城市数量统计表。

说明：*包括2个惠帝时所封侯国。**包括1个惠帝时所封侯国。

①该部分侯国城市本应分属于两区之内，而且从侯者来源上看当有多半属于东部地区，但既已定其为不明郡国的侯国城市，此处就不准备对此深入论述。

从西汉不同时期不同区域侯国城市数量统计表中，我们可以得到如下信息。①西汉侯国城市在诸侯王国及汉郡两大区之间的数量分布很不均衡，侯国城市数量比为591：124，诸侯王国地区占绝对优势。②诸侯王国地区内部，侯国城市分布以齐、赵、楚、燕、荆吴、淮阳、梁较为集中，齐、赵、楚又是其中最为密集之地，这当与西汉中央政府对此区的空间认识有很大关系[①]。③诸侯王国地区的南北边地侯国城市数量分布较少，以长沙、代等地为代表，西汉一代两地一共产生侯国城市29个，这一点与其所处帝国的区域位置当有很直接的关系，而且所处地形地貌形态复杂、区域经济发展比较落后，因而对中央政权的威胁也比较小[②]，这恐怕也是异姓长沙王吴芮能够得以善终的直接原因。

从西汉侯国城市数量时空对比表中，可知各时间点上侯国城市数量平均在140个左右，仅有武帝前后时间点上不足此数，其简单有两个原因，其一，西汉前期除高祖外，分封数量相对比较少，比如，孝文帝在位二十余年仅封32侯；其二，武帝时期是中央集权制空前发展时期，武帝对列侯的随机兴废，正是其集权表现之一；加之武帝是一位卓越的政治家，不可能给他的继任者留下太多太强的地方势力[③]，所以在其后期就大批裁减侯国城市数量，最为突出的就是武帝元鼎五年（公元前112年）“坐酎金”一次就除国106个，以其他形式除国的也较多。所以，至武帝末年，侯国城市的数量降到最小值。

①《汉书》卷48《贾谊传》：“愿举淮南地以益淮阳，而为梁王立后，割淮阳北边二、三城与东郡以益梁；不可者，可徙代王而都睢阳，梁起于新郪以北著之河，淮阳包陈以南揵之江，则……梁足以扞齐赵，淮阳足以禁吴楚。”

②《史记》卷59《五宗世家》集解引应劭曰：“景帝后二年，诸王来朝，有诏更前称寿歌舞，定王但张袖小举手，左右笑其拙，上怪问之，对曰：‘臣国小地狭，不足回旋。’帝以武陵、零陵、桂阳属焉。” 而长沙定王本身“以其母微，无宠，故王卑湿贫国。”

③ 崔锐：“论西汉三大外戚豪门”，认为这一做法源于对外戚干政的忧虑，《西北大学学报》（哲社版），2006年第2期。

在空间上，各区域间侯国城市的发展与分封数量一致，各时间点上侯国城市数量仍以齐、赵、楚三国最多，总体顺序西汉末年只有荆吴地区稍有调整，落于淮阳、梁之后。

表2—39 西汉侯国城市数量时空对比

区域	公元前195年	公元前180年	公元前164年	公元前157年	公元前140年	公元前112年	公元前87年	公元前74年	公元前49年	公元前33年	公元前7年
齐地	22	26	29	22	11	48	34	31	41	59	83*
赵地	22	27	26	25	22	36	21	18	42	42	42
楚地	9	11	6	5	5	22	8	11	21	30	34
燕地	7	7	6	7	6	14	8	8	10	14	14**
荆吴	6	5	5	4	2	6	1	1	2	6	7
淮阳地	7	7	7	6	6	6		2	7	5	12***
梁地	7	8	3	6	5	3	3	2	4	8	12
淮南地	2	4	5	4	3	2	1	2	3	6	7
长沙地	2	4	3	3	2	9	5	5	3	4	4
代地	3	4	4	4	4	1					1
汉郡	35	40	38	33	26	30	12	12	10	10	16
不明者	18	17	10	9	17	39	10	11	6	5	9
合计	140	160	142	128	109	216	103	103	149	189	241

资料来源：前述各区侯城数量时空对比表。

说明：*不包括北海郡瓡侯国、泰山郡柴侯国。**含高郭。***含定陵。

再从西汉省并侯国城市数量时空对比表来看，本表所反映的内容基本与上两表相一致，其实进一步说明了，西汉时期各区域内侯国城市兴废的一致性，分封越多，各点上存留的也越多，省并者也相对地多，但是，毕竟区域空间范围有限，侯国城市分封较多的地区，对城市反复利用的机会也较多，所以，各区域前后相继分封的城市数量也是以齐、赵、楚三个区域最多。

表2—40 西汉省并侯国城市数量时空对比

区域	高祖	高后	文帝	景帝	武帝	昭帝	宣帝	元帝	成帝	合计
齐地		1	5	1	31	3	6	1	2	50
赵地			1	1	15	2	4	3	2	28
楚地		2	2		16		3	3	2	28
燕地			1		4	1	1		2	9
荆吴地					3		1	1	2	7
淮阳地					4		2	2		8
梁地			1	2	2		2			7
淮南地										
长沙地			1		1		1			3
代地					1					1
汉郡			3	2	25	1	8	1		40
总计		3	14	6	101	7	28	11	10	181

资料来源：上文各统计表。

另外，对西汉一代所封侯国城市在20个以上者列表，对比各郡之间之差异（表2—41）。拥有20个以上侯国城市的共有12个郡，其中琅邪、平原、北海环绕于齐地，东海、沛属于楚地，渤海、魏郡、巨鹿在赵境，临淮属于荆吴地，涿郡属燕地，分别吸收周围诸侯王国分离出来的王子侯国，而南阳、汝南[①]二郡则更多地接受了西汉后期的功臣、外戚侯，这一点与二郡所处地理位置有关，南阳、汝南位于汉郡区、诸侯王国地区的结节地带，是两种管理类型区的缓冲地带，具有特殊的历史地位。

①汝南郡本属淮阳国地，但是本区在景帝三年之后相当长一段时期没有诸侯国，直到宣帝元康三年封刘钦为淮阳王，但是查“王子侯表”淮阳宪王子只有一人封侯且又省并，汝南郡内均为功臣、外戚侯城。

表2—41 西汉时期含20个以上侯国城市的郡排序

郡国	高祖	高后	文帝	景帝	武帝	昭帝	宣帝	元帝	成帝	合计
琅邪	7	3	3	2	25		6	8	9	63
东海	1	1	1	4	21	4	11	3	5	51
南阳	4	2	1	1	19	2	6		7	42
涿郡	5		1	4	11	2	4	5	1	33
沛郡	5	2		3	8	1	2	9	3	33
汝南	7		1	2	5	2	8		7	32
渤海郡	1	2	3	1	16	1	2		1	27
临淮	6	1			7	1	3	5	3	26
平原	2		3		11	1	4		3	24
北海	2		1		7		3	5	5	23
魏郡	1		1	2	14		2	1		21
巨鹿郡	5			1	7	1	4	2		20

资料来源：上文各统计表。

再对西汉末年拥有10个以上侯国城市的郡目进行排比（表2—42），拥有侯国城市最多的是齐地的琅邪郡，其次是齐楚之间的东海郡，再次是齐北海、楚沛郡，再往后是燕之涿郡，又有梁地之山阳，最后是汝南、南阳。从这一排序中，我们可以发现，侯国城市最多的地区依然围绕在齐、楚之地，但是赵地之郡却不在上表之中，究其原因应与赵地析分郡国的数量及其城市基础有关①；汝南、南阳虽然分封了大量的侯国城市，但西汉末年的侯国城市数量并不是太多，这或许与西汉后期政治吏治混乱有关，另外其所处地理位置也不容许它们存留太多的侯国城市。

本表诸侯国区诸郡归属汉郡的时间相继为：琅邪郡于公元前165年、北海

①西汉初年赵地仅有50余城，至西汉末年之前已陆续分为11个郡国，且其地近太行山区，分割后的赵地各郡国势力有限，恐对中央再也构不成威胁了。

郡于公元前155年、东海郡于公元前154年、沛郡于公元前154年、汝南郡于公元前154年、山阳郡于公元前136年，以后有所反复，涿郡公元前117年属汉，南阳本汉郡。可以看出，在诸侯王国地区汉郡属于中央管辖的时间越早侯国城市的数量就越多，上述诸郡一般都位于原诸侯国的边缘地带，如东海郡还兼跨刘肥齐国和刘交楚国之地。随着时间的推移，诸侯国越来越小，其周边地区的汉郡越来越大，一再分出新的郡国，中央皇权正是采取由诸侯国外围地区逐渐向内部蚕食的方式，最终占有了诸侯国地区。

表2—42　西汉末年含10个以上侯国城市的郡排序

郡国	公元前195年	公元前180年	公元前164年	公元前157年	公元前140年	公元前112年	公元前87年	公元前74年	公元前49年	公元前33年	公元前7年
琅邪	7	10	10	8	3	15	11	10	15	22	31
东海	1	2	2	1	3	16	2	5	15	15	18
北海	2	1	2	2		7	7	6	7	12	16*
沛郡	4	3	1	1	3	5	5	6	6	15	16
涿郡	5	5	4	5	6	14	8	8	10	14	14**
汝南	7	7	7	6	6	6		2	7	5	12***
山阳	2	2	1	1	1	2	1		2	7	11
南阳	4	6	5	4	4	6	5	5	6	5	10

资料来源：上文各统计表。

说明：*不包括瓡侯国。**含高郭。***含定陵。

在对西汉时期东部及部分西部地区侯国城市时空发展特征考察的基础上，可以发现，帝国在武帝元朔二年（公元前127年）采纳了中大夫主父偃的建议，颁布“推恩令”之后，诸侯王除由嫡长子继承王位外，其他诸子都可以在诸侯王领土范围内得到封地，“于是藩国始分，而子弟毕侯矣”①。以西汉初

①《汉书》卷6《武帝纪》。

年诸侯王区域来说，分封侯城最多的是齐地，其次赵地，最后楚地，详见上述诸表。从此“大国不过十余城，小侯不过数十里”[①]。诸侯国越分越小，诸侯国势力大为削弱。这样看起来是中央给予诸王子弟的特殊恩宽，实际上却分割了王国疆土，不需明令削夺而自然成为由汉王朝郡县直接管理的区域。“推恩令”的推行，使中央通过和平手段实现了贾谊、晁错以来尊崇皇权裁抑地方王国的夙愿，是中央权力与地方权力配置上比较成功的措施之一，西汉中国由此也成为成功地处理中央与地方关系的典范。西汉末年侯国城市见表2—43。

表2—43　西汉末年侯国城市统计

编号	郡名	侯城	始封者	身份	始封时间	
1	琅邪	临原（众）	刘始昌	菑川懿王子	武元朔二年（公元前127年）	5
2	琅邪	稻	刘定	齐孝王子	武元朔四年（公元前125年）	4
3	琅邪	雲	刘信	齐孝王子	武元朔四年（公元前125年）	4
4	琅邪	雩（虖）殷（葭）	刘泽	城阳顷王子	武元鼎元年（公元前116年）	4
5	琅邪	虚水	刘禹	城阳顷王子	武元鼎元年（公元前116年）	4
6	琅邪	挟（祴）	刘霸	城阳顷王子	武元鼎元年（公元前116年）	4
7	琅邪	缾	刘成	菑川靖王子	武元鼎元年（公元前116年）	7
8	琅邪	皋虞	刘建	胶东康王子	武元封元年（公元前110年）	5
9	琅邪	魏其	刘昌	胶东康王子	武元封元年（公元前110年）	5
10	琅邪	高乡	刘休	城阳惠王子	宣甘露四年（公元前50年）	11
11	琅邪	兹乡	刘弘	城阳荒王子	宣甘露四年（公元前50年）	11
12	琅邪/柔县	枣（柔）	刘山	城阳荒王子	宣甘露四年（公元前50年）	11
13	琅邪	箕	刘文	城阳荒王子	宣甘露四年（公元前50年）	11

①《史记》卷17《汉兴以来诸侯王年表》。

续表

编号	郡名	侯城	始封者	身份	始封时间	
14	琅邪	高广	刘勋	城阳荒王子	宣甘露四年（公元前50年）	11
15	琅邪	即来	刘佼	城阳荒王子	宣甘露四年（公元前50年）	11
16	琅邪	昆山	刘光	城阳荒王子	元初元元年（公元前48年）	3
17	琅邪	折泉	刘根	城阳荒王子	元初元元年（公元前48年）	3
18	琅邪	博石	刘渊	城阳荒王子	元初元元年（公元前48年）	3
19	琅邪	房山	刘勇	城阳荒王子	元初元元年（公元前48年）	3
20	琅邪	石山	刘玄	城阳戴王子	元永光三年（公元前41年）	3
21	琅邪	叁封	刘嗣	城阳戴王子	元永光三年（公元前41年）	3
22	琅邪	伊乡[①]	刘迁	城阳戴王子	元永光三年（公元前41年）	3
23	琅邪/慎阳	顺阳	刘共	胶东顷王子	成建始二年（公元前31年）	1
24	琅邪	武乡	刘庆	高密顷王子	成建始二年（公元前31年）	1
25	琅邪	丽（兹）	刘赐	高密顷王子	成建始二年（公元前31年）	1
26	琅邪	安丘	刘常	高密顷王子	成鸿嘉元年（公元前20年）	1
27	琅邪	临安	刘闵	胶东共王子	成永始四年（公元前13年）	5
28	琅邪/东莞	高阳	薛宣	以丞相	成鸿嘉元年（公元前20年）	4
29	琅邪	驷望	冷广	告男子马政谋反	成鸿嘉元年（公元前20年）	7
30	琅邪	高陵	翟方进	以丞相	成永始二年（公元前15年）	11
31	琅邪	新山	称忠	捕反者	成永始三年（公元前14年）	7
32	东海	南城（成）	刘贞	城阳共王子	武元朔四年（公元前125年）	3
33	东海	兰旗	刘临朝	鲁安王子	昭始元五年（公元前82年）	6
34	东海	容丘	刘方山	鲁安王子	昭始元五年（公元前82年）	6
35	东海	良成	刘文德	鲁安王子	昭始元五年（公元前82年）	6

①笔者按《汉书·王子侯表》载：伊乡侯国，永光三年（公元前41年）三月封，薨，无后。同表又载：平帝元始元年（公元1年）二月丙辰，侯开以东平思王孙封。然《汉志》在琅邪郡伊乡下仍记为侯国，不知何据。

续表

编号	郡名	侯城	始封者	身份	始封时间	
36	东海	平曲	刘曾	广陵厉王子	宣本始元年（公元前73年）	7
37	东海	昌虑	刘弘	鲁孝王子	宣甘露四年（公元前50年）	闰月
38	东海	山阳（乡）	刘绾	鲁孝王子	宣甘露四年（公元前50年）	闰月
39	东海	建陵	刘遂	鲁孝王子	宣甘露四年（公元前50年）	闰月
40	东海	东安	刘强	鲁孝王子	宣甘露四年（公元前50年）	闰月
41	东海	建阳	刘咸	鲁孝王子	宣甘露四年（公元前50年）	闰月
42	东海	都平	刘丘	城阳荒王子	宣甘露四年（公元前50年）	11
43	东海	于乡	刘定	泗水勤王子	元永光三年（公元前41年）	3
44	东海	都阳	刘音	城阳戴王子	元永光三年（公元前41年）	3
45	东海	阴平	刘回	楚孝王子	成阳朔二年（公元前23年）	2
46	东海	郚乡	刘闵	鲁顷王子	成阳朔四年（公元前21年）	4
47	东海	建乡	刘康	鲁顷王子	成阳朔四年（公元前21年）	4
48	东海	新阳	刘永	鲁顷王子	成鸿嘉二年（公元前19年）	1
49	东海/武阳	武强	史丹	帝为太子是辅导有旧恩	成鸿嘉元年（公元前20年）	4
50	北海	剧	刘错	菑川懿王子	武元朔二年（公元前127年）	5
51	北海	平望	刘赏	菑川懿王子	武元朔二年（公元前127年）	5
52	北海	平酌	刘彊	菑川懿王子	武元朔二年（公元前127年）	5
53	北海	剧魁	刘墨（黑）	菑川懿王子	武元朔二年（公元前127年）	5
54	北海	乐望	刘光	胶东戴王子	宣地节四年（公元前66年）	2
55	北海	饶	刘成	胶东戴王子	宣地节四年（公元前66年）	2
56	北海	柳泉	刘强	胶东戴王子	宣地节四年（公元前66年）	2
57	北海	羊石	刘回	胶东顷王子	元永光三年（公元前41年）	3
58	北海	石乡	刘理	胶东顷王子	元永光三年（公元前41年）	3
59	北海	新城	刘根	胶东顷王子	元永光三年（公元前41年）	3

续表

编号	郡名	侯城	始封者	身份	始封时间	
60	北海	上乡	刘歙	胶东顷王子	元永光三年（公元前41年）	3
61	北海	平城	刘邑	胶东顷王子	成建始二年（公元前31年）	1
62	北海	密乡	刘休	胶东顷王子	成建始二年（公元前31年）	1
63	北海	乐都	刘	胶东顷王子	成建始二年（公元前31年）	1
64	北海	胶阳	刘恁	高密顷王子	成建始二年（公元前31年）	1
65	北海	成乡	刘安	高密顷王子	成建始二年（公元前31年）	1
66	沛	瑕（敬）丘	刘贞（政）	鲁共王子	武元朔三年（公元前126年）	3
67	沛郡	公丘	刘顺	鲁共王子	武元朔三年（公元前126年）	3
68	沛	栗	刘乐	赵敬肃王子	武征和元年（公元前92年）	
69	沛	洨	刘周舍	赵敬肃王子	武征和元年（公元前92年）	
70	沛郡	东乡	刘方	梁敬王子	元建昭元年（公元前38年）	1
71	沛郡 / 东武城	溧（漂）阳	刘钦	梁敬王子	元建昭元年（公元前38年）	1
72	沛郡	高柴	刘发	梁敬王子	元建昭元年（公元前38年）	1
73	沛郡	临都	刘未央	梁敬王子	元建昭元年（公元前38年）	1
74	沛郡	高	刘舜	梁敬王子	元建昭元年（公元前38年）	1
75	沛郡	广戚	刘勋	楚孝王子	成河平三年（公元前26年）	2
76	沛	祁乡	刘贤	梁夷王子	成永始二年（公元前15年）	5
77	沛郡	建平	杜延年	父功、发觉谋反者	昭元凤元年（公元前80年）	7
78	沛郡	建成	黄霸	以丞相（代邴吉）	宣五凤三年（公元前55年）	2
79	沛 / 萧	扶阳	韦玄成	丞相	元永光二年（公元前42年）	2
80	沛郡	义成	甘延寿	斩王以下1500级	元竟宁元年（公元前33年）	4
81	沛郡	平阿	王谭	皇太后弟	成河平二年（公元前27年）	6
82	涿郡	广望	刘安中（忠）	中山靖王子	武元朔二年（公元前127年）	6

续表

编号	郡名	侯城	始封者	身份	始封时间	
83	涿郡	阿武	刘豫	河间献王子	武元朔三年（公元前126年）	10
84	涿郡	州乡	刘禁	河间献王子	武元朔三年（公元前126年）	10
85	涿郡	樊舆	刘條（脩）	中山靖王子	武元朔五年（公元前124年）	3
86	涿郡	成	刘喜	中山康王子	昭元凤五年（公元前76年）	11
87	涿郡	新昌	刘庆	燕剌王子	宣本始四年（公元前70年）	5
88	涿郡	高郭①	刘蓋	河间献王子	宣地节二年（公元前68年）	4
89	涿郡	鄚	刘异众	刘蓋弟	成元延元年（公元前12年）	
90	涿郡	利乡	刘安	中山顷王子	宣甘露元年（公元前53年）	3
91	涿郡	临乡	刘云	广阳顷王子	元初元五年（公元前44年）	6
92	涿郡	西乡	刘容	广阳顷王子	元初元五年（公元前44年）	6
93	涿郡	阳乡	刘发	广阳顷王子	元初元五年（公元前44年）	6
94	涿郡	益昌	刘婴	广阳顷王子	元永光三年（公元前41年）	3
95	涿郡	梁乡②	刘交	赵共王子	成绥和元年（公元前8年）	6
96	汝南	弋阳	任宫	捕杀谋反者	昭元凤元年（公元前80年）	7
97	汝南	宜春	王訢	以丞相侯	昭元凤四年（公元前77年）	2
98	汝南	乐昌	王稚君（武）	宣帝舅	宣地节四年（公元前66年）	2
99	汝南	阳城	刘德	以宗正行谨重为宗室率	宣地节四年（公元前66年）	3
100	汝南	归德	贤掸	以匈奴单于从兄日逐王	宣神爵三年（公元前59年）	4
101	汝南	安成（平）	王崇	皇太后弟	成建始元年（公元前32年）	2
102	汝南	安昌	张禹	以丞相	成河平四年（公元前25年）	6

①《汉书·王子侯表》载：高郭侯刘蓋曾孙，哀侯刘霸无子嗣，元延元年刘异众以霸弟绍封为鄚侯，《汉书·地理志》高郭仍注为侯国，说明《汉书·地理志》侯国名目断限不是某一点，而是以一段时间为据，然最终止于成帝绥和二年（公元前7年）。

②疑为良乡，《汉志》涿郡无梁乡，而有良乡侯国。

续表

编号	郡名	侯城	始封者	身份	始封时间	
103	汝南	安阳	王音	皇太后从弟	成鸿嘉元年（公元前20年）	6
104	汝南 / 南顿	博阳	丙昌		成鸿嘉元年（公元前20年）	6
105	汝南 / 新息	成阳	赵临	皇后父	成永始元年（公元前16年）	4
106	汝南	定陵	淳于长	言昌陵不可成，皇后姊子	昭元凤三年（公元前78年）	2
107	汝南	殷绍嘉	孔何齐	以殷后孔子世吉嫡子	成绥和元年（公元前8年）	2
108	山阳	中乡	刘延年	梁敬王子	元建昭元年（公元前38年）	1
109	山阳	郑	刘罢军	梁敬王子	元建昭元年（公元前38年）	1
110	山阳	黄	刘顺	梁敬王子	元建昭元年（公元前38年）	1
111	山阳	平乐	刘迁	梁敬王子	元建昭元年（公元前38年）	1
112	山阳	菑乡	刘就	梁敬王子	元建昭元年（公元前38年）	1
113	山阳	栗乡	刘获	东平思王子	成鸿嘉元年（公元前20年）	4
114	山阳	曲乡	刘凤	梁荒王子	成永始三年（公元前14年）	6
115	山阳	西阳	刘并	东平思王子	成元延二年（公元前11年）	4
116	山阳	爰戚	赵成（长年）	用发觉楚国事侯、告楚、广陵谋反	宣地节二年（公元前68年）	4
117	山阳	邛成（郜成）	王奉光（先）	宣帝皇后父	宣元康二年（公元前64年）	3
118	山阳	成都	王商	皇太后弟	成河平二年（公元前27年）	6
119	南阳	安众	刘丹	长沙定王子	武元朔四年（公元前125年）	3
120	南阳	復阳	刘延年	长沙顷王子	宣元康元年（公元前65年）	1
121	南阳	红阳	王立	皇太后弟	成河平二年（公元前27年）	6
122	南阳	新都	王莽	以帝舅子	成永始元年（公元前16年）	5
123	南阳	酂	萧喜		成永始元年（公元前16年）	7

续表

编号	郡名	侯城	始封者	身份	始封时间	
124	南阳	博望	许報子	绍封	成元延二年（公元前11年）	6
125	南阳 / 平氏	乐成	许恭	绍封	成元延二年（公元前11年）	缺
126	南阳	氾乡	何武	以大司空	成绥和元年（公元前8年）	4
127	南阳	博山	孔光	以丞相	成绥和二年（公元前7年）	3
128	南阳	春陵	刘买孙嗣		宣元康元年（公元前65年）	
129	渤海	参户	刘勉	河间献王子	武元朔三年（公元前126年）	10
130	渤海	临乐	刘光	中山靖王子	武元朔四年（公元前125年）	4
131	渤海	定	刘越	齐孝王子	武元朔四年（公元前125年）	4
132	渤海	柳	刘阳（已）	齐孝王子	武元朔四年（公元前125年）	4
133	渤海	沈（浮）阳	刘自为	河间献王子	不得封年	
134	渤海	蒲领	刘禄	清河纲王子	昭始元六年（公元前81年）	5
135	渤海	修市	刘寅	清河纲王子	宣本始四年（公元前70年）	4
136	渤海	景成	刘雍	河间献王子	宣地节二年（公元前68年）	4
137	渤海	童（章）乡	锺祖	捕反者	成永始三年（公元前14年）	7
138	齐	临朐	刘奴	菑川懿王子	武元朔二年（公元前127年）	5
139	齐	利昌①	刘嘉	代共王子	武元朔三年（公元前126年）	1
140	齐	广饶	刘国	菑川靖王子	武元鼎元年（公元前116年）	7
141	齐	要（西）安	刘胜	城阳荒王子	元初元元年（公元前48年）	3
142	齐	北乡	刘谭	菑川孝王子	元建昭四年（公元前35年）	6
143	齐	广	刘便	菑川王子	元竟宁元年（公元前33年）	4
144	齐	平（广）	刘服	菑川王子	元竟宁元年（公元前33年）	4
145	齐	台乡	刘畛	菑川孝王子	成元延二年（公元前11年）	1

①［清］王先谦曰："利昌，齐郡县"，《汉书补注》，书目文献出版社，1995年，第159页。

续表

编号	郡名	侯城	始封者	身份	始封时间	
146	巨鹿	象氏	刘贺	赵敬肃王子	武元朔三年（公元前126年）	4
147	巨鹿／堂阳	新市	刘吉	广川缪王子	昭元凤五年（公元前76年）	11
148	巨鹿	安定	刘贤	燕刺王子	宣本始元年（公元前73年）	10
149	巨鹿	乐信	刘强	广川缪王子	宣神爵三年（公元前59年）	4
150	巨鹿	历乡	刘必胜	广川缪王子	宣神爵四年（公元前58年）	7
151	巨鹿	武陶	刘朝	广川缪王子	宣五凤元年（公元前57年）	7
152	巨鹿	柏乡	刘买	赵哀王子	元竟宁元年（公元前33年）	4
153	巨鹿	安乡	刘喜	赵哀王子	元竟宁元年（公元前33年）	4
154	平原	安（阳）	刘桀（乐）	济北贞王子	武元朔三年（公元前126年）	10
155	平原	羽	刘成	济北式王子	武元朔三年（公元前126年）	10
156	平原	富平	张安世	车骑将军定策	昭始元六年（公元前81年）	11
157	平原	平昌	王长君（无故）	宣帝舅	宣地节四年（公元前66年）	2
158	平原	合阳	梁喜	告反者	宣元康四年（公元前62年）	4
159	平原	楼虚	訾顺	捕反者	成永始三年（公元前14年）	7
160	平原	龙额	韩共	绍封	成元延元年（公元前12年）	6
161	平原	乐陵①	史叔	绍封	成元延元年（公元前12年）	6
162	临淮	襄平	刘瞿	广陵厉王子	元永光五年（公元前39年）	3
163	临淮	兰陵	刘宜	广陵孝王子	元建昭五年（公元前34年）	12
164	临淮	广平	刘德	广陵孝王子	元建昭五年（公元前34年）	12
165	临淮	昌阳	刘霸	泗水戾王子	成永始四年（公元前13年）	5
166	临淮	西平	于定国	以丞相（代黄霸）	宣甘露三年（公元前51年）	5
167	临淮	高平	王逢时	皇太后弟	成河平二年（公元前27年）	6
168	临淮	开陵	成级	绍封	成元延元年（公元前12年）	6

①《汉志》注乐陵侯国属临淮郡。

续表

编号	郡名	侯城	始封者	身份	始封时间	
169	广平	南曲	刘迁	清河纲王子	昭始元六年（公元前81年）	5
170	广平	曲梁	刘敬	平干顷王子	宣元康三年（公元前63年）	7
171	广平	广乡	刘明	平干顷王子	宣神爵三年（公元前59年）	7
172	广平	平利	刘世	平干顷王子	宣神爵四年（公元前58年）	3
173	广平	平乡	刘壬	平干顷王子	宣神爵四年（公元前58年）	3
174	广平	阳城（台）	刘田	平干顷王子	宣神爵四年（公元前58年）	7
175	广平	成乡	刘果	绍封	成元延二年（公元前11年）	
176	泰山	宁阳	刘恢（恬）	鲁共王子	武元朔三年（公元前126年）	3
177	泰山	乘丘	刘顷	东平思王子	成鸿嘉元年（公元前20年）	4
178	泰山	桃乡	刘宣	东平思王子	成鸿嘉二年（公元前19年）	1
179	泰山	富阳	刘萌	东平思王子	成永始三年（公元前14年）	3
180	泰山	桃山	刘钦	城阳孝王子	成永始四年（公元前13年）	5
181	泰山	式	宪次子	绍封	成元延元年（公元前12年）	
182	东莱	平度	刘衍（行）	菑川懿王子	武元朔二年（公元前127年）	5
183	东莱	牟平	刘渫	齐孝王子	武元朔四年（公元前125年）	4
184	东莱	昌乡（阳）	刘宪	胶东顷王子	成建始二年（公元前31年）	1
185	东莱	乐阳/阳乐	刘获	胶东顷王子	成建始二年（公元前31年）	1
186	东莱	陵（阳）石	刘庆	胶东共王子	成鸿嘉四年（公元前17年）	6
187	东莱	徐乡	刘炔	胶东共王子	成元延元年（公元前12年）	2
188	信都	东昌	刘成	清河纲王子	宣本始四年（公元前70年）	4
189	信都	平隄	刘招	河间献王子	宣地节二年（公元前68年）	4
190	信都	乐乡	刘佟	河间献王子	宣地节二年（公元前68年）	4
191	信都	昌成	刘元	广川缪王子	宣神爵三年（公元前59年）	4

续表

编号	郡名	侯城	始封者	身份	始封时间	
192	信都	西梁	刘闟兵	广川戴王子	宣神爵四年（公元前58年）	3
193	信都	桃	刘良	广川缪王子	元初元元年（公元前48年）	3
194	常山	封斯	刘胡阳（伤）	赵敬肃王子	武元朔二年（公元前127年）	6
195	常山	乐阳	刘说	赵顷王子	宣地节二年（公元前68年）	4
196	常山	桑中	刘广汉	赵顷王子	宣地节二年（公元前68年）	4
197	常山	都乡	刘景	赵顷王子	宣甘露二年（公元前52年）	7
198	常山	平台	史子叔（玄）	以外家有亲故贵	宣元康二年（公元前64年）	3
199	千乘	披（被）阳	刘燕	齐孝王子	武元朔四年（公元前125年）	4
200	千乘	繁安	刘忠	齐孝王子	武元朔四年（公元前125年）	4
201	千乘	高昌	董忠	告诸霍子反	宣地节四年（公元前66年）	8
202	千乘	安平	王舜	王奉先子，皇太后兄	元初元元年（公元前48年）	3
203	千乘	延乡	李谭	捕反者	成永始三年（公元前14年）	7
204	魏郡	邯会	刘仁	赵敬肃王子	武元朔二年（公元前127年）	6
205	魏	即裴	刘道	赵敬肃王子	武征和元年（公元前92年）	
206	魏郡	邯沟	刘偃	赵顷王子	宣地节二年（公元前68年）	4
207	魏郡	平恩	许嘉	广汉弟子中常侍绍封	元初元元年（公元前48年）	缺
208	零陵	夫夷	刘义	长沙定王子	武元朔五年（公元前124年）	3
209	零陵	都梁	刘遂	长沙定王子	武元朔五年（公元前124年）	6
210	零陵	泉（众）陵	刘贤	长沙定王子	武元朔五年（公元前124年）	6
211	济南	猇	刘起	赵敬肃王子	武征和元年（公元前92年）	
212	济南	朝阳	刘圣	广陵厉王子	宣本始元年（公元前73年）	7
213	济南	宜城	燕仓	发谋反者有功	昭元凤元年（公元前80年）	7
214	九江	博乡	刘交	六安缪王子	元竟宁元年（公元前33年）	4

续表

编号	郡名	侯城	始封者	身份	始封时间	
215	九江	当涂	魏不害	捕反叛	武征和三年（公元前90年）	11
216	九江	曲阳	王根	皇太后弟	成河平二年（公元前27年）	6
217	清河	新乡（信乡）	刘豹	清河纲王子	宣本始四年（公元前70年）	4
218	清河	东阳	刘弘	清河纲王子	宣本始四年（公元前70年）	4
219	豫章	安平	刘习	长沙剌王子	元初元元年（公元前48年）	3
220	豫章	海昏	刘贺子	绍封	元初元三年（公元前46年）	
221	颍川	周承休侯	姬延年	更封	元初元五年（公元前44年）	
222	颍川	成安	郭忠	斩黎汗王	昭元凤三年（公元前78年）	2
223	桂阳	阳山	刘宗	长沙剌王子	元初元元年（公元前48年）	3
224	庐江	松兹	刘霸	六安共王子	昭始元五年（公元前82年）	6
225	江夏	锺武	刘度次子	绍封	成元延二年（公元前11年）	
226	南郡	高城	刘梁①	长沙顷王子	宣元康元年（公元前65年）	1
227	陈留	长罗	常惠	击匈奴	宣本始四年（公元前70年）	4
228	河东／北屈	骐	驹诗	绍封	成元延元年（公元前12年）	6
229	东郡	阳平	王傑（禁）	元帝皇后父	元初元元年（公元前48年）	3
230	上郡	宜乡	冯参	以中山王舅	成绥和元年（公元前8年）	2
231	中山	安国	刘吉	赵共王子	成绥和元年（公元前8年）	6
232	代	广昌	刘贺	河间孝王子	成绥和元年（公元前8年）	6
233		壤（怀昌）	刘高遂	菑川懿王子	武元朔二年（公元前127年）	5
234		卑梁	刘都	高密顷王子	成建始二年（公元前31年）	1
235		堂乡	刘恢	胶东共王子	成绥和元年（公元前8年）	5
236		襄乡	刘福	赵共王子	成绥和元年（公元前8年）	6

①笔者按《汉书·王子侯表》下所载："高城节侯梁，长沙顷王子，昭始元六年（公元前81年）六月乙卯封。"与此处有冲突，因另两位长沙顷王子封于元康元年，故将高城侯亦记于此。

续表

编号	郡名	侯城	始封者	身份	始封时间	
237		容乡	刘强	赵共王子	成绥和元年（公元前8年）	6
238		缊乡	刘固	赵共王子	成绥和元年（公元前8年）	6
239		都安	刘普	河间孝王子	成绥和元年（公元前8年）	6
240		乐平	刘永	河间孝王子	成绥和元年（公元前8年）	6
241		方乡	刘常得	广阳惠王子[①]	成绥和元年（公元前8年）	6

资料来源：依附录2各表统计。

第三节　县级城市（县邑道城）发展的时空特征（下）

对西汉初年城市数量的探讨以杨守敬和周振鹤先生最为精当，但二者又有区别，杨氏立足于秦代，是对秦末城市数量的估测[②]，而周氏则是对西汉初年城市数量的推演，尽管在时间上稍有不同，但周先生在其大著中亦多次言到，楚汉至高祖初年因战争原因，尚未调整，故城邑仍沿用秦代。如此说来，杨周二氏所探讨就应是同一问题，但二者的结论却又不同。杨氏认为，秦代县城应有八九百之数，周氏认为西汉初年应有千县之数，继而认为“秦县大约亦是千县有余而已”[③]。杨氏的结论得到许多先生的支持，如谭其骧先生认为：“以秦县而言，估计总数当不下八九百个，但为《汉志》所提到的不满十个。”[④]笔者根据文献记载及张家山汉简资料对比，结论与此相仿。

①疑为思王子。

②杨守敬谓：“汉县道国邑千五百八十七，除武帝后开置者外，亦千三四百，则秦县当八九百矣”，《秦郡县图·序》。

③周振鹤：《西汉政区地理》，人民出版社，1987年，第238页。

④谭其骧：“《汉书地理志》选释”，载侯仁之：《中国古代地理名著选读》（一），科学出版社，1959年，第61页注（2）。

一、文献记载的秦代县城

西汉以行政机构设置与否作为判断城市的标准，而《汉志》记载城市更名现象比较混乱，主要原因在于秦代县级城市本身的不确定性。先秦时期存在的城又并非都是城市，所以，面对文献中记载的故某某城，或故某国，或者是某邑等都特别难以确定，本文除引用《史记》、《汉书》的记载之外，还借助于后世地理总志，如《元和郡县志》、《读史方舆纪要》、《清一统志》等，那么据笔者统计，目前可以确定的秦朝县城大约有323个（表2—44），作为考察西汉初年城市的参照系，与不同时期所存西汉城市相比较，以揭示西汉城市发展的一般规律。

表2—44　文献记载的秦代县城统计

秦城	汉郡	出处	秦城	汉郡	出处
丽邑	京兆尹	《史记·秦始皇本纪》	谯	沛郡	《史记·陈涉世家》、《清一统志》128
蓝田	京兆尹	《史记·六国表》、《汉志》	蕲	沛郡	《史记·陈涉世家》、《清一统志》126
阴晋	京兆尹	《汉志》	下邽	京兆尹	《汉志》、《太平寰宇记》29
郑	京兆尹	《史记·秦本纪》《水经·渭水注》	芷阳	京兆尹	《史记·秦本纪》
胡	京兆尹	《汉志》、《水经·河水注》	杜	京兆尹	《史记·秦本纪》
萧	沛郡	《清一统志》101	滕	沛郡	《史记·夏侯婴传》、《清一统志》166
铚	沛郡	《清一统志》126	符离	沛郡	《史记·陈涉世家》
下蔡	沛郡	《史记·甘茂传》	沛	沛郡	《史记·高祖本纪》、《清一统志》101

续表

秦城	汉郡	出处	秦城	汉郡	出处
高陵	左冯翊	《元和郡县志》2、《汉书地理志补注》	芒	沛郡	《史记·高祖本纪》、《元和郡县志》8
栎阳	左冯翊	《史记·秦本纪》、《史记·六国年表》	城父	沛郡	《史记·项羽本纪》
夏阳	左冯翊	《史记·秦本纪》、《汉志》	蕲	沛郡	《史记·陈涉世家》、《清一统志》194
衙	左冯翊	《史记·秦始皇本纪》	栗	沛郡	《史记·高祖本纪》
鄜	左冯翊	《史记·秦本纪》	滕	沛郡	《读史方舆纪要》卷31《山东二》，第237页
频阳	左冯翊	《史记·秦本纪》、《汉志》	邺	魏郡	《史记·秦始皇本纪》
临晋	左冯翊	《史记·秦本纪》、《汉志》	巨鹿	巨鹿	《史记·秦始皇本纪》、《水经·浊漳水注》
重泉	左冯翊	《元和郡县志》1、《太平寰宇记》	曲阳	巨鹿、常山	《水经·滱水注》
合阳	左冯翊	《史记·魏世家》、《水经·河水注》	棘蒲	常山	《史记·靳歙传》
武城	左冯翊	《史记·秦本纪》	鄗	常山	《战国策》“赵策二”
怀德	左冯翊	《史记·绛侯周勃世家》、《水经·渭水注》	厝	清河	《太平寰宇记》58
云阳	左冯翊	《史记·秦始皇本纪》	范阳	涿郡	《元和郡县志》22
咸阳	右扶风	《史记·秦始皇本纪》	武垣	涿郡	《太平寰宇记》66
废丘	右扶风	《汉书·高帝纪》、《汉志》	南皮	渤海	《史记·项羽本纪》《正义》引《括地志》
鄠	右扶风	《元和郡县志》2	平原	平原	《汉书地理志补注》28
郃	右扶风	《史记·曹相国世家》	鬲	平原	《史记·曹相国世家》
美阳	右扶风	《读史方舆纪要》54	漯阴	平原	《史记·曹相国世家》
郿	右扶风	《史记·白起列传》、《元和郡县志》2	富平	平原	《读史方舆纪要》卷31《山东二》

续表

秦城	汉郡	出处	秦城	汉郡	出处
雍	右扶风	《史记・秦本纪》、《元和郡县志》2	千乘	千乘	《史记・田儋传》
漆	右扶风	《史记・绛侯周勃世家》《索隐》	狄	千乘	《史记・陈涉世家》
栒邑	右扶风	《史记・郦商传》	著	济南	《史记・项羽本纪》
陈仓	右扶风	《史记・高祖本纪》、《元和郡县志》2	博阳	泰山	《史记・项羽本纪》
杜阳	右扶风	《史记・甘茂转》《索隐》	卢	泰山	《史记・曹相国世家》
汧	右扶风	《史记・绛侯周勃世家》、《水经・渭水注》	嬴	泰山	《史记・田儋传》
好畤	右扶风	《史记・绛侯周勃世家》	临淄	齐郡	《史记・项羽本纪》
虢	右扶风	《史记・秦本纪》	腄	东莱	《史记・项羽本纪》
武功	右扶风	《元和郡县志》2	黄	东莱	《史记・秦始皇本纪》、《清一统志》173
陕	弘农	《史记・六国年表》	琅邪	琅邪	《水经・潍水注》
宜阳	弘农	《史记・秦本纪》	郯	东海	《水经・沂水注》、《清一统志》177
渑池	弘农	《史记・商君传》	兰陵	东海	《太平寰宇记》23引《十三州志》
丹水	弘农	《史记・高祖本纪》	下邳	东海	《元和郡县志》10
新安	弘农	《史记・项羽本纪》	戚	东海	《汉书・高帝纪》师古注
商	弘农	《史记・商君传》	朐	东海	《史记・秦始皇本纪》、《水经・淮水注》
析	弘农	《史记・楚世家》	缯	东海	《史记・靳歙传》、《清一统志》166
安邑	河东	《史记・魏世家》	徐	临淮	《史记・陈涉世家》、《史记・灌婴传》
蒲坂	河东	《史记・秦本纪》	取虑	临淮	《史记・陈涉世家》、《清一统志》101

续表

秦城	汉郡	出处	秦城	汉郡	出处
左邑	河东	《水经·涑水柱》	盱眙	临淮	《史记·项羽本纪》《正义》、《清一统志》134
汾阴	河东	《史记·秦本纪》	僮	临淮	《史记·灌婴传》、《清一统志》134
垣	河东	《史记·秦本纪》	淮阴	临淮	《史记·淮阴侯传》、《读史方舆纪要》134
皮氏	河东	《史记·河渠书》《正义》引《括地志》	下相	临淮	《史记·项羽本纪》《正义》引《括地志》、《清一统志》101
平阳	河东	《左传》"昭公二十八年"	东阳	临淮	《史记·项羽本纪》、《清一统志》134
襄陵	河东	《史记·秦本纪》	堂邑	临淮	《太平寰宇记》123
杨	河东	《左传》"昭公二十八年"	吴	会稽	《元和郡县志》26、《史记·韩王信传》《正义》
绛	河东	《战国策》"齐策一"	曲阿	会稽	《通典·州郡志》11
晋阳	太原	《水经·汾水注》	阳羡	会稽	《太平寰宇记》92
界休	太原	《元和郡县志》十六	诸暨	会稽	《元和郡县志》27
榆次	太原	《史记·秦本纪》	山阴	会稽	《元和郡县志》27、《太平寰宇记》96
兹氏	太原	《水经·文水注》	丹徒	会稽	《史记·吴太伯世家》《集解》引《吴地记》、《元和郡县志》26
狼孟	太原	《史记·秦本纪》	娄	会稽	《元和郡县志》26、《清一统志》78
邬	太原	《史记·曹相国世家》、《汉志》	海盐	会稽	《水经·沔水注》、《元和郡县志》46、《太平寰宇记》95
盂	太原	《左传》"昭公二十年"、《汉志》	由拳	会稽	《水经·沔水注》、《太平寰宇记》95
祁	太原	《左传》"襄公二十一年"	太末	会稽	《水经·渐江水注》、《太平寰宇记》97

续表

秦城	汉郡	出处	秦城	汉郡	出处
长子	上党	《水经·浊漳水注》	乌程	会稽	《太平寰宇记》94
铜鞮	上党	《左传》“昭公二十年”	句章	会稽	《清一统志》292
襄垣	上党	《汉书地理志补注》	余杭	会稽	《水经·渐江水注》
壶关	上党	《魏书·地形志》	鄞	会稽	《读史方舆纪要》92
高都	上党	《水经·伊水注》	钱塘	会稽	《读史方舆纪要》90
怀	河内	《史记·范雎传》	鄮	会稽	《读史方舆纪要》92
汲	河内	《史记·魏世家》	江乘	丹阳	《史记·秦始皇本纪》《正义》
武德	河内	《汉志》“孟康注”	秣陵	丹阳	《元和郡县志》26
山阳	河内	《史记·秦始皇本纪》	丹阳	丹阳	《元和郡县志》20
河雍	河内	《太平寰宇记》52	黝	丹阳	《太平寰宇记》104
共	河内	《史记·魏世家》	歙	丹阳	《元和郡县志》29
邢丘	河内	《史记·秦本纪》《正义》引《括地志》	庐陵	豫章	《元和郡县志》29
朝歌	河内	《史记·魏世家》、《史记·项羽本纪》	鄱	豫章	《史记·楚世家》《正义》引《括地志》
休武	河内	《汉志》、《清一统志》101	郴	桂阳	《汉志》
野王	河内	《史记·秦始皇本纪》	耒阳	桂阳	《元和郡县志》30
轵	河内	《史记·秦本纪》	临沅	武陵	《水经·沅江注》
荡阴	河内	《史记·鲁仲连传》	零陵	零陵	《汉书·艺文志》“纵横家言”
洛阳	河南	《史记·项羽本纪》	南郑	汉中	《水经·沔水注》
荥阳	河南	《史记·韩世家》	房陵	汉中	《华阳国志》2
京	河南	《史记·申不害传》	成固	汉中	《汉金文录》
平阴	河南	《史记·高祖本纪》	上庸	汉中	《水经·沔水注》
阳武	河南	《史记·秦始皇本纪》	葭萌	广汉	《史记·货殖列传》

续表

秦城	汉郡	出处	秦城	汉郡	出处
缑氏	河南	《战国策》“秦策一”	成都	蜀郡	《元和郡县志》32、《清一统志》385
卷	河南	《战国策》“魏策一”	郫	蜀郡	《元和郡县志》32、《清一统志》385
巩	河南	《战国策》“韩策一”	临邛	蜀郡	《史记·货殖列传》、《清一统志》411
开封	河南	《史记·韩世家》	严道	蜀郡	《史记·文帝本纪》《正义》引《括地志》
宛陵	河南	《史记·魏世家》《正义》引《括地志》	湔氐	蜀郡	《华阳国志》3、《水经·江水注》
梁	河南	《水经·汝水注》	江州	巴郡	《水经·江水注》
新郑	河南	《史记·秦始皇本纪》	枳	巴郡	《水经·苏秦传》《正义》
濮阳	东郡	《史记·卫康叔世家》	朐忍	巴郡	《太平寰宇记》137
聊城	东郡	《史记·鲁仲连传》	故道	武都	《史记·曹相国世家》
茌平	东郡	《元和郡县志》十一	下辨	武都	《史记·曹相国世家》、《清一统志》177
阿	东郡	《史记·项羽本纪》《正义》引《括地志》	狄道	陇西	《水经·河水注》、《太平寰宇记》151
须昌	东郡	《水经·济水注》	上邽	陇西	《史记·秦本纪》
白马	东郡	《史记·高祖本纪》	临洮	陇西	《元和郡县志》39
燕	东郡	《史记·高祖本纪》《索引》	西	陇西	《史记·绛侯周勃世家》《正义》引《括地志》
陈留	陈留	《太平寰宇记》1	榆中	金城	《史记·秦始皇本纪》
雍丘	陈留	《史记·六国年表》“韩景侯元年”	枹罕	金城	《元和郡县志》39
酸枣	陈留	《史记·魏世家》	冀	天水	《史记·秦本纪》
襄邑	陈留	《汉志》	朝那	安定	《史记·匈奴传》

续表

秦城	汉郡	出处	秦城	汉郡	出处
外黄	陈留	《史记·项羽本纪》	泾阳	安定	《史记·秦本纪》、《元和郡县志》2
尉氏	陈留	《太平寰宇记》1	乌氏	安定	《史记·匈奴传》
长垣	陈留	《史记·春申君传》	阴密	安定	《史记·秦本纪》
平丘	陈留	《史记·春申君传》	富平	北地	《水经·河水注》
济阳	陈留	《史记·春申君传》	泥阳	北地	《史记·郦商传》
大梁	陈留	《水经·渠水注》	义渠	北地	《史记·秦本纪》
阳翟	颍川	《史记·项羽本纪》	肤施	上郡	《水经·河水注》
昆阳	颍川	《战国策》“魏策一、三”	阳周	上郡	《水经·河水注》
颍阳	颍川	《史记·高祖本纪》	雕阴	上郡	《史记·傅宽传》
长社	颍川	《史记·秦本纪》	高奴	上郡	《史记·项羽本纪》
襄城	颍川	《元和郡县志》7	九原	五原	《史记·秦始皇本纪》、《水经·河水注》
舞阳	颍川	《战国策》“魏策一、三”	云中	云中	《水经·河水注》、《元和郡县志》5
许	颍川	《读史方舆纪要》47	善无	雁门	《水经·河水注》
父城	颍川	《太平寰宇记》8	楼烦	雁门	《太平寰宇记》41
阳城	颍川	《史记·高祖本纪》、《汉志》	高柳	代郡	《水经·漯水注》
平舆	汝南	《水经·汝水注》	班氏	代郡	《汉志》
汝阴	汝南	《史记·陈涉世家》	平邑	代郡	《史记·赵世家》
期思	汝南	《史记·淮水注》	安阳	代郡	《水经·漯水注》
召陵	汝南	《史记·秦本纪》	代	代郡	《史记·蒙恬传》、《史记·匈奴传》《正义》
上蔡	汝南	《史记·李斯传》	沮阳	上谷郡	《史记·绛侯周勃世家》、《水经·漯水注》
浸	汝南	《史记·王翦传》	渔阳	渔阳郡	《史记·陈涉世家》、《水经·鲍丘水注》

续表

秦城	汉郡	出处	秦城	汉郡	出处
项	汝南	《元和郡县志》9	无终	右北平	《史记·项羽本纪》、《水经·鲍丘水注》
新阳	汝南	《史记·陈涉世家》《正义》引《括地志》	令支	辽西	《水经·濡水注》
宛	南阳	《水经·淯水注》	阳乐	辽西	《水经·濡水注》
犨	南阳	《史记·高祖本纪》	襄平	辽东	《水经·大辽水注》
山都	南阳	《水经·沔水注》	番禺	南海郡	《元和郡县志》35、《太平寰宇记》157
蔡阳	南阳	《史记·秦本纪》《正义》引《括地志》	龙川	南海郡	《史记·南越尉佗传》
筑阳	南阳	《水经·沔水注》	四会	南海郡	《元和郡县志》35
穰	南阳	《史记·秦本纪》	象林	南海郡	《水经·温水注》引《晋书地道记》
郦	南阳	《史记·高祖本纪》	邯郸	赵国	《元和郡县志》19
随	南阳	《水经·涢水注》	信都	信都国	《史记·项羽本纪》《正义》引《括地志》
邓	南阳	《水经·淯水注》	东垣	信都国	《史记·卢绾传》、《汉志》
鲁阳	南阳	《汉志》	曲逆	信都国	《史记·陈丞相世家》
湖阳	南阳	《清一统志》211	观津	信都国	《史记·乐毅传》
江陵	南郡	《史记·项羽本纪》	蓟	广阳国	《史记·项羽本纪》、《水经·漯水注》
夷陵	南郡	《战国策》“秦策三、四”	东安平	菑川国	《史记·田单传》《集解》引“徐广”
鄢	南郡	《史记·秦本纪》	高密	高密国	《水经·潍水注》
巳	南郡	《水经·沔水注》	莒	城阳国	《战国策》“齐策六”、《水经·沭水注》
鄀	南郡	《水经·沔水注》	陈	淮阳国	《史记·楚世家》

续表

秦城	汉郡	出处	秦城	汉郡	出处
巫	南郡	《水经·沔水注》	苦	淮阳国	《史记·陈涉世家》
竟陵	江夏	《水经·沔水注》	阳夏	淮阳国	《史记·陈涉世家》
邾	江夏	《水经·沔水注》	柘	淮阳国	《史记·陈涉世家》
居巢	庐江	《清一统志》123	砀	梁国	《水经·获水注》
寿春	九江	《水经·淮水注》、《太平寰宇记》129	菑	梁国	《水经·汳水注》
阴陵	九江	《史记·项羽本纪》、《清一统志》126	蒙	梁国	《史记·绛侯周勃世家》
历阳	九江	《史记·项羽本纪》、《清一统志》131	虞	梁国	《史记·高祖本纪》
锺离	九江	《水经·淮水注》	下邑	梁国	《史记·高祖本纪》
东城	九江	《史记·项羽本纪》、《清一统志》126	睢阳	梁国	《史记·灌婴传》
昌邑	山阳	《史记·高祖本纪》、《清一统志》183	无盐	东平国	《史记·项羽本纪》
成武	山阳	《史记·绛侯周勃世家》、《清一统志》181	亢父	东平国	《史记·高祖本纪》、《清一统志》183
胡陵	山阳	《史记·项羽本纪》、《清一统志》183	鲁	鲁国	《史记·项羽本纪》、《水经·泗水注》
东昏	山阳	《史记·绛侯周勃世家》、《清一统志》183	邹	鲁国	《汉志》
方舆	山阳	《史记·高祖本纪》、《清一统志》183	薛	鲁国	《史记·项羽本纪》、《清一统志》166
单父	山阳	《史记·高祖本纪》、《清一统志》181	彭城	楚国	《史记·秦始皇本纪》、《清一统志》101
都关	山阳	《史记·绛侯周勃世家》、《清一统志》181	留	楚国	《史记·秦始皇本纪》、《清一统志》101
爰戚	山阳	《史记·绛侯周勃世家》、《清一统志》183	淩	泗水国	《史记·陈涉世家》、《清一统志》101

续表

秦城	汉郡	出处	秦城	汉郡	出处
瑕丘	山阳	《史记·项羽本纪》	广陵	广陵国	《史记·六国年表》、《清一统志》97
定陶	济阴	《史记·项羽本纪》、《清一统志》181	六	六安国	《史记·黥布传》、《清一统志》133
宛朐	济阴	《史记·绛侯周勃世家》、《史记·卢绾传》《正义》	安丰	六安国	《太平寰宇记》129
成阳	济阴	《史记·高祖本纪》	临湘	长沙国	《史记·高祖本纪》、《水经·湘水注》
相	沛郡	《史记·高祖本纪》、《清一统志》126	罗	长沙国	《史记·屈原传》《正义》、《水经·湘水注》
竹邑	沛郡	《史记·曹相国世家》			

说明：1. 所属郡国名称是指《汉志》郡国名称。2. 本表秦厌次城乃《汉志》平原郡富平城，“相传秦始皇东游厌气于此因置厌次县”。3. 秦山阳郡滕县在西汉分置侯国之后改名公丘，属沛郡。这类的城市应当还有一些，此处仅列两条。

二、《张家山汉墓竹简·二年律令》所载西汉初年城市

《张家山汉墓竹简·二年律令》（以下简称《二年律令》）是张家山247号汉墓出土全部律令的总称，共有竹简527枚。它包含27种律和1种令，共28种，内容已经涉及汉律的主要方面。《二年律令》的出土，使亡佚两千余年之久的汉律重新面世，其价值的确是不可估量的。《二年律令》不仅从法制史、秦汉史的角度填补了汉律令的缺环，与史书相印证，对于深入研究秦汉社会历史和政治制度的真实情况，均为不可多得的第一手材料；而且从历史地理学角度考察，《二年律令》不但记载了西汉初年汉郡区的城市名目及数量，还提供了西汉初年城市等级划分依据，同样对于确定高后时期汉郡与东部诸侯王国的

边线有佐证之功效。

《二年律令》中的《秩律》，从第四四三简始，至第四七三简止，共有31枚竹简，它是28种律令中律文字数保存较多的一种律，其中律文虽亦有残缺脱落，但从总体来看，每条律文基本上可以衔接起来，大体上可以看出整个秩律的轮廓和构架。它是我们目前所见到的有关汉代秩律的文本原型，较为全面系统地载有汉初上自朝廷公卿文武百官和宫廷官员及其属吏，下自汉廷直接管辖的郡、县、道乃至乡部、田部等基层行政组织长吏和少吏，以及列侯、公主所封食邑的吏员名称和秩禄石数，可以填补史籍的空白。结合文献记载，对深入研究秦汉时期的职官、秩禄和政区疆域等政治制度，都具有重大的学术价值。

这里我依据中华书局出版的由张家山二四七号汉墓竹简整理小组整理的《张家山汉墓竹简（二四七号）》[①]中《二年律令・秩律》的释文（以下简称《释文》）对西汉初年汉郡区的城市予以复原研究。《二年律令・秩律》共记载了西汉高后二年中央直辖之下的县253个（另有12个不能确定所属郡者），分布于《汉志》的34个郡中（表2—45），京兆尹7、左冯翊15、右扶风10、弘农郡7、河东郡14、上党郡11、河内郡11、河南郡15、东郡10、陈留郡3、颍川郡14、汝南郡6、南阳郡16、南郡8、江夏郡4、济阴郡1、沛郡4、魏郡4、武陵郡1、汉中郡10、广汉郡6、蜀郡6、犍为郡2、巴郡7、武都郡4、陇西郡4、天水郡4、安定郡5、北地郡8、上郡11、西河郡10、五原郡7、云中郡6、淮阳国1、长沙国1。

---

①张家山二四七号汉墓竹简整理小组：《张家山汉墓竹简（二四七号）》，中华书局，2001年。

表2—45 《二年律令·秩律》所见城市及相关信息

郡国	辖县	秩别	今地	郡国	辖县	秩别	今地
京兆尹	长安	千石	陕西西安市区西北20里	南阳郡	宛	八百石	河南南阳市
	新丰	千石	陕西西安临潼区东北		犨	六百石	今河南省鲁山县境
	蓝田	八百石	陕西蓝田县西30里		鄀	八百石	湖北丹江口市东南
	华阴	八百石	陕西华阴市东南5里		雉	六百石	河南南召县云阳镇
	郑	八百石	陕西华县西北3里		蔡阳	六百石	湖北襄樊市东
	湖	八百石	河南省灵宝县西		新野	八百石	河南南阳市新野县
	下邽	八百石	陕西渭南市北部		穰	八百石	河南邓州市
左冯翊	栎阳	千石	陕西西安阎良区武屯东		郦	六百石	河南南阳北潦河坡一带
	翟道	六百石	陕西黄陵县西北		比阳	六百石	河南泌阳县
	池阳	八百石	陕西泾阳县		平氏	六百石	河南唐河县东南
	夏阳	八百石	陕西韩城市		随	六百石	湖北随州市
	衙	八百石	陕西澄城县冯原镇西		葉	六百石	河南叶县南
	鄜	六百石	陕西洛川县东南		邓	六百石	湖北襄樊市襄阳区
	频阳	千石	陕西富平县东北		鲁阳	六百石	河南鲁山县
	临晋	千石	陕西大荔县朝邑镇		春陵[①]	六百石	湖北枣阳市南
	重泉	八百石	陕西蒲城县东南		湖阳	六百石	河南唐河县湖阳乡
	郃阳	千石	陕西合阳县东南	南郡	江陵	八百石	湖北荆州市荆州区
	武城	六百石	陕西华县东		临沮	六百石	湖北远安县西北
	褱德	六百石	陕西大荔县		夷陵	六百石	湖北宜昌市夷陵区
	万年	三百石	陕西西安阎良区武屯东		宜城[②]	八百石	湖北宜城市南

①原文为“南陵”，《释文》定为“春陵”，暂以《释文》为准。

②《释文》将“宜城”定于济南，不妥。原因是西汉初年济南（当时属齐国）之宜城没有封侯，非侯国，此地最早于武帝元朔二年封侯，故高后时不可能属中央管辖；且南郡之宜城本身即在汉郡区内；再者《汉书》卷28上《地理志》载宜城“惠帝三年更名（公元前192年）”，故此乃南郡之“宜城”。

续表

郡 国	辖 县	秩 别	今 地	郡 国	辖 县	秩 别	今 地
	长陵	八百石	陕西咸阳市区东北		秭归	六百石	湖北宜昌市秭归县
	云阳	八百石	陕西淳化县西北		夷道	六百石	湖北宜都县
右扶风	槐里	千石	陕西兴平市东南		州陵	六百石	湖北咸宁嘉鱼县大沙湖
	郿	八百石	陕西武功县西南		巫	八百石	重庆市巫山县
	美阳	六百石	陕西西安市杨陵区	江夏郡	西陵	六百石	湖北武汉市新洲区
	雍[①]	千石	陕西凤翔县		竟陵	六百石	湖北潜江市西北
	漆[②]	六百石	陕西彬县		安陆	六百石	湖北孝感市云梦县
	栒邑[③]	六百石	陕西旬邑县东北		沙羡	六百石	湖北武汉市汉南区
	杜阳	六百石	陕西麟游县西北	济阴郡	甄城	六百石	山东甄城北
	汧	六百石	陕西陇县南	魏郡	涉	六百石	河北涉县
	好畤	千石	陕西乾县东		内黄	六百石	河南内黄县西北
	安陵[④]	六百石	陕西咸阳市区东北		繁阳	六百石	河南内黄西北
弘农郡	卢氏	六百石	河南灵宝市卢氏县		武安	六百石	河北武安市
	陕	六百石	河南三门峡市西	武陵郡	孱陵	六百石	湖北荆州市公安县
	宜阳	六百石	河南洛阳市宜阳西	汉中郡	西城	八百石	陕西安康市西北
	新安	六百石	河南义马市东		旬阳	六百石	陕西旬阳县
	商	六百石	陕南丹凤县		南郑	八百石	陕西汉中市

①睢，《释文》注为“鄴，属沛郡”，不妥，原文另有一沛郡鄴，笔者认为乃右扶风之雍。

②原文为“沬”，《释文》疑为“漆”之误，属内史。

③ 查《高祖侯者年表》，当为高祖八年（公元前199年）所封温疥的栒国，该侯国废除于景中四年（公元前146年），所以在高后二年时应当存在，《释文》以为地望不详。

④《释文》将“安陵”定于平原郡，疑非。考孝惠帝安陵邑于高后二年（公元前186年）时已建成，结合史籍知，西汉陵邑均为大县，均设令。另外，据《汉书·翟方进传》（第3415页），成帝昌陵在修建过程中，其陵邑就已设有县令。因而，推测此安陵当是惠帝之安陵邑。

续表

郡国	辖县	秩别	今地
	析	六百石	河南西峡县
	上雒	六百石	陕西商州市
河东郡	蒲反	八百石	山西永济市西
	汾阴	六百石	山西万荣县西南
	濩泽	六百石	山西阳城县西北固隆镇
	端氏	六百石	山西沁水县东北王必镇
	临汾	八百石	山西新章县东北赵康镇
	垣	六百石	山西垣曲县西10里
	皮氏	六百石	山西河津市
	平阳	八百石	山西临汾市区
	襄陵	六百石	山西临汾市东南
	彘	六百石	山西霍州市
	杨	八百石	山西洪洞县西南曲亭镇
	北屈	六百石	山西临汾市吉县北
	蒲子	六百石	山西隰县
	绛	八百石	山西侯马市曲沃县
上党郡	长子	八百石	山西长子西
	屯留	六百石	山西长治市
	房陵	六百石	湖北房县
	安阳	六百石	约在陕西城固县北
	成固	八百石	陕西城固县
	锡	六百石	陕西白河县
	武陵	六百石	湖北竹山县西北
	上庸	六百石	湖北山县西南
	长利	六百石	湖北郧西县西南观音镇
广汉郡	梓潼	八百石	四川梓潼县
	涪	八百石	四川绵阳市
	雒①	千石	四川广汉市
	新都	八百石	四川成都市新都区
	甸氐道	五百石	甘肃武都南
	阴平道	五百石	甘肃文县
蜀郡	成都	千石	四川成都市
	临邛	八百石	四川邛崃市
	青衣道	六百石	四川名山县北
	严道	六百石	四川雅安市荥经县
	绵虒道	五百石	四川文川县南

①原文“□雒（千石）”和“上雒（六百石）”各一处，注释者对“□雒”疑为弘农郡之上雒，但对后文“上雒”没有作任何解释，故认为弘农之上雒令秩应为六百石，而“□雒”定为广汉之雒。

续表

郡 国	辖 县	秩 别	今 地
	余吾	六百石	山西屯留县吾元镇
	铜鞮	六百石	山西沁县故县镇
	涅氏	六百石	山西沁县西北西汤镇
	襄垣	六百石	山西襄垣县北王村
	壶关	六百石	山西潞城市魏家庄
	泫氏	六百石	山西高平市
	高都	六百石	山西晋城市
	潞	六百石	山西省潞城县东北
	奇氏	六百石	山西安泽县
河内郡	汲	六百石	河南新乡市卫辉市西沟
	山阳	六百石	河南焦作市东
	河阳	六百石	河南孟州市
	共	六百石	河南卫辉市
	朝歌	六百石	河南淇县
	修武	八百石	河南获嘉县
	温	八百石	河南温县南30里
	野王	六百石	河南沁阳市
	轵	八百石	河南济源市东南
	隆虑	六百石	河南林州市

郡 国	辖 县	秩 别	今 地
	湔氐道	五百石	四川松潘县北
犍为郡	江阳	六百石	四川泸州市
	武阳	八百石	四川彭山县东
巴郡	江州	八百石	重庆市江北
	临江	六百石	重庆市忠县
	枳	六百石	重庆市涪陵区
	朐忍	八百石	重庆云阳旧县坪
	安汉	六百石	四川南充市
	宕渠	六百石	四川渠县东北
	涪陵	六百石	重庆彭水县
武都郡	武都道①	六百石	甘肃武都、西河县之间
	平乐道	六百石	甘肃康县望子关附近
	沮	六百石	约陕西略阳与勉县之间
	下辨②	六百石	甘肃成县西北
陇西郡	狄道	六百石	甘肃临洮县
	上邽	八百石	甘肃天水市
	氐道	六百石	甘肃礼县西武山县南
	予道*	六百石	
天水郡	戎邑道	六百石	甘肃清水县北

①原文为“武都道”，《汉志》为“武都”。

②原文另有“辨道”，《汉志》无。

续表

郡　国	辖　县	秩　别	今　地	郡　国	辖　县	秩　别	今　地
	荡阴	六百石	河南鹤壁市汤阳县		绵诸道	六百石	甘肃天水东天水镇
河南郡	雒阳	千石	河南洛阳市东北		略阳道	六百石	甘肃庄浪县南
	荥阳	六百石	河南荥阳市东北		獂道	六百石	甘肃陇西与武山县之间
	平阴	六百石	河南孟津县北	安定郡	朝那	六百石	宁夏固原彭阳县故城镇
	中牟	六百石	河南中牟县东		卤	六百石	无考
	阳武	六百石	河南延津县黄河岸边		烏氏	六百石	宁夏泾源县蒿店
	河南	六百石	河南省洛阳市境内		阴密	六百石	甘肃灵台县新集镇
	缑氏	六百石	河南巩义市南		彭阳①	八百石	甘肃镇原县东
	卷	六百石	河南原阳县西	北地郡	灵州	六百石	宁夏银川市南永宁县
	密	六百石	河南新密市西北		昫衍	六百石	宁夏盐池县
	新成②	六百石	河南伊川县西南		方渠	六百石	甘肃环县东南
	开封③	六百石	河南开封县西南朱仙镇		除道	六百石	无考
	成皋	六百石	河南荥阳市西北		归德	六百石	陕西吴旗县西北
	苑陵	六百石	河南新郑市东北		略畔道	六百石	甘肃合水县
	梁	六百石	河南汝州市西		郁郅	六百石	甘肃庆阳
	新郑④	六百石	河南新郑市		义渠道	六百石	甘肃庆阳西方山镇
东郡	濮阳	八百石	河南濮阳市濮阳县	上郡	阳周	六百石	陕西子长县北石湾乡

①时属北地郡，《汉志》属安定郡。

②《释文》注“汉初疑为内史”不妥，因为“陕县、黾池、新安、宜阳、陆浑、卢氏六县地在新旧函谷关之间，当故属汉初之河南郡，广关以后方属弘农”（周振鹤：《西汉政区地理》，人民出版社，1987年，第132页），而在六县之东的新成县反西属只内史乎？

③原文“启封”，《释文》注为“开封”。

④原文有两处“郑”，《释文》都注为内史之郑，肯定其中之一必误。因此，笔者认为，京兆尹之郑秩当为“八百石”，河南郡之新郑秩为“六百石”。

续表

郡国	辖县	秩别	今地	郡国	辖县	秩别	今地
	观	六百石	河南濮阳市清丰县		平都	六百石	约在陕西子长县南部
	聊城	六百石	山东聊城市南		洛都	六百石	无考
	顿丘	六百石	河南濮阳市北		襄洛[1]	六百石	陕西富县西张家湾
	茬平	六百石	山东聊城市东阿县西北		原都	六百石	无考
	东武阳	六百石	山东聊城市莘县南		漆垣	六百石	陕西铜川市北崾岘镇
	东阿	六百石	山东阳谷县东		雕阴	六百石	陕西富县北
	阳平	六百石	山东聊城市莘县		高望	六百石	内蒙古乌审旗北
	白马	六百石	河南滑县东		雕阴道	六百石	山西甘泉县
	燕[2]	六百石	谭图无/山东聊城市		定阳	六百石	陕西延长县临镇西
陈留郡	陈留	六百石	河南开封市东南陈留镇		高奴	八百石	陕西延安市
	酸枣	六百石	河南延津县西南	西河郡	中阳[3]	六百石	山西离石市中阳县
	尉氏	六百石	河南尉氏		徒经	六百石	无考
颍川郡	阳翟	八百石	河南禹州市		圜阴	六百石	陕西神木县高家堡
	颍阳	六百石	河南许昌西南颍水北岸		平周	六百石	山西孝义市西南
	定陵	六百石	河南舞阳县马村一带		圜阳	八百石	陕西佳县万镇北
	长社	六百石	河南长葛市东		广衍	六百石	内蒙古准格尔旗瓦尔土沟

①原文有两处“襄城”，《释文》一处注属颍川郡；另一处以“襄成”为“襄洛”，定于上郡。

②原文在“观”上有一空格，《释文》疑为“燕”，东郡县名。

③ 依《二年律令》中阳、平周二城当属汉中央直辖，谭图定点在西河郡东部，武帝所封代共王子侯国均在二城之西，所以，武帝时二城似应在代国境内（太原支郡内），二城又不曾成为侯国城市，不知何故高后二年时却能属中央直辖？

续表

郡国	辖县	秩别	今地
	襄城	六百石	河南襄城县
	郾①	六百石	河南漯河市郾城南
	郏	六百石	河南郏县
	舞阳	六百石	河南舞阳县西
	颍阴	六百石	河南许昌市
	许	六百石	河南许昌市东
	鄢陵	六百石	河南鄢陵北
	成安	六百石	河南汝州市纸坊镇
	阳城	六百石	河南登封市告成镇
汝南郡	阳安	六百石	河南驻马店市区
	阳城	六百石	河南周口市西谭庄南
	朗陵	六百石	河南确山县西南任店镇
	女阴	六百石	安徽阜阳市
	慎	八百石	安徽颍上县北江口镇
	西平	六百石	河南舞阳县东
沛郡	丰	千石	江苏丰县
	沛	千石	江苏沛县
	城父	八百石	安徽亳州市大杨镇

郡国	辖县	秩别	今地
	饶	六百石	无考
	西都	六百石	无考
	平陆	六百石	无考
	博陵	六百石	无考
五原郡	九原	八百石	内蒙古包头市西
	河阴	六百石	内蒙古包头市西南
	南兴②	六百石	内蒙古准格尔旗东
	武都	六百石	内蒙古托克托西部
	曼柏	六百石	内蒙古额尔多斯市东
	莫䵸	六百石	无考
	西安阳	八百石	内蒙古乌拉特前旗东
云中郡	云中	千石	内蒙古托克托东北
	咸阳	八百石	内蒙古土默特右旗东
	沙陵	六百石	内蒙古托克托北
	原阳	八百石	内蒙古呼和浩特市东南
	北舆	八百石	内蒙古呼和浩特市区
	武泉	六百石	内蒙古呼和浩特市东北
淮阳国	圉	六百石	河南杞县南圉镇

①原文“偃”，《汉志》有郾城。

②原文为“南舆”，《汉志》曰“南兴”。

续表

郡国	辖县	秩别	今地	郡国	辖县	秩别	今地
	鄭	八百石	河南永城市西	长沙国	下雋	六百石	湖北通城西北

资料来源：《张家山汉简释文》（二四七号）；谭其骧：《中国历史地图集》第二册。

说明：地望不详者：沂阳（八百石）、旗陵（八百石）、朐衍（六百石）、销（六百石）、醴陵（六百石）、解陵（六百石）、薄道（六百石）、闲阳（六百石）、馆阴[1]（六百石）、索[2]（六百石）、岐[3]（六百石）、辨道[4]（六百石）、黄乡长[5]（三百石）。*为无考地名。

从《二年律令》所载城市的分布上来看，可以说明以下几个方面的问题。①高祖时期西部边界走向的确定。高祖至高后时对匈奴采取和亲政策，所以高后二年的西部边界也就是高祖时的疆界。自北而南大致沿《汉志》云中郡、五原郡、上郡、北地郡、安定郡、陇西郡、武都郡、蜀郡及犍为郡北部、巴郡、南郡、江夏郡东接诸侯王国地区。②《二年律令·秩律》所记城市对高祖末年形成的十王国与十五汉郡共存时期之界线予以确认。十五汉郡与十个诸侯国边界自北而南沿《汉志》定襄郡、西河郡内顺河而下至其南界向东转，经太原郡南部、上党郡北部、魏郡北部至馆陶向东，至东郡北、东部南下，经济阴郡甄城、陈留郡三城、淮阳郡圉城，南接汝南郡[6]北、东、南部郡界连江夏郡东部边界南下与汉郡区西部边界相接[7]。③魏郡、东郡部分城市属汉郡区内；颍川、汝南郡在益淮阳国除之后又属汉郡；淮阳国圉城，陈留郡之陈留、酸枣、尉氏及济阴郡之甄城，此时已不属梁国。江夏郡之诸城在西汉初年时尚属南

①可能为魏郡馆陶城。

②《释文》注武陵郡有索县，河内郡有索邑，此为后者，然《汉志》不存。

③《释文》定属“河南郡”。

④汉初疑属陇西郡。

⑤《释文》以为汉初似属巨鹿郡。

⑥按周振鹤先生以为汝南郡可能置于文帝十二年，在此之前汝南郡属于陈郡，但《秩律》中有6城属中央直辖，故而，颇疑汝南郡置于高帝，如《汉志》所言，或置于惠帝元年淮阳王友徙赵之时。

⑦高祖末年汉郡与诸侯王国的分界与此稍有不同，原因在于淮阳国的变动。

郡，长沙之下雋亦属南郡。独沛郡四城列入《二年律令》颇难理解。沛、丰被记入其中，大概是因为它们是高祖的龙兴之地，直属中央所管辖[①]。但是沛郡之城父、酂亦在其中不得其解。

《二年律令》共载有道城22处，左冯翊之翟道，南郡之夷道，蜀郡之青衣道、绵虒道、严道、湔氐道，广汉郡之甸氐道、阴平道，武都郡之武都道、平乐道、下辨道，陇西郡之狄道、氐道、予道，天水郡之戎邑道、绵诸道、略阳道、豲道，北地郡之除道、略畔道、义渠道、雕阴道，此即为西汉初年道城之名目，这与《汉志》三十二道相比少了十个。事实上，《汉志》也只记载了30个含有“道”字的城市，除上述22道城之外，另有零陵郡之营道、泠道，广汉郡之刚氐道，犍为郡之僰道，越嶲郡之灵关道，武都郡之嘉陵道、循成道，陇西郡之羌道，安定郡之月支道，长沙国之连道，刚好32城。《二年律令》对道城的记载证明先前周振鹤《西汉政区地理》中对道城的推论有失当之处，如周先生释武都郡之故道“作道路之道”及 北地郡之除道之名可能与“记载秦始皇除道九原，抵云阳之事” 有关。对此周先生在《〈二年律令·秩律〉的历史地理意义》一文中已做了订正。而把武都郡之武都道说成故道，则可能是班氏吸收了习惯说法之故。

三、《汉志》所载西汉新增城市及其空间分布特征

《汉志》不重视县的始建年代，往往明见于记载而县下不提，八九百秦县见于《汉志》仅有十多个。同时，《汉志》对于西汉县的设置与改名的记载也是比较模糊的。尤其是更名，有的只是单纯换一个名称而已，有的是更名的同

①《读史方舆纪要》卷29《江南十一》：“高祖使雍齿守丰，齿反为魏即此，寻置县属沛”，上海书店出版社，1998年，第219页。

时又置了县[①]，但《汉志》往往一概称之为改名，这样给确定西汉新增城市带来了极大的困难。遍查《汉志》记载的西汉新增城市，除侯国城市及拓展区城市外，大约有近40个，见表2—46“西汉汉郡地区新置、更名县城”。其中华阴、湖、渭城、槐里、阳陵、真定只是更换名称，闻喜、获嘉城则是在更名的同时又设置了县的行政机关，其余所谓置、开、城则表示完全是新增的。

表2—46 《汉志》所载新置和更名县城

郡名	县名	今址	置年
京兆尹	长安	陕西西安市区西北20里	高帝五年置（公元前202年），惠帝元年初城，六年成
	新丰[②]	陕西西安市临潼区东北14里	高祖七年置（公元前200年）
	船司空[③]	陕西华阴县东北50里	
	华阴[④]	陕西华阴市东南5里	高帝八年更名（公元前199年）
	湖[⑤]	河南省灵宝县西	武帝建元元年更名（公元前140年）
	南陵	陕西西安市区东南	文帝七年置（公元前173年）
	奉明	陕西西安市区西北	宣帝置
	霸陵[⑥]	陕西西安市区东北	文帝更名（置县）

①谭其骧：“志所谓更名意义很含糊，有的只是单纯换一个名称，有的是更名同时又置了县。自“《汉书·地理志》选释”，谭其骧：“《汉书地理志》选释”，载侯仁之：《中国古代地理名著选读》（一），科学出版社，1959年。

②据师古注引应劭、《三辅旧事》、《水经渭水注》，高祖定都关中后，太上皇思念他的故乡丰邑（秦属沛县，今江苏沛县，丰县），意欲东归，高祖于是按照丰邑的城市街里，改筑骊邑，并分徙一部分丰民住到骊邑来，因此改名“新丰”， 载侯仁之：《中国古代地理名著选读》（一），科学出版社，1959年，第57页。高祖七年只是置县，并未改名。改名在高祖十年太上皇崩后，见《史记》卷8《高祖本纪》，志文应作“高祖七年置县，十年更名”。

③司空，官名；船司空，本系主船之官，后改建为县。汉都关中，主要依靠黄河渭水传输东方的物资来供应京师的需要；据《水经·渭水注》，汉船司空即设在当时的水运枢纽渭水、河水汇流处。《读史方舆纪要》卷53《陕西三》：“汉置县……莽改曰船利，寻省入华阴”，第382页。

④故阴晋，秦惠文王五年更名宁秦。

⑤故曰胡，秦县。

⑥《三秦记》云：“秦襄王葬芷阳，谓之霸上。其后，汉文帝起陵邑于此，因更名霸陵，亦置县治焉。”

续表

郡名	县名	今址	置年
	杜陵[①]	陕西西安市区东南	宣帝更名
左冯翊	池阳	陕西泾阳县	惠帝四年置（公元前191年）
	祋祤	陕西铜川市耀州区	景帝二年置（公元前155年）
	云陵	陕西淳化县东南	昭帝置
	万年	陕西西安市阎良区武屯东	高帝置
	长陵[②]	陕西咸阳市区东北	高帝置
	阳陵[③]	陕西高陵县西南	景帝更名
右扶风	渭城[④]	陕西咸阳市区东北	武帝元鼎三年（公元前114年）更名（置县）
	槐里[⑤]	陕西兴平市东南	高祖三年更名（公元前204年）（置县）
	安陵[⑥]	陕西咸阳市区东北	惠帝置
	茂陵[⑦]	陕西兴平市东北	武帝置
	平陵	陕西咸阳市区西北	昭帝置
弘农郡	黾池	河南渑池县西	景帝中二年初城（公元前148年），徙万家为县
河东郡	闻喜[⑧]	山西闻喜县北	武帝元鼎六年于此闻南越破，更名
	蒲子[⑨]	山西隰县	应劭曰："故蒲反旧邑，武帝置"
河内郡	獲嘉[⑩]	河南新乡市西	武帝行过更名也
河南郡	新成	河南伊川县西南	惠帝四年（公元前191年）置

①故杜伯国。

②《读史方舆纪要》卷53《陕西二》："吕后六年置陵邑"，第376页。

③《读史方舆纪要》卷53《陕西二》："本秦弋阳县，景帝五年营陵邑改焉"，第380页。

④渭城，故咸阳，高帝元年更名新城，七年罢，属长安。

⑤《汉书》卷28上《地理志》：周曰犬丘，懿王都之。秦更名废丘。《读史方舆纪要》卷53《陕西二》："汉三年始置槐里县"，第378页。

⑥《读史方舆纪要》卷53《陕西二》："本秦之旧邑，汉惠帝葬此置安陵县"，第376页。

⑦《读史方舆纪要》卷53《陕西二》："本槐里之茂乡，汉武建元二年析置陵邑矣"，第378页。

⑧应劭曰："今曲沃也。秦改为左邑。武帝于此闻南越破，改曰闻喜。"笔者按，从应劭的注释我们得到的是闻喜的前身是左邑，《汉志》应只有一城，但是《汉志》中不仅有闻喜，仍有左邑，所以，笔者认为闻喜乃改左邑某乡而成。

⑨经过与《二年律令》所载城市相对照，蒲子城至少在高后二年时就已经存在。

⑩故汲之新中乡。

续表

郡名	县名	今址	置年
北地郡	灵州	宁夏银川市南永宁县	惠帝四年（公元前191年）置
西河郡	圜阴	陕西神木县高家堡	惠帝五年（公元前190年）置
南郡	宜城[①]	湖北宜城市南	惠帝三年（公元前192年）更名
颍川郡	新汲	河南扶沟县练寺乡	宣帝神爵三年（公元前59年）置
	嵩高	河南登封市	武帝置
金城郡	破羌	青海民和县西北	宣帝神爵二年（公元前60年）置
	允街	甘肃永登东南	宣帝神爵二年（公元前60年）置
朔方郡	三封	内蒙古磴口市西吉兰太	武帝元狩三年（公元前120年）城
	沃壄	内蒙古临河市西	武帝元狩三年（公元前120年）城
	临戎	内蒙古磴口市北	武帝元朔五年（公元前124年）城
雁门郡	阴馆	山西朔州市榆林镇	景帝后元三年（公元前141年）置

资料来源：《汉志》；谭其骧：《中国历史地图集》第二册。

首先，由表内城市所处区域及设置情况来看，《汉志》记载的更名、改置的城市仅限于县邑城市，而不包括侯国城市，因为从第一节对侯国城市的兴废考察中已经得知，在汉郡区不同时期均有侯国城市兴起。所以，本表新增城市只是西汉城市增长的一部分，而且应当是很少的一部分。

其次，表中信息很直观地反映出，西汉中部汉郡区新增城市数量相对于东部诸侯王国区明显偏少，而且又多集中于京畿近郊的三辅地区（有20个之多），由此关中地区成为西汉时期城市最为密集的地区之一，这与京畿地区特殊的政治、经济、文化有很直接的关系，强固根本是西汉帝国统治的一贯措施（表现为分封同姓诸侯王、迁徙六国旧贵族于京畿之地、设置陵县等），也是帝国处理中央与地方权力关系的一个重要组成部分。通过增强帝国核心的社

①故鄀。

会经济势力、增加人口数量以达充实之目的，一方面可以抵御北部匈奴族的入侵，另一方面可以抑制东部旧贵族，此即为帝国都城选址时空间权衡时所作的预想[①]。国都区域城市的增长不单是区域自然地理环境与社会经济条件的反应，反过来又要影响区域社会、环境的发展，继而改变一个地区的自然与人文面貌。

再次，西汉新增城市中还隐含着另外一种信息，即城市数量的增长与帝国的外事活动紧密相连，如本表中闻喜、获嘉、破羌以及朔方三城的设置，闻喜、获嘉和破羌诸城的设置直接地表现了西汉武帝好大喜功的内心世界，而朔方三城的筑造即表示皇权对该区域空间的占领。

此外，西汉时期中部地区城市的增长不仅限于上表内容，还应包括部分侯国城市。结合上一部分汉郡区侯国城市的分布，汉郡区的侯国城市主要集中于南阳、南郡等汉郡区与诸侯国区的结合处。而从该部分侯国城市的构成上看（均为军功侯城），当与拓展区城市空间发展进程紧密相关。

第四节　西汉城市发展的空间演化特征

一、西汉初年城市空间分布特征

根据《二年律令》记载的汉初城市分布及汉初诸侯王国的分封情况，汉初疆域四至跃然纸上，由此可进一步考察西汉初年城市的大致规模。

（一）中部汉郡区城市之估算

由于《二年律令》记载的是高后二年（公元前186年）中央所辖城市情况，应当是中部汉郡区城市的实录，那么，将《二年律令》记载的265城与其

①《汉书》卷43《郦陆朱刘叔孙传》。

所对应《汉志》郡域上文献记载的秦城相较，发现有113个城市相一致，很显然秦代城市应当是西汉郡县城市发展的基础。另据表2—46，西汉初年，自高祖至高后二年（公元前186年）间新增城市有13个：京兆尹之长安、新丰和华阴；左冯翊之池阳、万年、长陵；右扶风之槐里、安陵；河东郡之蒲子；河南郡之新成；北地郡之灵州；西河郡之圜阴；南郡之宜城。对照《二年律令》的记载，有2个城市需特别说明，一个是华阴，故阴晋，秦惠文王五年更名宁秦，本为秦县，《汉志》载高帝八年更名，仅仅是更换名称而已；一为蒲子，以《二年律令》来判断《汉志》载其为武帝置，当有误，至迟于高后二年应已经产生。所以，确定为高祖至高后二年新建的城市有12个。由此，《二年律令》中剩余的139座城市当为文献所漏载、而被沿用下来的秦城或汉初新置之城。

再将《二年律令》中城市与文献记载秦城所对应的区域对照，相同区域内秦城共有194座，减去与《二年律令》中相一致的113城，余80城没有载入《二年律令》中。其中最突出之原因有三，第一，由于受汉初战争影响，人口大量流失或逃匿，一些城市难以维持其日常开支，可能会暂时废弃不用，如曲逆城市人口由三万降至五千就是很好的证明[①]。第二，在用文献统计秦代城市时没有注意区域界线，而《二年律令》中记载的则是高后二年属中央汉郡管辖的城市数，其与用郡域计算出来的城市数量可能有出入。为此，根据史实及高后二年汉郡与诸侯王国分区情况，产生分歧最多的郡有魏郡、东郡、陈留、汝南郡、济阴郡、淮阳国、长沙国，此处统计时修正为以《二年律令》的记载为准，但仍有沛郡4城不可计入其内。第三，《二年律令》及文献漏载了部分城

①《汉书》卷40《张陈王周传》载高帝南过曲逆，上其城，望室屋甚大，曰："壮哉县！吾行天下，独见雒阳与是耳。"顾问御史："曲逆户口几何？"对曰："始秦时三万余户，间者兵数起，多亡匿，今见五千余户。"

市。不说东郡仅有11城（秦末东郡有20城[①]，可能有部分城益梁），就是河东、河内、上党三郡，《二年律令》在文献补充后共载3郡43城，而要比秦末的52城[②]少了9城；秦关中与西汉三辅地区一致，本区有41城[③]，《二年律令》结合文献记载共有43城，然而《汉志》记载本区新置城市7个（不包括更名者），所以，西汉初年三辅地区城市数量亦不足秦城之数。故推测，西汉初年（高祖登基之时）的中部汉郡区城市应至少应有278城（可以确定名目）。

（二）东部诸侯王国区城市数量之核定

高祖初年相继分封了一批异性和同姓诸侯王，至高祖十二年（公元前195年）东部地区形成了十个诸侯王（含一个异性王）的局面，在由异姓诸王向同姓诸王转化的过程中既有对区域城市的继承也有调整。

根据以上对各区域城市的估算及文献记载的情况，高祖末年十个诸侯国所拥有城市数量大致如下：代国："以云中、雁门、代郡五十三县立兄宜信侯喜为代王"及（太原郡）："以太原郡三十一县为韩国"[④]；荆国："以故东阳郡、鄣郡、吴郡五十三县立刘贾荆王"；楚国："以彭城、东海、薛郡三十六县封楚王交"[⑤]；齐国："以胶东、胶西、临淄、济北、博阳、城阳郡七十三县立子肥为齐王"[⑥]；燕国：周振鹤先生考辨：汉初之广阳、上谷、渔阳、右

---

①《史记》卷88《蒙恬列传》："攻魏，取二十城，作置东郡"。

②《汉书》卷39《萧何曹参传》：高帝二年"三月，汉王自临晋渡河，魏王豹降，将兵从。下河内，虏殷王卬，置河内郡。""五月，魏王豹反，九月曹参获魏王豹，尽定魏地，凡五十二县"；《史记》卷16《秦楚之际月表》载："魏分为殷国(即河内郡)"，故参传所云魏地五十二县，乃合上党、河东、河内三郡计。

③《史记》卷5《秦本纪》："孝公十二年，并诸小乡聚，集为大县，县一令，四十一县"。

④《汉书》卷1《高帝纪》载高祖六年春正月丙午封。

⑤《汉书》卷36《楚元王传》。又《汉书》卷35《荆燕吴传》："昔高帝初定天下，昆弟少，诸子弱，大封同姓，故孽子悼惠王王齐七十二城，庶弟元王王楚四十城，兄子王吴五十余城。封三庶孽，分天下半。"此处所言楚国四十城颇疑将丰、沛、城父、郏四城包含在内计算。

⑥《史记》卷80《乐毅列传》："下齐七十余城，皆为郡县以属燕，唯独莒，即墨未服。"

北平、辽东、辽西六郡合之共87县[①]；赵国："将军将数万之众，乃下赵五十余城"[②]；梁国："为大国，居天下膏腴地，北界泰山，西至高阳，四十余城，多大县"[③]；淮阳国：不少于30城；淮南国：大约有50余城；长沙国：约有40城。合计有540余城。

将上述两地区统计的城市数量合并，西汉初年版图内至少应有820余座城市。在以上地区城市数量统计时均采取较为保守的估计，如东郡等地城市数量明显不足，所以，西汉初年城市数量八、九百的约数较为客观，此与杨守敬的结论也较为相近。

二、西汉末年城市空间分布特征

西汉初年郡国并存制是决定城市空间发展模式差异的根本原因，而不同的管理方式的形成则源于帝国中枢对权力空间的划分以及由此产生的空间权力秩序。以上各部分内容立足于权力的排他性和强制性，考察了权力作用下的城市空间发展过程，但是，城市作为一种空间地理现象还受客观环境的制约，下文就西汉末年城市空间地理特征作一描述，以展示一个完整的空间城市面貌。

地理环境的区域差异，反映到城市群的地域空间结构上，也充分体现了城市分布、排列、组合的地域空间差异和不平衡特征。狭义的城市分布密度，是指城市的地域空间分布状况。导致这种空间分布差异的根本原因，是地理基础的影响。因此，我国城市地域空间结构具有空间分布和地理分布的两大特征。

---

①周振鹤：《西汉政区地理》，人民出版社，1987年，第236页。

②《汉书》卷45《蒯伍江息夫传》："郦生一士，伏轼掉三寸舌，下齐七十余城，将军将数万之众，乃下赵五十余城。为将数岁，反不如一竖儒之功乎！"

③《汉书》卷47《文三王传》、《汉书》卷48《贾谊传》："乃徙淮阳王武为梁王，北界泰山，西至高阳，得大县四十余城。"

（一）西汉末年城市在现代政区上的分布

由于城市的产生和发展受自然地理、农业经济、交通环境等多种因素的影响，因而城市的空间分布极不平衡。秦汉以前，中国的城市主要集中在黄河流域地区，而汉水流域、长江流域、珠江流域、东南沿海地区、东北地区和西南地区的城市数量较少。城市地区分布不平衡。由于各地自然条件与社会条件的差异很大，故城市的发展水平及地区分布的不平衡状况相当显著。从全国范围来看，西汉时期绝大多数城市分布在黄河中下游地区，只有少量城市分布在长江流域、珠江流域及边地。

汉兴，由于实行“封建”以赏功臣，使郡县制的结构有所变化。一方面分出部分郡县设置诸侯王国，另一方面建立与县相当的侯国和邑。前者用以分封侯王，后者作为列侯和皇后（公主）的食邑。至西汉末年不同类型的城市共有1587个，《汉志》正文统计仅有1578个，清人钱大昕、今人周振鹤均有补充[①]，仍不足数。笔者根据第二章侯国城市的考证结果认为《汉志》所缺9县应当在侯国城市中去寻找，9县名目是：壤（怀昌）、卑梁、堂乡、襄乡、容乡、缊乡、都安、乐平、方乡。

《汉志》所载城市与谭图[②]对照，可查者有1461个，尚有112个为谭图无考县城，与《分省中国地图集》[③]相对应则有以下几个方面。

（1）西汉99个郡级城市在今省区的分配如：山东17[④]、河北14[⑤]、河南

①周振鹤：《西汉政区地理》，人民出版社，1987年，第238—240页。

②谭其骧：《中国历史地图集》（第二册），“西汉时期图”，中国地图出版社，1982年。

③朱大仁：《分省中国地图集》，中国地图出版社，2004年。

④山阳郡、济阴郡、泰山郡、城阳国、东平国、鲁国、琅邪郡、东海郡、平原郡、千乘郡、济南郡、齐郡、北海郡、东莱郡、淄川国、胶东国、高密国。

⑤代郡、魏郡、巨鹿郡、常山郡、清河郡、赵国、广平国、真定国、中山国、信都国、河间国、涿郡、渤海郡、上谷郡。

10[①]、甘肃9[②]、陕西6[③]、江苏5[④]、安徽5[⑤]、内蒙古5[⑥]、山西4[⑦]、四川4[⑧]、湖南4[⑨]、辽宁3（辽西郡、辽东郡、玄菟郡）、北京2（渔阳郡、广阳国）、湖北2（南郡、江夏郡）、广东2（南海郡、合浦郡）、广西2（郁林郡、苍梧郡）、重庆1（巴郡）、贵州1（牂柯郡）、江西1（豫章郡）、云南1（益州郡）、宁夏1（安定郡）。另有乐浪郡郡治在朝鲜境内，交趾、九真、日南3郡郡治在越南境内，以及《汉志》中越南境内的21城、朝鲜27城，因目前不在我国版图内，均不参与排序，亦不做更详细说明。

（2）西汉一般城市在今省区的数量分布由多到少的排序是：山东248、河北199、河南182、甘肃96、陕西90、山西87、安徽74、江苏56、内蒙古55、四川50、云南41、湖北42、湖南37、辽宁31、广西24、浙江21、江西19、广东15、北京13、宁夏11、重庆8、贵州6、天津3、青海3、海南1、吉林1、福建1。

（3）据《汉志》记载，113个谭图上没有确切位置的县邑大致分布在以下省区：山东40、江苏12、河北10、安徽7、陕西7、内蒙古7、甘肃6、北京2、辽宁2、山陕蒙16、陕甘宁3、豫荆1。

由此不难看出，西汉末年城市不管是大城市还一般城市数量均主要分布于今山东、河北、河南、甘肃、陕西、山西等几个省区，均属黄河流域，由此亦可说明西汉时期的黄河流域就是全国的政治、经济、文化中心。

---

①弘农郡、河内郡、河南郡、东郡、陈留郡、淮阳郡、颍川郡、汝南郡、梁国、南阳郡。
②武都郡、陇西郡、金城郡、天水郡、武威郡、张掖郡、酒泉郡、敦煌郡、北地郡。
③京兆尹、左冯翊、右扶风、汉中郡、上郡、西河郡。
④临淮郡、楚国、泗水国、广陵国、会稽郡。
⑤临淮郡、楚国、泗水国、广陵国、会稽郡。
⑥朔方郡、五原郡、云中郡、定襄郡、右北平。
⑦河东郡、太原郡、上党郡、雁门郡。
⑧广汉郡、蜀郡、犍为郡、越嶲郡。
⑨桂阳郡、武陵郡、零陵郡、长沙郡。

（二）西汉城市空间分布特征

由于历史、地理和社会经济发展多种因素的影响，西汉时期的城市群呈自东而西由密到疏的空间分布特征。西汉自建国伊始就面临着诸侯王国的威胁，为此帝国在处理与地方尤其是诸侯国关系中大费周折，由异姓诸王到同姓诸侯，由削藩到推恩，再至左官之律、附依之法，直至将东部诸侯王国削弱至仅剩三、四县的境地。推恩令的颁行产生了大量王子侯城，但其低下的政治地位又使其非常不稳定。《汉志》一共记载了1587个城市，经过古今对照排比，西汉末年城市空间分布具有如下特征。

1. 州际城市分布差异突出

西汉时期两种九州观念依然存在，即所谓夏九州与周九州。“夏九州”指《尚书·禹贡》“九州”：冀、兖、青、扬、荆、豫、雍、徐、梁；“周九州”指《周礼·职方》“九州”：冀、兖、青、扬、荆、豫、雍、幽、并。上述两种稍异的九州划分是西汉十四州部划分的基础①。十四州部的形成分为两个阶段：武帝元封五年（公元前106年）所确定的十三刺史部及武帝征和四年（公元前89年）设置的司隶校尉部，各部刺史负责按照“六条”诏问郡国守相，位卑而权重。西汉时期刺史部尚无固定治所，只是一种监察区。由于监察区的划分是以“传统或习惯上的地区为其基础的”②，影响比较久远，因此，对西汉时期各州城市分布情况的认识，是深入了解西汉城市空间分布特征的一个方面。

---

①如西汉十三州刺史部兼有两九州共有的七州（雍改为凉）及相异的四州［徐、梁（改为益）和幽、并］，或许正因为两九州是规划十三州的基础，班固在《汉志》开篇就收载了两九州的内容。

②侯甬坚：《历史地理学探索》，中国社会科学出版社，2004年，第232页。

表2—47 西汉十四州部分察郡国面积、城市密度等统计

序号	州	面积（万平方千米）	城市数量（个）	城市分布密度（每万平方千米城市数）	城市腹地（平方千米）
1	青州	5.40	119	22.04	454
2	兖州	6.56	115	17.53	570
3	冀州	6.74	129	19.14	522
4	豫州	8.05	108	13.42	745
5	徐州	8.67	132	15.22	659
6	并州	14.87	90	6.05	1652
7	司隶	15.69	132	8.41	1189
8	朔方	21.30	104	4.89	2048
9	幽州	40.37	162	4.01	2492
10	凉州	43.92	96	2.19	4575
11	荆州	48.79	115	2.36	4243
12	交趾	50.31	55	1.09	9147
13	扬州	54.10	93	1.72	5817
14	益州	87.76	128	1.46	6856
平均值		29.49	112.71	3.82	261667

资料来源：十四州部所辖郡国参考谭其骧主编的《简明中国历史地图集》，中国地图出版社，1991年，第17—18页；各郡国面积见“表2—54 西汉103郡国面积对照表”；城市数量源自《汉志》。

由表2—47中的数据可知，从城市密度栏看，城市分布密度平均值为3.82，高于平均值的有：青、兖、冀、豫、徐、并、司隶、朔方、幽9个州，由此可看出东部诸侯国地区除荆、扬二州之外其他诸州城市密度均超过平均数，那么也可说明东部地区北部社会经济开发较早，人口较为集中，而其南部由于地势卑下，气候潮湿，河湖密布等影响了当地的开发，因而，史念海先生论证，秦汉时期经济较为富庶的主要地区是黄河中下游地区；此外，中部地区

司隶部以及并、朔方二州的城市分布密度已超过平均水平，都城长安所在的经济地区是所谓的基本经济区，受政治区位因素不言自明；而并、朔二州城市的高密度分布，则有其他的形成原因，其中最主要的原因就在于其与北方匈奴接境的地理位置。为有效抵抗匈奴的南侵，减轻汉廷内地民众输送粮草之苦，政府迁徙大量的移民到边境，政府对移民不但有优惠的政策，还给予粮食、房屋等方面的补贴，并规划城堡予以保护其安全，这一措施确实收到了预期功效，所以，东汉光武帝就有悔于当年“因无力对付边患，将该地居民大量迁到内地”之举。所以，军事斗争形势在影响城市分布上同样有不可忽视的联系，这也是中国古代都城选址的一条重要原则，汉都长安即是最好的证明，其目的是就近指挥对匈奴的战争。

2. 郡国间分布差异明显

根据《汉志》所载各郡国所辖城市数量以及量算的各郡国面积计算得出全国各郡国城市密度图（图2—3）。广平国、高密国、北海郡、真定国、菑川国、信都国、巨鹿郡、齐郡、千乘郡是城市分布最为密集的地区，城市分布密度在每万平方千米25个以上；山阳郡、琅邪郡、济南郡、清河郡、东平国、平原郡、东海郡、颍川郡、东郡、鲁国、中山国、涿郡、京兆尹、河南郡、定襄郡、泰山郡、梁国、城阳国、陈留郡、河间国、沛郡、渤海郡、魏郡、河内郡、广阳国、淮阳国、东莱、楚国、胶东国、常山郡、汝南郡、左冯翊、泗水国的城市密度在每万平方千米10个城市以上，其余61个郡国城市密度在每万平方千米10个以下，其中武陵郡、犍为郡、张掖郡、敦煌郡、郁林郡、巴郡、牂柯郡、合浦郡、玄菟郡、南海郡10个郡的城市网最为稀疏，每万平方千米之内尚不到1个城市。

从图2—3中我们可以很直观看到，西汉时期城市密集地区是黄河下游及关中平原地区，而黄河下游的齐、赵两地是最为密集之地，另外，并州刺史部的定襄郡城市分布也较为集中。不过，从西汉城市分布密度图上，四川盆地城市分布固然比较稠密，但是尚不能与关中相比，更不能与黄河下游地区相比。尽管如此，我们并不排斥位于四川盆地中心城市的成都、广汉的商业职能，上文已列有考古学上的例证。

42个城市分布较为密集的郡国集中于地势较为平坦的诸侯王国地区，其与当地的自然环境及社会经济文化开发进程有极为密切的关系，是西汉政府一直密切关注的区域，也是中央政府在解决地方分权所倾力的区域。尤其是在汉武帝时期，通过推恩分封使这一地区的城市数量迅速增长，地区城市网越来越完善。

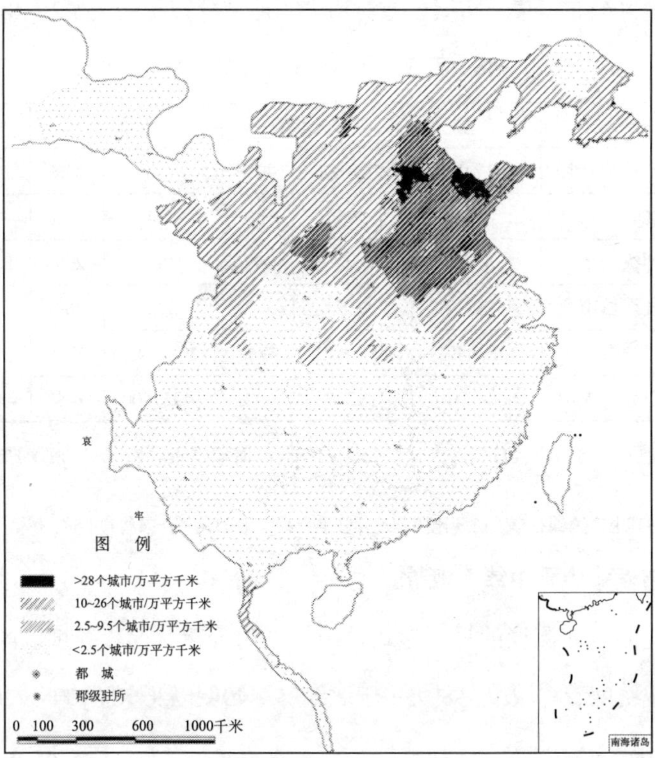

图2—3　西汉城市分布密度

3. 空间分布东密西疏

西汉时期的城市空间分布偏集于黄河中下游地区，尤其在华北平原的腹地——战国时六国旧地。依上文三大类型区的划分，诸侯王国地区的土地面积（表2—54）占全国面积的40%，却分布有61%的城市和68%的人口，是当时城市最为密集的地区。汉郡区占全国国土面积的22%，分布有25%的城市和24%的人口，三者基本对应，而拓展区土地面积占全国总面积的38%，而仅仅分布了14%的城市和8%的人口，城市分布密度仅是诸侯王国区的1/4和中部的1/3，是西汉时期城市分布较为稀疏的地区。这一分布格局已经影响到目前或者将来城市空间格局。另外，从城市行政等级大小来看，郡级城市分布呈现出诸侯王国地区分布密集，拓展区绝对稀少的地域分布特征（表2—48）。

表2—48　西汉末年三大类型区城市数量对比

指标		全国	诸侯王国区		汉郡区		拓展区	
政区面积(万平方千米)		412.91	167.80	40%	89.18	22%	155.93	38%
城市个数（个）		1578	966	61%	394	25%	218	14%
其中	郡级城市	101	61	60%	20	20%	20	20%
	县级城市	1477	906	61%	372	26%	198	13%
人口	户数	12204497	8150642	67%	3268343	27%	785512	6%
	人口数（人）	60864079	41502235*	68%	14927200	24%	4434644	8%

资料来源：三区城市数量据《汉志》统计；各郡国面积“见表2—54　西汉103郡国面积对照表”。

说明：*其中广陵郡有户无口，比照其近邻临淮郡户与口的关系，按每户4.5人计算。

4. 城市偏集中于中纬度地带

城市空间分布测度的另一形式是经纬网内分布状况（纬度区间），从城市群的地域密度看，城市主要集中于北纬25～40度以及东经100～120度的地区（表2—49）。

表2—49 西汉城市群的空间分布情况

经度(E) 纬度(N)	小于95度	95~100度	100~105度	105~110度	110~115度	115~120度	120~125度	125~130度	合计
40~43		6		26	37	43	32	3	147
40~35	3	6	44	79	191	393		25	741
35~30			15	102	184	201			502
30~25			51	17	47	18			133
25~20				27	16				43
20~15				12					12
合计	3	12	110	263	475	655	32	28	1578

（1）经向分布特征

从城市经向分布看，西汉城市主要集中分布在东经115~120度内，约占总城市数的42%；东经110~115度间城市分布数量次之，占总数的30%；东经105~110度间再次之，约占全国城市总量的17%。而在其余的广大地区，城市数量很少，仅占全国的10%，城市分布非常稀疏。这些地区主要分布在河西四郡及西南地区，属于武帝新拓展区域，经济开发比较落后，而且，中央政府在这里多实行与地方经济发展相一致的政策。比如，因有少数民族分布，因而县级行政单位采取不同于东、中部县、邑、侯国的治理方式，而设立道，由少数民族首领与中央派遣的官员一同治理，后世羁縻州的设置大约与此有一些联系。另外，西汉时期除见之于《汉志》及相关文献记载的西汉末年的32个道[①]之外，在汉代历史上还曾存在过一些没有延续至汉末的道，《二年律令·秩律》

①《汉志》后叙西汉末年应有32个道，但正文中所载县名含有“道”的仅有30个。周振鹤认为其中的“除道”“故道”是与少数民族无关的县，因而补充了武都、绵虒、汶江、青弋、旄牛5个道，这样比《汉志》又多出1道，文中无详考。周振鹤：《西汉政区地理》，人民出版社，1987年，第244页。

计有21处表示地名的“道”，其中有19处延至西汉末年，有2处不见于《汉志》，即如：薄道、辨道，也可说明西部地区的“道”与东部地区的“侯国”一样都存在着兴废现象，只不过东部变化过于频繁、剧烈罢了。由此可推测西部新拓展区内19道之外的部分道可能为新设之道，且多分布在东经100度以西的区域内。（表2—50）。

表2—50 西汉末年城市经向分布

项目	<95度	95~100度	100~105度	105~110度	110~115度	115~120度	120~125度	125~130度	合计
城市数	3	12	110	263	475	655	32	28	1578
比例（%）	0.2	0.8	7.0	16.7	30.1	41.5	2	1.8	100

（2）纬向分布特征

从城市的纬向分布看，西汉城市主要集中分布在北纬35~40度内，其间共有城市741个，约占总城市数的47%。其次是北纬30~35度间，有城市502个，约占总数的32%，而且在此纬度内，城市分布则又偏于北纬35度。而在北纬30~40度以北或以南的广大地区，城市数量则比较稀少，合计占城市总数的21.2%，纬度间差异十分显著（表2—51）。

表2—51 西汉末年城市纬向分布

项目	15~20度	20~25度	25~30度	30~35度	35~40度	40~45度	合计
城市数	12	43	133	502	741	147	1578
比例（%）	0.8	2.7	8.4	31.8	47	9.3	100

（3）空间分布中心

根据西汉城市群的经向、纬向分布特征，求得西汉城市群分布中心坐标为东经113.36度，北纬34.36度（表2—52、表2—53），其位置约在今河南新郑市，相对于国都所在的关中地区，明显向东偏离，相反距离周代统治中心较近，也显示了洛阳的中心区位优势，所以西汉初年高祖手下的丰沛及关东将领均有意定都于洛阳，就是看中了“道里均”的地理位置条件及“择中而建”的都城选址原则，然而毕竟这种经济上的优势比不上政治形势上的压力，高祖等经过空间权衡之后仍决定西都关中，并由此也奠定了西汉一代空间权力分配格局。

表2—52 西汉城市群空间分布重心经度计算

平均经度E	92.5	97.5	102.5	107.5	112.5	117.5	122.5	127.5	合计
城市数n_1	3	12	110	263	475	655	32	28	1578
$E \times n_1$	277.5	1170	11275	28272.5	53437.5	76962.5	3920	3570	178885

表2—53 西汉城市群空间分布重心纬度计算

平均纬度N	17.5	22.5	27.5	32.5	37.5	42.5	合计
城市数n_1	12	43	133	502	741	147	1578
$N \times n_1$	210	967.5	3657.5	16315	27787.5	6247.5	54217.5

三、西汉城市空间演化特征

西汉初年城市分布的主要特征是：城市分布的区域差异显著。在对以上各区城市数量估计过程中，可以看出西汉初期城市地域分布上已显露出诸侯王国地区城市多于汉郡区城市的分布特征；结合后文各区面积统计，诸侯国地区的齐、赵、梁、楚诸地城市较其他地区更为密集。

这一城市分布区域特征产生的根本原因是与区域社会经济发展及自然地理环境分不开的。自夏商周三代，尤其是春秋战国以来，黄河中下游地区一直就是人类活动的主要地区，是秦汉时期经济最为富庶的区域。区域社会经济发展的地域差异不仅造成了城市分布的地域不平衡，而且产生了权力在空间分配上的差异。空间权力的不平衡更是促使西汉中央在集权过程中对诸侯国地区采取了一系列削弱和控制措施，其结果造成了本区城市的兴衰变化。

西汉末年城市群空间分布偏集于东部滨海（东方旧贵之地）的这一基本倾向匡定了中国城市网空间分布的格局，直至现代城市网分布仍没能脱离这一状态。经现代城市地理学者统计、核算，1985年中国城市空间分布重心在东经116.06度，北纬33.43度；1994年城市空间分布重心在东经114.48度，北纬33.36度[①]。由以上数据可知，中国城市网空间分布从径向分布上来看，西汉的城市群分布更靠近东部沿海，而现代城市空间分布重心随着我国经济改革的深化有逐渐向东过渡的趋势，仍没有达到西汉的状态，这说明西汉时期的经济发展更加依赖于东方，社会文化也以东方更为先进；从中国城市网空间分布的纬向角度来看，西汉时期城市分布比现代城市分布重心更为偏北，相差近乎1个纬度，其根本原因当与西汉时期的气候较为温暖湿润有关，这一点在前面已有所论述，温暖湿润的气候，影响了中国西汉时期的农作物分布向北偏移了1～2个纬度[②]，城市网重心也略偏于北方。

四、西汉103郡国面积对照统计

七十年前，劳干先生为了研究汉代人口的分布对西汉103个郡国的面积进行了估计[③]，非常之难能可贵。其结果成为很多研究者直接引用的资料，加之梁方仲先生的《中国历代户口、田地、田赋统计》[④]的出版使之影响更为广

---

①顾朝林等：《中国城市地理》，商务印书馆，2002年，第151页。

②龚高法、张丕远、张瑾瑢："历史时期我国气候带的变迁及其分布界限的推移"，载《历史地理》第5辑。

③劳干："两汉各郡人口数增减数目"，《中央研究院历史语言研究所集刊》第5本第2分，江苏古籍出版社影印本，1935年，第215页。

④梁方仲：《中国历代户口、田地、田赋统计》，上海人民出版社，1985年，第18—19页。

泛。其间也听到有学者认为劳先生的估计结果误差较大，但正如先生所说，“估计汉时郡国的面积，不是一个容易的事”。

现在我们先看一下劳先生所用的材料与方法，“现在只能照杨守敬的地图边界，画到申报馆所出的中国分省地图上（量时中国大地图尚未出版），朝鲜部分则用满铁所出的最新满洲地图，安南部分则用法国大百科全书所附的印度支那图。画好以后，借用北京大学物理系的仪器Planimeter作大致的测定。每郡国量算三次，以三数相差不远，则以平均数作为结果，再根据此数计算郡国面积（因为仪器为德制，所标的尺度为米突制，所以计算的结果为千米……），如三数相差太远，则重新量算，不过边境的出入非常靠不住，北边尤甚。山东较小郡国的边界的出入也有时对本土面积的比例很大。这都是无法的事，只有希望将来对于边界的考证，较现在更进一步，再来根据较大的图重作，此次不过是试作而已。”

劳先生虽然以极其严肃、认真的科学态度对西汉郡国面积进行了估算，但因所用底图的缺陷，产生误差也是在所难免。尽管如此，劳先生本人也谦逊地称其为是一次试作，我们绝不可抹煞其在西汉史研究中的贡献。

然而，七十年过去了，谭其骧先生主编的八卷本《中国历史地图集》（以下简称“谭图”）也已问世20余年，现代科技的发展，地理信息系统的广泛应用，一些新的软件的开发与利用，为更为精确地测量古代郡级行政单位的区域面积提供了可能。为此，笔者希望能够率先尝试使用新的技术与方法，但由于刚刚接触这一新的内容，技术上的生疏与科学仪器本身的缺陷，误差同样是存在的，而且在具体操作的过程中，也逐渐明白了一个看似合理却又不愿接受的道理，即任何再精密的科学仪器都会有误差，区别只是误差的大小而已！

七十年前为研究户口之需要，劳先生测算了西汉郡国面积；今天，笔者为研究西汉城市地理之需，步先生后尘，下决心重新测量。测算的步骤与方法如下：①扫描“谭图”中西汉所有图幅（本中心2003级硕士生周亚同学协助完成）；②把扫描好的地图用AutoCAD软件处理，在同一比例尺下把各郡国裁剪、连缀成一幅“完整的西汉政区图”；③沿各郡国边界进行描绘，使用相关命令，计算机将自动显示所选区域的面积。

在整个测量过程中，最容易产生误差的地方有三步，第一，扫描地图（原图比例尺不得遗漏），一定要把地图放端正，这将是下一步描绘地图及确定新比例尺非常关键的一步，稍有疏忽，误差就先期产生了。第二，描绘底图及确定比例尺，二者先后次序自定。第三，拼接全图。第二、三需要加倍的细心和耐心！另外，对历史地图与现代地貌的理解与认识也是非常关键的。比如，在测量河西走廊的几个郡时，“谭图”没有划出安定、武威、张掖、酒泉、敦煌之间的界线，且没有画出的部分多为沙漠戈壁地带（葛剑雄先生的测量结果似没有把这些地区计算在内）。本文根据“谭图”，参考现代地貌图，在确保地貌类型完整性原则下进行了划分，这一结论是否恰当也还存在着未知数。在此，笔者怀着忐忑不安的心情将测量结果与劳先生的结果放在一起刊登出来，期待同行的批评与修正！

计算机测算后，我担心误差太大，又用网格求积法，测算了西汉全境及部分郡国的面积。将之与计算机结果相对照，出入不是很大。比如，西汉全境面积，计算机算出的是412.53万平方千米，用网格法多次测算的平均值是411.96万平方千米；敦煌、酒泉、张掖、武威、安定五郡的总面积，计算机测算的结果是35.22万平方千米，用网格法多次测算的平均值是35.30万平方千米；东海郡的面积，计算机算出是2.07万平方千米，用网格法多次测算的平均值是2.08万平方千米；楚国的面积，计算机算出的结果是0.60万平方千米，用网格法求得的结果是0.61万平方千米。上述结果尽管还存在一些区别，但其相差幅度不大，见表2—54。

相反，计算机测算的结果与劳先生测算的结果出入较大。其间仅有6个郡国的面积数量接近，相差在300平方千米左右；有27个郡国的面积笔者偏高于劳先生，其余郡国面积劳先生的结果要大得多。从面积总量来看，劳先生的数据也显得过大。

忐忑之中，看到了葛剑雄先生《西汉人口地理》中的数据，葛先生文中没有明言测量方法及所据底图。笔者将自己的测算结果与葛先生的相比：其中有8个郡国的面积相等（劳、葛间仅东郡面积相同）；13个郡国的面积出入在1万平方千米以上，其间敦煌、酒泉、张掖、武威、安定5郡的差别最大；五郡总面积两组数据相差16.24万平方千米，西汉全境面积两数据间相差18.22万平方千米，因而其余98郡国面积的最大误差仅1.98万平方千米。

当然，笔者在此强调的不只是两种测算结果的差别，更想要表达的是：现代化科技手段及研究方法的更新，将促进传统学科研究的深入和发展。

表中为便于比较，对劳、葛两位先生所用的面积单位进行了统一，改以“万平方千米”为单位，保留小数点后两位数。同时，考虑到本文具体研究内容，将西汉时期的主要城市（郡国治所）至都城长安的直线距离亦附于表中。

表2—54 西汉103郡国面积对照 单位：万平方千米

编号	郡 国	治所城市	郡国面积(劳)	郡国面积(葛)	郡国面积(肖)	距离(千米)
1	京兆尹	长安	0.86	0.71	0.71	0
2	左冯翊	长安	1.42	2.27	2.24	0
3	右扶风	长安	2.77	2.42	2.52	0
4	弘农郡	弘农	4.11	4.02	4.00	180.2
5	河东郡	安邑	3.61	3.52	3.52	222.1
6	河内郡	怀	1.83	1.33	1.36	404.8

续表

编号	郡 国	治所城市	郡国面积(劳)	郡国面积(葛)	郡国面积(肖)	距离(千米)
7	河南郡	雒阳	1.13	1.29	1.34	336.3
8	东 郡	濮阳	1.35	1.35	1.22	564.9
9	陈留郡	陈留	1.09	1.21	1.11	506.6
10	济阴郡	定陶	0.62	0.52	0.50	602.5
11	泰山郡	奉高	1.80	1.90	1.49	755.1
12	城阳国	莒	0.34	0.27	0.26	892.8
13	淮阳国	陈	1.10	1.03	0.73	542.3
14	东平国	无盐	0.32	0.37	0.36	694.4
15	颍川郡	阳翟	1.07	1.15	1.09	543.1
16	汝南郡	平舆	3.71	3.14	3.42	527.0
17	沛 郡	相	3.70		2.68	696.6
18	梁 国	睢阳	0.54	4.21	0.51	604.6
19	山阳郡	昌邑	0.9		0.89	652.5
20	鲁 国	鲁	0.54	0.37	0.35	736.9
21	琅邪郡	东武	2.36	2.12	2.09	950.5
22	东海郡	郯	2.25	1.98	2.07	842.4
23	临淮郡	徐	4.24	2.89	2.99	847.2
24	楚 国	彭城	0.52	0.65	0.60	744.3
25	泗水国	凌	0.34	0.29	0.28	874.5
26	广陵国	广陵	0.75	0.64	0.64	968.6
27	平原郡	平原	0.16	0.92	0.98	731.7
28	千乘郡	千乘	0.55	0.41	0.53	856.9
29	济南郡	东平陵	0.79	0.69	0.62	802.4
30	齐 郡	临淄	0.61	0.39	0.42	878.9
31	北海郡	营陵	0.78	0.40	0.52	930.4
32	东莱郡	掖	1.09	1.46	1.44	1024.1
33	菑川国	剧	0.14	0.09	0.09	906.7
34	胶东国	即墨	0.74	0.73	0.70	1035.5
35	高密国	高密	0.13	0.10	0.10	970.5
36	庐江郡	舒	4.43	3.62	3.86	826.0
37	九江郡	寿春	3.77	2.62	2.43	733.3

续表

编号	郡 国	治所城市	郡国面积(劳)	郡国面积(葛)	郡国面积(肖)	距离(千米)
38	会稽郡	吴	8.40[①]	6.88（北部） 15.86（南部）	23.73	1125.9
39	丹阳郡	宛陵	5.97	5.26	5.48	969.5
40	豫章郡	南昌	17.50	16.60	17.44	889.4
41	六安国	六	1.09	1.19	1.16	738.0
42	南阳郡	宛	4.62	4.88	4.98	352.9
43	南 郡	江陵	7.43	6.39	6.43	524.1
44	江夏郡	西陵	7.65	6.16	5.79	657.4
45	桂阳郡	郴	5.14	5.31	5.31	1009.2
46	武陵郡	义陵	11.61	12.25	13.45	715.8
47	零陵郡	零陵	5.98	4.51	5.13	949.0
48	长沙国	临湘	7.55	8.05	7.70	763.1
49	汉中郡	西城	6.99	7.05	7.13	171.7
50	广汉郡	梓潼	5.60	5.03	4.93	452.4
51	蜀 郡	成都	2.42	6.73	6.58	600.5
52	犍为郡	僰道	12.99	12.56	12.46	733.4
53	越巂郡	邛都	10.87	9.06	8.94	949.8
54	益州郡	滇池	25.83	14.00	13.53	1212.4
55	牂柯郡	故且兰	18.40	18.27	19.44	843.6
56	巴 郡	江州	13.58	12.57	12.36	563.9
57	武都郡	武都	2.58	2.65	2.39	349.2
58	南海郡	番禺	9.57	9.85	11.44	1308.5
59	郁林郡	布山	12.52	12.62	13.47	1221.0
60	苍梧郡	广信	5.75	5.63	5.96	1220.6
61	交趾郡	羸娄	7.75	7.31	7.66	1506.3
62	合浦郡	合浦	5.70	9.76	6.99	1377.5
63	九真郡	胥浦	5.56	1.21	1.39	1641.8
64	日南郡	西捲	9.45	3.39	3.40	1975.0

①“闽中未计入”，“若并计冶县所属地及未开辟者，约当今浙江南部及福建全省，应为503470平方千米。”梁方仲：《中国历代户口、田地、田赋统计》，上海人民出版，1980年，第19页。

续表

<table>
<tr><th>编号</th><th>郡 国</th><th>治所城市</th><th>郡国面积(劳)</th><th>郡国面积(葛)</th><th>郡国面积(肖)</th><th>距离(千米)</th></tr>
<tr><td>65</td><td>陇西郡</td><td>狄道</td><td>2.69</td><td>2.54</td><td>2.62</td><td>481.0</td></tr>
<tr><td>66</td><td>金城郡</td><td>允吾</td><td>5.95</td><td>3.49</td><td>3.56</td><td>577.6</td></tr>
<tr><td>67</td><td>天水郡</td><td>平襄</td><td>1.70</td><td>2.32</td><td>2.52</td><td>365.9</td></tr>
<tr><td>68</td><td>武威郡</td><td>姑臧</td><td>8.33[1]</td><td>2.42</td><td>4.86</td><td>702.6</td></tr>
<tr><td>69</td><td>张掖郡</td><td>觻得</td><td>13.55</td><td>4.53</td><td>10.55</td><td>937.4</td></tr>
<tr><td>70</td><td>酒 泉</td><td>禄福</td><td>5.83</td><td>3.73</td><td>6.62</td><td>1113.2</td></tr>
<tr><td>71</td><td>敦煌郡</td><td>敦煌</td><td>14.98</td><td>2.82</td><td>6.24</td><td>1434.5</td></tr>
<tr><td>72</td><td>安定郡</td><td>高平</td><td>6.48</td><td>5.48</td><td>7.33</td><td>311.7</td></tr>
<tr><td>73</td><td>北地郡</td><td>马领</td><td>5.98</td><td>5.51</td><td>5.18</td><td>248.8</td></tr>
<tr><td>74</td><td>上 郡</td><td>肤施</td><td>4.47</td><td>6.30</td><td>5.78</td><td>421.4</td></tr>
<tr><td>75</td><td>西河郡</td><td>平定</td><td>4.40</td><td>5.50</td><td>5.43</td><td>580.1</td></tr>
<tr><td>76</td><td>朔方郡</td><td>朔方</td><td>7.98</td><td>5.84</td><td>3.25</td><td>700.1</td></tr>
<tr><td>77</td><td>五原郡</td><td>九原</td><td>1.62</td><td>0.91</td><td>1.66</td><td>711.2</td></tr>
<tr><td>78</td><td>太原郡</td><td>晋阳</td><td>5.18</td><td>4.35</td><td>4.18</td><td>493.7</td></tr>
<tr><td>79</td><td>上党郡</td><td>长子</td><td>2.98</td><td>2.69</td><td>2.65</td><td>373.2</td></tr>
<tr><td>80</td><td>云中郡</td><td>云中</td><td>1.78</td><td>0.82</td><td>1.17</td><td>725.7</td></tr>
<tr><td>81</td><td>定襄郡</td><td>成乐</td><td>1.70</td><td>0.79</td><td>0.74</td><td>731.1</td></tr>
<tr><td>82</td><td>雁门郡</td><td>善無</td><td>1.89</td><td>2.44</td><td>3.18</td><td>701.4</td></tr>
<tr><td>83</td><td>代 郡</td><td>代</td><td>2.78</td><td>2.37</td><td>2.95</td><td>798.2</td></tr>
<tr><td>84</td><td>魏 郡</td><td>邺</td><td>1.08</td><td rowspan="5">3.39</td><td>1.35</td><td>531.6</td></tr>
<tr><td>85</td><td>巨鹿郡</td><td>巨鹿</td><td>0.74</td><td>0.61</td><td>605.5</td></tr>
<tr><td>86</td><td>清河郡</td><td>清阳</td><td>0.45</td><td>0.70</td><td>673.9</td></tr>
<tr><td>87</td><td>广平国</td><td>广平</td><td>0.12</td><td>0.28</td><td>603.7</td></tr>
<tr><td>88</td><td>信都国</td><td>信都</td><td>0.83</td><td>0.56</td><td>685.9</td></tr>
<tr><td>89</td><td>常山郡</td><td>元氏</td><td>1.59</td><td>1.57</td><td>1.62</td><td>620.1</td></tr>
<tr><td>90</td><td>赵 国</td><td>邯郸</td><td>0.41</td><td>0.41</td><td>0.43</td><td>548.7</td></tr>
<tr><td>91</td><td>真定国</td><td>真定</td><td>0.19</td><td>0.09</td><td>0.09</td><td>647.7</td></tr>
<tr><td>92</td><td>中山国</td><td>卢奴</td><td>0.92</td><td>0.75</td><td>0.82</td><td>704.7</td></tr>
<tr><td>93</td><td>河间国</td><td>乐成</td><td>0.31</td><td>0.23</td><td>0.28</td><td>767.1</td></tr>
<tr><td>94</td><td>涿 郡</td><td>涿</td><td>1.60</td><td>1.54</td><td>1.70</td><td>850.9</td></tr>
</table>

①“依杨（守敬）图绘其大略，并改以阴山以北为界。”梁方仲：《中国历代户口、田地、田赋统计》，上海人民出版社，1980年，第19页。

续表

编号	郡 国	治所城市	郡国面积(劳)	郡国面积(葛)	郡国面积(肖)	距离(千米)
95	渤海郡	浮阳	2.27	1.63	1.94	844.7
96	上谷郡	沮阳	3.13	2.26	3.25	896.3
97	渔阳郡	渔阳	3.79	4.14	2.93	962.1
98	右北平	平刚	3.68	4.56	5.26	1171.0
99	辽西郡	且虑	3.98	4.64	4.05	1381.4
100	辽东郡	襄平	8.37	7.81	7.15	1466.3
101	玄菟郡	高句骊	8.48	5.53	5.58	1615.1
102	乐浪郡	朝鲜	6.98	8.44	8.20	1577.3
103	广阳国	蓟	0.27	0.31	0.31	904.0
合计			567.86	394.31	412.53	

第三章　西汉城市的性质与职能

政治权力的形成是政治权力的主体动员和凝聚有效政治资源的能动过程，也是政治权力主体的主观条件与客观条件有机结合的过程，因此，作为一种实际的力量，政治权力中包含着主客观两个方面的构成要素。政治权力的客观构成要素是指政治权力形成过程中，外在于政治权力主体的促成因素和条件，或者准确地说，是这些因素和条件对比于政治权力的内化。政治权力客观构成要素是多种多样的，其中最主要的有生产资料、物质财富、暴力（武力）。除此以外，政治权力的客观构成要素还包括所拥有的自然资源、所处的地理条件、有益的文化传统、有利的形势变化和时机以及政治权力客体的服从心理，等等。西汉帝国对政治权力客观构成要素的占有方式是通过设置具有不同职能的城市来实现的，比如具有经济、资源管理、文化以及军事职能城市的布设等都是帝国权力占有客观要素的体现。

相对于城市的不同职能类型，影响城市发展的是城市的本质属性。现代城市规划法认为城市各项建设和各项事业的发展，都要服从和体现城市性质的要求。城市性质和城市职能是既有联系又有区别的概念。二者的联系在于城市性质是城市主要职能的概括，指一个城市在全国或地区的政治、经济、文化生活中的地位和作用，代表了城市的个性、特点和发展方向。其区别在于城市性质并不等同于城市职能。城市职能分析一般利用城市的现状资料，得到的是现状职能，而城市性质一般是表示城市规划期里希望达到的目标或方向；城市职能可能有好几个，强度和影响范围各不相同，而城市性质只抓住最主要、最本质的职能；前者是客观存在的，而后者在认识客观存在的前提下，揉进了规划者的主观意念。

第一节 西汉城市的性质

根据本书城市的定义，即明确地表示出研究对象的政治特性，而对城市性质的确定则源于对古代城市发展的认识。

首先，城市是权力的象征。傅筑夫先生在讨论城市的起源时曾经指出，"中国封建制度的最大特点之一，是城市的性质及其发展道路，与欧洲封建时代的城市完全不同，因而中国古代城市在整个封建经济结构中所处的地位，及其对经济发展所起的作用亦完全不同[①]。"还可以进一步说，"从城市起源上来看，中国古代的城市与欧洲古代的城市，两者（其实也有）本质的不同[②]。"那么"从本质上看，城市是阶级社会的产物，它是统治阶级——奴隶主、封建主——用以压迫被统治阶级的一种工具"，尽管城市兴起的具体地点不同，但是"它的作用则是相同的，即都是为了防御和保护的目的而兴建起来的。"他还说："中国的城市自始至终是由政府建立的，自始至终是由政府

①傅筑夫：《中国经济史论丛》上册，三联书店，1980年，第321页。

②傅筑夫：《中国经济史论丛》上册，三联书店，1980年，第322页。原文为"两者并没有什么本质的不同"。

管制的，这是中国城市的一个总的特点[①]。”这一观点是有力的，因而得到了城市史、城市地理学界的普遍赞同，其对城市的防御作用的强调，是源于城市功能学上的一种观点，是一种传统的认识，也是比较片面的。《礼记·礼运》也说：“今大道既隐……货力为己，大人世及以为礼，城郭沟池以为固”，就强调了城郭沟池保护私有财产的一面。但其仅仅道出了城市一个方面的功能，而对统治阶级拥有私有财产特权的维护反而不加注意。因为，城郭沟池保护的不只是私有财产，还有财产占有者的政治权力，由此，可以说城市是权力的象征。

其次，城市是统治阶级维护权力的必要工具。费孝通认为中国近代城邑是“在权力居于武力这种政治系统里面统治阶级的一种工具。它是权力的象征，也是维护权力的必要工具”[②]。这个界说，也是完全适用于中国古代城市的。中国最早的城市特征，乃是作为政治权力的工具与象征。

张光直对上述观点从考古学角度有更为系统的分析，他认为城市出现在中国古代聚落形成的过程中，是由一系列的相互联系的变化而标志出来的，其中城郭的出现只是其中的一项。规模巨大的地上建筑宫殿与小型的、内容贫乏的半地下室作强烈的对比，是统治者统治地位的象征，也是借其规模气氛加强其统治地位的手段。宗庙、陵寝和青铜、玉等高级艺术品的遗迹遗物，以及祭仪的遗迹如牺牲或人殉之类，一方面是作为政权基础的宗教制度的象征，一方面是借宗教仪式获取政治权力的手段[③]。至于手工业的作坊，除了少数与生产工具有关，多数是青铜器、玉器、骨牙等仪式性的艺术品的作坊；他们一方面代

①傅筑夫：《中国经济史论丛》上册，三联书店，1980年，第323页。
②费孝通：《乡土中国》，三联书店，1985年。
③张光直：《中国青铜时代》，三联书店，1983年；“中国古代的艺术与政治”，《新亚学术集刊》4，1983年，第29—35页。

表生产活动的分化，另一方面更清楚地表现为政治权力工具的制造业。最后得出了“中国初期的城市，不是经济起飞的产物，而是政治领域中的工具。但与其说是用来镇压被统治阶级的工具，不如说它是统治阶级用以获取和维护政治权力的工具”①的观点。

对于中国初期城市之为获取政治权力的工具这一点，张光直认为还体现在三代迁都的规则性上。他认为：“三代迁都的原因在于适应政治上的需要”②。进而指出三代迁都的规律是：“三代国号皆本于地名。三代虽都在立国前后屡次迁徙，其最早的都城却一直保持着祭仪上的崇高地位。如果把那最早的都城比作恒星太阳，则后来迁徙往来的都城便好像是行星或卫星那样绕着恒星运行。再换个说法，三代各代都有一个永恒不变的‘圣都’，也有若干个迁徙行走的‘俗都’。圣都是先祖宗庙的永恒基地，而俗都虽也是举行日常祭仪所在，却主要是王的政、经、军的领导中心。圣都不变，缘故容易推断；而俗都易变，则以追寻青铜矿源为主要的因素③。”其原因在于：“对三代王室而言，青铜器不是宫廷中的奢侈品或点缀品，而是政治权力斗争上的必要手段。没有青铜器，三代的朝廷就打不到天下。没有铜锡矿，三代的朝廷就没有青铜器。”张先生将三代迁都的主要原因归结为对青铜器矿源的追寻上，为此我曾就这一认识请教过几位先秦史专家，认识不尽一致。在此，我并不准备作过多评述。然无论如何，张先生的这一观点给我们解释城市性质提供了一个思路。

立足于已有的认识，夏商周三代之间权力的更迭除武力、经济等因素之外，还要依赖于神——自然神或祖先神（源于当时生产力水平及人类认识自然

①张光直：“关于中国初期‘城市’这个概念”，《文物》，1985年第2期。
②张光直：“关于中国初期‘城市’这个概念”，《文物》，1985年第2期。
③张光直：“关于中国初期‘城市’这个概念”，《文物》，1985年第2期。

的能力）的力量，权力本身也就具有很强的象征性。都城的频繁迁徙或许是以对青铜器（或青铜矿源）的占有为目标，但其最终结果是三代政权实现了活动空间扩张的目的，事实上，我们也正是沿着三代都城迁徙的路线来确定其活动范围的。

夏、商、周三代皆曾频繁迁都。关于夏、商、周三代都城的所在地，学者间尚有不同的意见。我们采用的只是一般的说法，目的只为说明三代活动的空间范围。夏禹之都有平阳（今山西临汾市西）、安邑（今山西夏县西北）、晋阳（今山西旧解虞县西北），还有阳城和阳翟说；夏启居于黄台之丘（河南郑州市和密县之间），又有钧台之享（钧台在阳翟，阳翟本为禹都，亦黄台之丘的近郊）；太康和桀居于斟寻（今河南巩县西南）；其后相居帝丘（今河南濮阳县西南），又居斟灌；又其后，帝杼居源（今河南济源县西北），又迁居于老丘（今河南旧陈留县）；再后，胤甲则居于西河（今山西西南部黄河侧畔）。由此可以看出：夏人累次迁都，除帝相而外，皆在帝丘之西，西至于河，那么其主要活动区则分布于山西南部、河南北部、河北南部的范围内①。

商代也曾频繁迁都。从商的先王契至汤就已经迁徙过八次。所迁的都城有蕃（今山东滕县境）、砥石（据说在今河北宁晋、隆尧两县间）、商、商丘（商与商丘当是一地，今河南商丘市）、相土的东都（据说是在泰山之下）和邶（今河南汤阴县南），而汤的都城则在亳。自汤之后，至于盘庚迁殷，其间尚有五次迁徙。所迁之地为嚣（嚣或作隞，在今河南荥阳县东北）、相（今河南内黄县南）、耿（今河南温县东北）、庇（今山东旧鱼台县）、奄（今山东曲阜市）。商人主要居于今山东、河南北部一带，西部最远到达今河南中部温县。

①白寿彝：《中国通史》（第三册），上海人民出版社，1994年。

周人也曾一再迁都。周人的历史可以远溯到后稷。后稷居于邰（今陕西武功县），其后辗转于所谓戎狄之间，至公刘始居于豳（故地约有数处，在今陕西旬邑和彬县）；又相继迁于周原（今陕西扶风、岐山两县间）、程（今陕西咸阳市东北）和丰（今陕西户县东）、镐（今西安市西南）；其后又曾迁于犬丘（今陕西兴平县东南）；幽王于骊山覆败之后，平王更东迁于雒邑（今河南洛阳市），是为东周。起初，周公营建洛邑，作为丰镐的陪都。周人的活动区域主要在今天陕西西部地区，并延展到中原地区的洛阳。

从三代迁徙中，我们看到城市（此处为都城）在各族不同发展阶段所起的作用及其权力斗争的方向，对三代主要活动区域的确定，其实就是对三代势力范围的划定，伴随着权力中枢所在城市的迁移，其控制的空间范围得以大幅度延展，也使得当其受到其他势力攻袭时有了可以退防的空间，周平王的东迁即为显著的一例。

三代之后，城市逐渐成为诸侯国战争角逐的对象，成为统治者统治下层民众的据点。春秋战国时期，周天子失去了天下共主的地位，诸侯间相互兼并，争城掠地已成为大国的角逐目标，诸侯间所控区域的广狭也成为其权力大小的标志。

春秋时代战争的结果可分为三类①，其一是迁，包括请迁②、强迁两种。是弱国不能自保，自请或被迫迁于大国以求保护，虽失原地，仍保有君位，而受新地③。其二是取田邑，战胜国将战败国的田邑夺为己有，但只是部分土地，仍不至于亡国。其三是灭国，俘其君以归，或送其出境，不复有国。但此

①瞿同祖：《中国封建社会》，上海人民出版社，2005年，第194—197页。

②《左传》宣公十二年（公元前597年）楚克郑后，郑襄公对楚庄王表示了郑国愿等同于楚之九县，亦即称臣于楚的意思。

③《史记》卷31《吴太伯世家》云："王馀祭三年，齐相庆封有罪，自齐来奔吴，吴予庆封朱方之县，以为奉邑。"

时，诸侯取人田邑、灭人之国之后，往往把它赐予他国诸侯以及他国或本国大夫[①]。

但进入战国时期之后，战争夺取的情形显然有很大的差异。其一，诸侯的兼并热度已达到了顶点，不管是同姓诸侯王国，还是异姓诸侯王国之间；也不管是王室所封，还是僭位为君，只要力所能及，便加以吞灭，甚至对周王室也无所顾忌，毫不客气地一一攫为己有，不再有复封其君的故事[②]。兼并的结果，形成了秦、魏、韩、赵、楚、燕、齐七雄之局势，一度出现了东帝、西帝共霸现象。在不断角逐中，秦最终分别于秦始皇十七年（公元前230年）、十九年（公元前228年）、二十二年（公元前225年）、二十四年（公元前223年）、二十五年（公元前222年）、二十六年（公元前221年）灭掉了韩、赵、

①《左传》宣公十一；昭公八、昭公十一年载：楚庄王十六年（公元前598年）伐陈，以之为县，后因大夫申叔时之谏而罢县，恢复陈国。至楚灵王七年（公元前534年）再度灭陈为县，使穿封戌为陈公。十年又灭蔡，使其弟公子弃疾为蔡公（陈公、蔡公都是县公，是一县之主。因楚之国君僭称王，故称其县之长官曰公，等同于诸侯。）《左传》昭公二十八年：晋顷公十二年（公元前514年）"分祁氏之田以为七县，分羊舌氏之田以为三县。"任命十人为县大夫，即"司马弥牟为邬大夫，贾辛为祁大夫，司马乌为平陵大夫，魏戊为梗阳大夫，知徐吾为涂水大夫，韩固为马首大夫，孟丙为盂大夫。乐霄为铜鞮大夫，赵朝为平阳大夫，僚安为杨氏大夫。"

②《史记》卷5《秦本纪》、卷6《秦始皇本纪》记载了秦国攻城略地的历史，择其要者早在秦武公十年（公元前688年），伐邽、冀戎，初县之；十一年（公元前687年），初县杜、郑；历公二十一年（公元前456年），初县频阳；献公二年（公元前383年），城栎阳；孝公十二年（公元前350年），作为咸阳并小乡聚为大县，共四十一县。此后灭国即为郡县：惠文君六年（公元前332年），魏纳阴晋，阴晋更名宁秦；八年，魏纳河西地；九年，渡河，取汾阴、皮氏；十年（公元前328年）魏纳上郡十五县；十一年（公元前327年），县义渠；后九年（公元前316年），灭蜀为蜀郡、伐取赵中都、西阳；后十年（公元前315年），伐取义渠二十五城；后十二年（公元前313年），灭楚汉中为汉中郡；昭襄王二十一年（公元前286年），伐齐河东为九县；二十九年（公元前278年），大良造白起攻楚，取郢为南郡；三十年（公元前277年），蜀守若伐楚，取巫郡，及江南为黔中郡；三十三年（公元前274年），攻魏卷、蔡阳、长社，取之；三十五年（公元前272年），佐韩、魏、楚伐燕，初置南阳郡；三十六年（公元前271年），攻齐，取刚、寿；四十一年夏（公元前266年），攻魏，取邢丘、怀；五十年二月（公元前257年），初作河桥；五十一年（公元前256年），将军摎攻韩，取阳城、负黍；同年，西周君走来自归，顿首受罪，尽献其邑三十六城，口三万，秦王受献，归其君于周；庄襄王元年（公元前249年），秦界至大梁，初置三川郡；三年（公元前247年），攻魏高都、汲，拔之；同年，攻赵榆次、新城、狼孟，取三十七城，初置太原郡；始皇三年（公元前244年），蒙骜攻韩，取十三城；五年（公元前242年），将军骜攻魏，定酸枣、燕、虚、长平、雍丘、山阳城，皆拔之，取二十城，初置东郡。

魏、楚、燕、齐，统一了天下。很显然，战国与春秋时期一个最显著的区别就在于，战国时期的战争最直接目的就是占有他国的土地，直至完全占领该国土地，并在新占领区采取新的统治方式，即实行郡县制，中央政治权力从都城深入到地方，最终实现中央权力对地方空间的占领（郡县制的郡守、县令长有秩而不食封）。

郡县制城市的产生，说明城市作为权力统治空间工具性的加强。对于郡县制的起源，由于文献有阙，现在还不能说得很清楚。但学术界的共同看法是起于春秋，形成于战国，全面推行于秦始皇统一之后，这是没有疑问的。根据周振鹤先生对县制起源之研究①，认为秦汉时期的县：是县鄙之县，是县邑之县，是郡县之县。由县鄙得县之名，由县邑得县之形，由县的长官不世袭而得郡县之实。这或者可以看成是县制成立的三部曲。对应于县邑之县与郡县之县的差异，县的长官则有食禄而不食邑，临民而不领土，流动而不世袭的特点。采邑（私邑，相对独立、封建制），食邑（公邑，在封建与郡县之间），食禄（郡县制）；有土有民（采邑），有民无土（公邑）、临民而治亦即无土无民（郡县）。这也可以看成是县制成立的另外两种三部曲的表现形式。郡县的产生可能经过两个阶段：第一阶段是食田的县制代替了食邑的采邑制；第二阶段是食禄的郡县两级官僚制度更趋于完善。郡县之县与县邑之县至少应该有四个方面的不同。一是郡县之县不是采邑，而完全是国君的直属地；二是其长官不世袭，可随时或定期撤换；三是其幅员或范围一般经过人为的划定，而不纯是天然地形成；四是县以下还有乡里等更为基层的组织。这正是战国时期县的基本特征。这些差别的形成正表明了从县邑之县过渡到郡县之县过程的完成。秦汉郡县制之县令长是无土无民的管理者，是食君之禄，为民请命的父母之官，

①周振鹤："县制起源三阶段说"，《中国历史地理论丛》，1997年第3辑。

负责收取本县赋税和地方安全的职责，同时由于西汉时期县令掌握有一定数量的武装力量，还有镇压本地暴乱的责任，因此，县级行政机构是帝国早期中央在地方上的基层组织。由此可以确定本文研究对象县级及其以上行政机构治所城市的政治属性。比县高一级的行政机构为郡国，由郡守和诸侯相分别管理。郡县制下各级城市的根本职能就是帝国在地方上不同级别的殖民据点。

西汉时期，与郡县制并行的封国制，亦分为王国和侯国两级。《史记·汉兴以来诸侯王年表》序云："汉兴，序二等。"《汉书·诸侯王表》序云："汉兴之初，海内亲定，同姓寡少，惩戒亡秦孤立之败，于是剖裂疆土，立二等之爵。"《通典·职官》也说："汉兴设爵二等，曰王曰侯。皇子而封为王者，其实古诸侯也，故谓之'诸侯王'，王子封为侯者谓之'诸侯'，群臣异姓以功封者，谓之彻侯。"说明汉初建立了二等封国制，大者为王（王国）、小者为侯（侯国）。前者是在二十级赐爵制之上、之外的王国制，后者属于二十级赐爵制中的列侯。西汉的封国，初期和中、后期有很大不同。诸侯王有一定范围的封国；王在其封国内得"自置吏"，有部分治民权；并且"得赋敛"，有权向封国内的居民征收赋税和征发徭役，并以山川园池之税，作为"私奉"；诸侯王还控制有一定数量的军队。诸侯王的这些权力，来自汉朝皇帝的封赐，并且世代相传。同时，在政治上，诸侯王被规定为汉朝皇帝的臣属，他们必须遵守汉朝的法令，服从汉中央政府的统辖，定期朝觐皇帝。在经济上，诸侯王必须定期按封国的人口数向中央缴纳献费。汉代的封国制度，虽然渊源于西周的分封制，采邑制，但二者间有着本质的区别。西周的分封制度是奴隶制性质的分封制，"授民授疆土"是其基本特点。汉代的封国制，是封建制性质的封国制，不具备"授民授疆土"的特点（只是汉初的诸侯王有部分治民权和以山川园池之税作为"私奉养"）。西周的分封制是建立在奴隶制的

"井田"制基础之上的上层建筑，汉代的封国制是建立在封建地主制经济基础之上的上层建筑。而到西汉末年时，封国的政治经济地位均大为下降，其规模远小于一般汉郡，而且封国四百石以上的官员均由汉中央帝国任命，形式与郡县相类似。

此外，西汉时期，城市作为基层统治中心更为直接地受中央权力的控制。地方行政制度的形成是中央集权已经产生的标志，只有当中央对地方有强大的控制力，才有任命非世袭地方官员的可能。但西汉政府在承秦推行郡县制的同时，还存在分封制的残余，从形式上来讲，郡国并行是战国分裂局面的延续，实质上应当是中国社会由分封制向郡县制过渡时期的特殊形式，这一点最直接的表现可以从侯国权力的转化中略见一斑。

汉承秦制，封侯制度当无例外。如范雎，"官至丞相，爵在列侯"[①]，吕不韦拥庄襄王有功，被"封为文信侯，食洛阳十万户"[②]。秦统一全国后对有食邑而无治民之权的列侯皆"以公赋税重赏赐之"[③]，西汉建立后大体上继承了秦制。汉初，经济凋敝，户口锐减，为迅速恢复发展生产，稳定社会秩序，汉中央政府给予了侯国"自置吏，得赋敛"[④]的特权。秦和西汉之初，侯国直辖于中央，与郡平级。中央设主爵中尉管理列侯。景帝时，改由大鸿胪管理。汉初列侯居住在京师，不到封国就任。文帝即位后，害怕功臣、列侯留在京师把持国政，曾两次下令让列侯之国[⑤]。列侯食邑称国，其官制与县差别甚微，侯国亦设令长。初列侯如同王国之诸侯王一样，亦掌治其国，在封国内有一定

①《史记》卷79《范雎蔡泽列传》。
②《史记》卷85《吕不韦列传》。
③《史记》卷6《秦始皇本纪》。
④《汉书》卷1《高帝纪》"十二年诏"。
⑤《汉书》卷4《文帝纪》：二年冬十月，"其令列侯之国，为吏及诏所止者，遣太子"；三年冬十一月，诏曰："前日诏遣列侯之国，辞未行。丞相朕之所重，其为朕率列侯之国。"遂免丞相勃，遣就国。

的政治权力和经济权力。武帝时，改侯国令长为相后，侯国官制发生了根本性的变化：一则列侯"掌治其国，自置吏，得赋敛"的特权被剥夺殆尽；二则侯国别属汉郡，受郡一级领导；三则侯国家吏员数、地位发生了变化。以侯相为代表的侯国行政系统，完全控制了整个侯国；列侯与家吏不与政事，且家吏系统本身也日益成为监视列侯的工具，从根本上剥夺了高祖以来赋予列侯的部分政权和财权①。这可以从尹湾汉墓出土的有关地方官制的考古资料找到确凿的证据。《尹湾汉墓简牍》中，侯国官与县官并列，同进入东海郡吏员簿，说明西汉中后期，侯国已别属于郡，文献记载是正确的。西汉中后期侯国官吏不仅远较汉初地位下降了（汉初侯国有令，令至少要有六百石的俸禄②），就是与同期同级别的县相比较，也远不如县之官吏尊贵。一般而言，侯国相之地位仅相当于郡之属县中的小县长而已。

《汉书·百官公卿表》记载："（武帝）改所食国令长名相，又有家丞、门大夫、庶子"，之后，随着王国的衰落，侯国经济、政治权力丧失殆尽，列侯日夜诚惶诚恐，因小过而遭夺爵丧身者不计其数。由于列侯仅衣食租税，其地位甚至不及富室，不为人所尊，乃至出现了"富商大贾，废居居邑，封君皆低首仰给"③的局面。侯国城市权力的转变表明汉帝国已具有了占有地方空间的权力，实现了权力与空间的结合。

根据何一民研究，农业时代中国城市的政治行政功能的主要特征④表现在：有无高大宽厚的城墙、有无行政机构设置、是否驻有军队三个方面，这三点在西汉城市中均有所反映。

①史云贵："西汉侯国官制考述"，《中国矿业大学学报》（社会科学版），2002年第1期。
②《张家山汉墓竹简》载侯国城市之相一般为六百石秩，见第四章第二节。
③《史记》卷30《平准书》。
④何一民："农业时代中国城市的特征"，《社会科学研究》，2003年第5期。

首先，为加强各级地方统治据点的功能，高祖六年（公元前201年）冬十月下令“天下县邑城”，致力改善被秦始皇所拆毁的城市。这一命令从近数十年来考古学界有关早期城市的考古发掘中得到证实（附录3）。考古发掘成果表明西汉城市均有城墙，也有很多遗物表明这些古城是统治者的驻地。春秋战国以来的筑城高潮得以延续，筑城成为封建王朝统治的重要组成部分，城墙也成为封建统治和城市的重要标志之一。

其次，各级城市内部都设有大小不等的统治机构，而这些统治机构在城市中都占据最重要的位置。如西汉王朝皇宫位于首都长安城内最佳位置的龙首原北麓，皇宫与官署、贵族府邸区共占长安城总面积的3/4左右。都城中宫殿居于重要位置和壮丽雄伟，都是为了体现封建皇权的至高无上的权威。即所谓“非令壮丽，无以重威”。除了都城外，其他的省府州县等大中小城市的规划布局原则也基本上都是为了突出封建政权的重要性，各级官府衙门基本上都位于城市的重要位置，这有利于统治者行使统治权。

最后，城市一般都驻有数量不等的军队，这一点应从古代城市的职能角度来考虑，郡县级城市长官的职责主要是负责本区军事防御及保护城池安全等重任，特别是都城和郡级城市以及位于交通要道或军事要冲的城市，都驻有数量不等的军队。如汉长安城驻有南、北二军。各郡不但治民，还负责本郡的安全防务以及周边地区的安全，西汉大量都尉治所城市的产生正适应了这一形势发展的需要。

中国古代城市作为权力的象征、维护权力的工具以及权力统治据点的特性是一以贯之的，它们从不同方面反映了权力与空间的相互关系，体现了权力对城市空间统治的深化和加强，西汉城市的政治性奠定了中国古代城市的基本特征，城市的政治性即城市基本职能。中国几千年城市发展历史说明，中国城市既是政治行政中心，也往往是军事中心，这不仅对农业时代的中国产生了直接的影响，形成了政治中心城市优先发展的规律，而且也对近现代中国城市的发展有着巨大的影响。

第二节 西汉城市的职能类型

城市职能是指城市对城市本身以外的区域在经济、政治、文化等方面所起的作用[①]。城市职能可分为每城市必备的一般职能（如商业等）和不可能为每个城市必备的特殊职能。从城市形成和发展角度来看，可将城市职能分为基本的和非基本的两种，凡是主要为本市以外地区提供货物和服务活动及其相应的工业、商业、交通运输业、文化教育和科研、行政、旅游业均为城市形成、发展的基本因素，并相应产生城市的基本职能。凡是由于城市形成、发展而建立的主要为本市提供货物和服务的活动及其相应的企业、事业，则属非基本因素，并相应地产生城市的非基本职能。因此，本文研究的城市职能是指城市的基本职能。

城市根据功能学角度来讲有许多类型，比如，政治城市、军事城市、文化城市、经济城市等，然而古代中国在"普天之下莫非王土"的观念之下，任一个聚集了众多人口，经济较为繁荣的城市均有代表王权的组织进行管理，从这一层面上来说，城市的政治性功能是城市的本质属性。由此可以认为城市的经济、军事、文化职能则是为其政治服务的，它们是政治权力组成的客观要素和权力运行的保障。而对西汉城市各种职能的分析研究则是揭示古代中国城市发展的关键，是普遍性与特殊性的对立统一。

①中国大百科全书出版社编辑部：《中国大百科全书·地理学》，中国大百科全书出版社，1990年，第42页。

城市基本功能的确定应是对众多非主导、非本质功能的总结和归纳[①]。西汉时期除城市本身所具有的政治性特色之外，根据城市所在区域的地理位置、交通位置及经济地理位置的差异，还具有一些其他的职能。大致说来，西汉城市具有以下几个方面的职能。

一、经济职能城市——经济都会

春秋战国时期城市防御能力的大小依然是城市大小的标志，但这一时期的防御已脱离了碉堡式的防御，主要是为了保卫城市的安全，即不受外来侵扰和内部的破坏，有维护城市秩序的意义在内。城墙和一整套军事设施都是为了城市安全这一目的，已脱离了单纯意义上的防御。《墨子·杂守》云："凡不守者有五，城大人少，一不守也；城小人众，二不守也；人众食寡，三不守也；市去城远，四不守也；蓄积在外，富人在虚，五不守也。"这就具体论证了守城必须具备的条件，除粮食和积蓄外，其中城大人少、城小人众和市去城远等，均为不可守城的条件。可见这一时期的防御已同单纯军事对垒的防御完全不同，还要考虑到城市人口、市场、城市规模等许多条件。同时还把距离市场的远近作为守城的基本条件之一，即已证明了城市的经济意义得到重视。

城内商业得到长足的发展，所谓"天下熙熙，皆为利来；天下攘攘，皆为利往"[②]，就是对城市商业的生动写照。"用贫求富，农不如工，工不如商，刺绣文不如依市门"[③]。随着商业的发展，巨商大贾无不成为百万富翁，而且在政治上显赫一时，秦吕不韦、越范蠡等为例证。《史记·货殖列传》所提到

①纪晓岚：《论城市本质》，中国社会科学出版社，2002年。
②《史记》卷129《货殖列传》。
③《汉书》卷91《货殖传》。

的著名经济都会中雍[①]、栎阳[②]、咸阳等皆为关中地区商业市场发达的城市，西汉时依然繁荣。

西汉时期，区域城市经济功能的强化使先秦纯政治中心城市转变为具有一定经济职能的区域政治经济城市。其原因之一是，汉代立国长久，经济发展在一个较长的时间内持续不断，为一部分城市特别是交通枢纽城市成为较发达的商业城市提供了条件，春秋战国时期城市经济文化的发展对西汉城市的社会经济发展有很大的促进作用，到武帝中期全国已形成了二三十个经济都会，具体如表3—1所示。

表3—1　文献所载经济都会统计

郡 国	城 市	郡 国	城 市
京兆尹	长安	淮阳	陈
河东	杨	会稽	吴
河东	平阳	左冯翊	栎阳
河内	温	右扶风	雍
河内	轵	南郡	江陵
赵	邯郸	南阳	宛
河南	洛阳	颍川	阳翟
齐	临淄	蜀	成都
济阴	陶	九江	寿春
梁	睢阳	南海	番禺
燕	蓟	九江	合肥
	长安五陵*		

资料来源：《史记·货殖列传》、《汉志》、《盐铁论》。

说明：*指安陵、杜陵、茂陵、平陵、长陵，《汉书·货殖传》。

①雍隙陇蜀之货物而多贾。

②栎邑北卻戎翟，东通三晋，亦多大贾。

根据《史记·货殖列传》、《汉志》、《水经注》等文献记载，西汉城市几乎都分布在平原和河谷平地上，这也正是古代城市的生长点。适宜的地理位置、优越的自然环境特征是城市主要生长点，即所谓古代城市选址的基本条件之一。如，华北大平原：邯郸、临淄、陶、蓟等大城市；长江中下游平原：吴、江陵、成都等；关中平原：长安、五陵；伊洛平原：洛阳、宜阳；南阳盆地：南阳。上述史集中提到的城市有二三十个，其中号称“都会”的有13个。从地区分布上看，黄河中下游平原有9个，占69%，长江中下游平原有3个，占23%，珠江三角洲1个，占8%。

平原和河谷盆地成为古代城市的生长点不是偶然的。因为这些地区气候温暖湿润，土地开阔、平坦，土壤肥沃，水源丰富，交通方便，适于经济发展及人类生活和进行生产活动。如古代黄河中游的雍州（今关中平原），土壤最肥沃，在《禹贡》土壤分类系统中属于“上上”，居第一等；下游冀、兖、豫等州（华北平原）多属壤土，为“上中”，居第二等。“自雍、……千亩漆。”自然、社会经济条件如此优越的平原和河谷平地，很自然成为古代城市分布较多的区域。

交通网的发达是促使经济都会城市形成的先决条件。秦始皇统一六国后，大修驰道，建成以咸阳为中心连接全国的道路系统网。对于驰道的形制，西汉人贾山曾经有这样的记述：“广五十步、三丈而树，厚筑其外，隐以金椎，树以青松”[①]。这不但说明了驰道在平坦之处，道宽五十步（约今69米），隔三丈（约今7米）栽一棵松树，道两旁用金属工具夯筑厚实。这大概是当时世界上最宽阔、最壮观的坦途大道了；而且，说明秦代的驰道至西汉时期仍在使用。贾山还说，秦王朝修筑的驰道，东方通达燕地和齐地，南面行抵吴地和楚

①《汉书》卷51《贾邹枚路传》。

地，江湖之上以及海滨的宫观，都可以一一连通。秦代著名的驰道有9条，几条主干线都是由咸阳而东，作扇形展开。关中境内主要有三条：一为出函谷关通河南、河北、山东的东方干道；二为过黄河通山西的东北方大道——临晋道；三为出今商洛通原楚、越境内的东南大道——武关道；还有出今高陵通上郡（今陕北）的上郡道；出秦岭通四川的栈道；出今陇县通宁夏、甘肃的西方道；出今淳化通九原的直道等。可以说，这是中国历史上最早的正式的"国道"。西汉交通在秦的基础之上有所发展。

《盐铁论·通有篇》追述战国时的大都市说："燕之涿、蓟，赵之邯郸，魏之温、轵，韩之荥阳，齐之临淄，楚之宛丘，郑之阳翟，三川之两周，富冠海内，皆天下名都，非有助之耕其野而田其地者，居五诸侯之衢，跨街冲之路也。"《力耕》篇也表达了同样的内容："自京师东西南北，历山川、经郡国，诸殷富大都，无非街衢五通，商贾之所臻。"上述诸城多因位居交通中心而成为天下名都，若加上后一类以及铸币城市，"全国的重要都会大约总数当在五六十个左右"[①]。

这些经济都会不但是所在区域的经济中心，大多数还都是本区各级行政机构治所，这一点与施坚雅所分析的帝国晚期中国经济中心与行政机构治所重合的观点是一致的[②]。

客观上讲，就城市发展史角度而言，中国古代城市发展的进程是极其缓慢的，城市在缓慢发展的进程中积聚着能量，一旦条件成熟，便能得以迅速发展。所以，中国城市经历了漫长的初期酝酿之后，就进入了一个新的发展阶

①许倬云："周代都市的发展和商业的发达"，《中央研究院历史语言研究所集刊》第48本第2分册。

②施坚雅著，叶光庭译，陈桥驿校：《中华帝国晚期的城市》，中华书局，2000年。

段[①]，即西汉统一帝国的大发展时期，伴随着社会经济的恢复与发展，带来城市发展的春天。县城作为一级统治机构的所在，是一个县的政治和军事中心，此点无可怀疑。多数情况下，县城也是一个县的经济和文化中心。因为县城一般设在经济条件尤其是农业条件比较好的地方，往往交通比较便利，人口集中。县城聚集了一批官员、吏胥和驻军等消费人群，因此会刺激工商业和服务业的发展。古者学在官府，以吏为师，官员同时也是文化的载体。在文化传播上，县城中的官僚起着很大作用。这一点学界已有公论。汉武帝以后，县级学校有较大的发展，因此县城往往也是一县文化人才的集中地。由于具有这几个特点，汉代的县城往往在一县之中占有举足轻重的地位。汉代的县城中聚集了大量的物质财富，也聚集了大量人口[②]。古代常以人口数量来显示国家或者城市的实力，西汉时期当然也不例外[③]。《汉志》共记载了10个有人口数量的城市，它们应当是当时最为繁华的都市，由表3—2 可知，西汉末年仅有5城，既有户又有口，人口最多的城市是茂陵，其次是傿陵，均不在著名都会之中。

表3—2 《汉志》所载城市户口

长安	陕西西安市区西北	户80800、口246200
成都	四川成都市	户76256
茂陵	陕西兴平市东北	户61087、口277277
雒阳	河南洛阳市东	户52839

①许宏认为“先秦城市处于中国古代城市由产生到初步发展的初始阶段，这一大的发展阶段上承新石器时代，下接秦汉时代，在时间上跨3000余年之久。历经铜石并用时代、青铜时代和初期铁器时代，属于中国古代文明的早期阶段。在社会组织的演变上则先后经历了万邦林立的初期国家阶段（仰韶后期至龙山时代）、共主支配下的广域王权国家阶段（夏商西周时期）和逐渐走向统一的封建集权国家阶段（春秋战国时期），它的进一步发展则是秦汉大一统中央集权帝国的形成。”《先秦城市考古学研究》，北京燕山出版社，2000年，第10页。

②张传玺：“从鲜于璜籍贯说到两汉雍奴县城”，《秦汉问题研究》，北京大学出版社，1985年，第298-301页。该文指出：西汉后期，渔阳郡“平均每县只有七千多户，四万八千多口。这里地处边塞，民族斗争复杂。这样稀薄的人口，恐怕大部分集中在县城中”。

③《汉书》卷19《百官公卿表》：“万户以上为令，减万户为长。”

鲁	山东曲阜市	户52000
长陵	陕西咸阳市区东北	户50057、口179469
傿陵	河南鄢陵北	户49110、口261418
宛	河南南阳市	户47547
阳翟	河南禹州市	户41650、口109000
彭城	江苏徐州市	户40196

汉代的长期稳定和社会经济的持续发展，导致上述郡县城市的大多数不同程度地发展成为当地的经济中心，城市功能逐渐发育和完善。许多城市由于地处富庶地区和交通要冲，成为繁华的商业都市。但应该看到，商业中心与政治中心的重合，包括都城长安在内的不少商业城市是凭借其作为政治中心的有利地位成为经济中心的。因此，对处于以自然经济为基础、商品经济仍欠发达的封建社会前期发展阶段的城市，其作为经济中心的职能，是不能作过高的评价的。西汉城市是中国城市发展史上一个重要的环节，处于承上启下的历史地位，城市发展的重要意义就在于奠定了中国城市的地域结构，且影响至今。

二、经济管理型城市

西汉初年国家的统一，社会的稳定促进了社会经济的迅速发展，武帝时期出现的经济都会城市已经证明了区域经济繁荣发展的态势，尤其是那些拥有政治经济特权的诸侯王实力的发展逐渐对帝国构成了威胁，危及了社会的稳定。因而，自文帝时期就开始实行“众建诸侯少其力”和景帝时期推行的“削藩”政策都是围绕削弱和控制地方实力的措施。但同时人口的增长和经济的繁荣促进了商业经济的发展，也产生了一批被喻为“素封”的豪强巨富，它们不但占有大量生产资料，还控制着大量的劳动人口，有些则形成为与中央相抗衡的地方势力。为此，帝国在实行迁徙豪强到京畿地区的同时，通过设立一些官职管理资源相对集中的地区，即如盐铁专营等，我们将设有盐官、铁官等官职的城市称为经济管理型城市。

各种经济资源的开发和利用关系到国计民生的生存与发展，尽管经济管理型城市管理者的俸禄低于所有等级城市行政长官的俸禄[①]，但是盐、铁、工等官均设置在富含盐、铁资源及手工业较为发达的地方，所以，其空间分布标志我国西汉时期开采和利用资源的地域分布和手工业的发展水平，是西汉时期人们认识和改造大自然能力的一个鉴定。

食盐是人民日常生活必需品，铁器在汉代已是生产和生活的主要用具，所以煮盐和冶铁成为汉代工商业中资金最大、利润最高的行业。汉初，盐铁为私人经营，国家仅设官收税而已，特别是文帝时，对盐铁经营采取放任政策，于是富商大贾、豪强地主往往占有山海，或采矿冶铁，或煮海制盐，一家冶铁或煮盐使用的人，多至千余名。他们“专山泽之饶”[②]，垄断了对国计民生有重要影响的冶铁煮盐业，这不仅影响了中央财政的收入，而且也助长了分裂割据势力[③]。汉武帝为了增加中央政府的财政收入，采纳大商人孔仅和东郭咸阳的建议，决定把私人垄断的冶铁、煮盐、酿酒等重要工商部门收归政府，由国家垄断经营。元狩五年（公元前118年），武帝下令禁止民间从事盐铁业，由政府特设盐官、铁官垄断经营，控制生产，包办运售，牟取暴利。在全国产盐铁的地方设立盐铁专卖署，并任命当地的大盐铁商为盐官或铁官，管理煮盐、

---

①《尹湾汉墓简牍》将盐、铁官丞等秩记载在东海郡各城市之后，与侯国城市相之秩相当。盐铁官似有等级差别，比如伊庐盐官长、下邳铁官长均为三百石，但北蒲、郁州盐官设丞秩为二百石，一个失地名的铁官丞亦是。《尹湾汉墓简牍》，中华书局，1997年,第84页。

②《盐铁论·禁耕》。

③《史记》卷106《吴王濞列传》：吴，“即山铸钱，煮海水为盐，诱天下亡人，谋作乱”；“然其居国以铜盐故，百姓无赋。”索隐按：“吴国有铸钱煮盐之利，故百姓不别徭赋也。”

制造铁器和买卖盐铁等事务。不产铁的地方设小铁官，以熔化废铁作农具或用具。自从盐铁官营后，严禁私人铸铁和煮盐，“敢私铸铁器煮盐者，砍左趾，没入其器物”[①]。盐铁官营后，汉政府增加了收入。所以桑弘羊说：“当此之时，四方征暴乱，车甲之费，克获之赏，以亿万计。皆赡大司农。此皆……盐铁之福也[②]。”中央政府的财政状况得以改善，不仅缓解了统治层间的矛盾，而且正在进行的对外军事活动得以继续，然而，管理盐铁的官吏多为盐铁商人，经营不善，往往产品质量低，价格昂贵，贫民购买不起，反而影响了生产力的提高。

《汉志》记载的盐官有35处，分布较为广泛，在全国各大区均有设置，其中又有两个较为集中的区域，一个是东部沿海地带，黄海及渤海沿岸，另一个是太原、西河、上郡、朔方一带，东部为海盐，西部为池盐。其他地区另有零星分布。

西汉铁官共设有49处，分布更为广泛，东起山东、江苏，西到甘肃，东北到辽宁，西南到四川、云南之间，范围十分广大。铁官所制的铁器，有时有铭文，作为其标志。如，根据出土遗物，河南郡所制的有“河一”、“河二”、“河三”字样；南阳郡所制有“阳一”、“阳二”字样；河东郡所制有“东二”、“东三”字样；“河”“阳”“东”是郡的简称，“一”、“二”、“三”等数字则是各郡铁官所属作坊和工厂的编号[③]。鉴于当时铁器更多地运用到军备建设，冶铁业越来越成为特别重要的经济部门，而且还成为统治阶级对外联系的重要物资。据《史记·南越列传》和《汉书·南粤王传》记载，西汉初年，南越赵佗搞分裂割据，闹独立，高后就下令实行铁器禁运，以作为

①《史记》卷30《平准书》。
②《盐铁论·轻重》。
③李京华：“汉代铁农器铭文试释”，《考古》，1974年第1期。

制裁，引起赵佗的强烈反应，甚至出兵进犯长沙，威胁朝廷，从这里也可以看出铁器的重要性。西汉初期冶铁控制在中央政府手里，有的却被控制在各地的诸侯王手里。诸侯王自设铁官，经营冶铁业，在山东临淄一带就有“齐铁官印”、“齐铁官长”和“临淄铁丞”等封泥[①]流传下来。也有一些大商人，为了谋求巨富，私自经营铁业。因此，中央政府和各地诸侯王及富商大贾们互相争夺对冶铁业的控制，相当激烈。汉景帝时击败了吴、楚七国的叛乱之后，中央政府的权力大大增强了，终于在汉武帝时完全垄断了全国的冶铁业。

汉武帝在实行盐铁官营的同时，推行了均输平准政策。武帝元封元年（公元前110年），汉武帝采纳大农令桑弘羊的建议，在全国实行均输平准政策。所谓均输，就是调剂运输；平准即平衡物价。原先汉政府各部门常常抢购物资，引起物价上涨，地方上交中央的员赋，《盐铁论·本议》：“往来烦难，物多苦恶，或不偿其费。”而且富商大贾囤积居奇，操纵物价；于是由大农令统一在郡国设均输官，负责管理、调度、分发从郡国征收来的税赋财物，并负责向京师各地输送。又由大农令置平准官于京师，总管全国均输官运到京师的物资财货，除去皇帝贵戚所用外，作为官家资本经营官营商业，“贵则卖之，贱则买之”，调剂物价，防止富商大贾从中谋取巨利。实行盐铁官营、均输平准政策后，“民不益赋，而天下用饶”[②]。

昭帝始元六年（公元前81年），郡国所举贤良文学，强烈反对盐铁官营、酒类专卖以及平准、均输等政策，揭露了这些方面的许多弊端。要求节约政府开支，减轻赋税徭役，改行休养生息政策。与桑弘羊等就上述问题展开了争论，争论的内容、过程等由桓宽记录，整理成书，保存在《盐铁论》中。争论

①罗振玉：《齐鲁封泥集存》，中华书局，1913年，第10、11、12页。
②《史记》卷30《平准书》。

的结果对汉武帝官营政策做了限制和修改，取消了酒的专卖和关内铁官，表3—3中没有酒官的设置，而关内也仅有部分铁官。

表3—3 《汉志》所载盐、铁、工等官

郡	县	矿产	郡	县	矿产
京兆尹	郑	铁官	丹阳郡		铜官
左冯翊	夏阳	铁官	南阳郡	宛	工官、铁官
右扶风	雍	铁官	南郡		发弩官
	漆	铁官		襄阳	云梦官
弘农郡	宜阳	在渑池铁官		巫	盐官
河东郡	安邑	铁官、盐官		西陵	云梦官
	皮氏	铁官	桂阳郡		金官
	平阳	铁官	汉中郡	沔阳	铁官
	绛	铁官	广汉郡		工官
河内郡	怀	工官		雒	工官
	隆虑	铁官	蜀郡	成都	工官
河南郡		铁官、工官		临邛	铁官、盐官
陈留郡	襄邑	服官		严道	木官
山阳郡		铁官	犍为郡	武阳	铁官
泰山郡		工官		南安	盐官、铁官
	奉高	工官		连然	盐官
	嬴	铁官	巴郡	朐忍	橘官、盐官
城阳国	莒	铁官	南海郡		圃羞官
东平国		铁官		番禺	盐官
颍川郡	阳翟	工官		中宿	洭浦官
	阳城	铁官		高要	盐官
汝南郡	西平	铁官	交趾郡	羸娄	羞官
沛郡	沛	铁官	陇西郡		铁官、盐官
鲁国	鲁	铁官		三水	盐官

续表

郡	县	矿产
琅邪郡		铁官
	海曲	盐官
	计斤	盐官
	长广	盐官
东海郡	下邳	铁官
	朐	铁官（还设有盐官）
临淮郡	盐渎	铁官
	堂邑	铁官
楚国	彭城	铁官
广陵国		铁官
千乘郡		铁官、盐官、均输官
	千乘	铁官
济南郡	东平陵	工官、铁官
	历城	铁官
齐郡	临淄	服官、铁官
北海郡	都昌	盐官
	寿光	盐官
	曲成	盐官
	东牟	铁官、盐官
	惤	盐官
	当利	盐官
	郁秩	铁官
庐江郡		楼船官
	晥	铁官
九江郡		陂官、湖官
	海盐	盐官

郡	县	矿产
太原郡		家马官
	晋阳	盐官
	大陵	铁官
北地郡	郁郅	牧师菀官
	弋居	盐官
上郡	独乐	盐官
	龟兹	盐官
	望松*	盐官
西河郡	富昌	盐官
朔方郡	沃壄	盐官
五原郡	成宜	盐官
雁门郡	楼烦	盐官
魏郡	武安	铁官
巨鹿郡	堂阳	盐官
常山郡	蒲吾	铁山
	都乡	铁官
中山国	北平	铁官
涿郡		铁官
渤海郡	章武	盐官
渔阳郡	渔阳	铁官
	泉州	盐官
右北平郡	夕阳	铁官
辽西郡	海阳	盐官
辽东郡	襄平	牧师官
	平郭	铁官、盐官

除上文提到盐铁官之外，西汉时期的手工业则以织造与器具制作为主。手工业产品一是供民众日常生活的需要，二是满足统治者的享用。前者需要量大，需要范围广，要求低，因此，一般都是私人分散经营，多数是家庭副业。后者要求高，规格特殊，供应范围窄，因此都是官营集中生产，往往在某一地点设置工官集中大量劳动力，对该地区的人口分布影响较大。《汉志》载工官9处，分别在河南郡的河南（治所在洛阳）、怀县（今河南武陟）、颍川郡的阳翟（今河南禹县）、南阳郡的宛县（今河南南阳）、济南郡的东平陵（今山东章丘）、泰山郡及其属县奉高（今山东泰安）、蜀郡的成都县（今成都）、广汉郡（治所在今四川梓潼）及其属县雒县（今四川广汉）都是官营手工业的中心[①]，由中央政府直接控制。官营手工业必然吸收很多劳动力，有助于人口的集中。这些工官的设置，大概是在景帝至武帝的前期。《汉书·贡禹传》云：“蜀、广汉主金银器，岁各用五百万。”如淳注曰：“地理志，河内怀、蜀郡成都、广汉皆有工官，工官主作漆器物者也。”可见蜀郡和广汉郡的工官制造金银器，同时也制造漆器。洛阳汉河南县城遗址出土的陶器印有“河亭”、“河市”字样，河南陕县汉墓中出土的陶器印有“陕亭”、“陕市”字样，河北邯郸汉代遗址出土的陶器印有“汉亭”字样，山西夏县安邑汉城遗址出土的陶器印有“安亭”字样，等等[②]。根据汉河南县城遗址的发掘，可以认为，印有“河亭”字样的陶器年代较早，属于西汉前期，印有“河市”字样的陶器年代较晚，属西汉晚期[③]。戳印中的“亭”和“市”的意义是相同的，是指汉代各地城市中的手工业和商业区，它们是由各地官府来管理的。上述各种戳印说明了这些陶器是由各地

①周振鹤：“西汉地方行政制度的典型实例——读尹湾六号汉墓出土木牍”认为：泰山郡工官与奉高工官、广汉郡工官与雒工官分别同为一处，《学术月刊》，1997年第5期；“西汉县城特殊职能探讨”，《历史地理研究》第一辑，复旦大学出版社，1986年。

②俞伟超：“汉代的‘亭’、‘市’陶文”，《文物》，1963年第2期。

③中国科学院考古研究所：《洛阳中州路》，科学出版社，1959年，第37页。

官府中主管手工业和商业机构所属的作坊制作的[①]。

另外，服官大概亦属此系列。齐郡三服官[②]，在元帝初年时，各有数千工人，三处合计可能有二万余人[③]，加上他们的家属，人口相当可观。齐地织造业非常发达，《汉志》："织作冰纨绮绣纯丽之物，号为冠带衣履天下。"说明齐地服官的特色及其在全国的地位，尹湾汉墓竹简中也有东海郡官员向齐服官输送钱款的记录。另外，在西汉历史中，曾为了节约开支，下令废除三服官，"但似乎这一满足宫廷织品消费的专营机构实际上并没有完全撤销"[④]，这也从另一方面反映了齐三服官经营区域之广和对社会经济影响之深。

《汉志》还记载了其他不同的官：铜、金、木、发弩、橘官、陂、湖、洭浦、楼船、家马、均输各1处；云梦、牧、圃（羞）各2处。各种官的设置不仅反映不同区域生产资料、物质财富的差异，而且通过各种类型官职（所有）的设置还标志着权力客观要素生产资料、物质财富及暴力均牢牢地控制在中央统治者手中，权力已经渗透到社会经济的各层空间。

西汉时期经济管理的主要内容是铁、盐及手工业，工官、盐官、铁官的空间分布在诸侯王国地区和汉郡区有很大差异，除工官外，盐官、铁官设置以东部诸侯王地区为多，诸侯王国区与汉郡区盐、铁官数量之比分别为19：16、29：19，中央直属汉郡区的工官则多于诸侯王国地区，汉郡区有6处，诸侯王国地区有3处。而在各诸侯王国地区，齐国地区有工、盐、铁官22处，占整个王国地区2／5强。由此可见，王国地区征收的工业税比中央直属地区的要多，

①俞伟超："汉代的'亭'、'市'陶文"，《文物》，1963年第2期。

②关于"齐三服官"，颜师古注："三服官主作天子之服，在齐地"；王子今则认为"齐三服官"是西汉时的官营手工业机构，是指"服官"三所，与"三工官"相同，与传统的"主管织作'三服'（首服、冬服、夏服）"的见解有所不同。王子今："西汉'齐三服官'辨正"，《中国史研究》，2005年第3期。

③葛剑雄：《西汉人口地理》，人民出版社，1986年，第112页。

④王子今："西汉'齐三服官'辨正"，《中国史研究》，2005年第3期。

而以齐国为最突出，临淄城“日有市租千金”[①]之说。

三、军事职能城市

春秋战国以来，传统礼制已不能够约束人们的行动，战争的频率、性质都在不断升级，秦统一帝国建立后就置有专门的军事机构来维护国家权力。《百官表》曰：“郡尉，秦官，掌佐守典武职甲足，秩比二千石。有丞，秩皆六百石。景帝中二年，改名都尉。”西汉初年不仅承袭了秦的设置，而且有所发展“关都尉，秦官、属国都尉皆武帝置”；又典属国下曰：“武帝元狩三年（应作二年）昆邪王降，复增属国，置都尉、丞、候、千人。”《汉书·元帝纪》建昭三年（公元前36年）令三辅及大郡都尉皆秩比二千石。《史记·大宛列传》：“北置居延、休屠以卫酒泉；”《集解》：“或曰置二部都尉也；”《汉旧仪》曰：“边郡……置部都尉；”《汉书·咸宣传》称“诸部都尉”；《后汉书·百官志》曰：“典兵禁，备盗贼，景帝更名都尉。武帝又置三辅都尉各一人；边郡置农都尉，主屯田殖谷，又置属国都尉，主蛮夷降者。中兴建武省诸郡都尉，并职太守，无都试之役，省关都尉，唯边郡往往置都尉及属国都尉，稍有分县，治民比郡。”

西汉时期由秦郡尉改为都尉，秩等、职责均无改变，至东汉建武时省都尉一职，原因是不再设都试一科。由此也可看出，都尉协助郡守处理郡内事务并负责武职（为帝国储备兵力）工作，受郡守指挥，但也有例外，《史记·周阳由传》“为太守，视都尉如令。为都尉，必陵太守，夺之治。”而边郡都尉或属国都尉则治民如郡守，属国都尉在条件成熟时还可以上升为郡，所以，都尉治所的城市地位当比一般县级城市要高，但低于郡国治所城市，理由如下：

① 《汉书》卷38《高五王传》。

第一，因为汉代都尉与郡守同为郡级行政长官，职位仅次于郡守，是协助郡守管理郡内事务的官员。《汉书·百官公卿表》：“郡守，秦官，掌治其郡，秩二千石。景帝中二年更名太守。……郡尉，秦官，掌佐守，典武职甲卒，秩比二千石。景帝中二年更名都尉。”又《汉官解诂》：“都尉将兵，副佐太守。”

第二，都尉俸禄有时与郡守同，有时则仅低于郡守半级。《百官公卿表》明言郡守、都尉的俸秩分别为二千石及比二千石，然《二年律令·秩律》载：“……郡守、尉……秩各二千石”，所以太守与都尉的俸秩相同，均为“二千石”之官。

第三，实际生活中郡守与都尉的管理权力基本相当。这一点虽然没有制度上的证据，但郡守、都尉在行使权力时，一般情况下郡守的权限要比都尉大，但也存在都尉左右郡守的例证。《汉书》中记载了一些这方面的例子，《酷吏传》载：

宁成 “稍迁至济南都尉，而郅都为守。始前数都尉步入府，因吏谒守如县令，其畏都如此。及成往，直凌都出其上。”

后来，当武帝准备任命宁成为郡守时，御史大夫公孙弘曰：

“臣居山东为小吏时，宁成为济南都尉，其治如狼牧羊。成不可令治民。”

另外，武帝时期的周阳由：

“为守，视都尉如令；为都尉，陵太守，夺之治……后由为河东都尉，与其守胜屠公争权。”

上述例证，虽不能代表全部郡守与都尉的关系，但也反映出其间关系的复杂。所以结合前文，西汉时期地方官僚系统中郡守、都尉及县令长的等级关系是：郡守统领全郡政治、经济、文化等全部事务，都尉的职责是辅助郡守处理武备、安全等方面的事务，其地位、权限仅次于郡守，而县令长不论在行政地位及管理范围来讲均不可与郡守、都尉相比。

第四，更为重要的一点是，西汉时期郡守与都尉分治在郡内不同的城市里，各有独立的治所，这与现代军区司令部一般设在省会城市有所不同。所以，都尉治所地位应略高于一般县级城市。

西汉末年，全国范围内有都尉治所城市115处，它们有两个显著特征：第一，都尉治所在郡国间分布的不平衡。都尉治所仅限于汉郡之内（不限于汉初汉郡区），而且有些汉郡，主要是一些边远汉郡设有两个或者更多的部都尉治所（表3—4）；相反，诸侯国内则无一都尉设置。第二，从都尉治所分布的地理特征上来看，其多处于郡内地形险要之地，这与其领兵负责地方治安及郡域安全的职能不无关系。如东海郡都尉治所在费县，而费县就位于蒙山最高峰之下，是东海郡监控齐地及齐地诸郡国通向东南的交通要道，地理位置非常重要。鉴于都尉治所城市对安全性能的要求，限制了其作为二级城市的规模和经济实力的发展，所以，考古发掘的都尉治所城市规模一般较小，与普通县级城市无异，甚至规模远小于一般县城（考见第四章第一节），由此也是本文没有专门将都尉治所城市作为一级城市提出的根本原因。尽管如此，在以行政权力为核心的评价体系中，其政治地位当仅次于郡国治所城市。

表3—4 西汉都尉治所城市

郡名	治所	都尉名称	郡名	治所	都尉名称
太原郡	广武	都尉治	天水郡	勇士	属国都尉治满福
东郡	东阿	都尉治		豲道	骑都尉治密艾亭

①《汉志》分为赏都尉。

②《汉书》卷100《叙传》：班况“积劳至上河农都尉”；《汉书》卷79《冯奉世传》：阳朔中，“参擢为上河农都尉”；《水经·河水注》曰：“又北径上河城东，世谓之汉城，薛赞云上河在西河富平县，即此也。又东径佃农城东，俗名为吕城，皆冯参所屯也。”

续表

郡 名	治 所	都尉名称	郡 名	治 所	都尉名称
陈留郡	外黄	都尉治	安定郡	参繺	主骑都尉治
山阳郡	单父	都尉治		三水	属国都尉治
泰山郡	盧	都尉治	北地郡	富平	北部都尉治神泉障
汝南郡	女阴	都尉治①		富平	浑怀都尉治塞外浑怀障
九江郡	历阳	都尉治		上河	农都尉②
沛 郡	蕲	都尉治	上郡		匈归都尉治塞外匈归障
魏 郡	魏	都尉治		高望	北部都尉治
巨鹿郡	下曲阳	都尉治		龟兹	属国都尉治
常山郡	南行唐	都尉治		望松*	北部都尉治
清河郡	贝丘	都尉治	西河郡		南部都尉治塞外翁龙埤是
涿 郡	安平	都尉治		美稷	属国都尉治
渤海郡	高成	都尉治		增山	北部都尉治
平原郡	乐陵	都尉治		虎猛	西部都尉治
千乘郡	蓼城	都尉治	五原郡	蒱泽*	属国都尉治
济南郡	於陵	都尉治		成宜	中部都尉治高原
琅邪郡	姑幕	都尉治		成宜	西部都尉治田辟
东海郡	费	都尉治		稒阳	东部都尉治
临淮郡	盱眙	都尉治		受降城	受降都尉治①
会稽郡	钱唐	西部都尉治	云中郡	陶林	东部都尉治
	回浦	南部都尉治		桢林	西部都尉治
	鄞	东部都尉治②		北舆	中部都尉治

①《汉书》卷90《酷吏传》。

②《汉书》卷87《扬雄传》"解嘲"曰："东南一尉"，注引"孟康曰会稽东部都尉也"。《太平御览》卷241引《临江记》曰"汉元鼎五年立都尉府于候官，以镇抚二粤，所谓东南一尉也。"《三国志》卷57《吴书·虞翻传》注云："元鼎五年除东越，因以其地为治，并属于此，而立东部都尉，后徙章安，阳朔元年又徙至鄞，或有寇害，复徙句章。"《越绝书》卷2曰"汉文帝前九年，会稽并故鄣郡，太守治鄣，都尉治山阴；前十六年，太守治吴，都尉治钱塘"。《后汉书》卷6《顺帝纪》阳嘉元年海贼"攻会稽东部都尉"。《宋书》卷35《州郡一》曰："临海太守本会稽东部都尉，前汉都尉治鄞。"《吴书·虞翻传》曰："到东部侯官，侯官长闭城不受，"侯官长即侯，侯官即《后汉书》卷22《郡国志》会稽郡之"东部侯国"，国应作官。

续表

郡 名	治 所	都尉名称	郡 名	治 所	都尉名称
丹阳郡	歙	都尉治	犍为郡	汉阳	都尉治
豫章郡	新淦	都尉治	越巂郡	定莋	都尉治
定襄郡	武进	西部都尉治	牂柯郡	夜郎	都尉治
	武皋	中部都尉治		进桑	南部都尉治
	武要	东部都尉治	金城郡	允吾	金城都尉[1]
雁门郡	沃阳	西部都尉治		广武	广武都尉[2]
	平城	东部都尉治		龙支	西部都尉[3]
代 郡	高柳	西部都尉治		令居	护羌校尉[4]
	马城	东部都尉治	武威郡	休屠	都尉治熊水障
	且如	中部都尉治		休屠	北部都尉治休屠城
上谷郡	宁	西部都尉治	张掖郡	日勒	都尉治泽索谷
	女祁	东部都尉治		番和	农都尉治
渔阳郡	要阳	都尉治		居延	都尉治
右北平郡	资*	都尉治		居延	肩水都尉治[5]
辽西郡	柳城	西部都尉治		居延	张掖属国都尉治[6]
	交黎	东部都尉治		居延	居延属国都尉治[7]

①《水经·河水注》曰："湟水又东南径小晋兴城北，故都尉治，阚骃曰允吾县西四十里有小晋兴城也。"

②《水经·河水注》曰："湟水又东径枝阳县……又东南径广武城西，故广武都尉治。"

③《汉书》卷69《赵充国辛庆忌传》神爵元年"遂西至西部都尉府"，注引"孟康曰在金城"。《后汉书》卷87《西羌传》和帝时曹凤"为金城西部都尉"。

④《后汉书》卷1《光武帝纪》注引《汉官仪》曰："护羌校尉，武帝置，秩比二千石，持节以护西羌。王莽乱，遂罢。"《后汉书》卷87《西羌传》谓：元鼎六年平羌以后置护羌校尉。《通鉴·汉纪》四十一"永初四年"注"按《水经注》羌水除湟中西南山下，经护羌城东，故护羌校尉治，又东径临羌城西，护羌校尉盖治临羌县界也。然宣帝护羌校尉，本治金城令居，东都定河陇之后，护羌校尉治安夷县，既而自安夷徙临羌"。

⑤陈梦家：《汉简缀述·西汉都尉考》，中华书局，1980年。《盐铁论·复大篇》作扇水都尉。

⑥《汉书》卷94《匈奴传》昭帝时"张掖太守、属国都尉发兵击。……属国都尉郭忠封成安侯"。《汉书》卷17《景武昭宣元成功臣表》曰："成安严侯郭忠，以张掖属国都尉匈奴入寇与战、斩黎汙王，侯七百二十四户。（元凤）三年二月癸丑封。"《后汉书·郡国志》张掖属国都尉注云"武帝置属国都尉"，《两汉金石记》十一曹全碑有"张掖属国都尉丞"。

⑦居延汉简（216·1=甲1199；65218），见陈梦家，1980年。

续表

郡名	治所	都尉名称	郡名	治所	都尉名称
辽东郡	无虑	西部都尉治		居延	张掖都尉治[①]
	侯城	中部都尉治		居延	张掖农都尉治[②]
	武次	东部都尉治		居延	居延农都尉治[③]
京兆尹	华阴	京辅都尉治[④]	酒泉郡	会水	北部都尉治偃泉障
左冯翊	高陵	左辅都尉治		会水	东部都尉治东不障
右扶风	郿	右辅都尉治		乾齐	西部都尉治西不障
弘农郡	武关	弘农都尉治	敦煌郡	敦煌	中部都尉治步广候官
河东郡		河东都尉治[⑤]		广至	宜禾都尉治昆仑障
河内郡		河内都尉治[⑥]		龙勒[⑦]	都尉治
河南郡		河南都尉治[⑧]	朔方郡	窳浑	西部都尉治
南阳郡	邓	都尉治		渠搜	中部都尉治
南　郡	夷陵	都尉治		广牧	东部都尉治
汉中郡	褒中	都尉治	乐浪郡	昭明	南部都尉治
广汉郡	绵竹	都尉治		不而	东部都尉治
	阴平道	北部都尉治	郁林郡	领方	都尉治
蜀郡	旄牛	西部都尉治[⑨]	交趾郡	麊泠	都尉治
	青衣	东部都尉治[⑩]	合浦郡	朱庐	都尉治

①居延汉简（54·25=甲386，74·4=甲456，103·17=甲595；54·25），见陈梦家，1980年。

②或即治于番和之农都尉，见陈梦家，1980年。

③居延汉简（65·18），见陈梦家，1980年。

④《汉书》卷19《百官公卿表》“中尉”、“主爵都尉”下。

⑤《史记》卷122《酷吏列传》“周阳由传”、《汉书》卷83《薛宣朱博传》。

⑥《史记》卷122《酷吏列传》“义纵”：“迁为河内都尉”。

⑦《汉志》有阳关、玉门关皆都尉治。

⑧《汉书》卷90《酷吏传》“田广明”：“功迁河南都尉”。

⑨《后汉书》卷86《南蛮西南夷传》曰：“元鼎六年以为沈黎郡；至天汉四年并蜀为西部，置两都尉，一居旄牛主徼外夷，一居青衣主汉人。”“以为汶山郡……宣帝乃省并蜀郡，为北部都尉。”《后汉书》卷23《郡国志》“广汉属国都尉”注云：“故北部都尉，属蜀郡；”蜀郡属国注云“故属西部都尉”，领汉嘉（故青衣，阳嘉二年改），旄牛等四城。《两汉金石记》十一“曹全碑”有蜀郡西部都尉。《封泥考略》4.34，35有“蜀郡都尉章”，见陈梦家，1980年。

⑩《后汉书》卷86《南蛮西南夷传》。

续表

郡名	治所	都尉名称	郡名	治所	都尉名称
巴郡	鱼复	都尉治	九真郡	无切	都尉治
陇西郡	临洮	南部都尉治			

说明：不注出处者均自《汉志》。

由于都尉的职责是“典武职”、“掌都试”、“将兵”的特点，其军事性是非常显著的，所以都尉治所并不是郡内区域经济的核心城市。西汉时期都尉可分为不同的类型，比如，有关都尉[①]、农都尉[②]、属国都尉等；而且在帝国不同区域，都尉分布数量也有区域差异，如在西部边境地带，由于国境警戒线较长，人口相对稀少，同一郡内又有好几个都尉；都尉的设置有些是用方位来命名，如东、西、南、北部都尉或者左、右辅都尉等，有些则根据主管的机构不同又分为骑都尉、农都尉等。本文共辑录都尉治所城市115座。

由上表可知，115处都尉治所共涉及65个郡的100个城市，从都尉类型上可分为6种：①为郡都尉共有38处，一般设在汉初汉郡、诸侯国地区诸郡境内，《汉志》诸侯国境内没有都尉设置，边境地区均不少于两都尉；②是部都尉共有46处，主要分布于边境地区，尤其是北部、西部边境；③为农都尉，表中虽仅有3处，但从西汉历史上可知农都尉设置还是较多的，更多分布于边郡地区；④属国都尉，负责管理归降的少数民族，也多在边地；⑤骑都尉，仅2处；⑥是三辅都尉，较为特殊。其中②～⑤都是边郡防御的重要设置，它们的分布和兴废关系到边境之安稳。

从全国三大区的划分中看，所有都尉治所在东、中、西部地区的分布分别为42、39、34处。由此进一步推知，尽管从不同种类的都尉治所的分布来看似

①西汉函谷关都尉，见于《汉书》杜周、辛庆忌、魏相、张敞诸人传中，《汉志》失载。

②西汉农都尉数量较多，但《汉志》多失载，居延汉简214·30（甲1175）曰：“［敦煌］以东至西河十一农都尉官。”《汉志》仅计有2处，张掖、北地，其余九郡漏载，见陈梦家，1980年。

乎是边郡数量较多，但事实上，帝国更为担心的应是东部诸侯国地区的稳定。所以，自汉初就不断在诸侯国地区析置汉郡，至西汉末年，在高祖末年的十个诸侯国地区已形成了61郡国的局面，其中诸侯国仍有19个。42个汉郡中设有42处都尉治所，但并非每郡1处，仅本区九边郡就设有20处，有9个郡没有设都尉治所，其余22处分置在22郡内。相比较而言中部汉郡地区行政区较为稳定，是帝国核心区，所以中部地区22郡（上党郡除外）基本都置有都尉，共有39处都尉治所城市，又边郡及有少数民族分布的郡内均设有2个或2个以上的都尉治所，都尉治所的功能显而易见。另外，西部拓展地区共设有都尉治34处，由于西汉时期主要矛盾在帝国的西北方，所以南部及西南夷地区诸郡都尉治所普遍只有1处，而在西北地区的凉州、朔方以及北部边地则有较多分布。

目前就考古发掘的都尉治所来看主要分布在西北边境，规模均比较小，军事城堡形态显著。这不但与军事城堡的性质有关，还应当是本区地理环境所致。

四、文化职能城市

城市文化职能的形成，成为城市区别于乡村的重要标志。春秋战国时代百家争鸣，学风大盛，各国首都都是人才济济的所在。各家之说也大都在首都保存与传播，使城市为成为文化的宝库。城市的文化职能最基本的是其教化功能，西汉中期便在都城内设置了太学，太学的设置是教育史上具有里程碑意义的大事。太学既是新思想文化的策源地，也是国家机器的储备所，学生是各级官僚机构的后备军。西汉时期从太学到小学的设立①，亦使得一些郡县城市的教化功能大为提高，但这亦是政治城市本身具有的本质特征之一，所以是不能

①《汉书》卷24《食货志上》："八岁入小学，学六甲、五方、书计之事，始知室家长幼之节。十五入大学，学先圣礼乐，而知朝廷君臣之礼。其有秀异者，移乡学于庠序。庠序之异者，移国学于少学。诸侯岁贡小学之异者于天子，学于大学，命曰造士。"

作为文化城市的衡量标准的。

本书要论述的城市文化是指具有祭祀文化的城市职能。西汉时期的宗教祭祀活动也是政治生活的一个重要内容，由此产生了一批具有祭祀文化的城市。这里祭祀文化仅指与祭祀活动有关的内容，比如，祭祀祖宗和自然、祭祀五帝、郊雍、泰山封禅、八齐祠等。上述活动的顺利进行除政府设有专款，平时则由所在郡县负责，对地方经济发展的影响也是显而易见的。

《汉书·郊祀志》开篇即言：《洪范》八政，三曰祀。祭祀的对象是“昭孝事祖……旁及四夷……下至禽兽、豺獭”，目的是“民之精爽不贰，……制神之处位……知山川，敬于礼仪……能知四时牺牲……氏姓所出者……”，因而，圣王为之制典礼、通神明，并设置神民之官，使各类祭祀活动有序而不乱，最终使“民神异业，敬而不黩，故神降之嘉生，民以物序，灾祸不至，所求不匮”。很显然，祭祀活动的最终目的就是在人的精神领域也建立一种秩序，最终被作为权力构成要素中生产资料、物质财富和暴力之外的文化要素，如此重要之活动在西汉初年也得以继承和发扬。

关于高祖刘邦的传说自其入芒砀山就已产生了，如白帝子杀赤帝子的故事等，祭祀蚩尤、立雍五畤庙[①]，对秦代的祭祀体系予以承认，并进行了系统整理[②]。此后，文帝时开始亲自到雍地祭祀五帝，武帝时的祭祀范围更加扩大，虽在元成时期对祭祀对象有过反复，但最终并没有取消这类活动。到西汉末年，还存在祭祀活动的城市有51处，共有402所祠庙（表3—5）。

从表中祠庙分布的地理位置来看，空间差异非常显著，主要集中于两大区域，一个是三辅地区，围绕着帝王祭祀活动，在京畿附近地区形成了一个特殊

①《汉书》卷25《郊祀志》：高祖曰：“吾知之矣，乃待我而具五也。”“乃立黑帝祠，名曰北畤。有司进祠，上不亲往，”刘氏家族获得了祭天的权力。

②《汉书》卷25《郊祀志》高祖下诏曰：“吾甚重祠而敬祭。今上帝之祭及山川诸神当祠者，各以其时礼祠之如故。”

的祭祀文化区，大约有祠庙300余处，涉及13个城市。另一个是东部齐地，虽然从祠庙数量上来看没有三辅多，但却分布在更多的城市区域（有18城），其祭祀文化的内涵也与关中地区有很大不同，主要是与齐地滨海地理环境有关的祭祀活动。频繁的祭祀活动[①]耗费了大量的国家财力，国库收入中相当一部分就用于各种类型的祭祀，但由此这些承担祭祀活动的城市具有了祭祀文化特征，甚至影响到现代区域文化特色。对这部分城市的历史文化遗迹的发掘将有利于对历史文化遗产的研究和保护。

下面通过对西汉时期帝国对河川祭祀权的追逐来反映祭祀文化与城市之间的关系，及其与帝国政治权力的关系。

表3—5 西汉祠庙分布统计

郡	县	祠 庙	郡	县	祠 庙
京兆尹	蓝田	虎侯山祠	琅邪郡	不其	太一、仙人祠九所及明堂
	华阴	祠		朱虚	三山、五帝祠
	湖	周天子祠二所		琅邪	四时祠
	杜陵	周右将军杜公祠四所		长广	莱山莱王祠
左冯翊	谷口	天齐公、五牀山、仙人、五帝祠四所		昌	环山祠
	临晋	河水祠	临淮郡	海陵	江海会祠
	云阳	休屠金人及径路神祠三所、越巫古襄三所	广陵国	江都	江水祠
右扶风	郁夷	汧水祠	齐郡	临朐	逢山祠
	雍	五畤、太昊、黄帝以下祠三百三所[②]	东莱郡	腄	之罘山祠
	俞麋	黄帝子祠		黄	莱山松林莱君祠

①笔者对《汉书》卷25《郊祀志》统计：高祖5次，文帝26次，武帝75次，宣帝25次，初元元年（公元前48年）至成帝3年（公元前30年）有20次，共有151次。

②周振鹤："秦汉宗教地理概说"认为"雍县旧祠有203所"，载《中国文化研究集刊》第3辑，复旦大学出版社，1986年，第78页。

续表

郡	县	祠 庙	郡	县	祠 庙
	陈仓	上公、明星、黄帝孙、舜妻育冢祠		临朐	海水祠
	虢	黄帝子、周文武祠		曲成	参山万里沙祠
	武功	垂山、斜水、褒水祠三所		惤	百支莱王祠
河东郡	大阳	天子庙		不夜	成山日祠
	蒲反	尧山、首山祠	胶东国	即墨	天室山祠
河南郡	缑氏	延寿城仙人祠		下密	三石山祠
东郡	临邑	泲庙	庐江郡	灊	祠
	寿良	蚩尤祠	会稽郡	无锡	春申君祠
济阴郡	成阳	尧（冢）灵台		山阴	山上禹冢、禹井
泰山郡	奉高	明堂在西南四里	益州郡	滇池	黑水祠
	博	泰山庙	金城郡	临羌	弱水、昆仑山祠
	钜平	亭亭山祠	安定郡	朝那	端旬祠十五所，有湫渊祠
	蒙阴	祠	上郡	膚施	五龙山、帝、原水、黄帝祠四所
淮阳国	苦	赖乡祠①	西河郡	鸿门	天封苑火井祠
颍川郡	嵩高	太室、少室庙	常山郡	上曲阳	祠
			辽西郡	且虑	高庙

资料来源：《汉志》、《汉书·郊祀志》、帝王本传；吴卓信：《汉书地理志补注》。

远古时代就已存在的对自然山川的祭祀在帝国早期的秦汉王朝不但得以幸存，且逐步与政治权力相结合，继而成为帝国权力运作的工具之一。先秦时期，祭祀活动的功能非常强大，不仅表达了向诸神祈祷丰收②、治水③、降雨④、治愈

①《晋太康地记》云城东赖乡祠，老子所生地。

②《汉书》卷25《郊祀志》下：“（神爵元年）制诏太常：‘……其令祠官以礼为岁事，以四时祠江海雒水，祈为天下丰年焉。’”

③《左传·庄公二十五年》：“秋，大水，鼓，用牲于社，于门，亦非常也。”

④《论衡》卷15《明雩篇》：“鲁设雩祭于沂水之上。”

疾病[①]、战胜[②]、继嗣[③]等心愿，还是权力主体获得身份地位的标志，拥有河川祭祀权本身即证明其已取得了对河川流域的控制和占有权。河川既是共同祭祀的对象，也是会盟、宣誓的场所。

秦始皇以统一全国为契机，命祠官将天下主要河流排列顺序，望祭以外的河川也被纳入秦的祭祀之中[④]。即以犊一头作为牺牲祭祀崤山以东的大河泲水、淮水；又分别在临晋、汉中、朝那、蜀等地，祭祀位于华山以西的沓河、沔水、秋渊、江水四条名川。而咸阳附近的旧有的望祭河流，如灞水、浐水、沣水、涝水、泾水、渭水、汧水、洛水等，到西汉时期它们仍然是祭祀的对象[⑤]。河水、江水成为整体的祭祀对象，但其祭祀地却分别在临晋与蜀等地举行，这和后文将要述及的汉在河南荥阳、广陵江都等下游领域举行祭祀的情形一样，充分反映了当时秦势力的扩张范围所及。

望祭之外的河神，只有在天子巡行时祭祀。远离京师的郡县之祠，则听任地方奉祀，不在皇帝祝官的管辖之内[⑥]。统一后的秦王朝的河川祭祀体系，仍然未能从原有的雍州望祭中脱离出来。尽管在形式上已将全国的河川水系化，但现实中的状况并非如此。即使在秦始皇二十八年（公元前219年），仍然存

①《左传·昭公七年》："晋侯有疾，韩宣子逆客，私焉，曰：'寡君寝疾，于今三月矣，竝走群望，有加而无瘳……'"

②《左传·文公十三年》："秦伯以璧祈战于河。"

③《左传·昭公十三年》："初，共王无冢适，有宠子五人，无适立焉。乃大有事于群望，而祈曰：'请神择于五人者，使主社稷。'"

④《汉书》卷25《郊祀志》上："及秦并天下，命祠官所常奉天地名山大川鬼神可得而序也。"

⑤《汉书》卷25《郊祀志》上："于是自崤以东，名山五，大川祠二。……水曰泲，曰淮。春以脯酒为岁祷，因泮冻；湫涸冬；冬塞祷祠。其牲用牛犊个一，牢具圭币各异。自华以西，名山七，名川四。……水曰河，祠临晋；沔，祠汉中；湫渊，祠朝那；江水，祠蜀。亦春秋泮涸祷塞如东方山川；而牲亦牛犊牢具圭币各异。……灞、浐、沣、涝、泾、渭、长水，皆不在大山川数，以近咸阳，尽得比山川祠，而无诸加。汧、洛二渊，……为小山川，亦皆祷塞泮涸祠，礼不必同。"

⑥《汉书》卷25《郊祀志》上："诸此祠皆太祝常主，以岁时奉祠之。至如它名山川诸神及八神之属，上过则祠，去则已。郡县远方祠者，民各自奉祠，不领于天子之祝官。"

在着与秦为敌的江神。缘此，始皇在渡江水之际，要沉璧以祭江神[1]。同年又因在祭祀湘水神湘君的湘山祠遇大风而不得渡江，盛怒之下尽伐湘山树木[2]。秦灭亡之际，曾有江神归还沉江之璧的传说，说明秦直至最后仍不能摆脱江神之扰。在秦始皇的地下陵墓，以水银仿照四渎、百川、五岳、九州，用以表现天下的地理[3]。但在现实中，并未能完全抑制六国的势力而真正掌握四渎的祭祀权。

经历了秦亡及楚汉之争而再度实现天下一统的西汉王朝，也不可能从一开始就占尽天下四渎的祭祀权。其河川祭祀体系的完成，是在经历了一个较长的反复过程之后，才得以实现的。

高祖二年（公元前205年），令太祝、太宰等祠官按四季祭祀天下河川[4]。这反映出当时中央集权体制的态势：中央能够完全控制河川祭地。但其时与秦代一样，祭祀活动被局限于一定的区域，而只能在临晋祭祀河神[5]。至文帝时期，虽部分实现了对河水、湫水、汉水的祭祀[6]，然河水的祭地仍未出下游领域，至于江水则完全不能作为祭祀的对象。位于当时诸侯王国区域的河川，其祭祀事务掌握在直属诸侯的祝官手中，不归天子属官负责。但伴随着齐国、淮

---

①《水经注》卷19《渭水》：“昔秦始皇之将亡也，江神素车白马，道华山下，返璧于华阴平舒道曰，为遗镐池君，使者致之，乃二十八年渡江所沉璧也。即江神返璧处也。”

②《史记》卷6《秦始皇本纪》：“乃西南渡淮水，之衡山、南郡。浮江，至湘山祠。逢大风，几不得渡。上问博士曰：‘湘君何神？’博士对曰：‘闻之，尧女，舜之妻，而葬此。’于是始皇大怒，使刑徒三千人皆伐湘山树，赭其山。”

③《史记》卷6《秦始皇本纪》：“（始皇三七年）九月，葬始皇骊山。始皇初即位，穿治骊山，及并天下，天下徒送诣七十余万人，穿三泉，下铜而致椁，宫观百官奇器珍怪徒藏满之。……以水银为百川江河大海，机相灌输，上具天文，下具地理。……”《水经注》卷19《渭水》：“斩山凿石，下锢三泉，以铜为槨，旁行周回三十余里，上画天文星宿之象，下以水银为四渎百川舞岳九州，具地理之势，宫观百官奇器珍宝充满其中……”

④《汉书》卷1《高帝纪》：“祠官祀天地、四方、上帝、山川，以时祀之。”

⑤《汉书》卷25《郊祀志》上：“其河巫祠河于临晋。”

⑥《汉书》卷25《郊祀志》上：“（文帝十四年）河、湫、汉水，玉各加一。”

南国的废除，直属天子的太祝终于获得了礼祭河川的权力[①]。与祭祀权从诸侯王向皇帝转让的同时，原属诸侯王的山川之利也必然向中央权力移交[②]，这对于以直接统治郡县为目的的西汉王朝来说，是一个重大的历史性变化。

削减、分化诸侯王国的政策从文景时期发展到武帝时期，在祭祀活动方面表现为武帝时对祠官下达了应勤勉于山川祭祀的诏书[③]，加上皇帝于巡行之际举行现场祭祀，中央的权力得到进一步的扩大。元封二年（公元前109年），武帝在封禅泰山的归途中，令手下堵塞位于瓠子的河水决堤一处，又沉白马玉璧祭祀河神[④]。此后成帝时期的东郡太守王尊也曾在该地祭祀过水神河伯[⑤]。历来设在河水中游临晋的河神祭坛伴随着下游赵、梁、齐等诸侯王势力的削减，同时也由于河水下游统一治水的需要，而被转移到下游领域。武帝在元封五年（公元前106年），巡行曾是吴、楚、淮南领域的地区，礼祭其境内的河川[⑥]。《汉书·武帝纪》夏四月诏，有如下记载：

“朕巡荆扬，辑江淮物，会大海气，以合泰山。……”如淳注：“辑，合也。物犹神也。”

故“江淮物”系指江水、淮水神。这可释作其时武帝对第一次拥有江神、

①《汉书》卷25《郊祀志》上：“始名山大川在诸侯，诸侯祝各自奉祠，天子官不领。及齐、淮南国废，令太祝尽以岁时之礼如故。”

②《史记》卷17《汉兴以来诸侯王年表》：“齐、赵、梁、楚支郡名山陂海咸纳于汉。”

③《汉书》卷6《武帝纪》：“（建元元年）五月，诏曰：‘河海润千里，其令祠官修山川之祠，为岁事，曲加礼。’”

④《汉书》卷6《武帝纪》：“（元封二年）夏二月，还祠泰山，至瓠子临绝河，命从臣将军以下皆负薪塞河堤，作瓠子之歌。”《汉书》卷29《沟洫志》：“上既封禅，巡祭山川，其明年，乾风少雨。上乃使汲仁、郭昌发卒数万人塞瓠子决河。于是上以用事万里沙，则还自临决河，沉白马玉璧，令群臣从官自将军以下皆负薪填决河。”

⑤《汉书》卷76《赵尹韩张两王传》：“久之，河水盛溢，泛浸瓠子金堤，老弱奔走，恐大水决为害。尊躬帅吏民，投沉白马，祠水神河伯。”

⑥《汉书》卷25《郊祀志》下：“明年冬，上巡南郡，自江陵而东，登礼灊之天柱山，号曰南岳。浮江，自浔阳出枞阳，过彭蠡，礼其名山川。”

淮神祭祀权的宣言。就是在诸如此类的巡行过程中，武帝实现了对河水、江水、淮水等天下名川的祭祀，使皇帝权力通过祭祀得到了地域性的扩张。只是从根本上说，这种祭祀还是临时性的措施。因为祭祀四渎上升为制度，则直至宣帝时期才得以形成。

《汉书·郊祀志》辑录了宣帝神爵元年（公元前61年）之诏，其文曰：

制诏太常："夫江海，百川之大者也，今阙焉无祠。其令祠官以礼为岁事，以四时祠江海洛水，祈为天下丰年焉。"自是五岳、四渎皆有常礼。……河于临晋、江于江都、淮于平氏、济于临邑界中，皆使者持节侍祠。唯泰山与河岁五祠，江水四，余皆一祷而三祠云。

该诏的主要内容是：复活中断了的山川祭祀，按四季祭祀江水、洛水等川，祈愿天下丰作。以该诏书为契机，四渎的祭祀开始具有一定的常礼，并规定了在临晋、江都、平氏、临邑等地分别祭祀河水、江水、淮水、济水的次数。其时河水的祭地，似又恢复为秦代以来的临晋。但据后汉应劭《风俗通义·山泽》有关四渎祭地的记载，河水之祭在河南郡荥阳县举行[①]。可能是鉴于治理河水的重要性，才将祭祀移往靠近河水的地域。四渎祭地场所的确定，完全可视为祭祀权力膨胀的结果。河水神、济水神在河南荥阳、东郡临邑被祭祀的原因固然如前文所述，但另外，它又极深刻地折射出江水的象征意义。原为战国楚国望祭神的江神，在秦势力南下抑损巴蜀之际，为秦王的蜀郡守李冰所杀，此后又作为秦国的望祭神而被复活。进入汉代以后，最初在蜀地祭祀，宣帝时移往遥远的江口——江都之地。这其中不可忽略的事实，就是以吞并地处江口地域的广陵国、会稽郡、丹阳郡而拥有大片领土，又通过开发铜山和

①《风俗通义·山泽》："（河）庙在河南荥阳县"，"（江）庙在广陵江都县"，"（淮）庙在平氏县"，"（济）庙在东郡临邑县"。《汉志》也有"江都有江水祠"之载。

盐业积蓄了经济实力的吴国[1]，在吴楚七国之乱以后被削减。总之，河水、济水、江水、淮水的祭地，所以设在东部的下游领域，乃是汉王朝的中央权力抑制东方赵、梁、齐、楚、淮南、吴等诸侯王国，贯彻郡县统治体制的必然结果。而唯“泰山与河岁五祠，而江水四”的等级差别，说明了黄河流域要比长江流域有更强的区位优势，所以，中央祭祀权的获得不仅仅是文化和区域经济的控制，更是权力对地方空间的占领。

河川祭祀本身所隐含的权力因素，造成了西汉末年祭祀的泛滥，成帝之后又将祭祀与帝王有无子嗣相连，以致在权力中枢产生了分歧，导致祭祀领域的混乱[2]。尽管西汉一代祭祀内容非常庞杂，但经过了西汉末年的几次整理之后，记载于《汉志》之中，与河川祭祀相关的内容有12处（表3—5）。由表中城市所在地可以看出，西汉末年帝国对河川祭祀范围之广泛，几乎到达了帝国的边缘，而对海神的祭祀（临朐、海陵）以及益州郡黑水神的祭祀（滇池）更说明西汉中国不但在统治区域上超越了其前代——秦帝国，而且在祭祀范围上也大为拓展；此时不只完全掌握了对河川的祭祀，还控制了更为浩瀚的大海。

综上所述，专制皇权在加强对河川自然经济属性占有、获得经济利益的同时，还通过对河川祭祀领域的整理，赋予河川以人文属性。帝国对河川祭祀权的取得即表明其对河川流域空间的占有，是以在流域内某城市中设置祭祀场所的形式展现的。因此，河川人文属性的加强是帝国早期权力争夺的表现形式之一，也是权力占有空间的一种直观反映。以共同体的各种机能而产生出的多样化地域社会、地域权力的河川水系，在专制权力的形成过程中，被以河水、江水、淮水、济水为中心的四渎系列化。这一系列化的过程又和太常、少府、河

①《史记》卷106《吴王濞列传》：“吴有豫章郡铜山，濞则招致天下亡命者盗铸钱，煮海水为盐，以故无赋，国用富饶。”

②《汉书》卷35《郊祀志》下记载了西汉成帝时为继嗣问题两次反复规定祭祀对象的史实。

隐者等中央直属官员扩大天子祭祀权的过程同步发展。因此虽然秦汉统一帝国已经形成，但由中央掌握祭祀权的制度，迟至西汉末期才开始确立。

在祭祀权力扩展过程中，专制权力对河川领域社会的抑制，是其根本所在。尽管在当地确实有小河川作为共同的利用对象而被存留下来，但作为专制权力的经济基础，曾经为春秋诸侯、战国诸王望祭的大、小河川，其祭祀权、征税权和水利权最终被中央所掌握。当然这一发展过程并不是顺畅无阻的，必须经过对地域经济占有权、地域社会祭祀权之争，才逐步完成对地域扩张的。

第三节　西汉城市职能特征分析

政治权力深入发展直接表现为权力主体对权力构成诸要素的控制能力的强弱，西汉时期不同职能类型城市的出现，首先表明社会经济的发展与繁荣，其次是社会政治管理程度的加强。众所周知，生产资料是人类劳动得以进行的必要条件，从这个意义上来说，谁占有生产资料，谁就可以获得支配社会生存和发展的能力。而且在阶级社会中，特定阶级的政治权力之所以能够形成并发挥作用，根本原因是这些阶级控制和占有着生产资料。首先，任何物质财富本身都代表着一定的力量，物质财富的累积就意味着力量的扩大，物质财富的占有就意味着力量的拥有。物质财富的使用价值从两个方面影响着社会政治力量的形成和发展。从物的方面来看，物质财富的使用价值可以解决政治力量形成和活动中的技术要求，比如武器设备的拥有可以从根本上解决权力结构中因权力分配不均引起的各种矛盾冲突；从人的方面来看，物质财富的使用价值可以满足人的各种需要，这就可以使物质财富的拥有者把他人利益与自己结合在一起，从而实现社会政治力量在人力方面的扩展。其次，政治权力的行使离不开暴力的维护，正如恩格斯所说的那样："构成这种权力的，不仅有武装的人，而且还有物质的附属物，如监狱和各种强制机关[①]"。最后，权力的运行还需要思想文化的认同，统一的思想意识将使权力发挥到极致。

西汉时期，全国再次出现了城市蓬勃发展的局面，其原因有二：第一，稳定的大一统社会面貌，是西汉社会经济发展的前提，区域自然资源、经济开发程度差异为区域经济联系提供了可能，全国水陆交通建设促进各区域联合的加强，所有这些为西汉城市经济的发展奠定了基础。继而随着国土面积的扩张，不同的经济区逐渐形成，促使商业贸易发展，产生了一批商贸城市，即经济都会城市，这正是西汉时期经济繁荣的表现；第二，社会经济在由奴隶制经济向封建经济过渡的过程中，国家对经济领域的控制机制尚不成熟，转型时期的社会特征也为城市经济的发展、文化繁荣提供了广阔的空间和契机。尽管自高祖时期就有各种限制商业经济发展的措施，但是商业最终还是成为人们求富的一个捷径。但是，随着中央集权的建立，国家控制机能的提高，政治权力逐渐深入到社会的各个领域，尽力控制各种资源，包括物质和精神的。经济管理、文化管理（祭祀）以及维护统治秩序的都尉治所城市的出现适应了这一时代发展的要求，也是政治权力的控制力、影响力在空间上的反映，帝国有权力在版图内的各个角落设置不同职能的城市正是中央集权发展过程中的一个体现。诸侯国地区侯国的兴废及其政治经济地位的下降、汉郡区京畿地区城市的迅速增长、拓展区新城市的出现，标志着郡县制的建立，形成和确立了封建等级秩序。

国家管理的目标，简单地说不外是追求稳定与发展，一个国家从社会、政治管理来说，需要稳定；而从经济角度来说，则需要发展。但从历史发展来看，古代中国国家控制的直接目标就是追求社会的稳定，不重视社会经济的

①中共中央文献编译局：《马克思恩格斯选集》第4卷，人民出版社，1972年，第167页。

发展，即稳定是压倒一切的中心任务①。秦汉大一统国家处在这样一个“不发展”的社会里，所依靠的只能是脆弱的小农经济和有限的工商业税来养活。因此，尽管西汉时期在某一时段内存在经济繁荣发展的现象和促使经济发展的条件，然而在帝国以稳定为宗旨的政策下，经济发展只能被限定在一定程度之内。刘濞吴国地区的经济发展带来的是“削书”，由此引起了中央帝国与诸侯王国的第一次暴力冲突，随后是诸侯疆界的调整和大量诸侯王的分封，随后景帝相继封17位皇子为王（强干弱枝的一方面内容）。武帝时期大量侯国城市的出现，显然不是经济发展的结果，只是帝国分割诸侯王实力措施下的结果，是适应国家稳定要求的。因而，在城市大规模增长的同时，城市职能的单一性就可想而知了。由上述各种职能类型城市的排比情况来看，还很少有多种职能组合在一起的城市。所以，帝国早期城市除其本质特性——政治性之外，就单个城市来讲城市职能发育尚不完善。由此可以进一步推断，西汉城市的增长只能是、也仅仅是数量的增长，城市的简单复制，无益于城市内涵的增长，由此也注定部分城市命运的短暂，而这也是政治性城市特征之一。

城市职能的单一性，促进了城市之间经济联系的加强，进而促使经济区的形成。《史记·货殖列传》记载了先秦时期一些重要的经济区，为西汉城市经济的发展提供了前提。农业的发展是经济城市存在的前提，是城市人口赖以生存的物质基础；农业区与牧区、采集渔猎区之间及各区内部不同地域之间的差异，使得跨区域、大规模的商贸活动成为可能，而频繁的商贸活动是经济城市形成的直接因素。所以，西汉时期，具有综合职能的城市仅限于部分区域经济较为发达、行政地位较高的城市，即如上文提到的经济都会城市。但就一般城

①钱茂伟：《国家、科举与社会——以明代为中心的考察》，北京图书馆出版社，2004年，第179页。

市而言，尚处于城市职能逐步完善阶段。正是由于单体城市职能的不完善，因此在不同等级区域，不同职能城市间存在着相互依赖关系，促进了区域经济合作，为商业的繁荣提供了发展空间。鉴于此，我们既不能过分夸大城市的经济职能，同时也不能否定西汉时期社会经济联系加强的一面。下面借用王仲殊先生的研究成果来结束本节。

汉代许多地方都出产漆器，且制造漆器的手工业作坊有很多是官营的。广州西村石头冈西汉初年墓中的漆器有“番禺”的烙印[①]，广西贵县罗泊湾西汉初期墓中的漆器有“布山”、“市府”的烙印[②]，山东临沂银雀山西汉前期墓中的漆器有“莒市”、“市府”等烙印[③]，长沙马王堆和江陵凤凰山西汉前期墓中的漆器有“成市”、“市府”等烙印[④]。它们分别在南海的番禺（今广州）、郁林郡的布山（今广西桂平）、城阳国的莒县（今山东莒县）和蜀郡的成都（今成都）制造的，它们都是郡国的治所所在地；同时也说明了在西汉前期，漆器是由这些城市中主管商业和手工业的官府——“市府”经营的。由于四川的漆器制造业特别兴盛，所以成都的产品大量地远销到长沙和江陵。长沙马王堆和江陵凤凰山汉墓的年代属西汉前期，墓中随葬的漆器有许多烙有“成市”、“市府”的戳记，说明它们是成都县市府所属作坊的产品。因此，可以认为，西汉前期由成都市府经营的漆器制造业，到了西汉中期已经归中央政府直接控制了。蜀郡和广汉郡工官所制的漆器，主要是供宫廷使用；有的漆器在铭文中有“乘舆”字样，正说明它们是皇帝的御用品。这些漆器在清镇、平壤、诺音乌拉等地出土，大概是由于当时的朝廷用它们来赏赐边郡官吏和少数

①麦英豪：“秦始皇统一岭南地区的历史作用”，《考古》，1975年第4期

②广西壮族自治区文物工作队：“广西罗泊湾一号墓发掘简报”，《文物》，1978年第9期。

③蒋英炬：“临沂银雀山西汉墓葬漆器铭文考释”，《考古》，1975年第6期。

④俞伟超：“马王堆一号汉墓出土漆器制地诸问题”，《考古》，1975年第6期。

民族首领，或赠送国外的[①]。

现代意义上作为不同等级区域的政治、经济和文化中心的城市在西汉时期的发育尚不健全，随着区域社会经济的发展和区域联系的加强，城市职能将越来越完善和成熟。

①王仲殊：《汉代考古学概说》，中华书局，1984年，第47、48页。

第四章　西汉城市的等级

秦汉时期郡县制下的城市等级有两个层面的意思：一是城市作为一种空间现象，“既具有外观形态，即城市的形状和大小，又具有一定的内部结构，即具有特定功能的城市物质构成要素的空间位置、要素构成及相互关系。[①]”那么，行政等级之下的都城、郡级、县级城市在规模、形制及内部要素组成上均存在有等级上的区别；二是城市作为一种区域现象，“是兼有经济、行政和自然性质的一种综合性区域”[②]，是人类活动的中心，都有自己的影响区域（腹地或集散地）。既然是一种综合区域，其等级划分必须综合各种可能产生等级差异的要素，对各要素进行量化、加权综合排比，这样得出的结果应当是区域综合实力等级的划分（包括政治、经济等因素）。城市区域的综合实力决定着城市影响力的强度和大小，是对相同行政等级城市间的区域考察。由于判定两千年前的西汉时期没有直接的统计资料可供使用，只有依据历史文献对各种有关城市等级现象的描述进行综

①耿占军、赵淑玲：《中国历史地理学》，西安地图出版社，2000年，第288页。

②李孝聪：“唐代城市的形态与地域结构——以坊市制的演变为线索”，《唐代地域结构与运作空间》，上海辞书出版社，2003年，第248页。

合分析，得出西汉城市等级划分全貌。

这种区域等级划分能够实现两个结果：一是城市影响力大小的划分，二是在借助汉简资料系统勾勒西汉一代县级城市中不同类型之间城市等级划分，继而通过对不同区域城市等级差异探索权力分配的空间格局。

第一节 西汉城址规模等级分析

在中国古代城市设计思想中，建城就等于计划建设一座庞大的建筑物。而城市规模大小至少自周代起就有了等级规定，尤其是统治者还将城市规模大小、城市形制纳入“礼制”中。按照规定，天子的城方九里，公爵的城方七里，侯爵与伯爵的城方五里，子爵的城方三里。在各诸侯国中，卿大夫所建立的都邑，大的不得超过国都的三分之一，中等的不得超过国都的五分之一，小的不得超过国都的九分之一[①]。城墙的长度和高度也依照统治者地位的高低而引申出来。《公羊传》：“城雉者何？五版而堵，五堵而雉，百雉而城。子注：天子之城千雉，高七雉；公侯百雉，高五雉；子男五十雉，高三雉[②]。”建立了礼制秩序之下的城市规模等级制度。这一制度对我国古代城市建设是有很大影响的，以致战国时期出现“千丈之城，万家之邑”[③]现象时就备受关注。

西汉城市依照其所在区域行政地位的高低来确定其行政等级高低，即城市行政等级。西汉全国城市可分为三级城市体系结构：都城—郡级城市—县级城市。然而，由第二章的考证结果可知，西汉时期国都长安之外，不同时段不同

①《左传·隐公元年》。
②雉，长三丈，高一丈为之一雉。城墙建筑在古代以“雉”为度量单位。
③《战国策·赵策三》。

等级的城市数量各不相同，不同时段、相同等级的不同类型的城市数量亦有所不同；不同等级（指由行政区废置而引起的郡、县级城市转化）、不同类型（郡治、诸侯国都以及县邑与侯国城市间的改变）城市之间也在不断地转化中。因此，在城市行政等级与城市规模之间就不可能一一对应，因为城市一旦建成是不可能引起行政地位的改变推倒重新建造；另外，西汉时期大多数城市是在西汉之前城市的基础上兴建起来的，战国时期建造城市逾越礼制的现象更是屡见不鲜，因此，也就出现了城市行政等级与城市规模不相符的现象。但透过这一现象，西汉时期城市规模在郡县行政等级的规定下依然显示出一般特征。下面首先通过对已有的考古发掘资料的分析来探索城市规模等级与行政等级之关系。

一、西汉城址考古概览

秦在统一过程中，即将郡县制推行到原六国之地；兼并天下后，“分天下以为三十六郡”；汉并天下，高祖即“令天下县邑城”，从而掀起了又一次大规模城市建设的高潮。随着秦汉郡县制的推行和确立，逐渐在制度上确立了全国性的郡县城市体系。考古发现的汉代城址遍及全国各地。截止2004年年底，笔者共收录了304个西汉的城址（附录3）。在进行下一步研究之前，有必要作一点说明，本表中的城址并非全是西汉的郡县级城市，原因即在于：其一，西汉时期存在着许多称之为“城”但非“城市”的有垣墙的聚落；其二，许多城市的田野考古不彻底[①]，致使目前无法断定其实际使用年代；其三，特意为之者，将几个特殊职能的城亦放入其中（指户县上林钟官城、华阴京师仓

①徐苹芳：“先秦城市考古学研究·序”，载许宏：《先秦城市考古学研究》，北京燕山出版社，2000年。

城等）。考古发现了汉代京城、郡治县城（或诸侯国都城，首县之城）、一般县城、乡邑城址，再现了汉王朝的中央集权国家的统治网络。这些城址类型不同，形制各异，大小不一，恰好与中央、郡（或诸侯王国）、县、乡邑分级情况相一致①。

城市作为区域地理现象具有明显的时空发展特征，近年来考古发现的西汉城址本身亦突出反映了这一特点，主要表现在以下三个方面：

（1）从考古发现西汉城址的使用年代上判断，仅80%的城址源于东周及秦以来的城市（附录3中源自许宏《先秦城市考古学》的232座城址即是）。这些城市多分布于黄河中下游地区的河南、河北、山东、山西等省区，主要通过对先秦列国都城改造后加以利用，因其政治、军事地位均较为特殊，所以在城市规模等级方面均有特别之规定。

（2）就城址分布地域而言，不但范围广泛，而且形成了相对密集区。全部304座城址广泛分布于全国24个省市区及朝鲜半岛上，于西汉全境则14州刺史部内均有城址发现，主要集中于：河南（65座）、河北（63座）、山东（30座）、内蒙古（25座）、陕西（20座）、安徽（19座）、山西（17座）等省区，这一空间分布特征不但与西汉时期城市的区域分布相一致，而且与西汉城市在现代省区分布态势亦相一致②。

（3）城址行政等级齐全，西汉时期各级城市均有发现。表现在，①对首都长安的发掘自20世纪50年代以来一直是考古学界的重要内容，目前西汉长安城的形态与结构基本清晰。②全汉境内有100个郡级城市，已经考古发掘的郡

①刘庆柱：“汉代城址的发现与研究”，载王辉、谭青枝：《远望集——陕西省考古研究所华诞四十周年纪念文集》，陕西人民美术出版社，1998年。

②今省区辖西汉县城数由多到少排序：山东248、河北199、河南182、甘肃96、陕西90、山西87、安徽74、江苏56、内蒙古55、四川50、云南41、湖北42、湖南37、辽宁31、广西24、浙江21、江西19、广东15、北京13、宁夏11、重庆8、贵州6、天津3、青海3、海南1、吉林1、福建1。

级城市有24个。郡级城市有：（右北平郡）平刚、（云中郡）云中、（定襄郡）成乐、（朔方郡旧治）临戎、（朔方郡治）三封、（辽西郡）且虑、（赵国都）邯郸、（河间国都）乐成、（真定国都）真定、（燕下都）故安、（代郡）代县、（常山郡）元氏、（河东郡）安邑、（南阳郡）宛县、（河南郡）洛阳、（河内郡）怀县、（北海郡）营陵、（鲁国都）鲁县、（齐郡）临淄、（济南郡）东平陵、（六安国）六县、（闽粤国都）冶县、（九江郡）寿春、（乐浪郡）平壤。③县级城市数量较大。其中发现了10个都尉治所城市，它们是：（东郡）东阿、（东海郡）费县、（张掖郡）居延、（朔方郡）窳浑、（涿郡）安平、（渔阳郡）要阳、（定襄郡）武皋、武要、（西河郡）增山、美稷。10个都尉治所之中，除东海都尉治费县、东郡都尉治东阿之外，其余均为边郡都尉治，尤其是与匈奴对抗的阴山南麓。城市数量的大规模增长是西汉城市发展的一大特点，1578个城市中已经确认或基本确认的县级城市有105个。在岁月的流逝中，西汉大量的小城市已无法确指，所以表中存在有大量不知孰县的城址，这些城址有可能是西汉的城市，也有可能仅仅是有垣墙的城，例如，东不羹即为此类。西汉时期大量存在的有垣墙的城为帝国大量分封侯国提供了条件。④尚有几个有特殊用途的城址，如，陕西户县的上林钟官（铸币厂）、华阴的京师仓城（粮仓，其前身是秦惠文王五年的宁秦县城）以及宁夏固原的萧关（关隘之地）。它们之所以与一般郡县城市一起列在这里，其最主要原因就在于其所承担的特殊职能，从其规模上看其与县级城市相仿，京师仓城原本就是一个县城。例如，钟官城周长4200米、京师仓周长3840米，均大于一般县级城市；而萧关城周虽较前二者为小，但与北部边城相比仍为佼佼者。这些均说明了国家对铸币、仓储、防御等的重视，实质则体现了中央集权制下统治者所具有的改变城市功能的权力。

二、西汉长安城考古发掘成果

西汉长安城遗址位于今陕西省西安市西北5000米左右。西汉建都长安，汉高祖时先以秦离宫兴乐宫改作长乐宫，后又兴建武库、未央宫及北宫，至惠帝时修筑四面城墙及设市。武帝时增修北宫，并兴建桂宫、明光宫、建章宫及上林苑等。长安城是当时世界上最大的都市之一，是当时我国的政治、经济、文化中心，除西汉王朝中央的各级机构外，三辅共治长安城中，是封建贵族达官贵人云集的地方。每年全国各地的农产品、手工业产品源源不断地输送到长安供封建皇室、贵族和各级官吏享用，各地劳动人民还要被征发到长安为统治者守卫和从事劳役。对汉长安城的考古发掘可分为如下六个主要阶段。

（1）1956年至1962年，弄清了长安城的形态、形制、规模及主要宫殿、祭祀建筑等内容。经中国科学院考古研究所汉长安城工作队王仲殊、黄展岳等勘察探明，其平面近方形，北垣因临古渭水，顺河道走向略有折曲，南垣因迁就先筑的长乐宫、高庙和未央宫，中部外凸；西垣中部有一折曲。城外有壕沟围绕。每面有三座城门，经发掘的宣平门、霸城门、西安门、章城门等均为三个门道。除西安门、章城门外，城门均与城内大街相连，大街宽45～60米，分左、中、右三道。长乐宫的平面形状不很规整，从埋存在地下的断断续续的墙基来看，围墙全长在10000米左右。未央宫平面呈方形，北墙、南墙各为2250米，东墙、西墙各为2150米，周长8800米，四面各有一门。桂宫平面呈长方形，北墙、南墙各长约880米，东墙、西墙各长约1800米，周长约5360米。城外西部建章宫的范围亦大体明确，南部发现有宗庙、辟雍及社稷遗址。

（2）1975年至1977年发掘武库。中国社会科学院考古研究所汉城工作队李遇春等发掘武库遗址，探明其为长方形的大院落，东西长710米、南北宽322米，居中略偏西处有一条南北向隔墙，隔墙两边各有建筑遗址，出土大量铁兵器。

（3）1980年至1984年主要发掘椒房殿遗址。对未央宫前殿遗址西南边缘（A区）和东北边缘（B区）建筑基址及椒房殿建筑遗址进行了发掘，并勘察其宫门、道路等。椒房殿为皇后所居，位于未央宫前殿之北，由正殿、配殿和附属建筑等组成。正殿台基东西长54.7米、南北宽29～32米。

（4）1985年至1996年是汉城考古收获颇多的一个阶段，这一阶段对城内主要宫殿等建筑物进行重点发掘。汉城工作队刘庆柱、李毓芳等先生对未央宫中央官署、少府（或所辖官署）、西南角楼等建筑遗址进行了发掘，并对未央宫、长乐宫等予以全面勘探。

探明了未央宫围墙墙体宽约8米，其主体建筑——前殿遗址位于中央。前殿台基南北长400米、东西宽200米，由南向北逐渐升高，有三个台基，各有一座大型宫殿建筑遗址，为皇帝朝政之所。前殿遗址南、北各有东西向干道贯通，东部有南北向干道纵行。中央官署建筑遗址位于西北部，出土五万多枚骨签等。北部有天禄阁、石渠阁等遗址。

长乐宫中部有一条横贯宫室的东西向干道，向东通至霸城门，向西与直城门大街相连，与安门大街垂直相交。宫内东南部和西北部发现宫殿建筑群基址。在长乐宫西南、安门大街与南城墙南折段居中处发现一大型夯土建筑基址，推测为高庙所在。

此外，在长安城西北部还发现了两个市的遗址，市四周夯筑围墙，东部市范围东西长780米、南北宽650～700米，西部市范围东西长550米、南北宽420～480米。两市之间隔有横门大街，街中心发现一处大型建筑遗址，长、宽各约200米。其主体建筑居中央，东西长147米、南北宽56米，可能为“市楼”遗址。在西部市内发现有制陶、冶铸和铸币作坊遗址。

武库之北侧探出北宫遗址，其平面呈长方形，南北长1710米、东西宽620米，围墙墙体宽5～8米，南、北宫门相对。北宫南面还发现有砖瓦窑址。

（5）1997年至1999年发掘桂宫，以刘庆柱和町田章为领队，中国社会科学院考古研究所和日本奈良国立文化财研究所组成中日联合考古队，对桂宫南部二号建筑遗址进行了发掘。其东西长84米、南北宽56米，分为南院和北院，布局与椒房殿相似，当为后妃居所①。

（6）2003年在长乐宫发掘出一处地下建筑（即地下室）和一处半地下建筑。刘庆柱接受记者采访说："这处半地下建筑具有更重要的意义，因其出土壁画的房间的地面是完全'涂朱'的。'涂朱'地面标志着是非常重要的房子，类似现代铺红地毯的待遇。同时，它是重要人物的活动场所，用以会见内部客人，或要谈的事很重要。"并认为"汉长安城的长乐宫虽然是太后之宫，但从多年宫殿建筑的考古发掘来看其重要性不亚于皇帝所居住的未央宫。这显示出西汉时期太后的政治地位与皇帝不相上下，即西汉的政治是双中心的，是二元的"。刘先生还说："从长乐宫出土'涂朱'地面文章来看，史载的皇帝经常'请示'太后的事是很正常的。它确实反映了西汉一代的政治现实。②"因此，太后之宫长乐宫的存在，西汉长安城内部空间结构呈现出城市中轴线不明确的现象，为此引起学者们的争议。因此，笔者认为如果刘庆柱所言不误的

①王仲殊："汉长安城考古工作的初步收获"，《考古通讯》，1957年第5期；"汉长安城考古工作收获续记——宣平城门的发掘"，《考古通讯》，1958年第4期；王仲殊：《汉代考古学概说》，中华书局，1984年；李遇春："汉长安城的发掘与研究"，《汉唐与边疆考古研究》(一)，科学出版社，1994年；中国社会科学院考古研究所：《汉长安城未央宫(1980～1989年)考古发掘报告》，中国大百科全书出版社，1996年；刘庆柱："汉长安城的考古发现及相关问题研究——纪念汉长安城考古工作四十年"，《考古》，1996年第10期；中国社会科学院考古研究所汉城工作队："汉长安城北宫的勘探及其南面砖瓦窑的发掘"，《考古》，1996年第10期；中国社会科学院考古研究所、日本奈良国立文化财研究所中日联合考古队："汉长安城桂宫二号建筑遗址发掘简报"，《考古》，1999年第1期；"汉长安城桂宫二号建筑遗址B区发掘简报"，《考古》，2000年第1期。

②"新华网（西安）"，2004年2月3日。

话，那么就可以认为中央权力中枢不同权力主体之间的斗争影响了都城内部的空间结构形态。

三、郡县制下西汉城址规模等级结构

考古发现及学术研究最新成果表明，西汉都城—郡—县三级城市体系结构特征显著，主要表现在以下两方面。

（一）城址规模等级差异显著

从考古发现城址规模来看，各行政等级城市差异较为突出。

（1）城址周长在8000米以上，面积在400万平方米以上的遗址有17座。该类城址中，除都城长安外，基本上都是郡级城市，也有个别县级大城。此类城市主要有安邑、宛县、鲁县、临淄、东平陵、邯郸、乐成、故安、代县、寿春、云中、临汾、驺县（后二者为县级城市），及河南沁阳的邘部村古城、山东成武的湖城古城和河北武安大董村古城（此三者尚未鉴定是西汉何县）。

（2）周长在4000～8000米，面积在100万平方米以上400万平方米以下的城址有66座，该类城址包括部分郡级城市，如洛阳、怀县、营陵、真定、元氏、平刚；而大部分城址为县级城市。

（3）周长在1000～4000米，面积为25万～100万平方米的城址有71座，这类城址中仍然是以一般县级城市为主，但也有部分郡级城市，如成乐、临戎、三封、且虑、六县、冶县、王城、平壤。这几个规模相对偏小的郡级城市，均地处西汉边境及东南卑湿地区，落后的社会经济状况限制了区域城市规模的大小。

（4）城址周长不能够确定而城址面积低于25万平方米的城址有148座。该类城址中不确定因素较多，推测其有两种存在的可能，一种情况是西汉时期大量存在的“城”而非城市；另一种情况确实是西汉县级城市，但无法确定其对应的汉县。这类城址中发现有8个都尉治所城市，笔者对此现象略作解释。

结合前文分析，西汉都尉治所城市应是当时政治地位相对较高的城市，但从其城址周长均不超过3000米，多数在1000米左右，甚至更多的是低于1000米的规模情况来看，是与其所处政治地位不符的，规模显然过于偏小，更类似于军事城堡，由此也更加凸现了都尉治所的军事特性及其职能的特殊性。从已经考古发现的10个都尉治所城址构成上看，除东海都尉治费县在中原地区，其余均为边郡都尉治所。都尉治所接近于军事斗争的前沿阵地，尤其上述都尉治所多分布于匈奴南下的交通要道之处，有可能是为了拱卫国都安全的需要，不论出于守边还是保卫都城，防御功能显然是该类城市的主要职能，这一特性显然限制了城市规模的发展。另外，东海郡都尉治费县虽然不在民族斗争的前沿阵地，但却是帝国与诸侯王国斗争的前线。自西汉建国以来，中央政权就面临着诸侯势力的威胁（包括六国旧贵、异姓诸王、同姓诸王）。为此，西汉自选址建都之时就制定了内制外拓的治国方略，其内制的重点就是东方，东方的核心则是先秦东方六国旧地。东海郡费县西汉初时属齐城阳国地，大概在高后时划入东海郡，地处齐境之南部边缘的蒙山地区，费县位于东方燕、齐等国从陆路通往滨海大道的捷径上，具有一定的交通优势，控制着齐地通往东南吴越之地的交通。尽管费县的综合经济实力在东海郡所辖的38个县中的排名并不在前列，只因其是都尉治所，军事地位重要，因而其行政等级地位相对于东海郡其他县要高得多。由于目前发现的都尉治所城市规模均偏小，从这一角度而言与其说是城市，倒不如说就是一座座的军事城堡。

具体而言，对应于行政等级，都城—郡级城市—县级城市的规模差异表现为以下三个方面。

（1）都城。长安城周长25.1千米，面积34.39平方千米，东城墙长5916.95米，南城墙长7453.03米，西城墙长4766.46米，北城墙长6878.39米，是全国最大的城市（图4—1）。

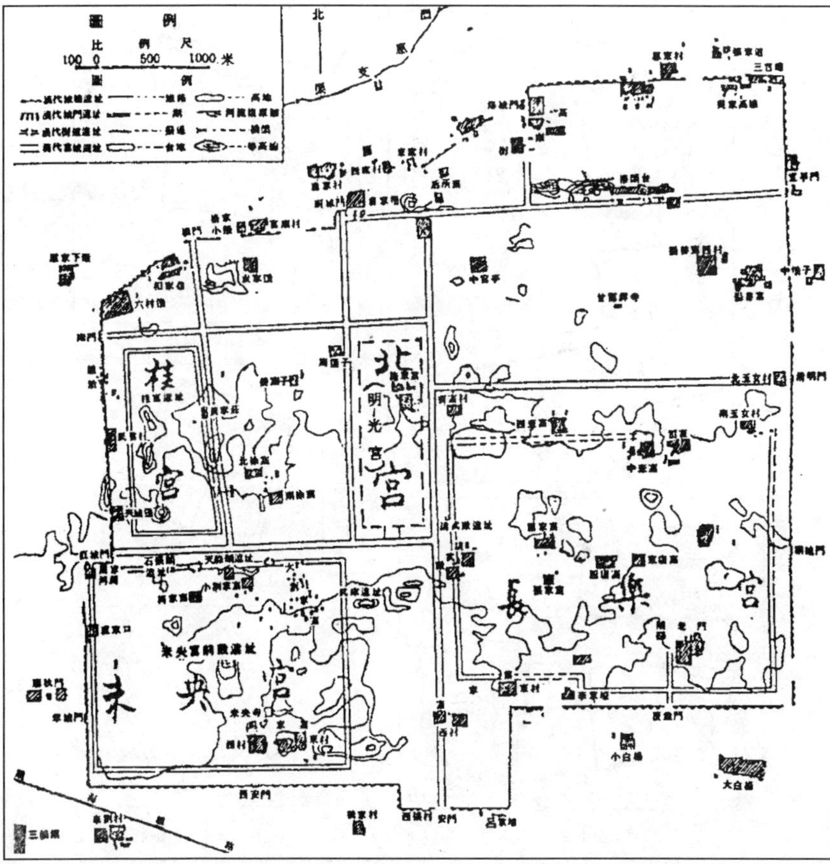

图4—1 汉代长安城诸宫位置

（引自马先醒："再论汉宫位置"，载许倬云等著《中国历史论文集》）

（2）郡级城市。济南郡治东平陵周长7600米，是较大的一座郡治县城；洛阳汉河南县城周长5720米；内蒙古宁城黑城古城外罗城周长5200米；内蒙古呼和浩特市东郊塔布秃村古城外城周长仅3500米；卓资县三道营古城西城周长仅2320米；呼和浩特郊区陶卜齐古城周长2190米；和林格尔土城子古城的南城周长约2080米；呼和浩特哈拉板申村东古城周长2100米，代表了汉代郡治城市的一般规模（图4—2）。

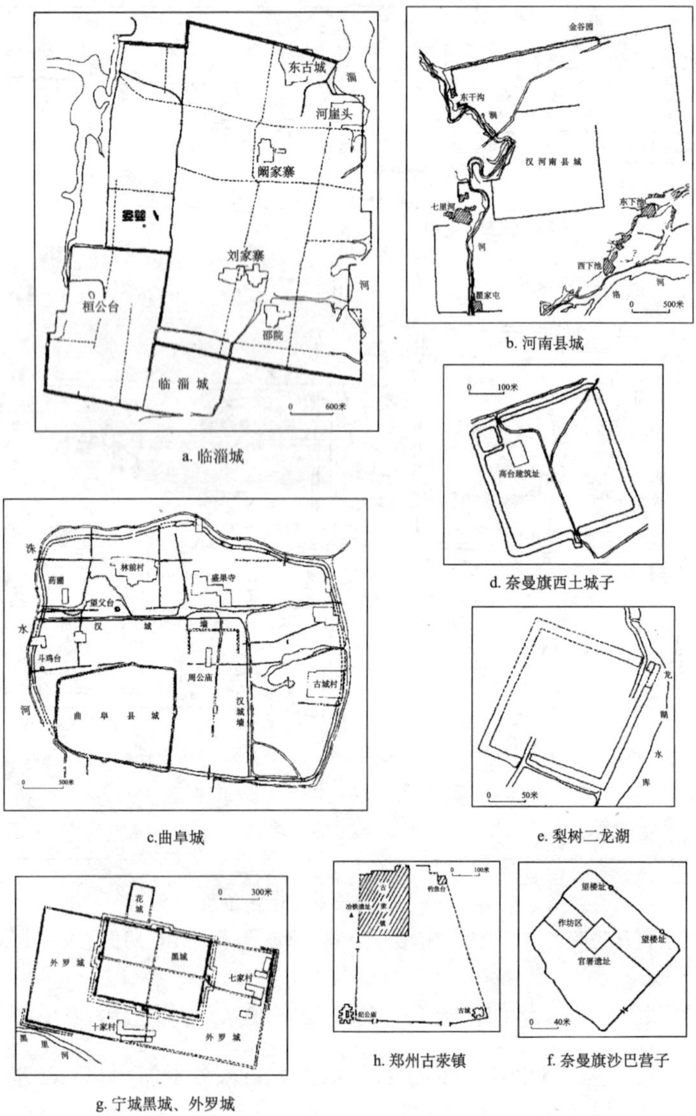

a. 临淄城

b. 河南县城

d. 奈曼旗西土城子

c.曲阜城

e. 梨树二龙湖

g. 宁城黑城、外罗城

h. 郑州古荥镇

f. 奈曼旗沙巴营子

图4—2 地方城市考古系列之一

（3）县级城市。河东郡临汾故城周长8484米，是最大的一座一般县城；而辽宁凌源安杖子古城周长910米，则是一种小型县城。

此外，郡县治城规模大小有明显的地域差异①。周长在2500米以下的县城，绝大多数分布在汉朝的北方边疆地区，以云中郡、定襄郡、辽西郡、玄菟郡、渔阳郡、右北平、金城郡、天水郡等为代表；周长为2500～6000米的郡县治城，绝大多数分布在黄河中下游地区，属于汉王朝的内地属县。

（二）城址平面结构和形制之异同

考古发现西汉城址是帝国早期郡县体制下形成的空间地理现象，在走向集权的过程中，各级统治机构治所城市的构成及形制具有一定的相似性，尤其在城市内部空间组成上，从都城、诸侯王国都城或首县、郡治县城到一般县城、边城和城堡等有大小比例缩放的特征，地方城市可谓是都城的翻版，有着很明显的共同特征。

首先就都城长安来说，汉长安城布局整齐，近似于方形。

经过考古发掘及相关学术研究明示，都城长安结构严谨，布局整齐。全城有十二个城门，每面三门，门各三洞，通向城门的三条街道宽广笔直，每个门道宽8米。这样宽敞的街共有8条，被称为“八街”。居民区称为里，共有160个里，里有门和围墙②。《汉书·平帝纪》载平帝时又“起五里于长安城中，宅二百区，以居贫民”。长安城设有九市，一般认为有东、西、南、北市和孝里市、交门市、交道亭市、直市、柳市。考古发掘证实，市场主要集中在城的西北部，即横门外和横门大街的两侧。

长安城内宫殿建筑占有相当重要的位置，目前已经经过文献及考古发掘

①刘庆柱：“汉代城址的发现与研究”，载王辉、谭青枝：《远望集——陕西省考古研究所华诞四十周年纪念文集》，陕西人民美术出版社，1998年，第544页。

②《汉书》卷46《万石卫直周张传》。

的宫殿有长乐宫、未央宫以及桂宫，已探到北宫遗址。到目前为止，学术研究中的“明光宫”尚无着落。不过，据马先醒先生研究“明光宫与北宫实为一宫[①]”，若果真如此，则不只是汉城内所有宫城均已考察清楚，就连学者所担忧的因长安城内宫城太多容纳不下的160里的问题[②]也迎刃而解了，只是马先生的认识还需要考古上的证明。至此，西汉长安城内，除明光宫位置尚不能确定之外，其他主要宫城及其所属殿阁已基本探明。

西汉长安城内宫阁虽不似秦都咸阳那样众多，但是几座重要的宫殿基本将长安城占满也是有目共睹的，西汉长安城内“宫室、宗庙和官署占全城面积三分之二以上。南部并立的长乐、未央二宫，周围都合汉代二十多里；中部的桂宫和北宫，周围都合汉代的十多里，此外还有明光宫。……在汉长安城内的南部和中部布满了许多宫殿，而且这些宫殿之间都有复道作为架空的交通线而把它们连接在一起[③]”。这一点还可从学者所绘的西汉长安城图中很直观地看到。很显然，作为权力构成要素的权力设施占据了城市空间的绝大部分，这就从事实上证明了权力对空间的占有和支配。

其次，就其他地方城市来讲，也有共同之处，城市形状亦多呈方形或长方形，但在城市形制与内部构成上，郡县城市均与都城存在等级上的差异。从已经发现的汉代郡县治城来看，其基本结构也都是夯土版筑城垣，呈方形或长方形，有的一侧外凸，有的城墙外发现护城壕，城门一般较少。就郡县级城市平面结构和形制而言，主要有以下五种。

（1）仅有四面城垣的方形或长方形城址。如河南洛阳市西郊的汉河南县

---

①马先醒：“再论汉宫位置”，载许倬云等：《中国历史论文集》，台湾商务印书馆发行，1986年，第227页。

②杨宽：“西汉长安布局结构的再探讨”，《考古》，1989年第4期。

③杨宽：《中国古代都城史研究》，上海人民出版社，2003年，第126页。

城[1]（图4—2—b），山东济南市东郊的济南郡治东平陵故城，传说有12座城门，实际只发现2座[2]，内蒙古呼和浩特市东郊的陶卜齐古城——定襄郡武皋县城，南、北墙的东段各发现一个门址[3]；内蒙古和林格尔土城子南城——汉定襄郡治成乐县城[4]；内蒙古宁城县黑城古城外罗城——右北平郡治平刚县城（图4—2—g），城外发现有护城壕，推测有南、北城门[5]；奈曼旗沙巴营子古城——辽西郡某县城（图4—2—f），西南墙被冲毁，仅东南墙发现1处城门址[6]；辽宁丹东市叆河尖古城——辽东郡安平县城[7]。

（2）方形或长方形外城中央设内城的回字形城址。如内蒙古呼和浩特市东郊塔布秃村古城——定襄郡武皋县城[8]。

（3）于内城一隅设子城，如山西襄汾县赵康古城——河东郡临汾县城，于大城北部居中建子城，大城南、北墙各发现1处门址[9]；呼和浩特市美岱二十家子的美岱古城——定襄郡安陶县城，城内南隅为子城，东、北、南墙发现有门址[10]；呼和浩特市托克托县的哈拉板申村东古城——云中郡沙陵县城，

①黄展岳：“一九五五年春洛阳汉河南县城东区发掘报告”，《考古学报》，1956年第4期。

②山东省文物考古研究所：“山东章丘市汉东平陵故城遗址调查”，《考古学集刊》第11集，1997年。

③内蒙古考古研究所：“呼和浩特市榆林镇陶卜齐古城发掘简报”，《内蒙古文物考古文集》（二），第431页，1997年。发掘者认为，由于陶卜齐古城发现的“安陶”字样空心砖，因此该城是安陶县城。但李兴盛将陶卜齐古城定为定襄郡武皋县城，而美岱县二十家子古城为安陶县城（见《考古》1992年第5期）。本文从此说。

④内蒙古文物考古研究所：“内蒙古和林格尔土城子发掘报告”，《考古学集刊》第6集，1986年。

⑤冯永谦等：“宁城县黑城古城治调查”，《考古》，1982年第2期。

⑥李殿福：“吉林省西南部的燕秦汉文化”，《社会科学战线》，1978年第3期。

⑦曹汛：“叆河尖古城河汉安平瓦当”，《考古》，1980年第6期。

⑧吴荣曾：“内蒙古呼和浩特市东郊塔布秃村古城遗址调查”，《考古》，1961年第4期。

⑨山西省文物管理委员会侯马工作站：“山西襄汾赵康古城附近古城址调查”，《考古》，1963年第10期。

⑩内蒙古自治区文物工作队：“1959年呼和浩特郊区美岱古城发掘简报”，《文物》，1961年第9期。

城内东北角加筑一方形子城，子城西墙发现1个门址[①]；内蒙古奈曼旗土城子古城（图4—2—d），城内西北一隅建一子城，发现有南、北2个城门[②]。

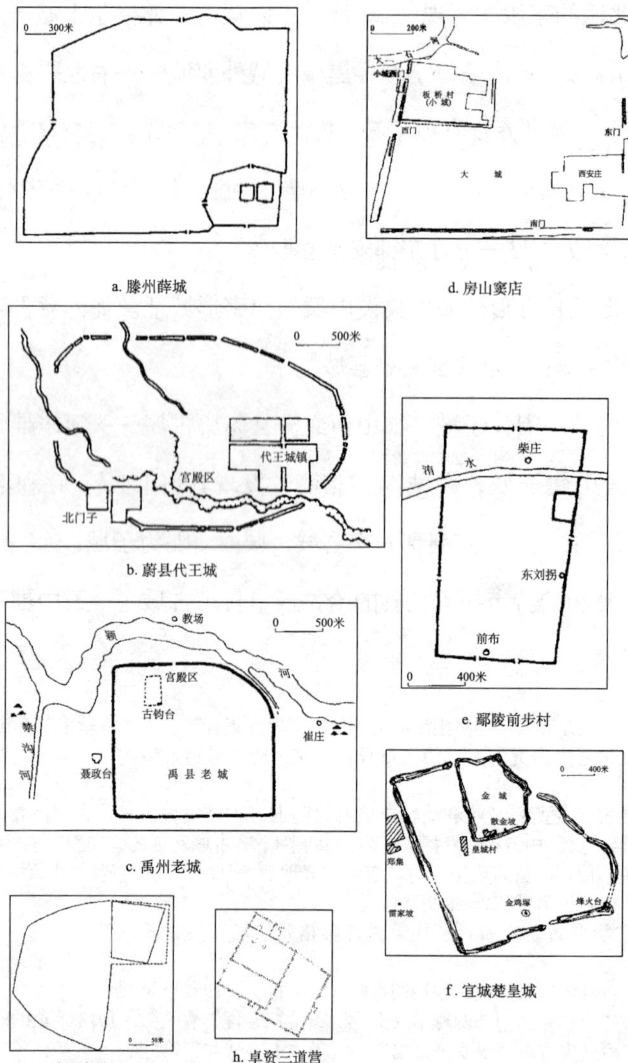

图4—3 地方城市考古系列之二

①李逸友：“托克托城附近的秦汉代遗址”，《内蒙古考古文集》（一），1994年，第348页。
②李殿福：“吉林省西南部的燕秦汉文化”，《社会科学战线》，1978年第3期。

（4）子城位于大城一隅并向外凸处，如内蒙古卓资县三道营古城的西城——定襄郡武要县城（图4—3—h），大城为长方形，其北侧西部建长方形子城，发现城门2处[①]；辽宁凌源安杖子古城——右北平郡石城县城（图4—3—g），大城呈不规则长方形，其东侧北部向外凸出建梯形子城[②]。

（5）回字形及内城一隅设子城的城址，是长城沿线最为多见的城市形式。这种边城形式的出现与晁错《言守边备塞书》中的倡议“复为一城，其内城间百五十步”的边城形制相符，应是汉文帝及其以后流行的边城建制。由于城市的建制系统一规划，所以秦汉城市的布局也更趋向一致。城垣内一般包含官署、街道、里坊和商市，是普遍存在的郡县模式。基于太仓设于京城长安城内的认识，而形成的郡县城内当有粮仓分布的认识未能得到考古上的证明。

考古证明，秦汉时代形成的这种等级城制也即全国性的城市网络，可以说就是由硕大无比的帝国都城、100座郡国城市和1000多座县城为构架组合而成的。西汉前期，一般诸侯王国的都城虽小于汉王朝之京城，但大于郡治县城。西汉中期，中央集权的加强，诸侯王势力被削弱，在城市规模变化上也得到了明显反映。这时不少诸侯王国都城或首县已与郡治县城大小相近。至于一般县城规模仍然是小于郡治县城，大于乡邑之城。城市的首要职能仍是作为区域政治中心的职能，各级官府治所所在地作为地方行政权力中心，秉承中央政府旨意管理和控制着全国各地，是统治阶级维护权力的必要工具。这一全国性城市体系的形成，最终结束了商周以来以血缘政治为主体、王朝依靠宗法分封制间接控制各地的社会格局，确立了以地缘政治为主体、中央集权政府依靠一元化的郡县城市网络直接控制全国的社会结构。这在中国城市发展史上和中国历史

---

①李兴盛：“内蒙古卓资县三道营古城调查”，《考古》，1992年第5期。
②辽宁省文物考古所：“辽宁凌源安杖子古城址发掘报告”，《考古学报》，1996年第2期。

发展阶段上，都是属于本质上的变化①。

考古发现西汉城市对东周及秦以来旧都的使用有很明确的限制，规模巨大的列国都城一般不照旧使用，或用其原有小城，规模适中者继续使用。一些原来规模较小的东周城在成为郡县治所后还得以扩建，如鲁国治鲁县（原鲁都曲阜，图4—2—c）；或割取原城址一部分如河东郡之安邑（原魏都安邑）、故安县（原燕下都）、九江郡治寿春（原楚都寿春），或弃置不用而于其上另建一小城如河南县城（东周王城，图4—3—b），或另择址新建如郑县、南郡治江陵县等。这种大型都城城址废弃或缩小、中型城址废弃或利用、小型城址规模扩大的情形，就应是秦汉时期在新的历史条件下形成新的等级城制的反映。由此亦可见，西汉中央政府对城市规模是有所限制的。当然这一现象，从另一个方面来看则是帝国都城的无限拓展与地方城市规模的缩小的一大趋势，这既反映了新的封建等级制度的建立，也蕴涵了封建时期中央与地方权力斗争的广泛性。

第二节　西汉前期城市等级划分——张家山汉简研究

现代城市地理学中，城市规模多按照城市非农业人口的多少来确定。但汉代绝大多数城市户口没有户口记录，即使如侯国城市有始封户数的记载，其可靠程度也值得怀疑，故而对西汉城市人口规模等级的划分就无从下手。但是，史籍又明确记载，西汉城市有大小之分，例如，《汉书·百官公卿表序》：“县令、长皆秦官，掌治其县，万户以上为令，秩千石至六百石；减万户为长，秩五百石至三百石。”该条史料首先规定了县令、长设置的依据依靠的是

①徐苹芳：“中国古代城市考古与古史研究”，载《中国历史考古学论丛》，台北允晨文化公司，1995年。

县内人户数量的多寡，万户以上则设县令，不足万户者则设长；其次规定了县令长的禄秩等级，千石至六百石为县令之秩，五百石至三百石为县长之秩。因此制度，研究秦汉史的学者多以此作为判断大、小县的依据，如高敏在“试论尹湾汉墓出土‘东海郡属县乡吏员定簿’的史料价值——读尹湾汉简札记之一”中说：

“按照汉制万户以上为大县设县令，万户以下为小县设县长的原则，海西、下邳、郯、兰陵、朐、襄贲、戚均设县令一人，尽管令有秩千石与秩六百石的区分，表明这些县均为万户以上的大县。自费县以下至昌虑县以前的诸县，均设县长一人，秩四百石至三百石，表明这些县为万户以下的小县。昌虑以下至都阳，均不设令或长，而设相一人代替令、长，秩四百石至三百石不等，表明这些县属于侯国[①]。”

高先生还说“设县长而不设县令，知为小县”[②]。由此可知县令、长的设置即大小县的标志，而这一点已成为共识。刘钊在《释两方汉代官印》一文中对其中之一的“方除长印[③]”，从古文音义学角度考证此“方除”当为西汉山阳之“方舆”（今山东鱼台西），继而认为“如此推断不误，那么，山阳之方舆当是一小县”[④]。很显然，县令、长的设置是判断县大、小的标志之一。

一、历史文献记载西汉城市等级差异及参考标准的选取

根据汉制万户以上为大县设县令，万户以下为小县设县长的原则，西汉有

①高敏：“试论尹湾汉墓出土‘东海郡属县乡吏员定簿’的史料价值——读尹湾汉简札记之一”，《郑州大学学报》（哲社版），1997年第2期。

②高敏：“试论尹湾汉墓出土‘东海郡属县乡吏员定簿’的史料价值——读尹湾汉简札记之一”，《郑州大学学报》（哲社版），1997年第2期。

③罗福颐主编的《秦汉南北朝官印征存》及王人聪《两汉王国、侯国、郡县官印汇考》中均列为“二汉志未见记载”之县长印。

④刘钊：“释两方汉代官印”，《北方文物》，1996年第2期。

明确记载的大小县见表4—1。

表4—1 文献记载西汉县令长

序号	郡	县	出处
1	京兆尹	长安令	《汉书》P2835、3385、3398、3652、3673
2		杜陵令	《汉书》P2912、2914
3		云阳令	《汉书》P3058、3398
4		郑令	《汉书》P3673
5		昌陵令	《汉书》P3415
6	右扶风	渭城令	《汉书》P2910
7		虢令	《汉书》P3226、3227
8		鄠令	《汉书》P3226、3227、3481
9		美阳令	《汉书》P3305
10		好畤令	《汉书》P3291、3667
11		栒邑令	《汉书》P3048
12		茂陵令	《汉书》P3133、3289
13		平陵令	《汉书》P3398、3667、3618
14		郁夷令	《汉书》P3709
15		槐里长	《汉书》P1932、1948
16		郃长	《后汉书》P1979、1980
17	左冯翊	重泉令	《汉书》P3080
18		长陵令	《汉书》P3266、P3652
19		频阳令	《汉书》P3389、P3673
20		粟邑令	《汉书》P3389、P3673
21		栎阳令	《汉书》P3302
22		谷口令	《汉书》P3714
23		夏阳令	《汉书》P3302
24	河南郡	河南令	《汉书》P3069
25		荥阳令	《汉书》P2316
26		成皋令	《汉书》P2624、2625
27		缑氏令	《汉书》P2624、2625
28		密令	《后汉书》P869
29		原武令	《后汉书》P2555
30	河内郡	荡阴令	《汉书》P3620

续表

序号	郡	县	出处
31	颍川郡	阳翟令	《汉书》P3199
32	汝南郡	南顿令	《后汉书》P861
33		顺阳长	《汉书》P3048
34		上蔡长	《汉书》P3641
35	沛郡	萧令	《后汉书》P558
36		虹长	《汉书》P 3353
37		谷阳长	《汉书》P3641
38	东海郡	襄贲令	《汉书》P3251
39		曲阳长	《后汉书》P689
40	楚国	彭城令	《汉书》P3397
41	陈留郡	小黄令	《汉书》P3160
42		济阳令	《后汉书》P861
43	济阴郡	宛句令	《汉书》P3385
44		定陶令	《汉书》P3291
45	山阳郡	单父令（都尉治）	《汉书》P3602
46	魏郡	武安长	《汉书》P3293
47	中山国	卢奴令	《汉书》P3096
48	千乘郡	被阳令	《汉书》P2887
49	齐郡	临淄令	《汉书》P3394、3492
50	涿郡	阿武令	《汉书》P3614
51	雁门郡	楼烦长	《汉书》P3673
52	上党郡	长子令	《汉书》P4198
53	南郡	当阳长	《汉书》P3302
54	太原郡	狼孟长	《后汉书》P962、969
55	南阳郡	新都令	《后汉书》P872
56	常山郡	元氏令	《后汉书》P1496
57	上谷郡	沮阳令	《后汉书》P2671
58	渔阳郡	安乐令	《后汉书》P675
59		狐奴令	《后汉书》P774
60	天水郡	清水长	《后汉书》P533
61	不确	高寝令	《汉书》P3107

说明：《后汉书》所载令、长均为西汉末年至更始时人。

据笔者不完全统计，史书明言县令、长者共有61处，其中49令，12长。表中城市涉及27个郡（有1个不能确定），城市分布较多的区域首先是三辅地区，共有23城；再次是三河地区，多属河南郡，有6城；其余则较为分散。上述区域不但被记载的城市数量多，而且城市多为所谓的大城，仅右扶风有2县长。大城市集中分布于京畿之地的空间现象，也说明了本区域政治地位的重要。国都地区作为全国的政治经济文化中心，不但汇聚了全国的物质财富，还是全国文化精英会聚之地；不仅有强固根本之意，尚有限制地方豪族发展之图。其实，从文献上反映出来的，城市大小、地位等差的信息还与下文据《张家山汉墓简牍》所提供各县最高管理者秩律高低得出的结果相一致。

所以，尽管西汉时期县令、长的设置与官员律秩的高低有相抵触的例证，但从一般意义而言，它们显然又具有很紧密的对应关系。阎步克在《品位与职位——秦汉魏晋南北朝官阶制度研究》一书中创造性地用“职位分等”替代“职位分类”，强调“在纵向的‘分等’上凸显一个关节之点：这等级是从属于职位的，还是另有独立于职位而跟个人走的位阶”[①]。

秦汉以“若干石”的俸禄额度来标志官僚等级，是所谓“禄秩”。陈梦家指出：“所谓俸给或吏禄制度，其内容是秩别（秩级）、俸禄数量、官职和俸禄性质；即哪一种官职属于哪一秩级，每年或每月应得多少俸禄（所谓岁禄或月俸），用什么物资作为俸禄（如钱、谷或二者各半）”[②]。杨树藩在追述历代“阶职分立制”时，断言“秦汉以来，文官有职而无阶”[③]，这并不是无根之辞，事实等于表达了不把汉代禄秩看成“品位”的意见。

①阎步克：《品位与职位——秦汉魏晋南北朝官阶制度研究》，中华书局，2002年，第12页。

②陈梦家：“汉简所见奉例”，《文物》，1963年第5期。

③杨树藩：《中国文官制度史》上册，黎明文化事业股份有限公司，民国71年（1982年），第10页。

汉廷以“增秩”、“贬秩”为官员奖惩之法，有时还对一些称职官员给予“增秩留任”待遇，而这就将造成个人的禄秩与职位的禄秩的品级不一致情况。不过，无论增秩、贬秩，都是以职位的确定秩等为基准而上下浮动的，增秩者的日后升迁取决于其才绩，所增之秩并没有构成就任新职的条件，也没有多少材料反映它可以被带到新职上去。从尹湾汉简所载情况来看，贬秩者不能够继续占有原职，而是要降职使用的，那么这时遵循的就仍是秩、职一致的原则。也就是说，增秩、贬秩之法仍未发展到如下程度：促使禄秩转化为一种超越职位而独立累加的“品位”序列，官员可以依此序列逐阶上升①。

基于上述认识，本节选用地方官员禄秩高低作为划分城市等级的要素，尽管这一要素与依县令、长的设置划分县的大小一样，所表示的是一个区域概念，并非城市本身，这是在帝国早期没有更为直接的用来划分城市等级的史料的情况下，对城市所在区域进行的一种综合实力排比，是一种不得已而为之的做法。

那么，从现有的资料中也可找出相关例证，首先，《汉书·百官公卿表序》已经把秩等与县令、长的关系规定得很明确了。其次，《二年律令·秩律》②的记载也能够证明这一点。《二年律令·秩律》记载了高后二年（公元前186年）时县、侯国、道最高管理者的秩等，其中分为5个等级，由于最后两个等级数量特别少，所以本文合并为千石、八百石、六百石3个等级③，其中栎阳、长安等十几个千石之城，是当时比较重要的；万年邑、黄乡长最低。一

①阎步克：《品位与职位——秦汉魏晋南北朝官阶制度研究》，中华书局，2002年，第27页。

②张家山二四七号汉墓竹简整理小组：《张家山汉墓竹简（二四七号墓）》，文物出版社，2001年，第193—202页。

③周振鹤：“《二年律令·秩律》的历史地理意义”，《学术月刊》，2003年第1期。关于“县的分等”问题，他认为：“由《秩律》所载来看，会不会实际上，是以八百石与六百石分界，八百石以上者为大县，六百石以下者为小县。这样也许比较合理。至少汉初如此。”

般而言，城市所在县的人口规模决定该县（其实代表着城市的地位）等级地位，县令、长的设置隐含了城市腹地人口数量的多少。但也有一些特殊情况，主要是一些城市的设置不是因为人口的增长，而出于政治统治需要，比如，都城周围陵邑地位相对较高，这是帝国长期以来所执行的强干弱枝政策的结果。

二、张家山汉墓竹简所载城市等级差异

《二年律令·秩律》的记载无论是朝廷的公卿百官及其属吏，或者地方的长吏和少吏，亦不分外朝和内官，基本上按官员的秩禄从高至低统一排列。关于汉代的秩等，据《汉书·百官公卿表》师古注，分为万石、中二千石、二千石、比二千石、千石、比千石、六百石、比六百石、四百石、比四百石、三百石、比三百石、二百石、比二百石、一百石，计15等。又同《表》县令、长条："百石以下有斗食、佐史之秩"，师古注："《汉官名秩簿》云斗食月奉十一斛，佐史月奉八斛也。一说，斗食者，岁奉不满百石，计日而食一斗二升，故云斗食也。"如果再加上百石以下的斗食和佐史，共17等。而据现存《秩律》有明确秩禄石数记载者，则仅分为二千石、千石、八百石、六百石、五百石、四百石、三百石、二百五十石、二百石、百六十石、百廿石，共11等，显然与前者有较大的差别。又《汉书·成帝纪》阳朔二年（公元前23年）"夏五月，除吏八百石、五百石秩"。师古注引李奇曰："除八百就六百，五百就四百。"和《秩律》中载有"八百石"和"五百石"，可以互相印证。

从《二年律令·秩律》对西汉城市最高管理者禄秩的记载来看，一般应当是依据城市及其所在区域情况，而非就管理者个人来确定。所以，律令所规定的城市管理者禄秩之等差就可以作为评价城市等级的依据。《二年律令》中规

定的城市最高管理者之秩共有千石、八百石、六百石、五百石、三百石五个等级（参见表《二年律令·秩律》所见城市及其所在郡国、今地对照表）。《二年律令》所反映的是西汉初年中央直辖区域内城市情况。表中城市所对应的郡国仅表示空间概念，而不是高后二年的实际政区情况。所以，上述城市的空间定位可以进而说明此时中央与诸侯王国的空间位置关系，同时，不同等级城市的空间组合关系也反映了西汉初年本区社会经济、文化的发展情况。《二年律令》所载265个城市在空间分布上具有以下几个方面的特征。

（1）高等级城市集中于京畿之地。《秩律》记载15个千石之城，它们是：京兆尹之长安、新丰，左冯翊之栎阳、临晋、频阳、郃阳，右扶风之槐里、雍、好畤，沛郡之丰、沛，河南郡之雒阳，广汉郡之雒，蜀郡之成都，云中郡之云中。其中有9个分布在三辅地区，其余除丰、沛二城之外的4城均是各郡治所在之城。这说明郡守尉治所一般设在该郡较大县中之史实。三辅地区的9城又有几种不同情况，长安是都城所在地，雍、栎阳为秦代旧都，槐里（废丘，雍国都）、临晋（华阴，京辅都尉治所）为先秦旧城，新丰是专为太上皇所建之城、郃阳乃高祖兄之侯城；好畤为高祖祭祀之所，所以，城市地位均较特殊，由此也显示出西汉城市等级的确定体现出更多的人治因素。尤其高等级城市密集于三辅地区，不单出于保护京都安全，提高京畿政治之需要，同时，也是为了繁荣和发展地方经济之需要。

（2）八百石之城有54个，主要分布在以下郡中：京兆尹5、左冯翊6、右扶风1、河东郡5、河内郡3、上党郡1、东郡1、颍川郡1、汝南郡1、南阳郡4、南郡3、沛郡2、汉中郡3、广汉郡3、蜀郡1、犍为郡1、巴郡2、陇西郡1、安定郡1、上郡1、西河郡1、五原郡2、云中郡3，地望不详城市有2个。此等级城市主要分布地区处三辅之外的河东、河内地区，南阳、南郡区，汉中、广汉郡区以及五原、云中北部边境地区。

三辅区位之重要自不待言，河东、河内处在由关西向关东的必经之道上，军事、交通地位非常之重要，由此西汉初年，包括河南所在的三河之地是中央帝国与东部诸侯国的缓冲之地，但当帝国社会经济稳定发展之时，帝国与东方的对峙线东移，即武帝时实行的广关政策，将函谷关移至河南新安，将三河基本包进帝国核心区，本区地位之高低可见一斑，所以本区高等级城市分布较多也是很自然的事情了。

南阳、南郡地区由上文对侯国城市的考察中可知，此两郡是汉郡地区所封侯国城市较多的地区，现在看来它们又是汉郡区内较高等级城市分布较多的地方，最主要原因就是其地理位置的特殊性，作为汉郡与诸侯王区的缓冲地带性质更为明朗。如果将它们和处于诸侯王区域的汝南郡与帝国各部分之间的关系打一个比方的话，则如人体内之消化系统。帝国时期频繁兴废的侯国城市在这一区域内完成，南阳郡所封侯国城市总量在所有郡中的排名在第三，紧随琅邪、东海之后，但至汉末其境内侯国城市并不超过10个，这就说明了本区的作用就是为解决帝国封侯难题而存在的；此外，南阳、南郡也是国都东南的交通孔道，这一交通形式早在先秦时期就已形成，在西汉时也多次利用。正因为这些原因，帝国在此两郡中设置部分大城市监督管理本区走马灯似的侯国城市，而至东汉时期又称为光武帝的龙兴之地，地位更加特殊。

汉中郡与广汉郡不仅在秦代经济就有所发展，而且还是高祖汉王的封地，它们与关中地区合称天府之国，占据着全国十分之六的财富，是帝国的大粮仓。同时，本区已接近西南民族地区，区域核心城市难以完全控制本区的各个地区，设立一些较高等级的城市分担核心城市的部分职能将更有利于区域经济的发展。

五原、云中二郡所在之区域是秦代蒙恬所置新秦中，汉初之时并没有完全由帝国控制，高祖十一年分云中置定襄郡时，并无五原郡①之建制。所以，汉初，阴山以南的黄河一带是匈奴经常侵略的地方，一次竟至长安城外。尽管，汉初在这一地区没有郡的设置，但是帝国却在这里设置有几个较大的城市驻守帝国北方的安全。

从上述几个地区高等级城市集中分布的情况来看，是帝国政策的空间体现，在帝国各关键区域都有部署，对付来自不同区域、不同方面的威胁。

（3）六百石之城有190个，分布范围较为普遍。其中左冯翊4、右扶风6、弘农郡7、河东郡9、上党郡10、河内郡8、河南郡14、东郡9、陈留郡3、颍川郡12、汝南郡5、南阳郡12、南郡5、江夏郡4、济阴郡1、魏郡4、武陵郡1、汉中郡7、蜀郡2、犍为郡1、巴郡5、武都郡4、陇西郡3、天水郡4、安定郡4、北地郡8、上郡10、西河郡9、五原郡5、云中郡2、淮阳国1、长沙国1，地望不详之城有10。另外有4个五百石的道（广汉郡、蜀郡各2）和2个三百石之城（万年邑、黄乡长），由于数量偏少，是一些特殊之城，也一并归入此等级城市中。

三、西汉前期城市等级空间结构特征

此外，汉郡区不同等级城市及相同等级不同类型之间的城市在一些方面仍具有一定的差异，具体表现在以下几个方面。

（1）从汉郡区城市不同等级城市的数量构成上来看，大、中、小城市基本以1：4：4比例配置，每一个高等级城市周围有4个左右的城市分布，这一比例结构基本符合现代区域城市空间结构中依据行政原则而形成的城市空间配置。这一城市空间组织结构在发育不完善的古代城市发展过程中应当是合适

①《汉志》载五原郡置于武帝时期。

的。而且，这一结构与后文东海郡城市空间结构也较接近，有可能是西汉区域城市等级组成调控原则。但就局部地区来讲，则有不合理的地方，比如，三辅地区三个等级的城市数量分别为9、12、11，各等级城市均衡发展，如果不考虑京畿地区的政治条件，如此众多的大城市密集于关中地区是很难维持的，由此注定了关中地区在物资供应上需要其他区域的供给，主要自关东输入，汉初每年为数十万石，以后逐年增加，最高达六百万石，常年也有四百万石[①]。

（2）《二年律令》所载265座城市包含了三种不同类型，即一般县邑城、侯国城市和少数民族聚集的道。不同类型的城市在汉初的等级地位也有所不同。首先，普通意义上县城等级较为宽泛，是郡县体系下城市的普遍存在形式，从千石的大城，到最低的小县城——黄乡长均涵盖其中，而与五百石的道城相比，县城地位要高得多。

其次是邑城，这里的邑城并非《汉志》中“公主、皇后所食之邑”，《二年律令》虽然也提及李公主、申公主、傅公主，但不知其所食之邑之名目。《张家山汉墓竹简》中明言邑城的只有万年邑，属于陵邑系列（有学者认为万年邑为准陵邑），其管理者秩位较低，仅三百石秩。但若将其他因帝陵而设的县也作为陵邑统一来看，则有所不同，从中所列秩等就可看出其他帝陵城地位较高，但并没有达到最高的千石秩，比如高祖长陵、惠帝安陵分别为八百石、六百石秩，这恐怕与万年邑为太上皇之陵邑有关。而且从后世昌陵邑[②]的设置来看，所有帝陵均置有令，政治地位比较高。此类城市在西汉城市的发展中是比较特殊的，对关中地区区域人文环境的影响较大，西汉中后期诸陵邑之地的社会、文化风气发生了很大变化，形成了特殊的文化区，陵邑之间也有所不同。

①《汉书》卷24《食货志》。
②《汉书》卷84《翟方进传》：“贬勋为昌陵令”。

再次是道城，少数民族聚集的道城地位则比较低，秩等较低。一般来讲多为六百石的普通之秩，但是，本表仅有的4个五百石秩城均在巴蜀之地，地位低于其他道城，可能与它们处于边境，或与羌、氐等民族的分布有关。道城多分布于西汉初年的边郡之地，从道的分布上也可观测出西汉初年帝国西部边界，比如，蜀郡之严道、青衣道、绵虒道、湔氐道，广汉郡之甸氐道、阴平道，陇西郡之狄道等。

最后再谈侯国城市，《二年律令》中共记载了分布于本区的23个侯国城市，若将沛郡二城不计，那么从侯城构成上看则有：千石侯城有1个（高祖兄刘仲之郃阳城），八百石侯城4个（曹参之平阳、周勃之绛、惠帝子之轵，萧何之沛），六百石侯城17个；在地域分配上 ：三辅2个，三河11个，其他郡域侯城有9个（以东郡、颍川为主有6个）。由此，西汉初年侯国城市中具有较高地位的是高祖兄弟及为汉作出巨大贡献的功臣，而大多数侯城则为六百石城，与普通县邑城市地位相仿，这与西汉后期侯城地位略低于县邑城市的情况有别；此外，城市等级越高距离帝国核心越近，侯城等级基本呈从三辅、三河、外围逐渐递减之势。

（3）《二年律令》中所载沛郡境内的丰、沛、城父、酂的4城，当为几个较为特殊的城市。它们深入诸侯王国区域内部，本不当属汉郡管辖，因为高祖时所封143侯城中属于诸侯王地区的100个城市中仅有沛、酂两侯城，且其秩等较高，分别为千石、八百石，所以推测这几个城市当属特殊情况，该如何解释，笔者目前没有答案。

（4）经前述分析，西汉初年汉郡区城市等级关系可以简单表述为：县、侯国城地位相仿，而略高于陵邑城，道城则最低。

第三节 西汉后期城市等级划分——尹湾汉简研究

城市等级结构是指区域内不同等级城市的组合关系。《尹湾汉墓简牍》（以下简称《简牍》）记录的西汉末年东海郡38个城市，不但有类型上的区别，还有等级上的差异。本文用加权法对多种要素综合分析，得出西汉东海郡城市等级数量之比接近于1：2：4。这一结构说明了西汉时期东海郡城市组合关系符合城市规模等级与城市数量成反比的“金字塔”模式，对认识西汉其他郡国城市的等级组合关系有借鉴作用。

1993年2～4月在江苏省连云港市东海县温泉镇尹湾村发掘了六座汉墓，其中二号与六号墓发现了汉简，内容非常广泛，涉及社会的经济、政治、文化等领域，自该汉墓群发现之日起就引起了相关学科研究汉代社会历史的广泛注意，尹湾汉简也于2002年以其“反映当时经济社会生活的原始记载” 荣登第一册中国档案文献遗产名录[①]。

《尹湾汉墓简牍》共计有17种，包括《集簿》、《东海郡吏员簿》、《东海郡下辖长吏名集》等。时代大约为西汉成帝时期，墓主姓师，名饶，字君兄，生前曾任东海郡卒史和功曹史。其中《集簿》、《东海郡吏员簿》对东海郡所辖38县的记录是研究西汉郡县城市地理不可多得的直接资料，《东海郡下辖长吏名集》分别记载东海郡所辖38个县、邑、侯国以及盐、铁官的长里的官职、籍贯等信息，有助于了解东海郡县级城市与周边区域之相互关系。

---

①《人民日报》（海外版），2002年03月19日。

一、东海郡城市空间发展过程

西汉东海郡位于政区版图东部的中心位置上，被称为秦汉帝国的东大门，地理位置特殊。位处东经117.1° ~119.7° ，北纬33.9° ~35.6° ，濒临黄海，西汉时期，现代苏北海岸线尚未形成，东海郡的朐邑（今连云港市）依然在海边上，海西距离大海也不过25千米。西汉末年东海郡辖县38个，郡治郯城，都尉治费县，区域面积约21132平方千米，全郡有358414户，1559357人（平均每户4.3人），人口密度为73.8人/平方千米，在全国103个郡国中也是比较高的。

从《汉志》及诸侯者表记载来看，东海郡的形成有一个过程，即区域面积由小到大、城市数量由少到多、城市管理逐渐加强的过程。

《地形志》："郯郡秦置，汉高改为东海郡"；《御览》引《地道纪》："海州东海郡，秦为薛郡地，后分薛为郯，汉改郯为东海郡"；《水经注》沂水下："郯，故国也。东海郡治。秦始皇以为郯郡，汉高帝二年，改从今名"；全祖望曰："东海故秦郡，楚汉之际改名郯郡，属楚国，高帝五年属汉"[①]；《汉书·楚元王传》："汉六年，立交为楚王，王薛郡、东海、彭城三十六县"；《汉书·高帝纪》亦记此事，只是东海改为郯郡。谭其骧先生说，东海治郯，楚汉之际亦称郯郡也。《史记·吴王濞列传》："景帝三年冬，楚国东海支郡削属汉。"自后东海不断吸收城阳及鲁王子侯城，成为《汉志》之规模，业以为《简牍》所证实。

看上面资料，眼花缭乱，不知所云，但细审即可发现东海郡的发展脉络。西汉东海郡源于秦薛郡，后分出郯郡，在秦末、楚汉间，郯郡、东海郡的名称有互用现象，是长期以来学界对秦郡数目争论的焦点之一。而西汉初年的东海

①全祖望："汉书地理志稽疑二"，载《二十五史补编》（一），中华书局，1995年。

郡先后属韩信、刘交之楚，也就是在此转换之机，东海郡境发生了很大变化。其北部仍属楚国，其南部江淮间则属荆国。至景帝三年（公元前154年）冬，东海郡始直属中央，然此时东海郡所辖城市与《汉志》"东海郡"尚有很大不同，除去《汉志》中的侯国城市之外，东海郡内尚有几个列侯之国是直属中央朝廷的，即良成、建陵、东安侯国等，正是因为这几个县的原因，使得东海郡被割裂为两大块，其分界线基本上在今山东与江苏两省分界处。

从第二章考证结果来看，东海郡侯国城市数量仅次于齐地琅邪郡的数量而有51城，其中王子侯国就有近40个，分别来自于城阳（19个）和鲁（15个）两国。从这一构成上来看，东海郡的地域构成就非常明确了。另外在东海郡从无封侯史的城市有（14个）：郯、兰陵、襄贲、下邳、平曲、朐邑、缯、即丘、临沂、开阳、祝其、厚丘、曲阳、司吾。又从谭图显示的地形地势来看，即丘、临沂、开阳、祝其4城在东海郡所属的城阳王子侯国之北，故应属城阳；且因其均非侯国城市，推测诸城当在高后至文帝初年，即城阳作为鲁太后奉邑及回属齐国时划入东海郡的。平曲侯国是以东海之地封广陵王子侯国的，与其他王子侯城不同。因此，景帝三年（公元前154年）前东海郡只有3个侯城，一个是陈贺的费侯国，此侯城免后曾续封城阳王子，所以免侯后当属城阳王地；另一个是高后时所封建陵侯城，该城在东海郡治南，但后又封鲁王子，要么为特例，要么谭图定点可能有误；第三个是景帝二年（公元前155年）封萧何后代的武阳侯城，但地望不确。另外，武帝元鼎四年（公元前113年）[①]以三万户所置三万户的泗水王国，泗水国只有3城。东海郡郡域若按周先生所考："事实上汉初东海郡南界为淮水，西南循《汉志》泗水国、临淮界，唯北界于

①周振鹤在"东海郡沿革（含泗水国）"中的两处涉及泗水国置年各不相同，见《西汉政区地理》第33—34页。本书据《史记》卷59《五宗世家》："泗水思王商以元鼎四年用常山王子为泗水王"而定。

西北由城阳与鲁王子侯国位置而定”的话，景帝三年（公元前154年）东海郡则至少有12城（包括武阳在内），而文献能够证明汉初就已存在的城市也都在其中，因而《汉志》东海郡是由三部分组成的，首先是东海郡核心区，指郯城附近诸城，其次是汉初城阳国地，约有5个侯城及4个一般县城；最后是鲁国之地，有14个王子侯城；除此之外尚有楚、泗水王子侯城各1个。

二、东海郡城市等级结构

影响城市大小的因素是比较复杂的，除地理环境、区位因素之外，还有更为复杂的人文因素。西汉是我国郡县制逐步完善、定型的一个时代，汉承秦制，对郡县城市的大小均有明文规定，只是现实情形要比法规法令复杂得多。《百官表》、《汉官仪》等史料所反映的仅是西汉城市的总体规划，内部等级差异仅是一大概；而县与道、侯国、邑之间等级关系更是无从确知。此外，西汉一代郡国领域变化频繁，城市间变化杂乱无章，这些问题的存在严重影响了我们在西汉相关领域研究的深入。

本书主要使用简牍资料对西汉东海郡三种类型的38个城市的记载，选取4个要素对所有城市进行等级排比，最后在提取出东海郡区域核心城市——郯城之后，其余县级城市等级数量之比接近于1：2：4；三类城市之间的等级关系是：县和邑没有明显的等级差异，侯国城市等级地位相对较低，低于本郡多数县邑城市。

（一）东海郡城市类型划分

分类是认识复杂事物的一种常用方法。根据事物的相似性和差异性特点，把事物归类，使每个类的内部保持高度的相似性，类间保持明显的差异性。这是研究事物共性和个性的一种常用方法。对城市的分类依据常用的有：城市发生学、地形地貌、城市形态、人口规模、行政等级等不同的方法，在这里采用依据城市属性差异来划分。《集簿》（木牍一正）记"县邑侯国三十八，县十八，侯国十八，邑二"，可知东海郡据城市属性的不同可划分为三种类型，即县、侯国、邑；结合《吏员簿》（木牍二正、反）的内容，则可知东海郡各城市的类别（表4—2），在这一划分的基础上，我们可以观察使西汉城市数量频繁变化的各类县级城市之间相互关系。

表4—2　西汉东海郡城市类型

类别	城市名称及数量
县城	海西、下邳、郯、兰陵、襄贲、戚、费、即丘、厚丘、利成、开阳、缯、司吾、平曲、临沂、曲阳、合乡、承　（18）
侯国城	昌虑、兰祺、容丘、良成、南城、阴平、新阳、东安、平曲、建陵、山乡、武阳、都平、郚乡、建乡、于乡*、建阳、都阳　（18）
邑城	朐、祝其*　（2）

说明：*《尹湾汉墓简牍·吏员簿》上"乡"字前空一格，查《汉志》、《汉书·建元以来王子侯表》及《尹湾汉墓简牍·吏员簿》记载顺序，文中所缺当为公元前41年所封的泗水王子"于乡"侯国。

*《尹湾汉墓简牍·吏员簿》中虽没有明确提到"朐、祝其"为县邑，但在《考绩簿》上提到"朐邑丞杨明……"、"祝其邑孔宽"，另有"□其邑左尉宗良……"，"□"释为"况"，即《汉志》之祝其。"内郡为县，三边为道，皇后、太子、公主所食为邑。"但不知是谁的封邑。

此处仅将东海郡城市作一简单的类别划分，各类内部等级差异结构在下文分析全郡城市等级时还将说明。

（二）东海郡城市规模等级划分

现代城市地理学中对城市规模等级的划分普遍使用的是人口指标，世界各国依据各国内部的具体情况，而有很大差别，即便是某一国内所用标准亦往往有所不同。那么，对于西汉时期城市规模等级的划分，我们可资利用的文献史料较少，仅有律令方面的规定，难以看出其间的差别，东海尹湾汉简的出土为这一颇具难度的领域研究带来了一丝曙光。

《简牍·集簿》《简牍·吏员簿》主要记载了西汉东海郡郡级机构的吏员有太守、都尉、丞、卒吏、属、书佐、啬夫。丞以上为长吏，卒吏以下为少吏。其中卒吏与属为秩百石。书佐、啬夫不及百石。县级长吏为令（长、相）、丞、尉，其余为少吏。官有秩、乡有秩以及侯国的侯家仆、行人、门大夫为百石吏。令史、狱史、官啬夫、乡啬夫与游徼为“斗食”。牢监、尉史、官佐、邮佐、乡佐，通称为“佐使”。佐使与亭长皆低于斗食。据汉代律令可知，长吏之中令（长、相）的秩别是判断县域规模等级的首要依据，尉的设置虽相对前者简单，但同样可依其量的多少、秩别之多寡分辨县的大小，而属吏总量将作为一综合指标，同样可以作为判断县大小的参考因子，西汉的亭已为许多学者证明，其与乡是两个不同的系统。亭的设置与距离相关，所以，亭长地位虽在斗食之下，但因其与县域范围有密切关系，在这里也作为一个参考要素。下面我们依据《简牍》记载的各要素数据分别列表。

（1）《百官表》载：“县令、长，皆秦官，掌治其县。万户以上为令，秩千石至六百石。减万户为长，秩五百石①至三百石。”可知西汉政府按照各县所辖户口多少来确定其长官的俸禄，反过来，也可以县令、县长等长官俸禄的高低说明其间等级差异。在此，要特别说明的是：这一点也并非是绝对的，一些地广人稀的县，人口数量虽少但也置令；一些经济发达、人口稠密的县反

①《汉书》卷19《百官公卿表》的记载与《张家山汉墓竹简·秩律》已得以相互印证，其时县级长官秩位有“千石、八百石、六百石、五百石、三百石”不等，说明西汉前期的基层官秩；而《百官公卿表》又载：“成帝阳朔二年除八百石、五百石秩。”，其与《汉官旧仪卷下》记：“县户口满万，置六百石令，多者千石。户口不满万，置四百石、三百石长”相符，尹湾汉简的出土更加验证了西汉后期基层官秩情况。

而置长[1]；还有较为特殊的县，县令之秩竟达到了二千石[2]，所有这些只是特例，大多数县令之秩则应在律令原则下制定，否则律令将等同虚设。

《吏员簿》所记城市管理者俸禄的高低有四个等级，我们将之与其所在城市相联系，则东海郡城市可据此分为四个等级，见表4—3。

表4—3 东海郡城市等级划分之一

等级	秩别	县邑	侯国城市
一级	千石	海西、下邳、郯、兰陵	
二级	六百石	襄贲、戚、朐	
三级	四百石	费、即丘、厚丘、利成、祝其、开阳、缯、司吾、平曲	昌虑、兰祺、容丘、良成
四级	三百石	临沂、曲阳、合乡、承	南城、阴平、新阳、东安、平曲、建陵、山乡、武阳、都平、郚乡、建乡、于乡、建阳、都阳

综合表4—2和表4—3，我们不难发现：所有侯国等级相对较低，至少低于郡内个别大县，东海郡侯国城市全在第三等级或以下；"邑"的地位相对较高，如朐邑高居于第二等级，祝其为第三等级。所以，《汉志》"县邑"连说是有一定根据的。

（2）《吏员簿》中记录东海郡各县属员设尉情况有所不同，有的设有两尉，有的只有一尉，有的则不设，《汉官旧仪》卷下载："大县两尉，小县一尉"[3]，据此汉县则可简略用大小县份相区别开来。然《吏员簿》对这一内容还有更为详细的记述：同设两尉的县，有的尉秩四百石，有的三百石，有的则只有二百石，我们将这些情况列入表4—4。

---

①《汉书》卷19《百官公卿表》注引应劭曰："万户以上为令，万户以下为长。三边时孝武皇帝所开，县户数百而为令。"

②［宋］徐应麟：《西汉会要》："吕后三年（公元前185年）增长陵县令秩至二千石"。

③［清］孙星衍等辑，周天游点校：《汉官六种》（汉卫宏撰《汉官旧仪》），中华书局，1990年。

表4—4 东海郡城市等级划分之二

等级	秩别	尉数	县邑	侯国城市
一级	四百石	二尉	海西、下邳、郯、兰陵	
二级	三百石	二尉	襄贲、戚、朐	
三级	二百石	二尉	费、即丘、厚丘、利成、祝其、开阳、缯、司吾、临沂	昌虑、兰祺
四级	二百石	一尉	平曲、曲阳	容丘、良成、南城、阴平、平曲
五级			合乡、承	新阳、东安、建陵、山乡、武阳、都平、郚乡、建乡、于乡、建阳、都阳

在表4—1分类的基础上，对比表4—3、表4—4，我们亦可得知：其一，西汉大多数的王子侯国是不设尉的，设者多数仅有一尉，二尉者占极少的比例，东海郡仅昌虑、兰祺两侯国设两尉；其二，从设尉的多少再次证明了邑的地位要比王子侯国高。东海郡仅有的两个邑，不但均设尉，而且都有两尉。除此之外，《吏员簿》虽然提供了本表所分五个等级的内容，但其中三、四等级城市间的区分不是十分明确，有等级间的交错现象，所以五级划分中的三、四级可以合并，而成四个等级。

（3）《汉官旧仪》卷下："汉承秦郡，置太守，治民断狱。都尉治狱，都尉治盗贼甲卒兵马。"这一文一武两大系统是中央王朝在地方上的翻版，担任武职的都尉，其职责是负责本郡的治安及防御工作，在隶属关系上应接受太守的指挥。这一组成结构在基层县级单位亦得以复制。由各县地位、地域范围不同而造成的县内属员、安全防御设施（亭）数量的差异，亦可作为考察县级城市大小的依据。这里先按各县属吏的多寡，进行划分城市的等级，详见表4—5。

表4—5 东海郡城市等级划分之三

等级	吏员数	县邑	侯国城市
一级	90人以上	海西、下邳、郯	

续表

等级	吏员数	县邑	侯国城市
二级	80～90人	兰陵、费、朐	
三级	50～70*人	即丘、厚丘、临沂、利成、襄贲、戚、祝其、开阳、缯	昌虑、兰祺、南城、阴平、容丘、良成
四级	50人以下	司吾、平曲、曲阳、合乡、承	平曲、新阳、东安、建陵、山乡、武阳、都平、鄗乡、建乡、于乡、建阳、都阳

说明：*《尹湾汉墓简牍·吏员簿》记载东海郡内各县隶员总数70～80为空档，表五中各县亭数13～18本为空档。

（4）《百官表》云："大率十里一亭，亭有长"；《汉官仪》、《汉旧仪》亦有"设十里一亭，亭长、亭候；五里一邮，邮间相去二里半，司奸盗"的记载，很显然这里的"里"是里程的"里"。因而，据各县亭的多少可知县域范围的广袤。把《吏员簿》所记各县亭长数，分为四个等级，则有表4—6。

表4—6　东海郡城市等级划分之四

等级	亭数区间	县邑	侯国城市
一级	40亭以上	海西、朐、下邳、费、郯	
二级	30～40亭	厚丘、临沂、兰陵、即丘、利成	
三级	18～30亭	戚、祝其、缯、襄贲、开阳	昌虑、南城
四级	13亭以下	司吾、平曲、曲阳、容丘、合乡、承	兰祺、良成、阴平、平曲（侯国）、新阳、东安、建陵、山乡、武阳、都平、鄗乡、建乡、于乡、建阳、都阳

表4—6与前三表中最显著的变化，是"费城"等级的变化，由原来的2个第三等、1个第二等一跃而为第一等级的城市，从而也验证了亭长的职能属性，它属于军事、治安系列，与郡都尉共同构成了郡国治安系统。而费作为东海郡的都尉治所，其重要性得以首次体现，其根源已了然于纸间。

（三）东海郡城市等级结构

上面我们不厌其烦地、按不同要素分别划分了城市等级，所得到的印象还是片面的，还不能产生一个很明确的认识。确定城市的等级要综合衡量各种要素，上述诸要素分别作为参考标准之一，对城市的影响力各不相同，所以，我们给各要素所加权重亦有所区别。具体而言，表4—3、表4—4代表中央划分、设置城市的律令制度，是新城市产生时首要考虑的内容，在综合打分时所给权重相对大一些，满分为1，依级递减为0.75、0.50、0.25；（表4—5、表4—6）属员、亭长的多少相对于前两种因素（令、相）随机性大些，更多依赖于表4—3、表4—4的情况，因此所给权重略小，满分为0.8，同样依级递减为0.6、0.4、0.2；综合上述诸因素，东海郡城市可划分为三个级别，如表4—7所示。

表4—7 西汉东海郡城市等级结构

等级	县邑	侯国城市
一级	海西、下邳、郯、兰陵、朐	
二级	费、襄贲、戚、厚丘、即丘、利成、祝其、开阳、缯、临沂	昌虑、兰祺
三级	司吾、阴平、平曲、曲阳、合乡、承	容丘、良成、南城、平曲、新阳、东安、建陵、山乡、武阳、都平、郚乡、建乡、于乡、建阳、都阳

补充说明一点，经过对以上诸要素的分析，就侯国城市而言，其等级相差不是很大，观表4—7可知，在三级城市划分中，仅有昌虑、兰祺两侯国处于第二等级，其余地位均相当低，包括兰祺侯国在内有7个侯国城市地望无考①，况谭图东安、都阳侯国定点似有不妥，容另撰文再作说明。鉴于种种情况侯国再细分等级已无实际意义。而县、邑则稍有不同，上述诸内容可以说是对县邑连用最好的诠释。东海郡所属两邑融于各县中从上述考察要素上分辨不出等级差异，所以，这里我们就把18个县和2个邑放在一起，继续使用加权分析法，以3.0、2.0两个得分点把东海郡的县邑城市分为三个等级，结果见表4—8。

①谭其骧：《中国历史地图集》（第二册），中国地图出版社，1992年，第20页背面。

表4—7、表4—8的形式与结果相近，但结构不同。表4—7中城市等级近似于积差关系，表4—8中城市等级近似于等差关系。这一现象说明东海郡的县邑城市在地域组合上的不合理，城市间的联系还比较单一，主要是政治隶属关系，各城市间经济往来比较松散。所以，从长远的角度来看，其中部分城市将被逐渐淘汰或消失，这一点已为西汉以后的史实发展所证明。

表4—8　西汉东海郡县邑城市等级结构

等级	城市名称及数量
一级	海西、下邳、郯、兰陵（4）
二级	朐、费、襄贲、戚、厚丘、即丘、利成（7）
三级	祝其、开阳、缯、临沂、司吾、平曲、曲阳、合乡、承（9）

《简牍》从上述几个方面反映了县级城市之间的等级差异，但唯独没有明载郡太守、都尉的治所。由于“汉承秦郡，置太守，治民断狱。都尉治狱，都尉治盗贼甲卒兵马”，且西汉郡国、都尉治所均不单独建城，一般设在郡国中某城市之内。查《汉志》东海郡治郯县，都尉治费，而上文仅就县级城市作了划分，没有考虑郡守、都尉治所问题，此两县应由秩比二千石的太守①、都尉分治，当与其余诸县在地位上有所不同，故应区别对待。对表4—7进行修正，郯城作为一郡的治所，是区域的中心城市，考虑到费城的特殊性，将其等级提高一级，则县级城市各级数量之比为5：11：21，接近于1：2：4，那么，东海郡城市等级结构如图4—4所示。

①《尹湾汉墓简牍·吏员簿》（木牍二正）：“太守一人，秩□□□□……都尉一人，秩真二千石。”据《百官表》：“郡守，秦官，掌治其郡，秩二千石。景帝中二年更名太守”、《张家山汉墓竹简·二年律令·秩律》：“……郡守、尉……秩各二千石”，那么太守与都尉的秩相同，均为“二千石”之官，然木牍释文在太守秩后有四字空格，且都尉秩“真二千石”，逆推太守秩当为“真二千石”。但查《史记》、《汉书》载西汉“二千石秩”，依次有中二千石、真二千石、二千石、比二千石四个等级，且所有涉及太守秩的记载又都不超过“二千石”，若“掌佐守典武职”的都尉之秩为“真二千石”，那么郡守之秩当该有多少？由此，我大胆地推测《尹湾汉墓简牍》中都尉秩应为“比二千石”，太守秩与此相同。此与《汉表》所记郡守秩律与实际中还是有些许不同的，而非高敏“读尹湾汉简札记之一”中“均完全一致”的认识。

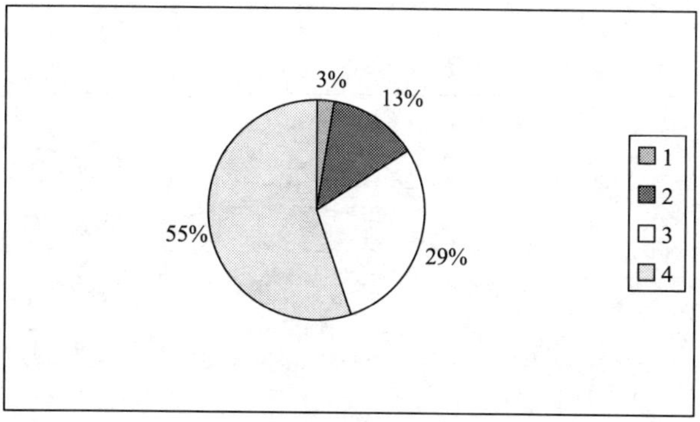

图4—4 东海郡城市等级结构

由以上图表可知，东海郡郡治郯城是本区域的中心城市，在其周围有5个与其规模相近的次级区域中心城市，与现代城市地理在研究城市体系空间网络结构所得模数基本接近。不过，西汉东海郡内县级城市各等级之间的关系则有很大出入，5个次级区域中心城市（现代意义上的地区），其周围依次由11个一般县级城市和21个重要的乡镇组成。县级城市之间的结构关系接近于每1个高级城市只有2个低一级的城市为其服务，这一点是无法与现代城市网络结构相对比的。

上述比例结构，目前虽然无法判断在当时其是否达到最优组合状态，但有一点是很明确的，即该结构符合城市等级结构中"城市规模越大的等级，城市的数量越少，而规模小的城市等级，城市的数量越多"①的金字塔模式。

东海郡城市等级结构的这一特点可能会因为区域地理环境间的差异，降低其与其他郡国城市之间的可比性，可能还不能作为衡量其他郡国县级城市的结构关系的坐标，但在其他郡国没有更多的地下资料面世之前，其作为一般范例的功能也还是不能够完全抹杀的，尤其对于东部原诸侯王国地区的汉郡城市来

①陈慧琳：《人文地理学》，科学出版社，2001年，第79页。

说更是如此。

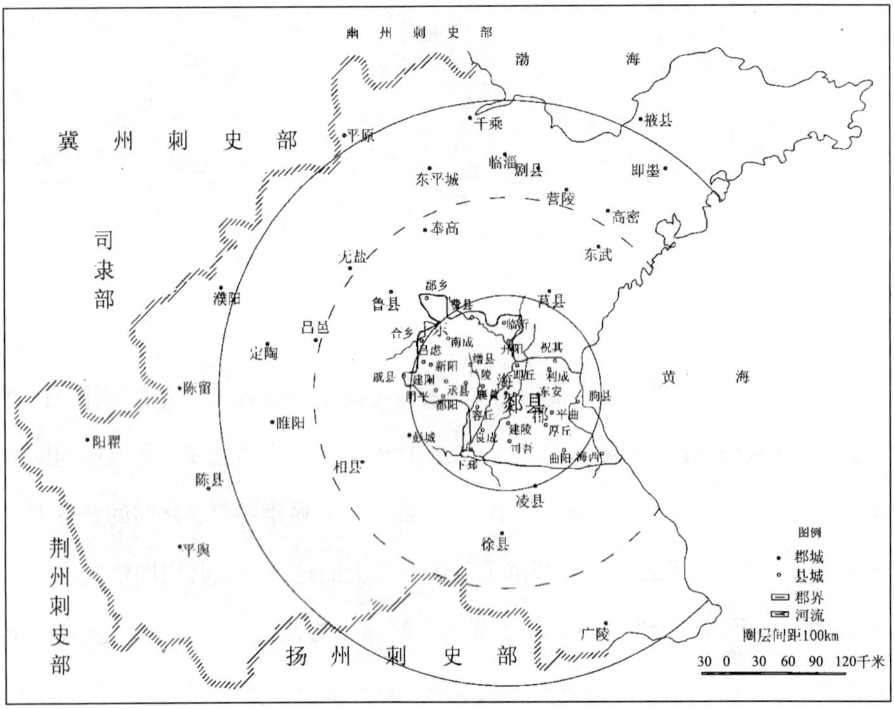

图4—5 西汉末年东海郡城市分布

东海郡城市的组成结构，西汉时期地方长官品秩高低仅能部分地反映该区域大小、人口情况及其行政地位的高低。《汉官仪》：“大县设令，小县设长”的记载只能说明西汉城市等级之间的关系，除此之外，各郡国城市之间尚有其他经济、文化往来。根据《简牍·吏员簿》的记载结合上文的统计结果将东海郡各级城市绘于地图上即可显示该区域城市之间的相互关系特征（图4—5）。该图首先对上文分析结果进行展示，西汉末年东海郡城市等级结构情况；其次图中显示的另一个最重要内容就是东海郡各级城市与周边郡县城市之间的关系，一些重要部门的管理者受影响的区域。该信息源自于对《吏员簿》

所载官员的籍贯的整理，出于对各级城市管理者所具有的管理、教化等功能认识基础之上的，所以从东海郡各城市与周边郡县城市间的人员往来情况，反映东海与其他郡县的联系，以此来说明东海郡的影响范围及文化融合的条件。

西汉时期受选官制度的限制（回避本籍），地方郡国城市间多有往来。《吏员簿》共记录了本郡124名官员的籍贯（另有3人无籍贯）涉及郡国有28个，各郡国分布情况如下：山阳郡20、沛郡18、琅邪郡11、汝南郡10、颍川郡8、临淮郡7、陈留郡6、鲁国6、京兆尹4、梁国3、淮阳国3、六安国2、楚国2、丹阳郡2、东郡2、南阳郡2、定陶国2、左冯翊2、河南郡2、泰山郡2、信都郡1、庐江郡1、巨鹿郡1、清河郡1、济南郡1、东海郡1、广陵郡1、北海郡1、胶东国1、右扶风1。

由此，首先可以推知东海郡影响和被影响空间距离在东海郡治郯城至首都长安直线距离850千米的范围内，但其主要影响区在100～300千米的区域范围内，为邻近的几个郡，如山阳、沛、琅邪、汝南、颍川、临淮等郡。

其次，从东海郡郡县城市管理者籍贯似可看出，东海郡与周围诸郡国的关系中以汉初梁国、淮阳国、楚国为主，且最为邻近的城阳国无一人任职于东海郡。这一点是否因其与城阳国的关系有关呢？因为从第二章对楚地侯国城市的考察一部分内容中可知，东海郡在西汉一代共吸纳了齐地城阳王子侯国19个，且另有4城以地理位置看亦当属城阳之地，由此可以得知西汉东海郡的组成中除源自楚国旧东阳郡的部分城市外，更多地来源于齐地城阳国区，由此出现了东海郡县城市官员无来自城阳国的现象。

第五章　西汉城市的空间发展模式

汉初总结秦亡经验，认为“外无藩辅”是其最主要原因。因而，汉初又部分地恢复了先秦时期的封国制度，但最初为了迅速取得与西楚战争的胜利，分封了一批异姓诸侯王，同时为了刘家的天下，汉高祖刘邦在他去世前（公元前195年）最终完成了由异姓诸侯王向同姓诸侯王（除长沙王吴芮外）过渡。先秦东方六国之地建立起来的诸侯王国地区（含9个同姓和1个异姓）与西汉中央直辖的汉郡是两种极为不同的行政管理区，即诸侯王国和汉郡区，形成了诸侯王国与中央汉郡相对峙的局面。与此同时，帝国外围的西北、西南、南方以及东南沿海等地区尚不在西汉政权直接管辖之下，虎视眈眈的少数民族政权同样威胁着新生政权的稳定。为此，自帝国经过空间权衡定都关中之后就对不同类型区采取了不同的管理方式，城市作为一种区域空间地理现象在不同管理方式下呈现出不同的发展模式。区域管理方式差异奠定了区域城市发展模式的不同，下文以齐地、关中地区、新拓区城市空间发展作个案研究，分别探讨诸侯王国区、汉郡区及拓展区城市空间发展轨迹，以揭示西汉城市空间发展的一般规律。

第一节　诸侯王国区城市发展模式探索——以齐地为例

由第二章对西汉城市发展的时空特征的考察可知，西汉时期的齐地是东部诸侯王国区域城市变化最为剧烈的一个区域，对本区域城市发展模式的探讨将更有助于对诸侯王国区域城市发展模式的研究。

一、齐地城市的发展与分布

城市是兼有经济、行政和自然性质的一种综合性区域，城市作为地球表面的一种地理现象具有发生和发展的历史过程，反映一个国家、民族或一个区域的社会经济状况，因而，区域城市的发展与分布具有一定的时空特征。

公元前221年，齐灭于秦。秦最后统一了东方六国，建立起中国历史上第一个封建王朝。秦于齐故地先后设了四郡（临淄、琅邪、济北、胶东）；至秦楚之际，西楚霸王项羽三分齐地：胶东国①、齐国②、济北国③。楚汉交兵，汉高祖四年（公元前203年）先封韩信为齐王，都临淄。高祖六年（公元前201年），立皇子肥为齐王，仍都临淄，辖70余城。此时的齐国与战国之齐国境域一致。即如《汉志》所载：“齐地，……东有甾川、东莱、琅邪、高密、胶东，南有泰山、城阳，北有千乘，清河以南，勃海之高乐、高城、重合、阳信，西有济南、平原，皆齐分也。”

此处从政区名称上漏掉了北海郡和齐郡，或许因为它们处于齐地核心区所

①《史记》卷16《秦楚之际月表》：“齐王田市为胶东王，都即墨。”《史记》卷7《项羽本纪》：“徙齐王田市为胶东王。”

②《史记》卷7《项羽本纪》：“齐将田都从共救赵，因从入关，故立为齐王。都临淄。”

③《史记》卷7《项羽本纪》：“田安……引其兵降项羽，故立安为济北王，都博阳。”

致；另从空间范围上还应包含东海郡部分城市[①]。从政区概念上来看西汉初年的刘肥齐国对应于《汉志》则包含有12个郡国的政区：自齐都临淄顺时针有齐郡、甾川国、北海郡、胶东国、高密国、东莱郡、琅邪郡、城阳国、泰山郡、济南郡、平原郡、千乘郡，此即为汉初刘肥齐国之范围。

《汉志》齐地12郡国共有198城，这与西汉初年的70余座城市相比，城市数量则是大规模增长，不只如此，随着区域行政区划的演变，较高行政等级的城市数量也随之而增长，这就是西汉齐地城市发展的基本特征。

（一）城市总量的大规模增长

要论述西汉齐国城市发展的时段特征，仅有初年城市总量和末年的资料显然是不充分的。比如，西汉初年齐地城市有70余座[②]，西汉末年近200座[③]，如何给二者建立对应关系是本节的难点。

西汉建国初期，社会经济凋敝，户口锐减，为迅速恢复发展生产，稳定社会秩序，西汉中央政府给予了侯国“自置吏，得赋敛”[④]的特权。侯国直属于中央，列侯多功臣宿将，正是由于列侯可以“不之国”，得以凭借在中央的权力在其封国内拥有较为全面的政治、经济特权。相反，就国之后，列侯由于

①在对东海郡侯国城市统计时，发现有19个城阳王子侯国城市，另有4个城市分布于王子侯城以北，故推测，它们均应属汉初城阳之地。

②《史记》卷80《乐毅列传》载：“下齐七十余城，皆为郡县以属燕，唯独莒、即墨未服”；《史记》卷54《曹相国世家》：“斩龙且，虏其将周兰，定齐地凡得七十余城”；《史记》卷97《郦生陆贾列传》：“淮阴侯闻郦生伏轼下齐七十余城”；《汉书》卷1《高祖纪》六年春正月：“以胶东、胶西、临淄、济北、博阳、城阳七十三县立子肥为齐王。”

③《汉志》与齐地相对应的12个郡国共辖有198座城市：平原郡19座、千乘郡15座、济南郡14座、齐郡12座、北海郡26座、东莱郡17座、淄川国3座、胶东国8座、高密国5座、城阳国4座、琅邪郡51座、泰山郡24 座。需要补充说明的是，西汉末年齐地城市本应将渤海郡4个齐孝王子侯国城市计算在内，但应减去泰山郡的4个鲁、东平王子侯国，两地区侯国城市数量相同，此外应将《汉志》东海郡曾经作为城阳王子封地的5个侯城（利成、南城、费、都平、都阳）及其以北四城，即即丘、临沂、开阳、祝其加进来。为方便起见，后文仅以西汉末年郡级政区为据统计的。

④《汉书》卷1《高帝纪》“十二年诏”。

失去了在中央的权力作支撑，反而为地方郡守尉所限制，周勃“免相就国。岁余，每河东守尉行县至绛，绛侯自畏恐诛，常披甲，令家人持兵以见”[①]。武帝时，改侯国令长为相后，从根本上剥夺了高祖以来赋予列侯的部分行政及财政特权。在中央政策的转变和侯国政治权力削弱的情况下，西汉前后期侯国城市数量呈现出明显的阶段性特征。

首先假定西汉200年间齐地城市的增长全赖于侯国城市的设置，这样齐地200年间所有的侯国城市都是新产生的城市。查《史记》《汉书》各侯者表及《汉志》，西汉一代200年间齐地共约分封了183个侯国城市（其中不包括无法确知属何郡国且为齐地所封侯国，如甾川懿王子刘高遂的怀昌侯国、高密顷王子刘都的卑梁侯国及胶东共王子刘恢的堂乡侯国等），其中有50个侯国城市被省并（表2—13），前后相继者仅计算一次，有22城次[②]，剩余111座城市延续到西汉末年。延续至西汉末年（公元前7年）的111座城市中有83座仍然是侯国城市（表2—43），另有28座侯国城市[③]在国除之后作为一般县城存在于《汉志》中。用《汉志》齐地12个郡国所辖的实际城市数量减去曾作为侯国城市的数量，所得应是西汉初年齐地的城市数量为87座，但这一数据显然多于西汉初年齐地的70余城之规模，由此得出两个推论：其一，不是所有的侯国城市都是西汉一代新增的城市；其二，西汉新增城市除新拓展区外，不全是侯国城市，特别是在诸侯地区还存在着一些因经济发展或其他原因增长的城市。齐地城市的发展与分布情况见第二章。

①《汉书》卷40《张陈王周传》。

②平原郡：枋、乐陵、楼虚、龙額3；北海郡：营陵、胶阳；城阳国：阳都；琅邪郡：昌、祓、鉼、安丘、高陵3、魏其3；东莱郡：曲成3；济南郡：朝阳、宜城；泰山郡：式、富阳。其中有4城3次重复。

③平原郡：祝阿、漯阴、枋；北海郡：瓡、益、都昌、营陵；城阳国：阳都；琅邪郡：东武、不其、朱虚、平昌、东莞、昌；东莱郡：腄、东牟、曲成；泰山郡：博、柴、牟；胶东国：昌武、壮武；济南郡：台、梁邹、於陵、阳丘；千乘郡：乐安、高宛。

但是，对上述111个侯国城市进行检索，发现其中一些侯国城市早在汉初就一直存在着，即封为侯国的城市也未必都是西汉新建城市。据文献记载，得到西汉之前齐地就已存在的城市仅有16座：平原[①]、鬲[②]、漯阴[③]、厌次城[④]、千乘[⑤]、狄[⑥]、著[⑦]、博阳[⑧]、卢[⑨]、临淄[⑩]、腄[⑪]、黄[⑫]、琅邪[⑬]、东安平[⑭]、高密[⑮]、莒[⑯]。除以上16城之外，刘肥齐国城市中还应包括西汉初年新增的嬴城[⑰]、东平阳城[⑱]，齐

①（清）吴卓信《汉书地理志补注二十八》曰："平原……秦始置县，属齐郡；汉为平原郡治。……其为故平原郡治无疑"。

②《汉书》卷39《萧何曹参传》："收著漯阴平原鬲卢"。《正义》引《括地志》云："故鬲城，在德州安德县西北十五里"。《清一统志》163："鬲县故城在（济南府）德州北"。

③《史记》卷54《曹相国世家》："攻著漯阴"；《清一统志》163："漯阴故城在（济南府）临邑县西"。

④《读史方舆纪要》卷31《山东二》：厌次废县，"相传秦始皇东游厌气于此因置厌次县"，先于高祖六年封爰类，寻为富平县，后徙封张安世孙为富平侯，属平原郡。上海书店出版社，1998年，第233页。

⑤《史记》卷82《田儋列传》："灌婴破杀齐将田吸于千乘"。《正义》："千乘古城在淄州高苑县北二十五里"。

⑥《史记》卷48《陈涉世家》："周市北徇地至狄，狄人田儋杀狄令，自立为齐王，以齐反击周市。"师古注《汉书》曰：（狄），"县名也，后汉安帝时更名临济"；《读史方舆纪要》卷35《山东六》："秦置狄县"，第251页。

⑦《史记》卷54《曹相国世家》："曹参战济北郡攻著"。

⑧《史记》卷7《项羽本纪》："田安……引其兵降项羽，故立安为济北王，都博阳"。"横走博"；全祖望曰："前志泰山郡治之博县即博阳也"，《汉书地理志稽疑二》，《二十五史补编》本。

⑨《史记》卷54《曹相国世家》："灌婴收著、漯阴、平原、鬲、卢"。

⑩《史记》卷7《项羽本纪》："齐将田都从共救赵，因从入关，故立为齐王。都临淄"。

⑪《史记》卷112《平津侯主父列传》："又使天下飞刍挽粟，起于黄、腄、琅邪负海之郡，转输北河"，《集解》引徐广曰："腄在东莱"；《清一统志》173："腄县旧城在文登县西，秦置。"

⑫《史记》卷6《秦始皇本纪》引《括地志》："黄县故城在莱州城以东南二十五里"；《清一统志》173："黄县旧城在黄县东南……秦置黄县。"

⑬《读史方舆纪要》卷35《山东六》："秦琅邪郡治琅邪城，《舆地广纪》：汉琅邪县属琅邪在诸城"，第252页。

⑭《史记》卷82《田儋列传》："燕师长驱平齐，而田儋走安平"，《集解》引徐广曰："古纪之酅邑，其改为安平，秦灭齐，改为东安平县，属齐郡，以定州有安平，故加'东'字"。

⑮《史记》卷8《高祖本纪》："齐王烹郦生，东走高密"，《水经·潍水注》："潍水自堰北经高密县故城西"。

⑯《水经》："（沭水）又东南走莒县东"《注》："秦始皇县之"。

⑰《读史方舆纪要》卷31《山东二》："（嬴城）汉初，灌婴败田横之师于嬴下，寻置嬴县属泰山郡"，第232页。

⑱《读史方舆纪要》卷31《山东二》："汉初，灌婴下下邳击破楚骑于平阳是也，寻置东平阳县，以河东有平阳县故此加东"，第232页。

地高祖六年（公元前201年）春正月[①]及其之前所分封侯国城市有：广严[②]、东武、梁邹、阳都。以上22城中有侯国城市8个，分别是漯阴、厌次（富平）、腄、博、广严、东武、梁邹、阳都[③]。从8个侯国城市分封时间来看：高祖时5个、高后时1个、武帝时2个，主要集中于高祖时期；从存在时间的长短上来看，唯有厌次（富平）侯国存在时间比较长[④]，且保存于《汉志》中，其余存在时间均比较短，有的仅存在了2年；另从侯国城市构成上来看，有6个功臣、1个外戚，1个王子侯国城市；从8侯国城市分布的地域上看，分别属于：琅邪郡、平原郡各2，东莱、城阳、泰山、济南郡各1，相对于整个齐地来看均位于其边缘地区（图5—1）。

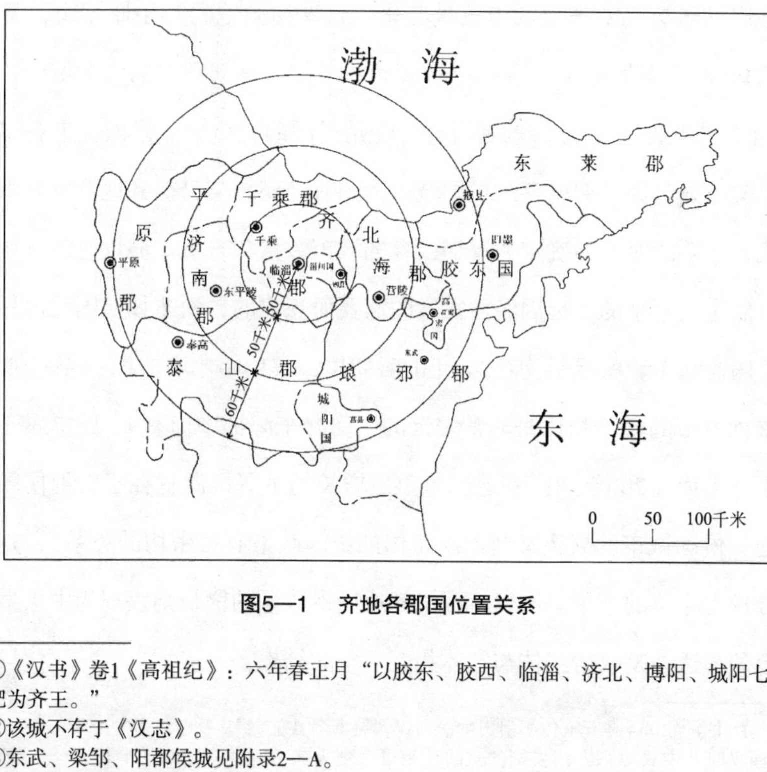

图5—1　齐地各郡国位置关系

①《汉书》卷1《高祖纪》：六年春正月“以胶东、胶西、临淄、济北、博阳、城阳七十三县立子肥为齐王。”

②该城不存于《汉志》。

③东武、梁邹、阳都侯城见附录2—A。

④加上其前身厌次侯爰类在内的时段则更长。

综上所述，汉初齐地73城中可以确定名目的只有22城，其中8个曾经是侯国城市，14个从无侯城经历。尽管文献资料提供的证据相对薄弱了一点，但也能够说明把侯国城市全部作为西汉以来新建城市的说法是不妥当的。但是，由于大部分文献记载的秦县城市中绝大多数都没有封为侯国城市，可以推断：西汉齐地城市增长的主要来源就是侯国城市的分封。比如，琅邪郡初属汉时仅十余城[①]，与《汉志》琅邪郡城市数量减去所有曾封为侯国城市的数量相当。

由此推测，西汉初年齐地73城之22城之外的51城的主要来源：首先是所剩余的73座从未封为侯国的城市；其次是高祖年间所封的其余17城；再次是齐地的功臣侯城。

对比汉初与汉末齐地城市数量变化，自汉初齐地的70余座城市，至《汉志》的198座，平均每年约增长0.6座城市；若加上其间省并的诸多城市，每年将有1个城市出现。另外，剔除所有曾经是侯国的城市，非侯国城市有87座，加上上文已确定为汉初已存的侯国城市大约有95座，与汉初齐地73座城市的数量相比，还差22座（与确定为汉初已存的城市数量巧合）。假设这22座城市纯属于自然生长起来的（指因经济发展的需要而兴建的，而非如侯国城市那样由人为原因而起），将之平均在200年的时间里，每10年才增加1个，这一增长速度与侯国城市的增长相比是非常缓慢的，何况东海郡中尚有9个原本属于齐地的城市。因而，200年间的齐地城市数量增长的主要根源就在于大批侯国城市的兴起，侯国城市的兴废又与西汉帝国的统治政策有很密切的关系[②]，是中央与地方权力斗争的结果。所以，西汉齐地城市数量的增长则表现为中央皇权在空间上的渗透，是权力主体与客体相互斗争的结果。

①《汉书》卷38《高五王传》引田生语曰：“裂十余县王之”。

②西汉时期中央对东方诸侯国的空间政策可表现为文帝时“众建诸侯少其力”、景帝时的“削藩”和武帝时期的“推恩策”。

（二）城市等级的完善——郡级城市的大量出现

根据前文对城市的定义，城市等级由其所在政区的行政等级来决定，因此高等级城市也就随着一级政区数量的增多而不断增长。文献资料证明，西汉齐地政区演变经过了一个复杂的发展过程，200年内齐地政区由一个统一诸侯王国演变成为了12个行政地位平等、各自为政的郡国组成的区域。这12个郡国治所城市组成了西汉全国三级城市体系之第二级，改变了春秋战国、秦及西汉初期以来齐地城市空间单一中心的区域结构特征，向多中心发展，即由原来一个核心（临淄）逐渐发展成为12区域中心城市，高祖六年时仅有齐都临淄1城、文帝二年（公元前178年）有3城（临淄、博阳、莒）、文帝十六年（公元前164年）有8城（临淄、剧、东平陵、卢、莒、东武、高密、即墨）、武帝末年（公元前87年）有12城， 平原（今山东平原县南）、千乘（今山东高青县东）、临淄（今山东淄博市临淄区）、营陵（今山东昌乐县东南）、掖（今山东莱州市）、莒（今山东莒县）、东平陵（今山东章丘市西北）、即墨（今山东平度市古岘镇）、东武（今山东诸城市）、奉高（今山东泰安市与莱芜市之间）、剧（今山东寿光市南）、高密（今山东高密市西）。在本区域城市发展中，卢随着济北国的消失地位随之下降，成为泰山郡的一个普通城市；另外济南国都博阳在区域行政演化中地位也有所下降，泰山郡的设立使之最终被奉高所替代，推测与武帝泰山封禅活动有关，该级城市简称为郡级城市。

西汉时期齐地郡级城市的不断增长，完善了区域城市等级结构，平衡了齐地区域经济发展的差异，奠定了现代山东省城市网的基本空间格局。

（三）齐地城市数量变化的时空特征

论述区域城市发展的阶段性特征，不能仅仅就始终时段分析，还必须划分更多的时间剖面，这样才能得到关于一定区域城市连续发展的全貌。尽管上文得出的西汉初年齐地城市的数量还有一定的假想成分，但左右齐地城市数量变化的主导因素是侯国城市数量的变化却是不争的事实，故而这里仍以分析侯国城市数量变化作为对齐地城市发展特征的切入点。

由上文可知，西汉齐地曾存在过的侯国城市有183座（可确知的），其中有111座城市到西汉末年仍在，另有50座城市不存于《汉志》之中，被省并掉了，因而在《汉志》的城市统计时无法得到。虽然这批城市昙花一现，很快又消失在聚落群中，然由于其数目较大，也应当成为研究齐地城市发展变化的一个重要组成部分。那么，我们在时段分析中要将这批城市加入进来。除此之外，在所有侯者表中，还有个别无法确知所属郡国的侯国城市，比如上面提到的怀昌、卑梁、堂乡三王子侯国，因不知当属何郡，故不参与计算。

西汉初期，国家经济处于复苏、发展、繁荣阶段，自然生长的城市不是没有可能的。其时整个齐地城市数量比较稀疏，城市有足够的生长空间。截止于武帝颁布“推恩令”，齐地共分封了42座侯国城市，分别分封于高祖22城、高后5城、文帝11城、景帝4城（表2—11）；其间有部分侯国城市被废除，所以至高祖末年（公元前195年）尚有22城，高后末年（公元前180年）有26城，文帝末年（公元前157年）有22城，武帝即位（公元前140年）前只有11城（表2—12），此时武帝之前所封大多数侯国被废除。自高祖之后，高后至武帝之间，集中分封于高后六年至孝文四年（公元前180至公元前176年）的六七年间，共产生11个侯国城市，而此后至公元前127年推恩令颁布之前的近50年中，仅有6个侯国城市兴起。所以，这一阶段侯国城市增长相对来讲是非常缓慢的，应当与本地社会经济发展基本一致。我们再来看一下西汉中后期齐地侯国分封的情况。

考诸《史记》、《汉书》相关侯者表，推恩令颁布之后齐地共分封产生了141座侯国城市，其中武帝时71城 、昭帝2城、宣帝21城、元帝19城、成帝28城（表2—11）；综合前半段，那么在下列时间点上齐地存在的侯国城市分别有：公元前112年48城、公元前87年34城、公元前74年31城、公元前49年41城、公元前33年59城、公元前7年83城（表2—12）。由此可以看出，武帝之后齐地侯城的分封数量基本呈上升趋势，各时间点存在的侯国城市与之相一致。

综上所述，西汉时期侯国城市数量的大规模增长是齐地城市发展的一个显著特征，并具有一定的时段特征：其一，齐地侯国城市不论是从分封，还是从保存于西汉末年侯国城市数量上来说，均以西汉中后期为主要阶段。具体而言，西汉前期侯国城市能够存续到西汉末年的寥寥无几，如果不是后期的绍封，根本就没有一座侯国能够延至汉末。那么，后期则有很大不同，一是分封侯国城市数量规模较为庞大，一是相距汉末更为晚近，因而延至汉末的城市就非常之多。其二，不同帝王时期产生的侯国城市不同。183座侯国城市中，武帝时期分封了71座（武帝在位时间长，分封的最多），几乎占齐地所封侯国城市总量的三分之一；高祖时次之，有22座侯国城市；成帝、宣、元时再次之。其三，从产生侯国城市的频率上来讲，各帝时期也各有不同。例如，因高祖为开国皇帝，其所封侯国的频率最高，平均每年封2座，其次是武帝和元帝时期，每年有1座侯国城市产生。其四，若以武帝为分水岭将西汉历史划分为前、中、后三个时段，齐地侯国城市则主要产生于中后期。

齐地侯国城市的区域差异表现为：其一，西汉诸侯王国所分封的王子侯由附近汉郡管辖，不属诸侯国所有。齐地至西汉末年有4个诸侯王国，其中胶东国和城阳国内有3个侯国城市，而这3个侯国城市分封于“推恩令”颁布之前，

2个置于高帝年间，1个置于文帝初年，当时侯国城市直接受中央领导。其二，齐地各郡国间侯国城市数量不平衡。琅邪郡侯国城市的数量最多，高达50个，北海郡22个，平原郡18个，泰山郡14个，齐郡、济南、千乘、东莱再次之。该顺序基本与下文齐地地缘政治结构演变趋势一致，最先属汉中央直辖的郡内侯国城市数量最多。例如，文帝十五年（公元前165年）琅邪郡属汉，景帝二年（公元前155年）置北海郡，景帝四年（公元前153年）分置东莱郡、平原郡，武帝元狩元年（公元前122年）置泰山郡，武帝元封元年（公元前110年）置千乘郡。专制皇权就是通过将侯国城市逐渐划入汉郡的方式，实现占有诸侯王国空间目的的。

表5—1 西汉各典型时段齐地与全国侯国城市数量分析

时间	齐地侯国城市数	全国侯国城市数	齐地占全国侯国城市数的比例（%）	齐地面积占全国面积比例（%）	齐地城市占全国城市比例（%）
公元前195年	22	140	16	2	12
公元前180年	26	168	15		
公元前164年	29	146	20		
公元前157年	22	131	17		
公元前140年	11	106	10		
公元前112年	48	200	24		
公元前87年	34	96	35		
公元前74年	31	97	32		
公元前49年	41	147	28		
公元前33年	59	187	32		
公元前7年3月	83	241	34		

资料来源：据《史记》、《汉书》各侯者表及《汉志》统计。

另外，分别将不同时间点上齐地侯国城市及全国侯国城市数量列入表5—1，依据表5—1数据绘出图5—2及图5—3即可发现齐地侯国城市发展特征。

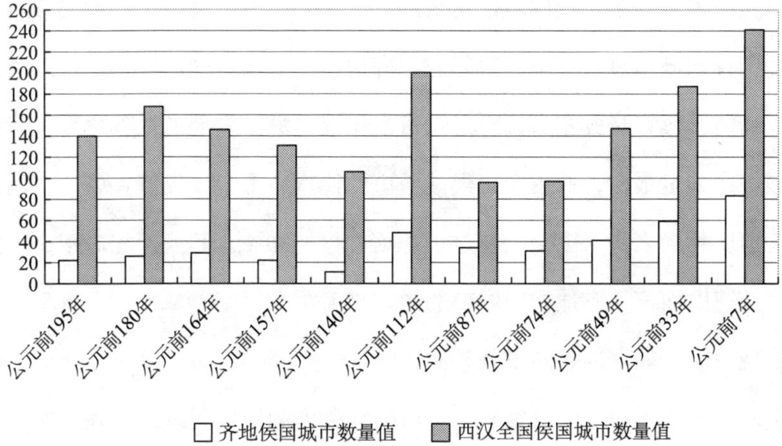

图5—2 西汉齐地与全国侯国城市数量对比

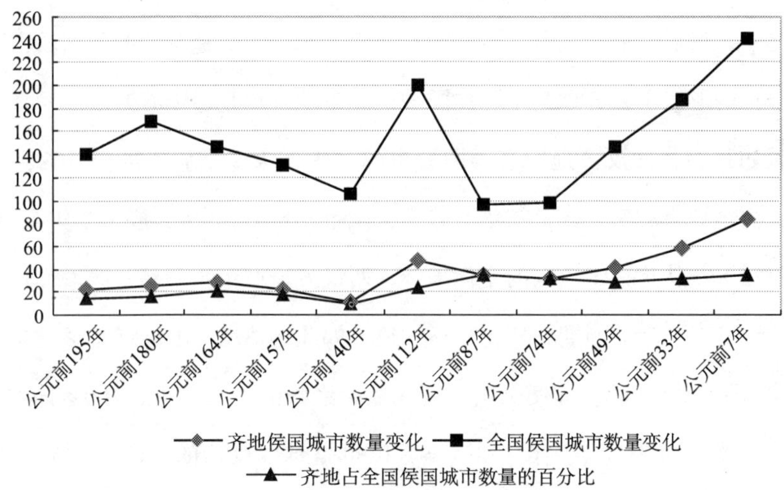

图5—3 齐地与全国侯国城市数量变化

与全国侯国城市增长曲线相比，齐地侯国城市发展具有如下特征：其一，齐地侯国数量变化趋势与全国变化基本一致，仅元帝末年，全国侯国城市总量上升，而齐地侯国城市数量相对下降；然而在最后一阶段，齐地城市增长显然比较迅速，占西汉末年侯国城市总量的三分之一以上。其二，齐地侯国城市总量在全国侯国城市总量中呈上升趋势。齐地侯国城市占全国侯国城市总量的比率在汉初时徘徊在16%左右，经过景帝末年侯国城市发展的低谷之后（此时齐地侯国城市数量最少，所占全国侯国城市的比率也最少，仅有10%），西汉后期增长速度相当之快，以至于超过了全国总量的30%。其三，相对于全国侯国城市增长速度而言，齐地侯国城市的增长相对缓和得多，基本上没有明显的大起大落现象。最显著的时间段就是武帝时期，全国侯国城市总量在武帝初年、中期、末年三个时间点上分别创造了最高与最低的历史记录，而齐地侯国城市的数量起伏特征并不是那么突出。其四，西汉一代齐地侯国城市数量占全国总量的比率呈平稳上升趋势，武帝前后，齐地侯国城市的份额由五分之一上升为四分之一，最后发展为三分之一。而且自宣帝起，在齐地与全国侯国城市数量急剧增长的形势下，齐地与全国侯国城市总量比率也是稳中有升。

假如我们将西汉齐地所有侯国城市的产生作为新增城市进行计算，齐地在西汉初年则有87座，武帝初年有97座，武帝末年有148座，成帝末年有198座（表5—2）。从这一组数据的变化来看，西汉齐地城市数量呈直线增长趋势，与社会经济、人口的周期性变化很不一致。如此迅速增长的城市是很难在有限的资源条件下供养的。即使是按照现代社会经济的发展速度，200年内在9.24万平方千米的范围内新生长100多座城市也是难以置信的，何况在生产力水平、经济基础非常之低下的帝国早期？由此就可以认为，政治权力因素是城市低水平生长的关键因素。

表5—2 西汉初年、武帝初年、武帝末年、成帝末年齐地郡国城市数量

时期	平原	千乘	济南	齐郡	北海	东莱	高密国	胶东国	淄川国	琅邪	城阳国	泰山	合计
西汉初年	8	8	7	4	6	8	5	6	3	14	3	15	87
武帝初年	8	10	10	4	6	8	5	7	3	17	3	16	97
武帝末年	16	12	14	8	14	13	5	8	3	32	4	19	148
成帝末年	19	15	14	12	26	17	5	8	3	51	4	24	198

资料来源：据《史记》《汉书》各侯者表数据统计。

说明：济南郡在文帝十六年时存在的13个城市中，有2个城市分别于景帝四年、武帝元鼎五年省并。千乘郡、济南郡中各有1座城市分别于武帝元鼎、元狩年间省并。

结合前文对齐地侯国城市发展趋势的分析，对比表5—2，齐地城市发展的时空特征如下。

第一，从齐地城市的发展史来看，各郡国城市数量除四个汉末的诸侯国之外均呈增长趋势，以武帝末年分为前后两期，城市增长数量基本一致；前期至文帝初年新增城市已达前期新增城市总量的一半。但是，不同郡国城市增长阶段亦有所不同。除高密、淄川国城市数量前、后期毫无变化之外，济南、胶东国、城阳国城市至前期已达到末年之数量，其余郡内侯国城市的增长前后阶段相当，这与侯国城市增长的时段特征稍有不同。

第二，从各郡国城市增长频率来看，前期以平原、琅邪、北海、济南诸郡增长较快，后期则以北海、琅邪、齐诸郡的增长较快。齐地城市增长较快的诸郡恰好是侯国城市较多的各郡。

第三，齐地城市在地理空间分布上的不平衡性特征。尽管从侯国城市的分封数量来看是齐地周边郡域较多，但是至西汉末年齐地12个郡国的城市密度仍表现为另一种情境，即在距离衰减原理的作用之下，城市分布在空间上表现为以齐都临淄为核心，由密至疏的圈层结构特征。第一圈层以临淄为核心，大约以50千米（各郡国治所城市到临淄城的直线距离）为半径的圈层内，其余郡国分布于其治所城市在距临淄城约160千米的范围内。第一层由齐郡、北海、甾川、千乘郡组成，第二圈层由平原、济南、泰山、琅邪、东莱、胶东、城阳等郡国组成。

第四，相对于全国城市来讲，齐地是城市分布密集区。西汉末年在约9.24万平方千米的齐地有198座城市，城市分布密度为21.43座/万平方千米，每座城市的城市腹地（即每个城市需要服务范围）约467平方千米，是全国范围内城市最为密集的地区，远远高出全国平均数（全国城市平均密度为3.82座/万平方千米，城市腹地为2616.67平方千米）。从另一组数据也可证明齐地城市的聚集性。齐地城市总量占全国城市总量的12%，而区域面积仅占西汉政区总面积的2%。

第五，齐地城市发展与西汉社会经济、人口的发展趋势有一定的相关性。西汉经济发展情况可分为三个阶段：汉初至武帝初（公元前202至公元前134年）社会经济大发展时期①；武帝中、后期（公元前133年至公元前87年）社会经济衰落期②；昭帝初至平帝元始二年（公元前86年至公元2年）经济缓慢恢复发展时期③，但没有达到西汉初期的增长水平。根据葛剑雄研究，西汉人口发展大致为："从西汉初（公元前202年）至元始二年（公元2年），在西汉末年的版图范围内，总人口由一千五百万至一千八百万增加到约六千万，平均每年自然增长率为6‰～7‰"。对应于经济发展的三阶段，西汉人口发展情况

①《汉书》卷24上《食货志》："至武帝之初七十年间，国家亡事，非遇水旱，则民人给家足，都鄙廪庾尽满，而府库余财。"

②《汉书》卷7《昭帝纪》："师旅之后，海内虚耗，户口减半。"

③《汉书》卷24上《食货志》："至昭帝时，流民稍还，田野益辟，颇有畜积"；《汉书》卷7《昭帝纪》："始元、元凤之间，匈奴和亲，百姓充实"；《汉书》卷24上《食货志》：到哀帝时"百姓訾富虽不及文景，然天下户口最盛矣"。

是："第一阶段是高增长年份，平均年增长率约10‰~12‰，至该阶段末的元光元年（公元前134年），总人口约为三千六百万。第二阶段是停滞、减少年份，多年出现零增长或负增长，该阶段末的武帝后元二年（公元前87年），总人口降至约三千二百万。第三阶段是一般增长年份，平均年增长率约7‰，该阶段的初期近二十年间人口增长率高达12‰，至宣帝地节元年（公元前67年）总人口达到约四千万。此后直至元始二年（公元2年），平均年增长率略低于6‰。[①]"因而，齐地城市直线增长趋势与西汉社会经济、人口发展的时段特征稍有差异，但抛开武帝时期经济与人口衰落，则三者发展具有很强的一致性，由此可以认为西汉前期齐地城市增长与经济、人口的增长同步；后期城市增长更主要与中央政策有关，是中央与地方诸侯王国空间争夺的延续，专制皇权通过将诸侯王周边城市逐渐划入汉郡的途径，最终实现了权力与空间的结合。然而，权力控制下的空间具有不稳定性，当强权不在的时候，权力控制下的空间也就失去了存在的价值。随后，东汉乃至现代[②]齐地城市数量的发展变化证明西汉后期脱离经济发展而出现的城市畸形发展的不合理性。

二、齐地城市发展机制分析

任何城市不可能脱离区域而独立存在，城市与区域存在着相互作用、整体协调发展的内在关系。区域是城市形成发展的基础，城市是区域的中心，区域哺育城市、城市反哺区域是被人们广泛接受的具有哲学意义的城市与区域相互关系原理。因而，西汉时期齐地政治地缘结构、区域自然环境与人文环境决定和影响着本地城市的发展方向。

①葛剑雄：《西汉人口地理》，人民出版社，1986年，第83页。
②东汉齐地有95座城市，现代整个山东省也只有155座县级及其以上城市。

（一）齐地地缘政治结构的变化

地缘政治结构指的是受政治制度、政治环境等政治要素制约而形成的地理空间结构。对于中国古代来说，地缘政治结构主要指的是地方行政制度约束下所形成的地方行政区层级结构，政治环境造就的行政区地理空间结构，以及监察区划的地理空间结构，等等[①]。从中国历史上来看，影响“地缘政治结构”最主要的政治因素就是中央集权与地方分权的矛盾。汉高祖五年（公元前202年），高祖在荷水之滨的定陶继帝位，正式建立汉王朝。随着空间权力结构的变化，经济格局的调整也悄然进行。西汉初期的诸侯王直属中央管辖，区域范围相当广大，占据了西汉政权控制下一半以上的领土。不仅如此，西汉初年高祖在完成了异姓诸侯王向同姓诸侯王的转换之后，还赋予了地方藩王相当的政治经济特权。诸侯王有各自的官僚体系（中央仅派诸侯相监督治理），境内山泽湖海之利由诸侯王支配，且享有铸币、煮盐等经济特权。加之东方六国均为开发较早之区域，生产技术条件先进及物质经济基础较好，诸侯国所在的区域经济恢复增长比较迅速，诸侯王国逐渐成为威胁中央的强大势力，它们不但与中央争夺经济利益，还抢占人口，由此产生了中央皇权与地方权力的争夺与对峙。“七国之乱”之后，中央不但对参与谋反及试图参与谋反者的政区进行了重新划定，还对王国地区进行了全面重新调整，正是在不经意间中央完成了对地方权力的重新分割，区域城市空间结构在新的空间权力格局与新经济格局的影响下也渐趋形成了。

先秦齐地就是经济繁荣，国力强盛的重要区域之一。纵观西汉时期的刘肥齐国政区演变过程，大致划分为如下几个阶段：高祖六年至高后七年，政区边

①成一农：“唐代的地缘政治结构”，载李孝聪：《唐代地域结构与运作空间》，上海辞书出版社，2003年，第8页。

界逐步确定阶段；高后八年至文帝十五年，政区轻微调整阶段；文帝十六年之后齐地政区结构发生重大改变阶段，齐一分为八至宣帝本始元年遂形成《汉志》之状态。

高祖六年（公元前201年），“立肥为齐王，食七十城，诸民能齐言者皆予齐王”①；六年春正月“以胶东、胶西、临淄、济北、博阳、城阳七十三县立子肥为齐王”②；至高后七年（公元前181年），城阳、济南、琅邪三郡脱离了齐国的管辖，或另设为新的诸侯国③，或成为其他诸侯国的一个支郡④，向割裂齐地迈出了第一步。

文帝元年（公元前179年），齐地在前一时期失去的3郡之地，至此又恢复到原来的状态⑤。然不久，新的大规模调整就开始了，孝文二年（公元前178年）三月，齐地又分为3国——齐国、城阳国、济北国⑥。文帝三年（公元前177年），济北王谋反诛，国除，地入于汉。文帝十五年（公元前165年），齐文王无后国除，地入于汉。而此时城阳王已徙淮南，故齐属汉为7郡，即：临淄、济北、济南、胶东、胶西、城阳、琅邪。自此之后的西汉时期，齐地再也没能连接成为统一的政区整体。

文帝十六年（公元前164年），杨虚侯刘将闾绍封齐王，奉齐悼惠王后，是为齐孝王，同时以前5郡分置6国：齐、淄川（以临淄郡分置）、济北、济南，胶东、胶西，复徙淮南王喜王城阳，即《史记·诸侯王表》所言“齐分为

①《史记》卷52《齐悼惠王世家》。

②《汉书》卷1《高祖纪》。

③《汉书》卷38《高五王传》：“吕太后称制，元年，……割齐之济南郡为吕王奉邑。……七年，割齐琅邪郡，立营陵侯刘泽为琅邪王。”

④《汉书》卷2《惠帝纪》：“二年冬十月，齐悼惠王来朝，献城阳郡以鲁元公主邑。”

⑤《史记》卷52《齐悼惠王世家》载文帝元年：“尽以高后时所割齐之城阳、琅邪、济南郡复与齐，而徙琅邪王王燕。”

⑥《史记》卷10《孝文本纪》：“以齐剧郡立朱虚侯为城阳王，立东牟侯为济北王”。

七”[①]。至此，齐地已分为8个行政地位平等的郡国，诸侯国与汉郡的数量之比为7：1。此后，齐地政区演化相对于前期较为复杂，下面对8郡国的沿革过程略作简述，通过复原关键点齐地政区情况，系统反映齐地空间权力结构的演化特征。

（1）文帝十六年（公元前164年），分临淄郡临淄以西置齐国。武帝元朔二年（公元前127年），齐国除为郡；元狩六年（公元前117年），以齐郡复置齐国，立子闳为齐怀王；元封元年（公元前110年），齐王薨无后，齐国除，分为齐、千乘[②]二郡。

（2）文帝十六年（公元前164年），分临淄郡东部置淄川国。景帝三年（公元前154年），淄川王贤反，诛，济北王徙为淄川懿王；此后，甾川国陆续分封王子侯国21及削县4，至《汉志》淄川国仅余三县。

（3）文帝十六年（公元前164年），置济北国。景帝四年（公元前153年），徙衡山王勃王济北，乘机分济北置平原郡属汉[③]；武帝元狩元年（公元前122年），济北王“献泰山及其旁邑，天子以他县偿之”[④]，武帝于是割济南郡南部置泰山郡；武帝后元二年（公元前87年），济北王宽谋反自杀，“国除”[⑤]。

（4）文帝十六年（公元前164年），以济南郡置国。景帝三年（公元前154年），济南王反，国除为郡；武帝元狩元年（公元前122年），割济南郡南

①不包括琅邪郡，已属汉郡。

②《汉志》云高帝置，王国维已辨其妄。元狩六年武帝同时分封三子为王，燕王、广陵王皆不得整郡之地，唯齐王闳是爱子，故全有齐郡。时千乘必尚未分置，否则齐王之封名义上兼有二郡之地，相形之下，毋乃太过。故颇疑千乘置于元封元年齐国已除之后。载周振鹤：《西汉政区地理》，第101页。

③周振鹤：《西汉政区地理》，人民出版社，1987年，第105页。

④《史记》卷28《封禅书》系此事于元狩间，《资治通鉴》系以元狩元年。

⑤《汉书》卷38《高五王传》。

部置泰山郡；此后之济南郡领域未曾变动。

（5）文帝十六年（公元前164年），以胶西郡置国，封齐悼惠王子卬。《史表》记此事云“分为胶西，都宛”[①]。景帝二年（公元前155年），“胶西王卬以卖爵有奸，削其六县”[②]，周振鹤先生考以其置为北海郡；武帝元封三年（公元前108年），胶西国除为郡；宣帝本始元年（公元前73年），以胶西郡置高密国。

（6）文帝十六年（公元前164年），置胶东国。景帝三年（公元前154年），胶东王反，国除为胶东郡；四年（公元前153年），分胶东置东莱郡，并以新胶东郡复置国，立子彻为胶东王；景帝七年（公元前150年），胶东王为太子，国除；中元二年（公元前148年）复置胶东国，以子寄为胶东康王。

（7）文帝十六年（公元前164年），淮南王喜复王城阳。至汉末城阳国共分封了54个王子侯城，是所有封侯国中最多的一个。

（8）文帝十六年（公元前164年）之后的琅邪郡陆续接纳了周边诸侯王国的王子侯城、汉廷功臣侯城，最终形成了《汉志》琅邪郡之规模。

综上所述，齐地政区沿革特征如下。

其一，郡国数量逐渐增多。齐地地缘政治结构的演化过程可表示为如下结构：高祖六年（公元前201年）统一的齐国⟶高后八年（公元前180年）三国一郡⟶文帝十四年（公元前164年）七国一郡⟶景帝四年（公元前153年）五国六郡⟶武帝元封三年（公元前108年）三国九郡⟶宣帝本始元年（公元前73年）四国八郡。这一结构模式，首先说明齐地高等级政区的不断增长

① “宛为密之讹，即《汉志》高密。这点已由梁玉绳的《史记志疑》指出。但王国维不察，以为宛即高宛，乃在千乘，从而导出千乘郡地本属胶西国的错误结论”。见周振鹤：《西汉政区地理》，人民出版社，1987年，第112页。

②《史记》卷106《吴王濞传》。

态势，其次，齐地政区增长集中于西汉前期的文、景、武三个时期，主要体现在文帝十六年（公元前164年）、景帝二至四年间（公元前155至公元前153年）、武帝元狩至元封年间（公元前122至公元前108年），而后期的九十年间政区数量非常稳定，不增不减，仅发生了一次国与郡的调整。

其二，郡国数量虽共同增长，然其增长内容有很大不同。一般而言，区域面积确定的情况下，区域单元越多，每个单元所占面积就越小；区域面积及区域单元一定时，区域单元之间的调整则表现为各单元之区域范围的伸缩。伴随着西汉齐地郡国数量的大幅度增长，各郡国区域境域的缩小是一必然现象。结合各郡国沿革可知，诸侯王国的区域面积越来越小，而中央所辖汉郡的区域范围则是不断膨胀。比如琅邪郡在文帝十五年（公元前165年）时仅辖十余城，至西汉末年辖有51城；相反胶东国、城阳国在析置、分封之后仅余3、5城。

其三，齐地在由单一诸侯王国向12个郡国并存局面过渡的过程中，空间上表现为由齐地边缘向核心区逐渐发展的轨迹。这一发展轨迹的直接表现形式就是齐地部分区域逐渐成为由汉中央政权直接管辖的程式上，比如，文帝十五年（公元前165年）琅邪郡属汉，景帝二年（公元前155年）置北海郡，景帝四年（公元前153年）分置东莱郡、平原郡，武帝元狩元年（公元前122年）置泰山郡，武帝元封元年（公元前110年）置千乘郡，从上述诸郡与齐地中心临淄城空间位置关系上来看就是边缘与都市核心的关系。专制皇权就是通过对诸侯王国边缘的逐渐蚕食，最终达到其对诸侯空间的占有。

西汉齐地政区数量增长的一个显著结果就是中央对地方控制的加强，其实质就是中央政治权力在空间上的渗透与扩展。通过这种权力的再分配，改变了中央与地方势力的空间关系，削弱了地方实力。从汉中央与地方诸侯国的关系看，“地方有较大自主权的地缘政治结构”演变为“中央对地方控制的地缘政治结构”，而非成一农先生所谓的“中央与地方权力均衡的地缘政治结构”[①]类型；从齐地内部来看，齐地由“中央对地方控制的地缘政治结构”演变为“中央与地方权力均衡的地缘政治结构”类型。

（二）齐地自然与经济地理环境奠定了齐地城市发展的地理基础

区域地理条件是城市形成发展的基础和背景，不同的区域为那里的城市发展提供了不同的舞台，形成了城市分布的宏观差异。区域自然地理条件包括自然地理条件和经济地理条件。

自然地理条件通指存在于人类社会周围的自然界。包括作为生产资料和劳动对象的各自然要素，如地质、地貌、气候、水文、土壤、矿藏和生物等。它们是社会存在和发展的必要条件，通过影响人口分布而影响城市的形成发展。地理环境的差异，是劳动地域分工的自然基础，对人类生活亦有一定影响，并影响着区域城市分布的基本结构。

1. 山、原、海组成的地貌特征

齐地范围比较广阔，覆盖了今天大半个山东省，以今地区来说，则包含有济南市、泰安市、莱芜市、日照市、青岛市、威海市、烟台市、潍坊市、东营市、淄博市及部分临沂市、德州市、滨州市域。齐地自然地貌特征表现为山、原、海三位一体的综合性特点。

齐地之山以丘陵为主，地势起伏极小，最高峰海拔不超过1600米，属残丘地形。齐境内自西向东横卧着由泰山、鲁山、蒙山、沂山组成的泰沂山脉。泰山为断块山体，气势磅礴，景色秀丽，是最为重要的山峰之一。泰山，海拔1545米，是境内第一高峰。武帝时郊祀泰山，设置了奉高县及泰山郡。蒙山，

①成一农：“唐代的地缘政治结构”，载李孝聪：《唐代地域结构与运作空间》，上海辞书出版社，2003年，第8页。

位于泰沂山脉南部，主峰龟蒙顶海拔1155米，是齐地的南部边沿，沂、沭等河流谷地是沟通齐地与东海及东南诸郡的通道。鲁山，位于泰沂山脉的北部，横亘于今淄博市博山区与沂源县的交界处，主峰海拔1108米，是境内第三高山。沂山，位于今沂水县与临朐县的交界处，主峰海拔1032米，居境内高山中的第四位。上述各山自成峰峦，基本不相连接，加上河谷、盆地错落其中，平原、大海环列其外，交通往来极为方便，促进了齐地与周边地区的经济、文化交流。丘陵主要分布在胶东半岛上，即今烟台市、青岛市辖区。该区丘陵基本由火成岩组成，除少数山峰海拔在700米以上外，大部分海拔在200～300米。

齐地海岱之间错落有致地分布着比较广阔的平原。主要有山麓堆积平原、胶莱平原、鲁西北平原和黄河三角洲冲积扇。山麓堆积平原分布在泰沂山脉丘陵北部外缘，是华北平原的组成部分，一般海拔在40～70米。该区河流均源于山谷丘陵，呈辐射状向四周分流，形成众多宽窄不等的河谷地带。姚鼐在《登泰山记》中说："泰山之阳，汶水西流，其阴，济水东流。阳谷皆入汶，阴谷皆入济。"正是对这一地区河流地理的描写。胶莱平原介于鲁中山地丘陵区与胶东丘陵区之间，系潍水等河流冲积而成。海拔多在50米左右。鲁西北平原由黄河泛滥冲积而成，位于今运河湖带以西，胶济铁路以北，东与胶莱平原相接，形成一个半圆形，环抱着鲁中南山地丘陵，该平原是华北平原的组成部分，海拔大多在50米以下。黄河三角洲冲积扇系由黄河入海口及周围地区组成。上述诸平原地表稍倾而平坦，土层深厚，蕴水丰富，且有众多的河流湖泊交错其间，因而是齐文化发祥的理想地域。

齐地背山抱海，绵长的海岸线是齐地理形势的第三个特点。齐地三面环海，北有渤海，东、南有黄海，大陆海岸线全长约有3000余千米。近海海域中，散布着众多岛屿。浩渺的大海为齐文化的发展提供了取之不尽、用之不竭的海产资源。滨海文化的形成及煮盐业的繁盛与之有密不可分的联系。西汉齐地有琅邪、东莱、北海、千乘诸郡临海，均有盐官设置（图5—4）。

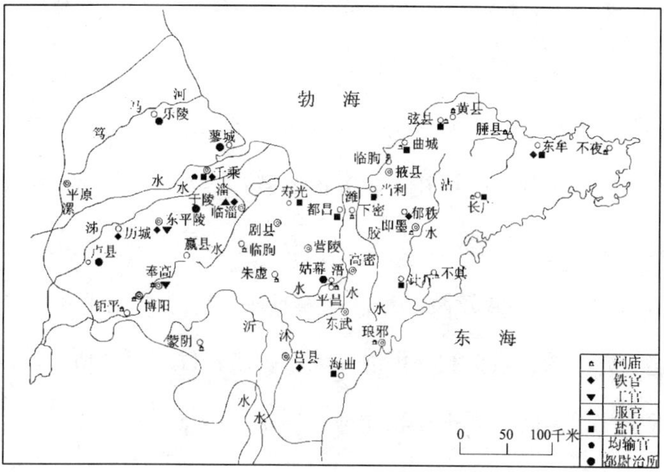

图5—4 西汉齐地职能城市分布

2. 温暖湿润的季风气候特征

1961年，竺可桢先生得出："秦汉时代黄河流域气候与今相似"①的结论，继而在1972年又进行了修正，他认为："在战国时期，气候比现在温暖得多。""到了秦朝和前汉（公元前221至公元23年）气候继续温和。""司马迁时亚热带植物的北界比现时推向北方"②。据竺可桢先生所绘"五千年来中国温度变迁图"，秦及西汉时，平均气温较现今大约高1.5℃左右，齐地平均气温当为13.5℃～15.5℃。

齐地位于北纬35～38度，受海陆位置、大气环流等因素的影响，温带季风气候显著。气候温暖湿润，四季分明。年降水量为550～950毫米，并且由东南

---

①竺可桢："历史时代世界气候的波动"，载《竺可桢文集》，科学出版社，1979年。

②竺可桢："中国近五千年来气候变迁的初步研究"，载《竺可桢文集》，科学出版社，1979年。

向北、向西递减，鲁东年降雨量在800毫米左右，鲁西北和黄河三角洲在600毫米以下，降雨集中于夏季，春秋两季比较干旱。全年无霜期由东北沿海向西南递减，光照一般在180天左右，可满足农作物一年两作的温度要求。战国直到秦汉时期，齐地继续温暖湿润的气候特征上有文献上的证明。比如，关于竹子分布的记载：《左传》《史记·齐太公世家》[①]等文献中有竹子在齐地分布的记载；关于稻谷的记载：《周礼·职方氏》载："青州，其谷宜稻麦"；关于蚕桑的记载：《史记·货殖列传》载："齐鲁千亩桑麻。"蚕的生育宜高温湿润多雨之区，桑亦须气候较暖之地。桑蚕业的发达为织造业提供了充足的原料。由上述三方面的文献记载，可以印证根据考古发现研究所得出的结论：先秦齐地的气候比较温暖，雨水比较充沛，属于暖湿气候。

3. 河流密布的地理环境特征

齐地较为湿润的气候特征对齐地的河流水系有很大影响。据《汉志》记载，齐地境内大小河流共有38条，其中过郡大水有四条：沭水、沂水、潍水、治水，《汉志》分别记于琅邪、泰山郡下。沭水、沂水、治水向南流经沂蒙山区，至东海郡下邳入泗，入海；潍水则经琅邪、高密、北海郡入海。另外，时水和淄水亦应是两条大水[②]。据《汉志》记载：时水自济南郡般阳，经千乘郡博昌，至齐郡钜定入马车渎；淄水则出泰山郡莱芜，至千乘郡博昌入泲水；另外，泲水、河水虽记在其他郡县名下，但流经齐地是没有问题的[③]。与过郡大水相比，更加密集分布的是短小河流，齐地约有28条这种小河。至此，齐地共

①《左传·襄公十八年》载："晋帅诸侯之师围齐，灭申池之竹木"；《史记》卷32《齐太公世家》："谋与公游竹中，二人弑懿公车上，弃竹中而亡去"；《晏子春秋》载："齐景公树竹，令吏谨守之"；《孟子·告子》载："牛山之木尝美矣"。

②《周礼·职方氏》记此二水为幽州浸。浸，师古曰："谓引以灌溉者"。

③《汉志》泰山郡莱芜下载："原山，淄水所出，东至博昌入泲。幽州浸。"河水记在《汉志》金城郡河关下，"过郡十六"，流经齐地的平原和千乘两郡。

有过郡大水8条，一般河流28条，另有郡内大水1条（平原郡的笃马河），泽薮1（琅邪郡长广下的奚养泽，秦地图曰剧清池），分别记在38县之下。这里需要注意的是，并非一城临一河，或每条河附近只有一城。密集的河流使齐地城市沿河流分布成为一个重要特征。

区域经济地理条件的内容更加丰富多样。有的是自然地理条件的衍生转化，有的是区域经济开发的历史积累，还有的是未来的发展可能性。城市与区域经济地理条件之间具有密切关系的基本原理就在于城市在任何时候都是一个复杂的开放系统。城市要从区域获取发展所需要的食物、原料、燃料和劳动力，又要为区域提供产品和各种服务。城市和区域之间的这种双向联系无时无刻不在进行。它们互相交融、互相渗透。

独特的自然地理特征与优越的自然资源条件，为齐地城市的产生与发展提供了商品生产和发展所必需的原料。其一，在齐地中南部、东部绵延起伏的山地丘陵上，生长着茂密的森林，森林中生活着众多的飞禽和走兽，地下蕴藏着丰富的矿产资源，凡此为齐地的采矿业、冶铸业提供了有利的条件，从而大大地促进了该地区物质文化的发达。《汉志》记载齐地设有铁官十处。其二，绵长的海岸线即广袤的沿海滩涂，奠定了齐地盐业的发展基础，促进了齐地经济的发展。设盐官十一处。其三，齐地有着丰富的矿产资源。据《管子·地数》载："上有丹沙者下有黄金，上有磁石者下有铜金，上有陵石者下有铅、锡、赤铜，上有赭者下有铁。"又载："出铜之山四百六十七山，出铁之山三千六百九山。"可见，当时齐国的矿产资源，不仅品类多，储量大，且已被齐人加以开发和利用，齐国的冶铸业，尤其是冶铁业远远地走在时代的前列，齐地经济管理型城市分布见图5—4。

另外一种区域经济地理要素就是土地。马克思说："撇开社会生产的不同发展程度不说，劳动生产率是同自然条件相联系的，……外界自然条件在经济上可以分为两大类：生活资料的自然富源，例如土壤的肥力，渔产丰富的水，等等；劳动资料的自然富源，如奔腾的瀑布、可以航行的河流、森林、金属、煤炭，等等。在文化初期，第一类自然富源具有决定性的意义；在较高的发展阶段，第二类自然富源具有决定性的意义。[①]”齐地的土地在太公初立国时不但非常狭小，且很贫瘠，直到齐桓公时也不过“方五百里”[②]，正如《汉书·地理志下》所描述的：“齐地负海舄卤，少五谷而人民寡。”经过战国时期的扩展齐地达“方二千里”[③]，或“齐地方数千里”[④]，至太史公时代齐地则是 “膏壤二千里”[⑤]；《史记·货殖列传》亦载：“齐带山海，膏壤千里，宜桑麻。”很显然，西汉时期的齐地土壤是肥沃的。

马克思还说：“不是土壤的绝对肥力，而是它的差异性和它的自然产品的多样性，形成社会分工的自然基础，并且通过人所处的自然环境的变化，促使他们自己的需要、能力、劳动资料和劳动方式趋于多样化。”《管子·地员》根据土质的各异及距离泉水的深浅，把齐地的土壤分为五大类，即河川沃土、赤垆土、黄唐土、斥埴土和黑埴土。另外还有海边滩涂和山地，山地又可分为山冈之地、丘陵之地、狭谷之地，等等。同理，肥沃丰厚的土地资源，使齐国至晚在桓管以降便开始了发达的古代农业文明，而多样化的土质又为齐国经济的繁荣奠定了基础，为齐地城市的发展提供了必要的物质保障。

---

①中共中央文献编译局：《马克思恩格斯全集》第23卷，人民出版社，1972年，第60页。
②《管子·轻重》。
③《战国策·齐策一》。
④《战国策·齐策六》。
⑤《史记》卷32《齐太公世家》。

三、齐地城市发展对区域核心城市人文环境的影响

——以临淄城市户口发展为例

西汉以来中央集权发展的结果就是地方的衰落，集权的表现形式即是以大量城市的兴起，急剧地改变了区域自然与人文环境。东方六国所处之核心华北平原中南部地区，直到西周和春秋之间，这里的人口密度仍然较小①，天然植被相当完好。战国时代，华北平原便成为全国人口较多的地区②，加速了森林和草原的开拓，因而出现了“宋无长木”③的情况。到了公元前2世纪末，紧邻华北平原的山东丘陵西麓，已经“颇有桑麻之业，无林泽之饶”，并出现了“地小人众”的局面④。说明森林砍伐，草原开垦，天然植被已经大量为栽培植被所代替了。这里笔者无意于论述城市发展对区域自然环境的影响，而欲就其对城市人文环境影响作一论述。

春秋战国以来，各诸侯王国之间相互混战，其最主要目的就是要掠夺人口、土地和资源，尤其人口的多少反映该国的经济和军事实力，因此，对户籍的重视也就可想而知了。我国自西周建国以来就有了户籍，所以春秋战国游说之士，对各国形势才能有较为客观的认识和评价。因此，历史上就有部分城市的户口资料被保留了下来，甚至形成系列，通过城市户口数量的排比可以反映出该城市社会经济发展进程，甚或推测部分缺失数据的时间点上的人口发展水平。临淄户口数是先秦唯一保存下来的城市人口资料，历春秋、战国以至西汉武帝中期而不断。但是，记载西汉末年户口的《汉志》在记载西汉全国103个

①童书业：《春秋史》，山东大学出版社，1987年，第82页。

②劳干：“两汉户籍与地理之关系”、“两汉各郡人口数增减数目之推测”，均见《史语所集刊》第5卷2分，1935年。

③《战国策·宋策》。

④《史记》卷129《货殖列传》。

郡国的户口数的同时，还以4万户为底线特别记载了全国10个大城市的户口数量（表3—2），这之中竟没有临淄城的户口资料，颇令人费解。是班氏的遗漏，还是临淄户口真的大幅度减少了？历来治城市人口研究的专家无一涉及此问题，笔者不揣简陋，试对这一问题进行解释，不妥之处敬请专家批评指正。

（一）西汉中期之前临淄城市户口

对临淄城市户口作系统研究的以韩光辉先生为最，“齐都临淄户口考辨”[①]一文对西汉中期之前临淄城户口进行的考证，是比较可信的。

根据《国语·齐语》“制国以为二十一乡；工商之乡六、士乡十五。公帅五乡焉，国子帅五乡焉，高子帅五乡”记载的城乡社会行政管理系统及《管子·小匡》“五家为轨，轨为之长；十轨为里，里有司；四里为连，连有长，十连为乡，乡有良人”的管理系统编制，韩光辉先生推断出公元前680年临淄城有21乡，每乡编户2000户，共计4.2万户，21.8万人的结论。

战国时期，苏秦为合纵六国击秦，说齐威王曰：“临淄之中七万户，臣窃度之，不下户三男子，三七二十一万，不待发于远县，而临淄之卒固已二十一万矣。[②]”韩光辉先生认为“苏秦所谓临淄城市七万户是可信的”，而对于“不下户三男子”，则认为“当系指平均每户男子数而言。按照历史的和现实的户口统计及男女性比例，每户三男子，平均每户则应该拥有6口以上的人口。考虑到国都城市成年男性比重相对较高的事实，可确定每户6.4人”。因此即可认定，“公元前333年临淄城市拥有七万户，44.8万人”。

关于临淄户口的再一次明确记载就是《汉书·齐悼惠王世家》引主父偃

①韩光辉：“齐都临淄户口考辨”，《管子学刊》，1996年第4期。
②《史记》卷69《苏秦列传》。

语："齐临淄十万户，市租千金，人众殷富，巨于长安，此非天子亲弟爱子不得王此。" 按此记载，汉初临淄是一个人口众多，商业发展，比国都长安规模宏大的城市。韩先生认为这十万户大体上应该是汉武帝元朔初年，即公元前128年至公元前125年的户口。并根据秦汉家庭规模和户口比的变动情况及当时社会经济环境，以为汉初临淄户口比确定为每户4.4人更接近社会实际，故元朔初年临淄拥有10万户，44万人。

根据上述考证探索，提供了分属春秋、战国及西汉前期三个不同年代临淄城市户口规模，公元前680年，4.2万户，21.8万人；公元前333年，7万户，44.8万人；公元前125年，10万户，44万人；从而显示春秋至西汉前期临淄户口增长轨迹。这一结果从秦统一齐国及秦汉政权等导致战乱的事实、不同年份临淄城市人口分布密度、临淄城市户口变动过程和城市及区域社会经济发展演变的同步性等方面证实了各有关时期临淄城市户口规模的可靠性。

目前，对春秋战国时期临淄城市户口数量尚无提出异议者，但对西汉中期的户口数据则有不同认识。张继海主要依据是主父偃个人经历及对《史记·三王世家》"齐东负海而城郭大，古时独临淄中十万户，天下膏腴地莫盛于齐者矣"中的"古时"的判断，认为"《史记》和《汉书》中出现的'齐临淄十万户'和'临淄中十万户'的'十万户'皆是'七万户'之讹，皆本自苏秦之言。"并由此得出"很多学者认为临淄的人口由战国时的七万户增至汉武帝时的十万户，恐怕不妥"的结论[①]。笔者认为这一结论亦有不妥。首先，张说仅从文献用语角度分析西汉中期临淄城市户口的真伪，证据显然不足；其次，而且如果说战国时临淄有十万户，或者七万户可以成立的话，那么，即使在战国及秦末的战乱中流失掉部分人口，不在汉初编户之内，然而在西汉初年五六十

①张继海："汉代城市社会研究"，北京大学2002年博士研究生学位论文。

年社会稳定，人民休养生息，社会经济不断稳步发展的大环境之下，在全国人口普遍成数倍增长的情况下[①]，临淄户口的增长应是再自然不过的事情了。不过能否就此认为“到武帝中期时已由战国时期的七万户增长到了十万户”尚须辨识。依笔者愚见，至文帝十六年或者景帝四年前后，主父偃所言临淄十万户的情况就已实现，而不会迟至指武帝时。其主要原因就是人口增殖依赖于经济与社会发展形成的复杂支持系统，其中以安定的社会环境和富足的物资经济条件为基本内容。人口数量的增长与社会稳定和经济发展密切相关；其次，《史记·三王世家》褚先生补载武帝对王夫人曰：“齐东负海而城郭大，古时独临淄中十万户，天下膏腴地莫盛于齐者矣。”张继海认为此处“古时”当理解为战国时期[②]，但若以“古时”理解为文景时期，距武帝元狩六年（公元前117年）也有近四十年的时间了，称之为“古时” 也还可以接受。再者，刘闳之母王夫人因受宠于武帝因而希望将其子封到洛阳，武帝却以洛阳自高祖之时从未分封过侯王为由拒绝了她，同时答应将刘闳封到东方洛阳之外最为繁荣的城市临淄为王，而且为了说明临淄的经济发展情况，就用了“古时”之语来描述[③]。试想临淄古时就一直就很繁盛，现在也就可想而知了，至少王夫人是这么认为的。但是，此“古时”既可指战国时期，也可指文景时期，况且文景时期距离王夫人更近，也更有说服力。

---

①《汉书》卷16《高惠高后文功臣表》载，高帝十二年，“侯者百四十三人。时大城名都民人散亡。户口可得而数裁什二三，是以大侯不过万家，小者五、六百户。”而逮文景四五世之间，“流民既归，户口亦息。列侯大者三四万户，小国自倍，富厚如之”。

②张继海：“汉代城市社会研究”，北京大学2002年博士研究生学位论文。

③《史记》卷60《三王世家》：王夫人曰：“愿置之雒阳。”武帝曰：“雒阳有武库敖仓，天下嚪阸，汉国之大都也。先帝以来，无子王于雒阳者。去雒阳，余尽可。”王夫人不应。武帝曰：“关东之国无大于齐者。齐东负海而城郭大，古时独临淄中十万户，天下膏腴地莫盛于齐者矣。”王夫人以手击头，谢曰：“幸甚。”

（二）西汉末年临淄户口问题

根据城市发展与布局的区域背景及区域供给能力，确定区域城市的数量和进行城市区位的选择。这一趋势的变化结果是实现区域的城市化。但是，城市数量的增加必须与区域社会经济发展水平相一致，脱离区域发展水平的城市数量迅速增加则是消极型城市化的表现，难以发挥出城市在区域发展中的带动作用，反而带来巨大的区域压力。

西汉中期之后，临淄再无户口记载，《汉志》也仅记载了齐郡的户口数。对这一现象，张继海认为："目前没有关于西汉时临淄人口的可靠数字……平帝时临淄的户口可能不足4万户……西汉后期，临淄的户口已排不进全国前 10 名。"并进一步分析临淄户口减少的原因"可能与高帝到宣帝时大规模地徙民实陵有关。所谓齐地诸田，原来主要住在临淄，频繁徙民使临淄失去了大量人口。[①]"

据《汉志》记载西汉全国城市户口数量（表3—2），确以4万户为限记录了10个城市的户数，其中5个城市还有口数，临淄城并不在其中，以临淄长期以来的社会经济发展情况来看显然也不应是班氏的遗漏，因而推断临淄户口减少了是没有问题的，然而将临淄户口的减少认为是由于人口迁徙造成的，则有些想当然。查《史记》《汉书》明确记载大规模徙齐诸田的只有一次。《汉书·高帝纪》载高祖九年（公元前198年）十一月，"徙齐楚大族昭氏、屈氏、景氏、怀氏、田氏五姓关中"，迁入的人口中，"以齐国诸田数量最多，势力最大"[②]。因"诸田徙陵园者多"，诸田迁入关中时间早，经济上也占优势，因而"关中富商大贾，大抵尽诸田"[③]。结合西汉中期临淄户口数量的分

①张继海："汉代城市社会研究"，北京大学2002年博士研究生学位论文。
②葛剑雄：《西汉人口地理》，人民出版社，1986年，第133页。
③《汉书》卷91《货殖传》。

析，笔者认为张继海对西汉后期临淄户口减少原因的分析是很不充分的。

那么，对于西汉后期临淄户口情况，西汉人口研究专家葛剑雄先生虽然予以定性论述，但在分析其中原因时亦有些模糊。葛先生认为“元始二年……临淄和齐郡的人口在此期间非但无增长，反而减少了。”其原因是“随着第二、三阶段经济的破坏与衰退，临淄的人口减少或静止也是很自然的。[①]”

笔者非常赞同葛先生西汉后期临淄城户口减少的观点，但对临淄户口的减少是由于“第二、三阶段经济的破坏与衰退”的解释稍嫌不足，而且对葛文中没有就《汉志》无临淄户口的史实没有给予解释，也感到很遗憾。

（三）齐地城市空间结构演化对城市人口的影响

现代城市地理学虽然对经济、人口与城市三者的关系没有系统研究，但确定城市或判定其等级则往往用人口数量、经济指标来划分。例如我国目前划分城市的标准是以常住人口10 万人为限，其中非农业人口占 80%[②]。另外，人口数量的多少也是确定城市等级标准的一个依据，我国特大城市、大城市、城市的划分即是；经济发展为城市和人口的发展提供必要的物质基础，如城市GDP等经济指标是我国衡量城市经济发展程度的判断依据，近年来五百强、百强县的评比多依此。由此可见三者关系之密切。而在古代城市发展中三者之间也当存在类似的关系，尽管没有直接可供量化的数据作为衡量三者关系的指标，但相关的定性描述亦可补其不足。韩光辉在《齐都临淄户口考辨》一文中认为：“春秋、战国至汉代初期临淄城市户口的变动过程与城市及区域社会经济的发展变化过程保持了良好的同步性，即社会安定，经济繁荣，城市户口不断增长；相反，则城市户口增长过程即发生逆转。”这里他提出了城市户口与城市

①葛剑雄：《西汉人口地理》，人民出版社，1986年，第30页。
②于光远：《经济大辞典》下册，上海辞书出版社，1992 年，第1654 页。

及其所在区域的社会经济发展的相关性论断，是很有道理的。城市作为区域社会经济发展的产物、人口聚集之地，在社会经济、人口普遍增长时，城市繁荣、人口增长应当是比较自然的事情；当然，城市人口减少，城市社会经济衰落也是很自然的事。

上文研究结果表明，齐地城市直线增长趋势与西汉社会经济、人口发展的时段特征稍有差异，但抛开武帝时期经济与人口衰落①，可以认为西汉前期齐地城市增长与社会经济发展水平、人口增长趋势是基本一致的。在西汉社会经济、人口发展的大形势下，作为当时经济富庶之地——关东地区重要组成部分的齐地发展至少应当与全国是同步的，然事实并非如此。长期以来齐地最为繁盛的经济大都会临淄户口到西汉后期与整个社会经济、人口增长大势相左，大幅度跌落了，究其原因可能与齐地区域城市空间组织结构的发展有关。

当单体城市发展与经济、人口、城市三者关系不相一致时，让我们把目光转向区域城市的发展。西汉齐地作为一个区域整体有一个从统一走向分裂的过程，临淄在此过程中也由统一的齐国都城演变为部分区域的中心，供养腹地的缩减应当成为解释西汉末年临淄户口锐减的关键因素。

西汉建国之初，总结秦亡之教训，实行郡国并行制，通过分封诸侯的方式来拱卫帝国的安全。但此时诸侯王不但拥有任命相国以下官员的政治特权及铸币、开采区内山海泽陂等经济权力，还与汉廷争夺人口②，中央与诸侯王国的权力冲突是西汉社会的主要矛盾之一。也正是因为诸侯国的存在严重威胁着中央皇权的安危，因此才有了贾谊“众建诸侯少其力”及晁错“削藩”的建议，

①据葛剑雄研究：武帝初年之前全国人口增长较快，年平均自然增长率约为10‰～12‰，远高于西汉全国人口年平均增长率6‰～7‰，而武帝末年人口的最低点约为三千二百万。（《西汉人口地理》，第76页）。所以，武帝时期人口总数不仅没有随政区拓展而增长，反而有所下降。

②《史记》卷106《吴王刘濞列传》。

对诸侯王国领域进行了更大规模的调整，汉初诸侯领域“大者跨州兼郡，连城数十”，至西汉后期的诸侯王域仅相当于一般汉郡，或者仅有3、5城①之规模，齐地区域行政区划的发展是最直接的例证。

《汉志》西汉齐地“东有甾川、东莱、琅邪、高密、胶东，南有泰山、城阳，北有千乘，清河以南，勃海之高乐、高城、重合、阳信，西有济南、平原，皆齐分也”②。然而，西汉初期（高祖六年，公元前201年）的齐地并非就由12个郡国构成，而只有一个诸侯国——齐国③，区域中心城市也就只有齐都临淄一个。《史记·诸侯王表》载文帝十六年（公元前164年）：“齐分为七”。此后，齐地各郡国政区继续发展，又新增和改置了部分郡国，发展到西汉末年，齐地演变成为12个郡国政区组成的联合体。

地缘政治结构的演变决定了由行政等级确定的区域城市空间构成。西汉初年，齐地中心城市仅临淄一城，至文帝十六年（公元前164年）时齐地则分为八郡国，其中心城市分别是：齐都临淄（今山东淄博市临淄区）、淄川国都剧（今山东寿光市南）、济北都卢（山东长清县南）、济南都东平陵（今山东章丘市西北）、胶西国都高密（今山东高密市西）、胶东国都即墨（今山东平度市古岘镇）、城阳国都莒（今山东莒县）、琅邪郡治东武（今山东诸城市）。景帝三年之后则又增加了营陵（山东昌乐县东南）、平原（山东平原县南）、掖（山东莱州市）三个郡国级城市；武帝中期，奉高（山东泰安市与莱芜市之间）上升为泰山郡郡治城市，武帝末年济北国除之后，卢城行政地位下降为一般县城；另齐国除后又增千乘（山东高青县东）为千乘郡治城，很显然高等级

①西汉末年，淄川国3城、城阳国4城、高密国5城。

②尚有齐郡、北海郡没有列入。

③《史记》卷52《齐悼惠王世家》：高祖六年，“立肥为齐王，食七十城，诸民能齐言者皆予齐王”。《汉书》卷1《高祖纪》：六年春正月“以胶东、胶西、临淄、济北、博阳、城阳七十三县立子肥为齐王。”

城市获得了大幅度增长，极大地改变了齐地城市空间组成结构，区域郡级城市数量的增长势必严重地分散了区域中心城市临淄发展的综合实力。

西汉齐地城市的增长不但表现在高等级郡国城市数量的增长上，县级城市数量的增长也非常显著。中央削弱诸侯实力的措施除以上方式外，打击更为惨重的则是“推恩令”的颁布，即通过在诸侯王领域分封王子侯城、功臣侯城等入汉郡的方式，将诸侯国越划越小①，形成汉末仅有三五座城市的形势。

正是在区域地缘政治结构的演变中，临淄城的区位优势丧失了。临淄城由一个“方圆两千里”（约9.24万平方千米）齐国的政治、经济、文化中心城市，最终演变为只有0.52万平方千米齐郡的郡治城市。原来集中于临淄城的人口也当随着新的诸侯王国的建立被分割到几个相同行政等级的区域之中，各诸侯王都成为新的区域经济中心城市。齐地城市兴衰所依的自然地理环境条件与社会经济地理条件现在要平均供养与临淄城相同行政级别的12座城市，行政区域的条块分割，社会财富的分散，区域人口很难集中分布。此外，较为密集的小城市的大量存在也对集聚区域财力和人力于大城市形成了很大阻力。

区域城市数量的普遍增长促使区域城市经济、人口的分散，原区域中心城市的人力、物力向周边城市分流，最终使临淄城户口在西汉末年不但没有增长，反而更加减少，以至于被排除在西汉末年的十大城市之后。另外，考古资料证明，现在保存的临淄故城主要属于东周时期，而秦汉时的临淄城，似乎完全沿用了齐故城。这从故城特别是大城内丰富的汉代遗迹和遗物可以得到证明。魏晋以后主要沿用小城，大城已废弃不用②，临淄城的兴衰变化从另一层

①《汉书》卷53《景十三王传》记载：“其后更用主父偃谋，令诸侯以私恩自裂地，分其子弟，而汉为定制封号，辄别属汉郡。汉有厚恩，而诸侯地稍自分析弱小云。”

②张学海：“临淄齐国故城”，《中国大百科全书·文物博物馆》，中国大百科全书出版社，1993年，第318、319页；群力：“临淄齐国故城勘探纪要”，《文物》，1972年第5期；临淄区齐国故城遗址博物馆：“临淄齐国故城的排水系统”，《考古》，1988年第9期。

面证明了临淄城户口衰减的事实。但是由于临淄城的经济发展的历史传统，所以在王莽时期仍然是五大经济都会之一也就不足为奇了。

综上所述，西汉齐地城市发展的空间模式表现为边缘—核心发展特征。主要表现在汉初齐国在由单一诸侯王国向12个郡国并存局面过渡的过程中，空间上表现为由齐地边缘向核心区逐渐发展的轨迹。这一发展轨迹的直接表现形式就是齐地部分区域逐渐成为由汉中央政权直接管辖的程式上，比如，文帝十五年（公元前165年）琅邪郡属汉，景帝二年（公元前155年）置北海郡，景帝四年（公元前153年）分置东莱郡、平原郡，武帝元狩元年（公元前122年）置泰山郡，武帝元封元年（公元前110年）置千乘郡，而各郡治城市由此也从齐地城市的母体中分离出来，这一点从汉中央政府的角度来说，最先归属汉中央的郡治城市与齐地中心临淄城的关系在空间位置上表现为边缘—都市核心的相对关系，而该关系模式的建立是在本地地缘政治结构演变基础之上完成的，其标志是齐地城市由王国、侯国城市向郡县城市的过渡，中央集权制下的郡县制城市体系最终确立。

此外，作为诸侯王国区的核心区域，齐地侯国城市的发展尤其是王子侯国城市的时空特征也显示了这一结构模式。西汉一代齐地共有侯国城市183个，而武帝推恩令颁布之后，分封了大批王子侯国，形成了支庶毕侯的局面①，其中齐地分封了80余个王子侯城（不包括划入东海郡的城阳王子侯国19个及非本区诸侯王子的侯城）。各诸侯国王子侯城的分布情况如下：城阳王子侯城30个、胶东王子侯城19个、齐王子侯城17个、淄川王子侯城15个、济北王子侯城7个、高密王子侯城6个。王子封侯的一个显著特征就是，在广亲亲的表象之

①《汉书》卷15上《王子侯表》："大哉，圣祖之建业也！后嗣承序，以广亲亲。至于孝武，以诸侯王疆土过制，或替差失轨，而子弟为匹夫，轻重不相准，于是制诏御史：'诸侯王或欲推私恩分子弟邑者，令各条上，朕且临定其号名'。自是支庶毕侯矣。"

下，王子侯城成为原来与王国相邻的汉郡内的一个组成部分，而分封之后的王子侯城归属汉郡的这一特征要求王子侯城的空间位置应处于原诸侯国的边缘地带，按时间先后由王国边缘地区向王国的中心地区推进。

所以，西汉齐地不同等级城市的空间发展变化反映了中央权力的强制性，在强权压制之下，齐地的地缘政治结构、区域城市空间结构以及城市内部人文环境均发生了巨大变化，齐地中心城市临淄的衰落及城市户口的减少，正与汉帝国长期以来所执行的削弱地方诸侯王势力的措施一脉相承。

因而，西汉初年形成的诸侯王国与汉郡相对峙局面，到西汉后期伴随着中央集权的建立，代之以诸侯王国与汉郡犬牙相错的空间格局。

第二节　汉郡区城市发展模式探析——以关中地区城市为例

与东部诸侯王国地区城市数量大幅度增长情况相反，中部汉郡区城市发展表现为相对稳定态势，抛开本区部分汉郡侯国城市变化不计，《汉志》记载的各种形式的城市增殖，合起来也不过30余城（参见第二章第三节）。城市数量的稳定发展与国家管理目标的稳定宗旨[①]紧密结合，形成了中部汉郡区城市发展的基本特征。中部汉郡区城市的发展前面章节有所涉及，这里就以国都所在的关中地区为例进一步探讨本区域城市发展方式。

自古以来，不论是选址新建还是在旧址上重建国都都是一件非常重要的事情，不但要“相其阴阳”，“辨方正位”，还要从当时全国形势尤其是国内权力斗争形式以及周边民族关系等进行综合考察，将国都定位“看做是一种区域空间现象”，以高祖刘邦为首的帝国领导集团在经过了区域空间权衡之后，

①钱茂伟：《国家、科举与社会——以明代为中心的考察》，北京图书馆出版社，2004年，第179页。

在“对内安全指向”和“对外发展指向”的思想指导下，将国都选定在具有优越的区位优势的关中盆地[①]。然而，定都于关中的西汉帝国很显然将自己放在了与阻碍中央集权建立、危及和限制国家安全与发展的东方诸侯国对立的一面。因而，为强化中央权力，巩固帝国安全，西汉帝国自建国伊始就采取了“强干弱枝”的策略，通过迁徙东部诸侯王国地区的旧贵族，二千石高官以及郡国豪杰等逐渐充实京师，同时为了拱卫京师安全，不惜改变都城内部空间构成，将宫庙一体的都城归制转变为以宫为主的都城结构，而将历代帝王陵庙建于渭北高原之上，形成了拱卫都城安全的陵邑地带。是关中地区成为当时全国较为密集的城市地区。

关中地区社会经济的发展由来已久，经过西周至秦汉的开发和利用，秦汉时期这里就已经成为经济富庶地区[②]，成为京畿之地的关中地区在西汉时期又获得了长足的发展。经济的发展、人口的增长使本区域城市不论在数量上，还是在内涵上均获得了很大的发展。其中都城内涵的发展已经放在城市等级结构一章中论述，这里仅从区域角度展开对本区域城市发展规律及特征的探索。

一、关中地区城市时空发展过程

关中地区对应于《汉志》相当于京兆尹、左冯翊、右扶风所在的三辅地区，但在西汉历史发展中，从空间范围上说，汉末三辅地区不只是西汉初年的关中的全部，还应包括《汉志》弘农郡西部弘农[③]、上洛、商3县之地，这在考察本区域城市时空演进过程中是要注意的。

---

①侯甬坚：《区域历史地理的空间发展过程》，陕西人民出版社，1995年，第161—171页。

②《史记》卷129《货殖列传》：“故关中之地，於天下三分之一，而人众不过什三；然量其富，什居其六。”

③周振鹤：“弘农郡、弘农县均置于武帝元鼎三年”，《西汉政区地理》，人民出版社，1987年，第248页。

《汉志》三辅共辖有57城，京兆尹12城、左冯翊24城、右扶风21城，这是本地在西汉一代社会政治、经济、文化共同发展的结果，也是西汉政治权力运动的结果。

春秋战国时期是中国历史上城市发展的第一次飞跃时期，表现为城的数量空前增多。经过“并诸小乡聚，集为大县”的统一规划和调整，秦在关中设置了36个县①由内史统一管辖。因而，秦在关中的城市建设除上述提及的旧都之外，还应有一些县级政区治所以上的城市。《史记·秦本纪》载：武公十一年（公元前687年）“初县杜、郑”；康公二年（公元前619年）“取武城”；厉公十六年（公元前461年），“以兵二万伐大荔，取其王城；二十一年初县频阳”；灵公六年（公元前419年）“晋城少梁，秦击之；十三年城籍姑”；简公六年（公元前409年）“城重泉”，等等。另尚有秦代新兴城市丽邑、云阳等。据考古发掘，秦县治地皆有城，县城面积约1平方千米。它们既是县级政治中心，又是军事据点和商业城市。

汉承秦制继续在全国推行郡县制度，形成了中国封建社会前期又一次筑城高潮，高祖六年冬十月“令天下县邑城”。伴随这次筑城运动，中国古代城市获得了一次大的发展。关中地区作为京畿之地城市建设表现在：都城日渐庞大、环都陵邑及京畿区域城市的增长。

陵县是西汉的特制，划长安附近一定地域设置，徙天下富豪居之，以供奉帝、后陵园。汉代先后设置过九个陵县：高帝长陵、惠帝安陵、文帝灞陵、景帝阳陵、（文帝母）薄太后南陵、武帝茂陵、（昭帝母）赵婕妤云陵、昭帝平陵、宣帝杜陵。另有两个准陵县是高帝为其父太上皇陵所置万年县和宣帝为其父史皇孙陵所置之奉明县。上述诸陵县并不是林木茂盛、环境优雅之处，而是

①马正林：“论中国的城墙与城市”，《历史地理》第十三辑，上海人民出版社，1996年。

人烟稠密、声色喧嚣的“城市地带”[①]。陵县属于太常管辖，“元帝永光元年分诸陵邑属三辅”[②]。

京畿区域城市表现为在汉代白渠、六辅渠、漕渠等附近新兴了大批城市。比如，池阳、沈阳、新丰、华县、武城、船司空等。汉代城市数量比秦代大大地增加了，以致在当时的渭河沿岸，人烟稠密，居邑毗邻。翦伯赞曾形象地说：“当时的关中……特别是陕西中部渭水流域一带，是周秦以来，中国古代文明的摇篮之地。有着许多古代都市的存在。……到西汉时代，假如我们驾着小舟逆渭水而上，一定可以看到，在渭水沿岸，有着无数大大小小的都市”[③]。

据表2—43文献记载的秦代县城可知，三辅地区共有33城，当然这部分城市既有沿用先秦旧城，也有秦代新增长的部分。结合“《二年律令·秩律》所见城市及相关信息一览表”，又知本区至少有8城在西汉初年（高后二年）之前就已兴起了，它们是：京兆尹之长安、新丰；左冯翊之翟道、池阳、万年、长陵；右扶风之槐里、安陵。再据《汉志》记载，本区西汉一代出现的所有更名、新置城市是20个，减去更名及高后二年已经存在的部分城市，高后二年之后产生的城市有9个：京兆尹之霸陵、船司空、南陵、奉明；左冯翊之祋祤、云陵；右扶风之渭城、茂陵、平陵。至此，将上述已考城市与《汉志》三辅地区城市相对照，发现有7个城市不知建于何时，有左冯翊之沈阳、谷口[④]、粟邑、莲勺、芮乡；右扶风之漆、俞麋。该部分城市增长的原因一个是与上文所提到的水利工程的兴修有关；另外还当与关中地区人口的普遍增长有关。补充一点，高后二年所存城市中的翟道既没有出现于文献记载的秦城之中，也不

①邹逸麟：《中国历史人文地理》，科学出版社，2001年，第316页。
②《汉书》卷19上《百官公卿表》。
③翦伯赞：《秦汉史》，北京大学出版社，1999年，第212页。
④《读史方舆纪要》卷53《陕西二》：“汉县”，第381页。按谷口至迟于文帝六年已存，《汉书》卷38《高五王传》：“（文帝）六年……（淮南王长）以辇车四十乘反谷口。”

在《汉志》新置城市中，《读史方舆纪要》载翟道城"汉县治"[①]，当是《汉志》漏载。

由上可知西汉初年的高祖六年（公元前201年）时，关中三辅地区至少有33城（不包括弘农郡之上洛、商、弘农），十二年（公元前195年）时有39城（暂定翟道置于高祖时），高后八年（公元前180年）时有41城，文帝末年（公元前157年）有43城，景帝末（公元前140年）有44城，武帝末年（公元前87年）有47城，昭帝末（公元前74年）有49城，宣帝末有50城，至《汉志》三辅57城，其中有7城不知建于何时，推测当出现于高后二年之后的某年。另据文献记载，成帝曾设昌陵令[②]，但随后又废。西汉关中地区城市发展单从数量增长来看，相对于东部诸侯王国地区城市的发展速度是极其缓慢的，而这一发展特征与关中地区所处的独特的自然与人文环境是密不可分的。

二、关中城市形成和发展的自然环境基础

城市是社会生产力发展到一定历史阶段的产物，是人类文明进步的结晶。同时，城市与乡村相对立，是一种特殊的地理空间。不同等级的城市是一个地区，甚或是全国的政治、经济、文化中心。而且，城市的发展不是孤立的，既有腹地，又与周围城市相联系，形成具有等级规模、职能差异的地域城市结构。关中地区早期城市群正是在关中地区优越的地理环境下形成与发展起来，进而不断影响改变着区域环境。

关中平原也叫渭河下游平原，是中华民族及其灿烂文化的发祥地，也是孕育西安城的"摇篮"。关中平原西起宝鸡，东抵黄河，西窄东宽，西部宽仅1

①《读史方舆纪要》卷53《陕西六》，第402页。

②《汉书》卷84《翟方进传》"贬勋为昌陵令"。据《汉书》卷10《成帝纪》载昌陵邑从筹建到废弃约有六年的时间。但从其设令一点，就说明西汉社会权力高于一切的特征。

千米左右，东部宽在80千米以上，东西长约360千米，号称“八百里秦川”，面积约34000平方千米。平原东低西高，海拔325~750米，它是在华北地台渭河地堑的基础上因地壳不断下沉并接受泥沙堆积而形成的。现在平原上看到的一、二、三级河流阶地以及河漫滩、山麓洪积-冲积扇、冲积平原等，就是渭河及其支流泥沙沉积和沙砾石堆积的产物，土地特别肥美，农业开发较早，为关中平原精华之所在。

关中地区河流特别密集，有渭、泾、洛、汧、灞、浐、潏、滈、沣、涝、黑等河流。尤其是西安地区，自古就有“八水绕长安”的俗谚。所谓八水就是泾、渭、灞、浐、沣、滈、潏、潦。其中的潦水就是现在的涝水；滈水的源头是现在的洨水。上述河流除渭水是主流外，其余均是渭水的支流。古时渭河水路交通发达，秦都咸阳城和汉、唐长安城的兴起和发展，与渭河有着密切的关系。西周文王建都于沣水之西，称丰京，武王迁居滈水之滨，称镐京。秦咸阳城也正是因为在渭水之北、北山之南，山水俱阳而得名。后来咸阳城曾有过“渭城”之称。西汉长安城就在渭河南岸正对咸阳城的地方。关中地区众多的河流构成一个纵横交错的水系网，除增益河山险固之外，还在灌溉农田、方便运输及为城市人口提供生活用水等方面具有重大作用。

在诸河流之间分布着的面积大小不一的黄土台塬也为远古人类进行生产、生活活动提供了良好的基础，所以远自一百万年前，中华民族的祖先就在这里劳动生息，过着狩猎和采集野生植物果实为生的生活。著名的蓝田猿人繁衍生息于灞河中游秦岭北麓的台塬区，距今六千年前的半坡遗址即位于灞河与浐河之间白鹿原的西北边缘。而且，由于黄土台塬区地势高爽，视野辽阔，排水条件好，地质基础牢固，利于大型建筑物的布设，周、秦、汉、唐的宫殿建筑差不多都坐落在台塬上，如周代的丰、镐京位于纪阳原上，秦代的咸阳宫位于毕原上，汉代的长乐宫、未央宫、建章宫和唐代大明宫建在今西安城区西北和北面的龙首原上。乐游原和少陵原是历代西安城区的游览地。

关中平原属暖温带半湿润季风气候。气候特点是温暖湿润，雨量适中。1月份最冷，平均气温为-1.3℃；7月份最热，平均气温为26.7℃，无霜期207天。年平均降水量为604.2毫米。“自古长安多秋雨”，降水主要集中在7、8、9三个月。秦、西汉前期关中平原为暖润气候，年平均温度高于现在1~2℃，年降水量也多于现在，并有竹类等亚热带植物大面积地生长；至西汉后期趋于凉干型气候，较今天偏冷。但总的来讲气候条件还是有利于农作物生长发育的，加之这里属黄土地带，土壤以褐土和塿土为主，肥力较高，易于耕作，农业发达，使关中成为陕西省最重要的粮食与经济作物产地。

关中地区自然植被在漫长的地质及人类历史时期发生了很大的变化，栽培植被历史相当悠久。新石器时期，全球气候明显回暖，关中地区之气候较今温暖湿润，为亚热带气候，地带性植被为北亚热带落叶阔叶林与常绿阔叶混交林。又因地貌差异，区内植被类型有所不同。秦岭山地为暖温性针阔叶混交林；渭北之黄土塬区为北亚热带落叶阔叶林与灌草丛；秦岭与骊山北麓之洪积平原和渭河及其支流的冲积平原上为北亚热带落叶阔叶林与常绿阔叶混交林，同时还分布有大片竹林。此外，在洪积冲积扇前缘与一些河流两岸低洼积水处以及一些大的湖泊区，生长有水生与沼泽植被；在渭河北岸今阎良区往东北至富平县与蒲城县南部一带，系一盐沼区，今名卤泊滩，分布有盐生草甸。由于当时已出现原始农业，因此在河流阶地与黄土台塬上的氏族聚落附近，已有零星不固定的农田分布。如半坡遗址已发现谷子和蔬菜（芥菜和白菜一类的十字花科），证明六七千年前西安地区已出现以粟类作物为主体的农业栽培植被。但当时生产力低下，人口又少，所以人类活动对自然植被影响不大，不论山区、平原，基本上保持着自然植被的原始状态。

新石器时代后期，即龙山文化时期，农业栽培植被有了明显的增加，分布地区也较为稳定，在黄土台塬上分布着黍、稷为主的旱作农业栽培植被，在渭河及其支流的冲积平原上，则分布着黍、稷与局部稻作农业栽培植被，秦、西汉时期关中地区已成为我国农业发达地区。同时，由于秦与西汉统治者在都城附近大力兴修水利，垦辟农田，广建行宫园囿，培植异花奇木，因此农业栽培植被及园林等人工植被，在黄土台塬及河谷平原地区有大面积的增加。西汉以降，除秦岭山区外，关中平原地区的原始植被多被小麦、黍、稷以及宋元以后引入的棉花、玉米等为主的栽培植被逐渐代替，改变了它原来的面貌。而秦岭山地北坡的森林，则因城市建设、居民生活需用木材以及山民开垦农田，进行林特产品生产而遭受到严重破坏，原始森林面积大为减少，林相也有很大变化。

三、关中早期城市发展的人文环境条件及特点

关中地区不仅自然环境优越，而且农业开发很早，从物质上为城市的诞生提供了保证。在距今三千年前的西周时期，关中作为西周都城丰、镐京的王畿之地，推动了关中地区城市的迅速发展。之后，秦、西汉中央集权制国家先后建都于此，随着郡县制度的推行，关中地区城市数量大增，秦王朝在这里设置了由内史管辖的36个县；西汉“承秦制”，尤其是令天下“县邑城”后，汉代城市数量更是猛增，关中地区设有由三辅（京兆尹、左冯翊、右扶风）分别管辖的57个县级城市。这样在关中地区逐渐形成了以国都为中心，以郡城、县城为梯次的我国封建社会早期的城市群形态。同时，由于早期关中地区独特的环境特征与区位优势使得该地区城市发展具有一定的政治与时代特征，主要表现

在以下几个方面。

（1）该区域是西周、秦发展、建国、立都之地，西汉时期的许多城市是由周秦旧都城发展而来的。比如郃、汧、雍、池阳（泾阳）、栎阳、咸阳等均作过周、秦的都城，建城基础较好，得以沿用下来，并在后继王朝中依旧发挥着重要影响。

（2）西汉城市多沿河流、渠道、交通干线分布。据统计本区有85%以上的城市分布于河流、交通、渠道附近，并呈现出从渭河支流向渭河沿岸发展的特点（图5—5）。因而，关中地区诸城市间的交通与贸易关系较为便捷与紧密。

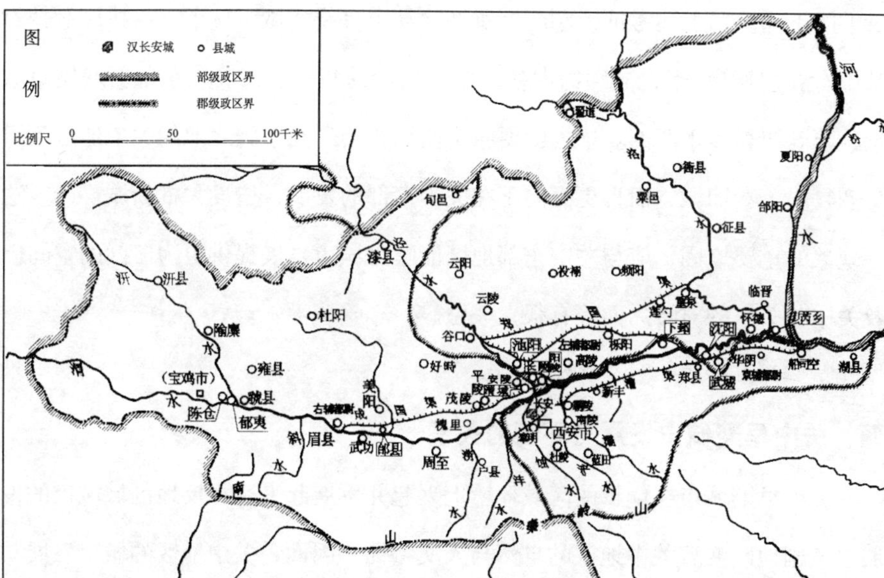

图5—5 西汉时期关中城市群分布

（3）汉都长安城周围出现了陵邑。陵邑的出现，犹如众星拱月，也即如当今大城市周围的卫星城，很显然是出于拱卫京都、安定局势的需要，是由有目的的朝廷行为所造成的。茂陵、平陵、安陵、长陵、阳陵、霸陵、奉明、南陵、杜陵等自西向东、南依次排列，散布于长安城周围，只有万年、云陵两个县与长安城的距离相对较远。大量陵邑的出现使得汉代在长安周围形成了一个城市密集区，方圆50千米范围之内密布着本区域城市总量的三分之一。

（4）关中地区城市发展趋势是由西向东推展。周代都城由邰、岐邑迁至丰、镐二京是如此，秦自建国至统一过程中依次出现的9个都城[①]亦是如此。9都之中除西陲（西犬丘）、秦邑在甘肃境内之外，其余7个都城均在关中地区，按时间顺序依次由西向东为汧、汧渭之会、平阳、雍、泾阳、栎阳、咸阳。至于西汉，关中城市的这一发展特征则体现在左冯翊、右扶风新建城市数量上的不同。据上述考证，左冯翊所辖24县中有新建城市11个、右扶风所辖21县中有新建城市8个，分别约占各郡城市总量的47%、38%，东部新增城市数量、幅度明显多于西部。这也就说明了西汉统治者在京畿之地的关中地区不只是恢复周、秦旧城，而且更倾向于在关中东部的发展，增设大批新城。产生这一现象的重要原因，应与关中东部地区能够为城市发展提供更为广阔的空间以及关中与关东的对峙局面等有很大关系。

四、关中早期城市发展与环境的关系

关中早期城市在优越的区域环境上兴起并发展起来，相反地区域城市的发展也急剧地改变着关中地区的自然与人文特征。因而，关中地区的城市发展与区域自然地理环境及社会经济发展的具体情况有密不可分的联系。

（一）优越的自然地理环境是城市形成与发展的基础

关中平原上河网稠密，渭河及其支流横贯其间，为区域城市的产生提供了

①徐卫民：《秦都城研究》，陕西人民教育出版社，2000年，第8页。

优越的自然条件。渭河北岸自西向东依次为汧水、杜水、泾水、洛水等支流，渭河南岸有斜、涝、沣、滈、浐、灞诸水。岐邑、丰、镐、汧、雍、好畤、池阳、栎阳、临晋、霸陵、蓝田、虢、郿、槐里、渭城（秦咸阳）、长安、怀德等分布于上述河流谷地之间。春秋至西汉前期本区年平均气温高于现在1℃~2℃，年降水量多于现在，并有竹类等亚热带植物大面积地生长①。较为暖湿的气候条件有利于先民居住与发展农业生产，从而也为城市的产生与发展提供了物质上的保障。

周人把国都迁到沣水流域的丰、镐，是与这里优越的自然条件分不开的。沣水是渭水的重要支流，它流经关中平原中央地区，恰好也是关中平原渭河南岸最开阔的地带。既可控制东来西往的水陆交通要道，又便于发展农业生产，是理想的农业定居场所和立国建都之地。秦都咸阳处于渭河的渡口上，是东西交通的咽喉，物产丰富，具有发展手工业与商业的有利条件，所以咸阳逐渐发展成为一个工商业大都会。雍城是当时中原地区通往西南、西北的枢纽。栎阳是关中通往三晋大道上的一个重要的城市，在秦、西汉王朝的统一战争中曾发挥过举足轻重的作用，城内出土的秦代铜釜、金饼、秦汉瓦当、陶水道、陶井、陶瓮等秦、西汉遗物说明了栎阳商业的繁荣。汉长安城以原野开阔、水源充沛、交通方便等优于周、秦旧都的自然条件，成为当时最为繁盛宏伟的大都城，而“八水绕长安”正是其自然地理环境的生动写照。

（二）特殊的政治环境是区域城市得以发展的契机

优越的自然环境为关中地区城市的诞生提供了基础，最终促使秦、西汉建都于此。相应地处于京师之地的区位优势则带动了本区域城市的进一步发展。

---

①朱士光、王元林、呼林贵：“历史时期关中地区气候变化的初步研究”，《第四纪研究》，1998年第1期。

具体表现在以下几个方面。

首先是京畿地区政区之增置。秦代的内史“掌治京师”，至汉代由于都城人口的膨胀、陵邑的出现等，内史一郡很显然无法维护京师的正常治理。因而先于景帝二年（公元前155年）分置左、右内史，又于武帝太初元年（公元前104年）更置京兆尹、左冯翊、右扶风，是为三辅。京兆尹因京城是“大众所在”而置，左冯翊为辅助治理之义，右扶风为辅助教化之义（因扶风地近陇西还是畜牧之所），很显然三辅是各司其职，各有分工。故然如此，这里尚需补充说明的是三辅由于在地域上等同于秦内史辖区，三辅郡治沿秦制仍设于京都长安城中，只在相应的辖区内别置机构——都尉（其职责本就是协助郡守维护地方安全）以维护地方治安，即京辅都尉治在华阴、左辅都尉治在高陵、右辅都尉治在郿县。

其次是陵县的建置。汉代的陵及其附属的园、寝、庙规模很大，元帝以前，每起一陵，就要在陵侧置县，役使县民供奉园陵，叫做“陵县”，亦称“陵邑”。诸县名义上为供奉陵园而置，实际上是汉政府的“强干弱枝”之策，其结果是在这里形成了特殊的城邑地带。主要表现在以下几个方面：①人口的增加。当这些地方被确定为陵区后，政府为加强防御，屡次大规模强迫各地大官僚、大富人、大土豪移家陵县。汉高祖初年听从娄敬的建议，一次就将关东六国旧贵、豪杰名家10余万口移至关中；武帝时又迁资产在300万以上的富户至此，之后的昭帝、宣帝、成帝也都有类似的行为。陵城的人口数量比较多，尤以茂陵为最，号称27万有余，长陵有人口近18万，其他陵县也都有几万或十余万[①]。②城市商业的繁荣。这里从外地迁来的大量人口大多是富商大贾，因此陵邑商业活跃，形成为消费性城市，与长安城共同形成城邑地带。其

①葛剑雄：《西汉人口地理》，人民出版社，1986年，第151页。

中在渭水北岸的长陵、阳陵、安陵、茂陵、平陵所徙官僚、富豪最多，风俗奢纵，时人比之于长安。正如班固在《西都赋》中所言“南望杜灞，北眺五陵，名都对郭，邑居象承”，从而强化了京师的都会气氛。③不同于区域传统文化的环都文化的产生。这里广聚天下英俊，集会四方豪杰，又能够较为显著地打破传统的地域文化界限，能够毫无成见地吸取来自不同区域的文化营养。正如武伯纶先生《五陵人物志》中总结五陵人物的文化贡献时曾经指出的，“他们都以迁徙的原因而列于汉帝诸陵。他们从汉代各个地区（包括民族）流动而来，造成了帝陵附近人口的增殖及人才的汇合，形成一个特殊的区域文化”。《关中记》载一次“徙关东倡优乐人五千户”于安陵，形成了歌舞升平的新气象。据王子今统计，西汉一代出身于关中的名人，见于《汉书》的有42人，出身于诸陵邑的计30人，占71.43%；其中班固单为立传的34人中，出身于诸陵邑的计22人，占68.75%。可见，西汉时期五陵荟萃英俊之士的说法，的确是历史的真实。张衡在《西京赋》中说“五县游丽辩论之士，街谈巷议，弹射臧否，剖析毫厘，擘肌分理，所好生毛羽，所恶成创痏”，说明这里已成为具有强有力影响的社会舆论中心。

再次是河渠沿岸城市的大发展。国都的给养问题是统治者们始终要考虑的重要问题之一。解决给养问题的途径大致有两种，一种是靠京师附郭、近县提供，另一种是由经济富庶之地转运。第一种途径仅仅靠天收粮是难以解决的，必须借助于灌溉工程，促进当地农业经济的发展来弥补。为此，秦、西汉在关中地区修凿了郑国渠、灵轵渠、成国渠、六辅渠（公元前111年凿）、白渠（公元前95年凿），汉谚称“郑国在前，白渠在后。……且溉且粪，长我禾黍。衣食京师，亿万之口”[①]。这些灌溉工程及原有河流的利用不但推动了关中地区农

①《汉书》卷29《沟洫志》。

业生产的发展，而且促进了本区域城市的产生与发展，如谷口、莲勺、重泉、池阳、栎阳、下邽等。第二种是通过水运转输来解决都城给养不足的问题。西汉渭河南岸的漕渠（公元前131年凿）就是为此而修建的。国都长安而外，奉明、霸陵、新丰、沈阳等均在漕渠附近，船司空的设置尤其与漕运有关。

五、关中地区城市群发展特征分析

目前，学术界对于城市群的定义有许多不同的说法。其中较具代表性的有："以大城市为核心的城市群状布点的形式"；"在特定的地域范围内具有相当数量的不同性质、类型和等级规模的城市"；"通常是指在一定地域范围内集聚若干大、中、小相结合的城市群体的区域空间结构"。以上城市群的定义虽不同，但仍含有许多共同特征：①城市群由一定地区内相当数量的城市组成；②这些城市具有一定的规模等级结构，在空间上呈集聚态分布；③城市群内具有一定的核心城市（中心城市），该城市往往是大城市或特大城市[①]。根据现代城市群的定义与特征，结合本区域城市的发展，不难发现西汉时期关中地区已具有了城市群的基本特点，或至少可以说明它已产生了城市群的雏形。

首先，表现为城市数量的增多。从上文叙述中可知，秦在《汉志》关中设有33县，汉代新增24个，汉末达到57县，仅从数量上即可说明这一点。

其次，关中地区城市中已出现了等级上的差别。西汉关中地区的城市发展立足于秦代城市，在本区域由于社会经济发展与巩固过程中产生的一系列城市因所起的作用、管辖范围不同而形成了等级差别。形成了国都—郡城—县城三级城邑。国都既是全国的政治、经济、文化中心，同时更是关中地区的中枢，三辅郡治同治都城之中，使得区域城市的首位度比较高，三辅都尉治所因有职

①赵荣、杨新军等：《西北地区城市发展研究》，陕西人民出版社，2001年，第103—104页。

责协助郡守处理郡内事务，成为本区的次级政治军事中心，都城周围的陵邑因地位特殊也是区域经济文化发展的重点区域，不同级别的城市相互作用相互影响共同改变着区域环境，对当时关中城市群发展有很大影响。此外，由于本区域京畿之地的重要性，关系到国家的稳定，整个区域的地位就非常之高，这一点在前文张家山汉简研究中有很明确的论述，可以说京畿地区的城市等级相对较高是不可否认的事实。再者，从图5—5中也不难发现在都城周围、渭河沿岸形成了本区域城市的密集带。

再次，城市有了功能分工。关中地区作为京畿之地受首都城市政治、经济、文化等职能的影响是显而易见的。西汉三辅均与都城同治一处，增强了都城的辐射强度。随着区域社会经济的发展，都城周围形成了次级职能中心。①作为国家大事的祭祀活动，西汉时期同样得到重视。他们除在都城内及近郊设置宗庙及陵墓之外，还有较为集中的祭祀中心——雍城。雍城因建都时间较长，有很多先王祠庙，因而历代王公都必须前往祭祀。就连秦始皇二十二岁行冠礼时，也必须到此。笔者据《汉志》整理：雍县有祠庙303所，占全国402所祠庙的近80%。因而，汉代最高统治者到雍地祭祀的频率也较高。据《汉书·郊祀志》统计：高祖5次，文帝26次，武帝75次，宣帝25次，初元元年（公元前48年）至成帝三年（公元前30年）有20次，共有151次。由此可见，西汉时期的雍城当是都城宗庙祭祀之外的又一祭祀中心。②诸陵县集中了大量的旧贵族、大商人，形成了独特的环都城经济、文化中心区。③在华阴、高陵、鄜分设为都尉治地以拱卫京师安全，成为军事次中心。④船司空本来是主管船运的官员，因漕运日益重要，遂设为一县，成为都城东方的漕运枢纽。

最后，在城市人口规模上也产生了等级差别。例如，《汉志》载京兆尹长安县有户80800，口246200；左冯翊长陵县有户50057，口179469；右扶风茂陵县有户61087，口277277。上述诸县户、口约占各郡户、口数的三至五分之一，相对应地其余各县的户、口数量则要少得多，形成了人口规模上的等级差，由此决定了城市的等级区别。同时，人口数量差异在一定程度上反映了地区经济发展水平的不平衡性。

综上所述，西汉时期关中地区出现了以都城为中心，以众多的县级城市为梯度组成的城市群结构，这一结构特征除对巩固西汉中央政治统治发挥了重大作用外，还成为后代关中地区城市及城市群发展的基本框架，进而制约着现代关中地区城市发展的空间形态。

作为京畿之地的关中平原优越的自然与人文环境特征为本区城市的发展奠定了基础，城市缓慢发展的历史特征正显示了国家发展的需要。而作为汉郡中心，乃至全国的政治经济文化中心区域，三辅地区承担着重要角色，是汉郡处于与东部诸侯王国地区对峙局面下的基本统治区，实行与东部诸侯国区不同的行政管理方式，承袭了秦代的郡县制，实行郡县二级管理体制。因此，本区域城市发展的最基本方向是在稳定的社会环境中建立郡县体系下的空间等级秩序，西汉末年关中地区三级城市体系的建立就是汉郡区城市发展模式的直接反映。

第三节　新拓展区城市的空间推进方式

新拓展地区，是指武帝时期在对外战争与贸易之中，以设立郡县形式在帝国周围三个主要方向上所逐渐占领的区域。相对于东部诸侯王国区、中部汉郡区，本区城市发展则有不同的方式。

高祖七年（公元前200年）白登山战败之后，接受娄敬与匈奴和亲的建议，使得北边地区获得了暂时稳定，获得了社会经济恢复发展的有利时机。

西汉帝国与匈奴在“和亲”政策下维持了六七十年的相对和平环境。其间匈奴不仅从中国得到了汉家公主，获取经济利益，还经常南下，甚至危及国都的安危，为此，汉武帝即位之后就开始对包括匈奴在内的周边展开了军事攻势，并取得了一系列的胜利。《汉书·食货志上》载：“武帝因文、景之蓄，忿胡、粤之害，即位数年，严助、朱买臣等招徕东瓯，事两粤，……唐蒙、司马相如始开西南夷，凿山通道千余里，以广巴、蜀，……彭吴穿秽貊、朝鲜，置沧海郡，……及王恢谋马邑，匈奴绝和亲，侵扰北边，兵连而不解，天下共其劳。”随着战争的胜利，西汉帝国在上述区域设置了一批郡县城市进行管理，对应于《汉志》则包有朔方刺史部的朔方郡；凉州刺史部的金城、武威、张掖、酒泉、敦煌5郡；交州刺史部的南海、郁林、苍梧、交趾、合浦、九真、日南7郡；益州刺史部的犍为、越巂、益州、牂柯、武都5郡；荆州刺史部的桂阳、武陵、零陵3郡；幽州刺史部的玄菟、乐浪2郡，共219个城市 。

西汉中国与周边民族政权的关系，影响着边疆地带社会经济的发展，尤其对区域城市发展影响更大。区域环境差异使得新占有区域城市发展方式与诸侯王国和汉郡区域城市发展存在着很大不同，但是，相对于区域经济发达地区的落后性又使得本区域内部城市发展有很多相似性。新拓展地区环绕于西汉帝国初期版图之外，区域面积占西汉末年总面积的五分之二，空间范围非常广泛，地貌类型复杂，自然环境差异显著。本区根据其所对应的民族政权又可细分为几个亚区，如西北地区、西南夷地区、南越与朝鲜地区等，本节主要以考察区域的不同级别城市设置顺序为线索，探讨区域城市发展道路及模式问题。

一、西北地区城市的空间发展及其方式

本书西北地区是指《汉志》朔方及河西诸郡，是武帝及昭、宣二朝

长期对匈奴作战的直接结果。根据之前部分章节的考证，西汉初年帝国西北部边界内缩，秦大片疆域落入匈奴等少数民族政权手中，秦九原郡、安定郡、陇西郡的一些地区落入匈奴之手，帝国北部边境全被匈奴包围[①]。武帝之前几位帝王在位期间，匈奴常常不受“和亲”政策的束缚，骚扰边地汉民[②]，故此武帝才因文、景之蓄，忿胡、粤之害[③]，向匈奴等族发起反击。经过元光二年（公元前133年）夏六月的马邑行动[④]、元光六年（公元前129年）冬[⑤]、元朔元年（公元前128年）秋[⑥]、元朔二年（公元前127年）[⑦]、元朔四年（公元前125年）[⑧]、元朔六年（公元前123年）[⑨]、元狩二年（公元前121年）[⑩]、元狩四年（公元前119年）[⑪]

①首先彻底击败东胡、打败月支、夺回鄂尔多斯地区。

②《汉书》卷49《爰盎晁错传》：“臣闻汉兴以来，胡虏数入边地，小入则小利，大入则大利；高后时再入陇西，攻城屠邑，驱略畜产；其后复入陇西，杀吏卒，大寇盗。”

③据余英时先生研究，从公元前198年到公元前135年，汉朝和匈奴一共达成了不下十次“和亲”协定，见于记载的有公元前198、公元前192、公元前179、公元前174（两次）、公元前162、公元前161、公元前156、公元前155、公元前135年。对于汉朝来说，“和亲”协定已经变成一项永无休止而且日益增长的财政负担。余英时，邬文玲等译：《汉代贸易与扩张》，上海古籍出版社，2005年，第241页。

④《汉书》卷6《武帝纪》：“（元光二年）夏六月，御史大夫韩安国为护军将军，卫尉李广为骁骑将军，太仆公孙贺为轻车将军，大行王恢为将屯将军，太中大夫李息为材官将军，将三十万众屯马邑谷中，诱致单于，欲袭击之。”

⑤《汉书》卷6《武帝纪》：“匈奴入上谷，杀略吏民。遣车骑将军卫青出上谷，骑将军公孙敖出代，轻车将军公孙贺出云中，骁骑将军李广出雁门。青至龙城，获首虏七百级。”

⑥《汉书》卷6《武帝纪》：“（元朔元年）秋，匈奴入辽西，杀太守；入渔阳、雁门，败都尉，杀略三千余人。遣将军卫青出雁门，将军李息出代，获首虏数千级。”

⑦《汉书》卷6《武帝纪》：“（元朔二年）匈奴入上谷、渔阳、杀略吏民千余人。遣将军卫青、李息出云中，至高阙，遂西至符离，获首虏数千级。收河南地，置朔方、五原郡。”

⑧《汉书》卷6《武帝纪》：“（元朔）四年春，大旱。大将军卫青将六将军兵十余万人出朔方、高阙，获首虏万五千级。”

⑨《汉书》卷6《武帝纪》：“（元朔）六年春二月，大将军卫青将六将军兵十余万骑出定襄，斩首三千余级。还，休士马于定襄、云中、雁门。”

⑩《汉书》卷6《武帝纪》：（元狩二年）“遣骠骑将军霍去病出陇西，至皋兰”、“将军去病、公孙敖出北地二千余里，过居延，斩首虏三万余级”、“匈奴入雁门，杀略数百人。遣卫尉张骞、郎中令李广皆出右北平”。

⑪《汉书》卷6《武帝纪》：“（元狩四年）大将军卫青将四将军出定襄，将军去病出代，各将五万骑。步兵踵军后数十万人。青至幕北围单于，斩首万九千级，至阗颜山乃还。去病与左贤王战，斩获首虏七万余级，封狼居胥山乃还。”

等一系列战斗，尤其是最后一次战役，卫青向北追赶单于直到阗颜山赵信城才回兵；霍去病到达翰海（今贝加尔湖）附近，在狼居胥山（在贺兰山和阴山之间）和姑衍分别举行了“封”、“禅”大典，这些战役迫使匈奴将戈壁以南靠近汉地的王廷迁移到大漠以北。

公元前121年和公元前119年的两次战役至少给匈奴人的生活造成了两个深远的影响。一个是祁连山和焉支山的丧失，多年来它们一直是匈奴珍爱的故土和牧场。《汉书·匈奴传》中一首匈奴歌谣是这样哀叹他们的损失的：亡我祁连山，使我六畜不蕃息；失我焉支山，使我妇女无颜色。另一个变化是其丢失了从甘肃走廊西至罗布泊的土地。还在战争过程中，帝国就在已占领的土地上设置了郡县[①]，构筑城市[②]。酒泉郡的设置，正好将匈奴与南面的羌人分隔开来，第一次打开了通往西域的入口，匈奴独霸西域的时代结束了[③]。

随后从公元前115年到公元前60年的半个世纪，是汉帝国与匈奴争夺西域控制权的时期。武帝初期就曾派遣张骞出使西域，11年后带回了有关西域的第一手资料，为武帝元朔六年（公元前123年）卫青击败匈奴右贤王做好了铺垫。武帝太初四年（公元前101年）贰师将军李广利对大宛的征服是汉朝夺取西域控制权的又一重要战役。配合军事行动，汉廷运用政治方式，如从楼兰带走人质；努力建立反匈奴联盟，如武帝元封六年（公元前105年）与乌孙的联姻；当然最主要还是依赖战争，武帝元封三年（公元前108年）赵破奴将军取得了对车师战争的胜利是联姻能够成功的前因。宣帝神爵二年（公元前60年），西域都护府建立，标志着汉朝对西域的控制权的建立。

①《汉志》载元朔二年（公元前127年）在鄂尔多斯地区设置了朔方和五原郡；元狩二年（公元前121年）在河西地区设置了酒泉郡。

②《汉志》载元朔三年（公元前126年）筑朔方城、元朔五年（公元前124年）筑临戎城、元狩三年（公元前120年）筑三封、沃野城。

③余英时、邬文玲等译：《汉代贸易与扩张》，上海古籍出版社，2005年，第246页。

在与匈奴争夺西域的过程中，汉帝国在沿途陆续设置了部分郡县城市，是本区域接受帝国控制的标志。如，武帝元鼎六年（公元前111年）以酒泉郡西部、东部分置敦煌郡、张掖郡，之后酒泉、敦煌境域没变，《汉志》酒泉郡有9城、敦煌郡有6城。张掖郡则于昭帝始元五年（公元前81年）分令居、枝阳2城，和来自天水郡的金城、榆中以及陇西郡之枹罕、白石组成了金城郡。宣帝地节三年（公元前67年）又分张掖郡东部置武威郡。这一地区在分置新郡的同时，还有新城的设置，如太初间置居延、休屠2城，宣帝神爵元年（公元前61年）置浩门、临羌城，神爵二年置允街、破羌、河关3城[①]。

汉廷在西域取得了对匈奴战争胜利后，于宣帝神爵二年（公元前60年）设西域都护府于乌垒成（今新疆轮台县东北），统辖天山以南葱岭以东36国；至元帝初（公元前48年）又置戊己校尉，屯田于车师前部之高昌壁（今新疆吐鲁番市东）；辖境扩展至包括天山以北乌孙，葱岭以西大宛。都凡48国。其后又有增析，哀、平间都凡50国。西域诸国面积辽阔，因其民族多马背之族，并不重视城市的筑造，据周伟洲先生研究，西域广袤的空间范围内仅有城市24个[②]，由于本区亦非西汉帝国直接管辖区，本研究并不包括该区域。

据史念海先生分析，西汉一代在鄂尔多斯高原所设的县多达20多个，这个数字尚不包括一些未知确地的县城。当时的县址，有1处已经在沙漠之中，有7处已经接近沙漠。“应当有理由说，在西汉初在这里设县时，还没有库布齐沙漠。至于毛乌素沙漠，暂置其南部不论，其北部若乌审旗和伊金霍旗在当时也应该是没有沙漠的。[③]”土壤大面积沙化的情形尽管各有具体原因，但本区

①周振鹤：《西汉政区地理》，人民出版社，1987年，第157—174页。

②周伟洲：“两汉时期新疆的经济开发”，《中国边疆史地研究》，2005年第1期。

③史念海：“两千三百年来鄂尔多斯高原和河套平原农林牧地区的分布及其变迁”，《河山集》第三集，人民出版社，1988年。

农、林、牧土地利用方式的演变应当是一个非常重要因素。除了可以防风防沙的森林遭到破坏之外，大片草原因战马的践踏更是遭到毁坏，加之，西汉推行的移民实边政策，外地移民因采用不同于本区原有的生产方式也对区域环境造成了长远而深刻的破坏。所以，西汉王朝对西北地区的开发活动，修筑了城市，先进的城市文明改变了本区人文环境特征，与此同时也对这里的自然环境造成了更大影响。

秦汉时期，沟通西北地区与中原联系的是秦始皇时代修筑的驰道。基本路线是：自长安城达雍（今陕西凤翔县）经上邽（今甘肃天水市）过狄道（今甘肃临洮县）经山丹（今甘肃山丹县）到张掖西行；另有一条秦汉时期的较早的驿道——回中道：从长安出发，沿渭河，过西汉虢县（今陕西宝鸡市），再沿汧河，过西汉汧县（今陕西陇县），沿陇山东麓北上，与泾河流域的丝绸之路干线相接。公元前220年秦始皇出巡，过回中宫（今陇县西北六盘山东麓），上机头山（今甘肃平凉县西北小崆峒山）到北地郡（今甘肃庆阳市西峰镇一带）。这条道路因途经秦回中宫，故称回中道。这在《史记·货殖列传》中也有记载："天水、陇西、北地、上郡与关中同俗，然西有羌中之利，北有戎翟之畜，畜牧为天下饶。然地亦穷险，唯京师要其道。"正是说明西部各郡因在京师西出大道上，地位愈显重要。

河西走廊以南受南部祁连山脉发源的石羊河、黑河、疏勒河三大河流水系的滋润，发育了连绵的绿洲，其自然和交通条件较之走廊以北的荒漠，无疑要优越得多。河西走廊北部深入沙漠中的石羊河、黑河下游的民勤绿洲和居延泽（今额济纳旗）是通往宁夏、河套以至蒙古草原的捷径，南部穿越祁连山脉诸山口又可通往青藏高原。西汉设立武威、张掖、酒泉、敦煌四郡，原本欲"以隔绝胡与羌通之路"，却发展成"胡汉交往"繁荣一时的国际性都会城市。

对河西走廊影响最大的自然因素是水系的演变。《汉志》记载本区域有渠泽10处。河西走廊是西北干旱区域的一部分，各河流均发源于河西走廊南面的祁连山地。上游是高山冰川融雪，中游为深切的河谷，大多数河流迅速消失在山前堆积的冲击、洪积扇的戈壁滩内，形成潜流。下游在不同时期常有不同位置和不同范围的一个或数个终端湖，湖泊位置容易游移、变小或消失。河流出山后，很少常年有水，多为季节性河流。每条河流在走廊南北山麓，均有大量砾石及砂土的扇形堆积物，河流愈大，洪积、冲积扇也愈大，扇缘时常是古代城池选址所在。敦煌地区古代城址的废弃和重建，往往受上述河流改道、绿洲迁移的影响，汉代玉门关恰好位于两条河流西支故道上。

西北地区城市的发展与军事活动有很大关系，战争作为政治权力的客观构成要素在西汉帝国的权力运作中发挥了极为重要的作用。西北地区城市的空间发展首先表现为沿河流绿洲分布的地理特征；在新占领区，较高等级的城市区域的形成往往是以原统治区的部分城市为依托组合部分新区构成。如前文提到的敦煌、张掖、金城、武威等。

二、西南地区城市的空间推进及其方式

本文“西南”是指汉武帝开拓西南夷之后的“西南地区”，用今天的政区来描述就是指四川西南部、贵州、云南等地区。《史记》所说“西南夷”就是生活在巴蜀以西、以南地区的所有少数民族的统称。西南地区地貌形态多样，有盆地、平原、丘陵、山地和高原等五种地貌类型。概括而言，西南地区的地貌最为突出的特征就是众多的山地和盆地。山地阻碍了本地区人们的交通和交流，它们将西南地区围合成一个个相对封闭的地理单元和文化单元。

西南地区郡县城市的设置，从附录1西汉政区图示“西南诸郡沿革”上看

来是比较复杂的，其主要原因在于地形、地理上的原因及地缘政治结构问题。在这里，我们仅对西南各郡设置时间进行考察。

汉朝对西南地区的活动同样始于武帝时期，并非由民族矛盾而起，而是因为贸易问题，直接说是因“枸酱”而起[①]。武帝建元六年（公元前135年），在唐蒙的唆使下开始了在西南地区设置郡县的活动。唐蒙从巴蜀筰关入夜郎境内，对夜郎旁小邑采取“厚赐，喻以威德，约为置吏，使其子为令”的引诱方式，而夜郎地方“以为汉道险，终不能有也，乃且听蒙约。”结果得以在这个地区设置了犍为郡，并征发巴蜀老百姓开发道路，自僰道指牂柯江。随后，汉武帝又在蜀人司马相如的蛊惑下，在西夷设置了“一都尉，十馀县，属蜀”。但经过多年的劳作通往西南夷的道路仍不能够畅通，“上患之”，乃罢西夷，只剩下南夷夜郎两县一都尉[②]，“稍令犍为自葆就”[③]，是否可以说明此时西南夷地区尚无城池建设？

武帝元鼎六年（公元前111年）西南地区设置4个初郡，以广汉郡西部白马氐建武都郡，以蜀郡北部的冉駹置汶山郡，以蜀郡西南部设沈黎郡，更在沈黎以南设越嶲郡。元封二年（公元前107年）以滇地合牂柯郡西部置益州郡（图5—6）。后数年，又开昆明地，广益州[④]，西南夷进入西汉版图。

对于汉朝在西南地区的活动大体上采用了逐步推进方式，即以已置之旧郡部分地域为基础，合以新开地设置新郡。如从广汉分犍为[⑤]，从犍为分牂柯，从牂柯分益州等。至于武都由陇西、汉中郡地置，沈黎和越嶲则利用旧时属蜀

①《史记》卷116《西南夷列传》。

②《史记·集解》徐广曰：“元光六年，南夷始置邮亭。”

③《史记·正义》：“令犍为自葆守，而渐修成其郡县也。”

④《后汉书》卷86《南蛮西南夷传》。

⑤《汉志》犍为郡“江阳、武阳”2城在《张家山汉墓竹简·二年律令》中有所记载，而犍为郡所置甚晚，高后时当属广汉郡。

十余城加以扩大，这一推进方式与其他地区稍有不同[①]。

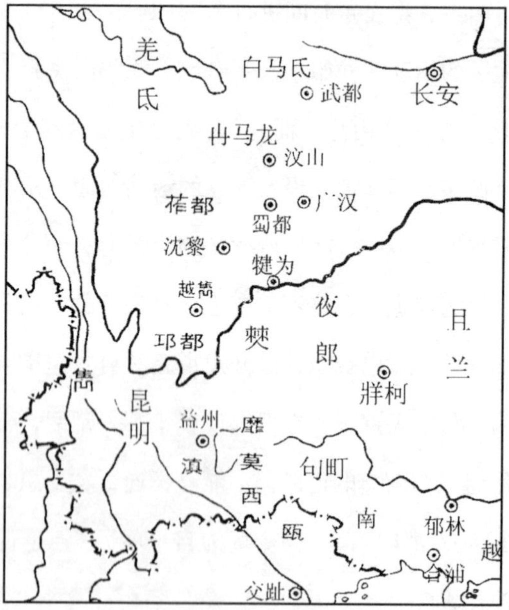

图5—6　武帝时西南版图

西南地区的地理特征对于西南地区古代的政治、经济、文化的发展和民族分布状况产生了较为深远的影响。西南地区城市推进方式源自于本区特殊的地理形势，深山峡谷是本区域最显著的地理特征，蜀通往身毒（今印度河流域古国）的间道与丝绸之路有互补之能效，这也是武帝最为看重的地方。因此汉朝在云南的设治地点非常的深入，最西南达到今保山和腾冲一带，这是西南去今缅甸再往印度的最直接的道路。汉朝在云南设置的郡县，非常明显地反映出寻找商道的目的。朝廷前往云南多是由成都出发，进入云南东部再转往其西部，后来更是直接从青藏高原的边缘南下，直接到达云南西部。这种交通布局促使云南的发展重心逐渐西移。到唐朝时，由于南诏的兴起，云南的重心完全偏到

①周振鹤：《西汉政区地理》，人民出版社，1987年，第140页。

西部的大理，而不再是最初的昆明。尽管此后昆明也有所发展，但这一重心的重新回归却是元朝时候的事了[①]。

三、南越、闽粤、朝鲜地区城市的发展

南越泛指岭南地区，本区域在秦始皇三十三年（公元前214年）置为南海、桂林、象郡。西汉初年，南海尉赵佗自立为南越国[②]，高后时，佗又自尊为南武帝，发兵攻打长沙边郡，败数县。由于汉帝国兵卒不适应南方气候、水土，至高后末年时，南越已是“东西万余里”，并“乘黄屋左纛，称制”与中国相对抗。直至武帝元鼎五年（公元前112年）秋，伏波将军路博德出桂阳，下湟水；楼船将军主爵都尉杨仆出豫章，下横浦；故归义粤侯二人为戈船、下濑将军，出零陵，或下离水，或抵苍梧；使驰义侯因巴、蜀罪人，发夜郎兵，下牂柯江；咸会番禺。元鼎六年（公元前111年）南粤已平。遂以其地为儋耳、珠崖、南海、苍梧、郁林、合浦、交趾、九真、日南九郡，到西汉末年南越地区并存的有南海、郁林、苍梧、合浦、交趾、九真、日南七郡，共有55城。

闽粤地区在西汉初年为外诸侯，有闽越国和东海国[③]，分别据有今福建全部和浙江南部。建元三年（公元前138年），东粤请举国徙中国，乃悉与众处江、淮之间。后闽越反，上遣横海将军韩说出句章，浮海从东方往；楼船将军仆出武林，中尉王温舒出梅领，粤侯为戈船、下濑将军出如邪、白沙，于元封元年（公元前110年）冬，各路军入东粤，“其民徙处江、淮之间”，东粤地

①李孝聪：《中国区域历史地理》，北京大学出版社，2004年，第89页。

②《汉书》卷43《郦陆朱刘叔孙传》：“贾卒拜佗为南越王，令称臣奉汉约”。

③《汉书》卷95《西南夷两粤朝鲜传》：“汉五年，复立无诸为闽粤王，王闽中故地，都冶。孝惠三年……立摇为东海王，都东瓯，世号曰东瓯王。”

遂虚。后在此地分别置回浦和冶两县，均属会稽郡。

朝鲜半岛，秦时属辽东外徼；西汉初年“为其远难守，复修辽东故塞，至浿水为界，属燕”；孝惠、高后时天下初定，燕人卫满以“兵威财物侵降其旁小邑，真番、临屯皆来服属，方数千里”；元封二年（公元前109年），汉使涉何谯谕卫右渠（保塞外蛮夷长），终不肯奉诏，“何去至界上，临浿水，使御刺杀送何者”，武帝不但没有追究涉何杀蛮夷长者的罪过，反而拜何为辽东东部都尉[①]。由此引起朝鲜怨恨，发兵袭攻杀涉何。武帝于当年秋发兵击朝鲜，至元封三年（公元前108年）灭朝鲜及其属国，置乐浪、玄菟、真番、临屯四郡[②]。昭帝始元五年（公元前82年）罢真番、临屯入乐浪，内徙玄菟，缩小其领域[③]。

西汉疆域变化最为显著的时段是在武帝时期，因武帝朝对西北、西南、南方及朝鲜半岛的战争，西汉版图达到空前水平。由对匈奴战争胜利而设置的朔方、五原郡开始，到南方17初郡的设置，西汉领域内净增国土面积160多万平方千米，此区域内设置的县级及其以上的行政机构治所成为西汉城市增长的一个重要组成部分。

西汉初年帝国与周边民族政权的关系注定了帝国在将之所在区域纳入帝国统治体系时表现在去辱、发展边贸、宣扬国威等复杂因素下进行的。拓展区城市空间推进则是借助于战争等暴力形式实现的。由于本区域各亚区自然地理环境、民族生活方式等人文环境的差异，各区城市发展道路稍有不同，但一个共同的特点就是基本上均是沿线发展，即不论是河流沿线、还是交通线，依托已建立的据点城市采取逐步推进的发展模式。

---

①《史记》正义引《地理志》云辽东郡武次县，东部都尉所理也。

②《史记》卷115《朝鲜列传》。

③周振鹤：《西汉政区地理》，人民出版社，1987年，第206页。

第六章　西汉时期空间认识与国家控制——西汉城市发展演变机制[①]

城市既是人类文明的产物，也是孕育和创造文明的社会空间。城市的发展从未离开过社会演进的步伐，从起源时代开始，城市的兴起、发展和演变就受到自然、经济、社会和人类等多方面的影响，呈现出一种复杂的动态现象。不同历史时期，不同地区、不同的社会形态、经济发展水平和发展速度等对城市发展的速度、性质、规模和空间组织等产生了较为重要的影响。西汉时期是中国社会转型的重要阶段，在由血缘社会向地缘社会转变的过程中，以城市代表的空间区域作为推行国家政治权力的工具发挥了重要作用。与此同时，西汉城市的发展演变及全国性等级城市体系的形成也反映了人们对自然、区域社会认识能力的提高，是西汉统治上层处理中央与地方权力关系的成功案例，遏制了春秋战国以来分裂现象的延续，促进了中华统一民族的形成。

西汉一代城市时空发展特征与当时主流社会对区域空间认识和国家稳定发展的宗旨紧密相关，在这一前提下提出了一系列具有连贯性的、瓦解地方权力

①该部分内容发表在《陕西师范大学学报》（哲社版），2010年第6期，有删减。

的措施是实现上述目标的前提，也是导致西汉城市发展演变的根本原因。受先秦纵横家思想影响，西汉社会仍有一批长于评论国家空间形势的能臣谋士，如娄敬、贾谊、晁错、主父偃等，他们在总结周秦灭亡经验教训的基础上，基于对西汉社会空间形势特点提出了颇具代表性的空间认识思想，并围绕帝国强本弱末的基本国策，协助统治者制定了一系列加强中央集权、解决中央与地方关系的政策；得出了城市发展变化之过程反映了时人空间认识水平和帝国对空间控制之目的，西汉城市发展之根本原因就是中央权力对地方空间控制和占有的结果，也是区域空间理论与国家控制实践的统一。

第一节 西汉时期的空间认识及国家控制思想

西汉时期，广泛流行的区域观念有这样几种：《禹贡》及《职方氏》的“九州观”、春秋战国以来形成的传统文化区、司马迁的“经济区”、西汉中央政府的“监察区”、朱赣的“风俗区”、杨雄的“方言区”等。

西汉时期两种九州观念依然存在，即夏九州与周九州。“夏九州”指《尚书》“禹贡九州”：冀、兖、青、扬、荆、豫、雍、徐、梁；“周九州”指《周礼》“职方九州”：冀、兖、青、扬、荆、豫、雍、幽、并，西汉则以两种稍异的九州作为十四州部划分的基础。此外，司马迁经济区（或物产区）的划分以及对楚地、齐地、赵、魏等地风俗的描述亦可知其所生活的时代尚未迈出战国的大门。朱、杨的“风俗区”、“方言区”同样深受春秋战国格局的影响。由此可见，秦汉王朝政治、军事上的统一，只能从政治上结束了战国时代，却不能消弭各诸侯国之间文化的差异，战国纵横家之余风也必然对西汉社会思想产生重要影响。

秦始皇总结周代失国之因，以为“起于处士横议，诸侯力争，四夷交侵”，遂实行郡县制，但仍二世而亡；高祖总结秦亡教训，认为“子弟为匹夫，内亡骨肉本根之辅，外亡尺土藩翼之卫”，是其速亡的根本原因，为此“惩戒亡秦孤立之败”“剖裂疆土，立二等之爵。功臣侯者百有余邑，尊王子弟，大启九国”（高祖时分封了143个侯国，9个同姓诸侯王，另有1异姓诸侯王，且诸侯王主要分布于先秦诸侯国区域空间之上），西汉初年出现郡国并行的空间格局，而此恰恰是战国时期诸国空间格局的延续，它也是西汉朝廷长期面临的难题。所以说，战国时期不唯是一个时代概念，也是一个区域划分的空间概念，两千多年之后区域空间差异依然存在，具有明确的指代意义。由合纵连横思想形成促生的东西对立、南北对峙等概念，在中国历史发展中也具有区域空间划分的历史地理学意义。

面对西汉中央与异姓、同姓诸侯王国之间以及新旧贵族间的种种矛盾，中央权力层出现了一批能言善辩的能臣谋士，如娄敬（即刘敬）、贾谊、晁错、主父偃等立足于当时空间形势认识，提出了一系列实现国家控制的思想策略。

娄敬，齐国人。戍卒出身，先后向刘邦提出定都关中、和亲匈奴及移民实关中三策。

（1）西汉定都关中。娄敬通过洛阳与关中形势之比较，结合当时空间形势发展，向高祖刘邦提出了“都洛阳，岂欲与周室比隆”的疑问，其原因是洛阳“有德则易以王，无德则易以亡”。关中之地“被山带河，四塞以为固，卒然有急，百万之众可具”；且秦之故地“资甚美膏腴”，为天府之国；此外，都关中还可以“搤天下之亢而拊其背也”。最终促使高祖最终定都关中，建立了200余年的汉家基业。

（2）与匈奴和亲。高祖刘邦从平城战败归来，面对匈奴“冒顿单于兵强，控弦四十万骑”强大兵力的威胁，娄敬提出的应对办法就是和亲。他立足于当时中原及匈奴的社会现实，提出“可以计久远子孙为臣耳”的长远计划，具体则“以適长公主妻单于，厚奉遗之，彼知汉女送厚，蛮夷必慕，以为阏氏，生子必为太子，代单于。何者？贪汉重币。陛下以岁时汉所余彼所鲜数问遗，使辩士风喻以礼节。冒顿在，固为子婿；死，外孙为单于。岂曾闻孙敢与大父亢礼哉？”最终实现“毋战以渐臣”的目的。通过这一方式，使帝国在百废待兴之时获得稳定发展的时机，对于中央集权的巩固和加强有较为重要的作用。

（3）移民实关中——强本弱末之术。娄敬从匈奴和亲归来，就匈奴“河南白羊、楼烦王，去长安近者七百里，轻骑一日一夕可以至”和“都关中，实少人。北近胡冠，东有六国强族，一日有变，陛下亦未得安枕而卧也”的实情，提出了“徙齐诸田，楚昭、屈、景、燕、赵、韩、魏后，及豪杰名家，且实关中”的政策，这一政策既可以“备胡”又可以在诸侯叛乱之时用之“东伐”，所以“此强本弱末之术也”，结果向关中移民十余万口。

贾谊，洛阳人，文帝时重要谋臣。面对匈奴侵边、诸侯王僭拟，地过古制的现象，得出“疏者必危，亲者必乱”以及“功少而最完，势疏而最忠”认识，提出“欲天下之治安，莫若众建诸侯而少其力”的建议[①]。

（1）众建诸侯而少其力。面对诸侯王势力的膨胀以及对中央朝廷造成的困扰，贾谊提出“欲天下之治安，莫若众建诸侯而少其力”的建议，此建议即源于对长沙王国的认识，长沙国是唯一一个异姓诸侯王国，此地偏处南边之地，自然环境较差，地瘠民贫，且区域面积狭小，因此长沙王才能最终得以保存下来，实非长沙王忠附之故。其进一步的解释是“力少则易使以义，国小则

①《汉书》卷48《贾谊传》。

亡邪心”。若“令海内之势如身之使臂，臂之使指，莫不制从，诸侯之君不敢有异心，辐凑并进而归命天子”，还必须“割地定制，令齐、赵、楚各为若干国，使悼惠王、幽王、元王之子孙毕以次各受祖之分地，地尽而止，及燕、梁它国皆然”。而对“其分地众而子孙少者”则“建以为国，空而置之，须其子孙生者，举使君之”。其间“诸侯之地其削颇入汉者，为徙其侯国及封其子孙也，所以数偿之；一寸之地，一人之众，天子亡所利焉，诚以定治而已”。这样做的结果是：“宗室子孙莫虑不王，下无倍畔之心，上无诛伐之志”，最终实现“天下不乱，当时大治，后世诵圣”的结果。

（2）以亲制疏。配合“重建诸侯少其力”他又提出“以亲制疏”的策略，即“举淮南地以益淮阳，而为梁王立后，割淮阳北边二三列城与东郡以益梁；不可者，可徙代王而都睢阳。梁起于新郪以北著之河，淮阳包陈以南揵之江，则大诸侯之有异心者，破胆而不敢谋。梁足以扞齐、赵，淮阳足以禁吴、楚，陛下高枕，终亡山东之忧矣，此二世之利也”，实即以文帝三子（梁王、代王、淮阳王）监控其他诸侯王国，实现藩屏中央之目的。

晁错，颍川人，任职于文景之际。学申、商刑名于轵张恢生所。以文学为太常掌故。先后提出了移民实边、削藩策等策略[①]。

（1）移民实边。文帝时匈奴更加强大，多次侵扰边境，多次派兵抵抗但效果不佳。为此，晁错提出徙民实边之策。“选常居者，家室田作，且以备之”，“皆赐高爵，复其家。予冬夏衣，廪食，能自给而止”，如是，则“邑里相救助，赴胡不避死”，最终“使远方亡屯戍之事，塞下之民父子相保，亡系虏之患，利施后世”。

（2）削藩。景帝时晁错担任御史大夫，此时诸侯国势力已强大到不能够

①《汉书》卷49《爰盎晁错传》。

控制的局面，晁错提出“请诸侯之罪过，削其支郡”的建议，其目的是“以尊京师，万世之利”，否则“天子不尊，宗庙不安”。然此举侵犯了诸侯王的利益，该政策还没来得及实施就爆发了“吴楚七国之乱”，晁错亦因此丧命。但这一政策在武帝时得以改进和落实。

主父偃，齐国临淄人也。学长短从横术，晚乃学《易》、《春秋》、百家之言。武帝时提出推恩、实茂陵之策[①]。

（1）推恩令。主父偃总结前代故事，认为晁错直接削藩引起了诸侯的叛乱，又不能不削，因为当时“诸侯或连城数十，地方千里。缓则骄奢易为淫乱；急则阻其强而合从以朔京师”。为此，主父偃进一步分析当前“诸侯子弟或十数，而適嗣代立，余虽骨肉，无尺地之封，则仁孝之道不宣”，提出如果陛下“令诸侯得推恩分子弟，以地侯之”，则“人人喜得所愿，上以德施，实分其国。必稍自销弱矣”。武帝乃制诏御史：“诸侯王或欲推恩分子弟邑者，令各条上，朕且临定其名号”[②]。元朔二年春正月，诏曰：“梁王、城阳王亲慈同生，愿以邑分弟，其许之。诸侯王请与子弟邑者，朕将亲览，使有列位焉”。于是“藩国始分，而子弟毕侯矣”[③]。武帝时“用主父偃谋，令诸侯以私恩裂地，分其子弟，而汉为定制封号，辙别属汉郡。汉有厚恩，而诸侯地稍自分析弱小云。”[④]

（2）实茂陵——关中。“茂陵初立，天下豪桀兼并之家，乱众民，皆可徙茂陵，内实京师，外销奸猾，此所谓不诛而害除。”上又从之[⑤]。

---

①《汉书》卷64上《严朱吾丘主父徐严终王》。
②《史记》卷21《建元以来王子侯者年表》。
③《汉书》卷6《武帝纪》。
④《汉书》卷53《景十三王传》。
⑤《史记》卷112《平津侯主父列传》。

西汉时期对于当时形势之论述尚有他人①，以上四人重点围绕如何加强中央集权、削减诸侯王国实力、稳定边疆等问题提出的具体措施，得到西汉几代帝王认可并付诸实践，伴随着汉武帝广亲亲之名义下实行的“推恩令”，终使西汉诸侯王的政治经济势力大为削弱，以至于哀、平之际，诸侯王“皆继体苗裔，亲属疏远”、“不为士民所尊”。完成了由郡国并行向郡县地方行政制度的转变，社会政治结构完成了由血缘政治向地缘政治的过渡。

第二节 西汉时期国家控制实践及结果

历史文献和已有的研究成果表明，经过两百年的曲折发展，西汉城市发展为三个等级、七种类型。第一等级也是第一种类型是指都城长安。第二等级是指103个郡国级城市，其中由于三辅治城与都城合而为一，故该级城市有100个；本级城市包括两种类型，即郡守治所（郡治）和诸侯国都城（王都）。第三个等级是指县级城市，《汉志》记载1587个，包括了所有县级及其以上的城市，减去以上两个等级则西汉末年县级城市当有1486个；本等级城市包括四种类型，即县、邑、侯国、道治城市。不同等级、同类型的城市在西汉200年发展中又有着复杂的变化过程。

高祖继帝位之后，就有定都长安与洛阳的争议，即上文娄敬与高祖的一番对话，后经张良点拨最终定都长安，就是空间权衡的典型案例，长安及其所在关中平原成为国家政治统治的中心。关于这一点已有诸多论述自不赘述，这里

①如郦食其，《汉书》卷43《郦陆朱刘叔孙传》载：汉三年秋，项羽击汉，拔荥阳，汉兵遁保巩。楚人闻韩信破赵，彭越数反梁地，则分兵救之。韩信方东击齐，汉王数困荥阳、成皋，计欲捐成皋以东，屯巩、雒以距楚。郦食其对高祖说：“夫敖仓，天下转输久矣，臣闻其下乃有臧粟甚多。楚人拔荥阳，不坚守敖仓，乃引而东，令適卒分守成皋，此乃天所以资汉。……愿足下急复进兵，收取荥阳，据敖庚之粟，塞成皋之险，杜太行之道，距飞狐之口，守白马之津，以示诸侯形制之势，则天下知所归矣。”

重点以郡国级和县级城市发展为例，分析帝国是如何围绕加强中央集权、削弱东方六国和周边地区势力，加强对东部诸侯国及周边区域空间控制的。

一、铲除异己——构建同姓诸侯王屏藩之势

楚汉相争过程中，刘邦在推行郡县制的同时，实行封国制。在汉军攻占的一些地区恢复和开置了部分秦郡，如：高祖元年（公元前206年），置渭南、河上和上郡；高祖二年，置河南、河内、中地、北地、陇西、河东、上党和太原郡；高祖三年，置常山和代郡。豫章分自秦庐江郡，武陵分自秦黔中郡。云中、雁门、代郡三郡直至高祖六年封刘喜为代王时仍为遥领。与此同时高祖为取得战争的最终胜利，还分封了7个异姓诸侯王：楚王韩信、梁王彭越、韩王信、长沙王吴芮、淮南王英布、燕王卢绾、赵王张耳。

然而异姓诸王掌握着兵权和占有相当的空间范围，他们的存在严重危及了西汉中央王朝的统治。西汉统治层在总结秦亡教训之中，逐一铲除异姓诸王成为既定国策。高祖前后用了七年时间，基本消除了异姓诸侯王国，又在对相应地区调整的基础上分封同姓王作为屏藩捍卫边境之安全的地方势力。“尊王子弟，大启九国”，加上长沙王吴芮，至高祖末年（公元前195年），出现了十个诸侯王国与十五汉郡并存的局面[①]。这就是所谓的郡国并行制，即在战国六国旧地推行封国制，在汉中央直接控制的地区实行郡县制。西汉帝国于高祖十二年（公元前195年）时形成了两个均质区域，即在诸侯国区内没有汉郡的存在，同样在汉郡内也没有诸侯国的存在，两大分区的界线北起云中与定襄郡界向南沿今山陕黄河河谷至太原郡与河东郡界东下，经上党郡北界，穿魏郡涉、内黄县北，东郡东北聊城、茌平、东阿、甄城，过陈留之酸枣、陈留、尉

①《史记》卷17《汉兴以来诸侯王年表》。

氏东，再经汝南中部至南阳郡南下，穿江夏郡郡治东向南一线，该线以东至大海为诸侯王国区，以西为汉郡区。此时汉郡区的西北、西南、南方、东南部以及诸侯国的东北地区均不在西汉版图内，秦的部分郡县也落入其他民族政权手中。此时西部边界北起汉五原西北境向南经上郡、北地、安定、天水、陇西西部、武都、广汉经严道西部达蜀郡至南安，沿青弋江水至犍为郡治僰道，顺江而下达巴郡南部，过南郡界南部东下与郡国界相接，该线以东以北地区为汉郡区，而以西以南地区则为西汉武帝时武力征伐的区域，形成武帝之后的拓展区（图6—1）。

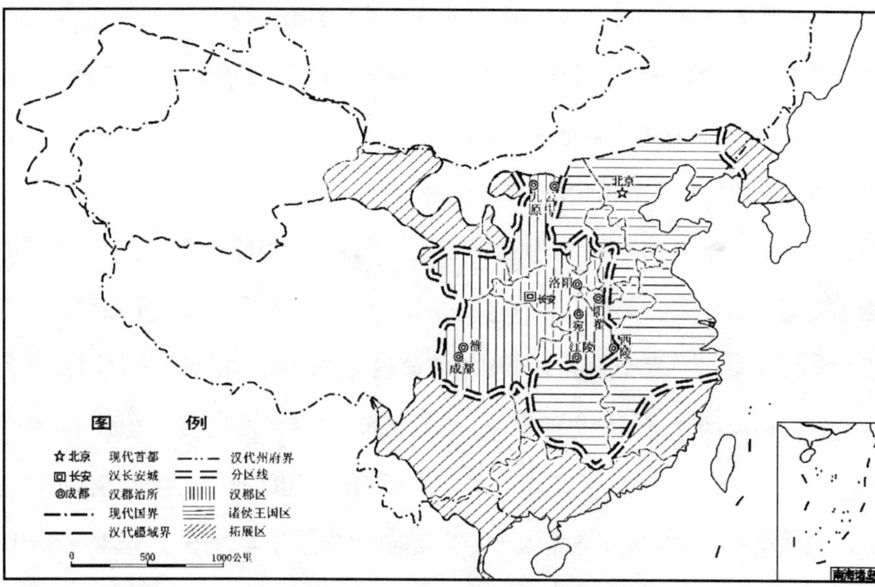

图6—1 西汉初年空间形势

诸侯王国大者“跨州兼郡，连城数十”，与秦郡相比，则有些“矫枉过正”。且汉初诸侯王虽受中央节制，但相对独立。王国百官设置如同中央朝廷，诸侯王拥有相当大的特权，不仅可以“自置吏”，自行任命二千石以下官员；还可以“得赋敛”，向本王国臣民收取赋税。在以亲制疏的政策下，诸侯国地位高于一般汉郡成为与中央分庭抗礼的地方势力，形成了新的隐患。

二、削藩、众建诸侯——诸侯国数量大涨

这一变化表现在两个方面：其一是单一的诸侯王国区域的消失，其间夹杂了汉郡；其二是诸侯王国数量的增加和辖区的缩小。

均质的诸侯王国区并没有维持多久，随着高后的掌权，诸吕相继为王以及文帝即位之后政治力量的改变，受贾谊“重建诸侯少其力”理论的影响，诸侯国区空间形势发生了变化，仅在齐地就分封了齐孝惠王诸子为王，一分为七：齐、济北、济南、淄川、胶东、胶西、城阳，分解齐王势力。到文帝十六年（公元前164年）时诸侯国总量增加到17个。

景帝即位之后，为消除东方诸侯的实力，采取了与文帝不同的“削藩”之策，用直接削地的办法夺取诸侯王的封地。然而这一措施直接触犯了诸侯王的根本利益，引发了以吴楚为首的赵、济南、淄川、胶西、胶东7个诸侯王的叛乱。叛乱平息后，景帝乘势大幅度削减诸侯王国辖域，在诸侯国区域析置了大量新的诸侯国和直属中央的汉郡，到公元前153年年底诸侯王国区内共有19个诸侯王国和43个汉郡，彻底改变了这一地区的空间构成，使得各诸侯王国的辖区越来越小。随后又于景中六年（公元前144年）分梁为5国。所以，景帝期间，曾先后分封亲子17人次为王，是西汉分封诸侯王最多的一位帝王。

至汉武帝时期，中央权力中枢对诸侯王国的削弱继续进行，几乎与发动对匈奴战争的同时，推行推恩之策，中央在“亲亲”的表象下实现其削弱地方势力的目的，最终使“大国不过十余城，小侯不过十余里”。元狩年间又罢郡国盐铁，悉禁郡国毋铸钱，使诸侯财政收入锐减；后又颁左官律和设附益之法，

贬低王国地位，诸侯王不得参与政事，经济来源仅有田租一项，逐步走向衰微，不复为中央朝廷之患。武帝后元二年（公元前87年）时东部诸侯国区域之诸侯国总量与景帝时相同，仍有19个，并未减少，但本区汉郡数量却大幅度增加，由景帝四年的29个增加到41个，并形成了汉郡与诸侯国犬牙交错的局面，这一局面延续至汉末未有改变。

三、消弭边患，扩大版图——汉郡城市数量大增

西汉时期最大的边患莫过于匈奴的侵扰，要解决这一问题，除采用“和亲”“移民”政策外，就是对其地进行控制和占领，设立新的郡县，使帝国版图在西北、西南、东南、东北方向得以拓展。

西汉初年帝国与周边民族政权的关系注定了帝国在将之所在区域纳入帝国统治体系时表现在去辱、发展边贸、宣扬国威等复杂因素下进行的。自对匈奴战争胜利设置的朔方、五原郡开始，到南方17初郡的设置，西汉国土面积净增加160多万平方千米，所以，在此设置的县级及其以上的行政机构治所成为西汉城市增长的一个重要组成部分。城市沿河流、交通线依托已建立的据点城市采取了逐步推进的发展模式（参见第五章第三节）。

综上所述，各区域城市发展差异显著。东部诸侯王国区郡国城市数量变化较大，由西汉初年10个郡国城市发展到西汉末年的60多个；中部汉郡区，郡级城市增长非常之缓慢，西汉200年间，仅增长了7个郡级城市，而且均发生在武帝时期；拓展地区自武帝建元五年（公元前135年）开辟犍为郡始，至武帝太初元年（公元前104年）共析置郡国35个（表2—9）。由此证明，西汉中央完全实现了对地方空间的控制。

上述变化反映了中央权力与地方权力的关系，实际上是社会公共权力在其

权力主体内部不同层次之间的纵向关系，同时，它又是全社会整体利益与特定政治社区的局部利益之关系在权力关系上的体现。所以，当地方权力过于强大时，中央权力将采取压制与削弱措施。那么，西汉时期东部地区大量兴起的郡级城市与两者之间的权力关系配置有很直接的关系。东部诸侯王国区迅速增加的汉郡和版图日渐缩小的诸侯王国成为鲜明的对比，预示着中央集权的加强和诸侯王势力的衰弱，诸侯不再是中央集权的威胁。东部地区县级城市的增长也正是帝国这一政策在深化的表现，武帝时期推恩令的颁布，使帝国得以通过分封侯城的途径，彻底地从实体上削弱了诸侯王国。

四、推恩之法——诸侯子弟毕侯

西汉时期县级城市数量增长幅度较大，创造了城市迅速增长的奇迹。由西汉初年八九百之数增长到一千五百余，减去新拓展区域部分仍有一千二三，其间究竟是如何变化的呢?

经系统整理古籍、简牍及相关文献，可以发现汉郡区和西部拓展区的县邑、道城在西汉的变化并不大。就县邑城市而言，《汉志》记载的西汉新增城市仅有40个，其中华阴、湖、渭城、槐里、阳陵、真定6个只是更换名称，闻喜、获嘉城则是在更名的同时又设置了县的行政机关，其余所谓置、开、城则表示完全是新增的。新增城市只是西汉城市增长的一个组成部分，而且是很少的一部分。关于道城，《张家山汉墓竹简》中记载有22处，比《汉志》记载的30个含有“道”字的城市少了几个。经考证西汉末年道城有32个，除上述22城之外，新增10个，即零陵郡之营道、冷道，广汉郡之刚氐道，犍为郡之僰道，越巂郡之灵关道，武都郡之嘉陵道、循成道，陇西郡之羌道，安定郡之月支道，长沙国之连道。因此，大量增长的城市应当源于侯国城市的增长。

侯国城市是西汉各类城市发展中变化最大的，经过对《史记》、《汉书》中诸王子侯、功臣侯、外戚侯表的系统整理：西汉200余年间共有侯国城市791个，成帝元绥二年时仅有241个。侯国城市发展的空间特征为：①西汉侯国城市在诸侯王国及汉郡两大区之间的数量分布很不均衡，侯国城市数量比为591：124（不明归属者不计），诸侯王国地区占绝对优势。②诸侯王国地区内部，侯国城市分布以齐、赵、楚、燕、荆吴、淮阳、梁较为集中，齐、赵、楚又是其中最为密集之地，这当与西汉中央政府对此区的空间认识有很大关系①。而长沙、代等地的侯国城市数量非常少，共有侯国城市29个（表2—38）。③西汉时期各区域内侯国城市分封越多，省并者也相对得多，各区域前后相继分封、废弃的城市数量也是以齐、赵、楚三个区域最多。出现了分封—废弃—继封相循环的现象（表2—40）。④汉郡区的侯国城市主要集中于南阳、南郡等与诸侯国区相邻区域（表2—34）。

西汉中部汉郡区新增城市数量多集中于京畿近郊的三辅地区（有20个之多），关中地区成为西汉时期城市最为密集的地区之一，这与京畿地区特殊的政治、经济、文化有很直接的关系，其中强固根本是西汉帝国统治的一贯措施，也是帝国处理中央与地方权力关系的重要环节。通过增强帝国核心的社会经济势力、增加人口数量以达充实之目的，一方面可以抵御北部匈奴族的入侵，另一方面可以抑制东部旧贵族。国都区域城市的增长不单是区域自然地理环境与社会经济条件的反映，反过来又要影响区域社会、环境的发展，继而改变一个地区的自然与人文面貌。

在对西汉时期东部及部分西部地区侯国城市时空发展特征考察的基础上，

①《汉书》卷48《贾谊传》：“愿举淮南地以益淮阳，而为梁王立后，割淮阳北边二、三城与东郡以益梁；不可者，可徙代王而都睢阳，梁起于新郪以北著之河，淮阳包陈以南揵之江，则……梁足以扞齐赵，淮阳足以禁吴楚。”

可以发现，帝国在武帝元朔二年（公元前127年）采纳了中大夫主父偃的建议，颁布“推恩令”之后，诸侯王除由嫡长子继承王位外，其他诸子都可以在诸侯王领土范围内得到封地，“于是藩国始分，而子弟毕侯矣”①。以西汉初年诸侯王区域来说，分封侯城最多的是齐地，其次赵地，再次楚地。诸侯国越分越小，诸侯国势力大为削弱。这样看起来是中央给予诸王子弟的特殊恩宠，实际上却分割了王国疆土，不需明令削夺而自然成为由汉王朝郡县直接管理的区域。“推恩令”的推行，使中央通过和平手段实现了贾谊、晁错以来尊崇皇权裁抑地方王国的夙愿，是中央权力与地方权力配置上比较成功的措施之一，西汉帝国由此也成为成功地处理中央与地方关系的典范，它把由裁权带来的剧痛降到最低，在“眉目传情”之间完成了中央权力在诸侯国空间上的渗透，使中央在地方上的统治得以巩固，这也正是这一政策的高明之处，中央帝国最终实现了对整个国家的空间控制。

第三节　汉初国家空间战略部署实例分析

中央王朝依据当时空间形势采取了一系列措施不仅实现了强根固本，还使西汉版图大大增加，然限于史料的不足，能够反映国家战略部署实例的非常之少，目前仅能从《张家山汉墓竹简》所载高后二年城市情况做一简单梳理，据本书第四章第二节分析，此时城市空间分布特征如下。

（1）高等级城市集中于京畿之地。《张家山汉墓竹简》中记载了15个一千石的城市，分布于西汉三辅地区的9个：长安是都城所在地，雍、栎阳为秦代旧都，槐里（废丘，雍国都）、临晋（华阴，京辅都尉治所）为先秦旧

①《汉书》卷6《武帝纪》。

城，新丰是专为太上皇所建之城，郃阳乃高祖兄之侯国城市；好畤为高祖祭祀之所以及频阳，加上作为高祖龙兴之地的丰、沛，地位均较特殊，说明西汉初年城市等级规定中的人为因素。相比较而言，高等城市中的河南郡之洛阳、广汉郡之洛，蜀郡之成都，云中郡之云中更突出了区位之重要。

（2）较高等级的城市集中于三辅及其他重要区域。《张家山汉墓竹简》中记载的54个八百石的城市，主要分布地区处三辅及其附近的河南、河东、河内地区，南阳、南郡区、汉中、广汉以及五原、云中北部边境地区都是都城之外及其重要的郡区，与高等级城市空间分布特征有非常高的一致性。

（3）普通城市数量大，分布范围较为广泛，是帝国统治的基石。190个六百石之城，广布于西汉初年中央直辖的各郡及诸侯王国与汉郡接壤地区，从这类城市的空间分布特征亦可看出西汉城市在空间上的差异。如京畿之地的三辅仅有此类城市17个，仅次于三辅政治区位的三河之地，此类城市数量要多得多，达31城。仅有的4个道均分布于西南少数民族地区。

（4）《张家山汉墓竹简》中明确记载了分布于本区的23个侯国城市。若将沛郡二侯城不计，从等级上看：千石侯城有1个（高祖兄刘仲之郃阳城），八百石侯城4个（曹参之平阳、周勃之绛、惠帝子之轵，萧何之沛），六百石侯城17个；在地域分配上 ：三辅2个，三河11个，其他郡域侯城有9个（以东郡、颍川为主有6个）。西汉初年侯国城市等级越高距离帝国核心越近，侯城等级基本呈从三辅、三河、外围逐渐递减之势。

从西汉初年不同等级城市空间分布上的差异可以看出，此时帝国战略部署特点，在具有战略地位的区域设置一些较高等级的城市，例如三辅、三河、中央与诸侯国区接壤地带以及民族交错区；同时，具有特殊区位条件的区域不仅布设高等级城市，而且城市数量也比较大，这自然与其区域自然环境条件有很大关系。结合本章第一节内容，可以看出西汉初年城市空间分布特征正是该时期统治上层对空间形势认识基础上的战略部署，也是帝国空间权衡的产物。

都城所在的三辅地区区位最为重要，千石之城就有9个，河南、河东、河内是关西、关东之间必经之交通孔道，也是西汉初年中央帝国与东部诸侯国的缓冲之地，经济、交通地位非常重要，所以到西汉中期，随着西汉社会经济的发展，帝国与东方对峙线的东移，汉武帝便将三河地区纳入帝国的基本核心区，足显其空间位置的关键性，正因为如此，洛阳从未成为任何一个诸侯王的国都，或王子侯城的所在地，本区域高等级城市分布较多也成为很自然的事了。

在中央汉郡与东部诸侯国接壤地区也是西汉初年高等级城市分布较多的区域，如南阳、颍川、河内、东郡等，主要原因就是其地理位置特殊，是中央与诸侯王区域的缓冲区。且从之后本区域侯国城市频繁兴废情况来看，它们是汉郡所封侯国城市较多的地区（表2—33），南阳郡所封侯国城市总量在所有郡中的排名在第三，紧随琅邪、东海之后（表2—41），但至汉末其境内侯国城市又不超过10个，这就说明了该区域之作用就是为解决帝国封侯难题而存在的。

汉中郡、广汉郡、五原、云中郡处于西汉初年帝国边境，关系着国家稳定。汉中郡、广汉郡早在秦代经济就得到了发展，西汉初年作为高祖汉王的封地，它们与关中地区合称“天府之国”，占据着全国十分之六的财富，是帝国的大粮仓。同时，本区接近西南民族地区，设立一些较高等级的城市分担核心城市的部分职能将更有利于区域经济的发展。五原、云中二郡所在之区域是秦代蒙恬所置新秦中，汉初不完全在帝国控制之下，如高祖十一年分云中置定襄郡时，并无五原郡之建制。尽管如此，汉初仍在这一地区设置有几个较高等级的城市，以确保帝国北方的安全。

综上所述，西汉初年城市空间分布特征是国家控制空间政策的体现，各节点区域都有较高等级城市分布是帝国依据汉初形势的战略部署展示，目的是为了应对来自不同区域、不同方面的威胁，以确保国家的稳定发展。

面对内忧外患，西汉初年国家战略部署空间特征非常明确，随着社会经济的复苏、国家的巩固和稳定，早期忧患经过汉初半个世纪之后已难以对帝国安全构成威胁，国家战略方针也逐渐由内守转为外拓，开始积极消灭地方及周边民族势力。西汉武帝时期的拓边活动以及推恩瓦解东方诸侯国势力的活动成为这一时期的主要内容，之前章节均有所涉及，兹不赘述。

第四节 结 语

城市作为一种空间现象，它是一个特殊的地域综合体。城市“既具有外观形态，即城市的形状和大小，又具有一定的内部结构，即具有特定功能的城市物质构成要素的空间位置、要素构成及相互关系。①”城市也是一种区域现象。“是兼有经济、行政和自然性质的一种综合性区域”、“是一个人文景观特别复杂的区域。②”虽然各个城市的规模大小不同，但它们作为人类活动的中心，同周围广大地区保持着密切的联系，几乎每个城市都是一个地区的经济、政治或文化的中心，都有自己的影响区域（腹地或集散地）。城市作为地球表面的一种地理现象具有区域性和综合性的特点，本书没有局限于单体城市描述，而是以西汉直接管辖内所有城市作为研究对象，在论述过程中分别就不同区域内城市空间格局形成的原因及演化过程进行了系统分析，剖析区域中心

①耿占军、赵淑玲：《中国历史地理学》，西安地图出版社，2000年，第288页。

②李孝聪：“唐代城市的形态与地域结构——以坊市制的演变为线索”，载《唐代地域结构与运作空间》，上海辞书出版社，2003年，第248页。

城市城址选择与城市成长的自然地理条件和社会历史背景。

由于研究对象处于两千年前的西汉时期，史料上的欠缺以及研究区域范围的广阔，本研究没有采取面面俱到的研究模式，而是围绕历史城市地理核心问题展开，属于专题性研究。然而考虑到历史城市地理学的学科体系以及基本研究内容，本研究尽管没有就历史城市地理学的所有问题设专门章节论述，但在书中一些章节的设计中尽量把一些问题吸纳进来，例如，对历史城市形成与发展的地理基础以及城市发展对环境的影响方面，在第五章以齐地、关中为例的城市发展模式研究中做了个案分析；城市内部空间结构问题在论述郡县制下的城市等级差异中有所提及。总而言之，本书是立足于历史城市地理学的研究对象及主要内容，在历史城市地理学的框架体系内，抓住历史城市地理学研究核心问题展开的，基于研究对象所具有的特殊性，引入了政治学的权力概念作为研究的突破口，论证影响西汉城市发展的自然地理与人文地理基础之上的权力要素，探索影响中国古代城市发展及空间布局的机制和规律。

“合纵连横”是战国纵横家的主张，不管是合纵对付齐秦，还是连横对付晋楚，都是对战国空间形势权衡的结果，这一空间权衡意识影响了西汉初年国都的选址、中央与地方的关系，左右了都于关中之地的秦汉帝国与东方六国旧地权力关系的变化。西汉初年在六国旧地上实行分封制，相继分封了一批诸侯王，他们享有较高的政治经济特权。尽管诸侯国是为藩辅汉室而建，然西汉初期的诸侯王国均拥有“跨州兼郡”的区域范围，控制着区域内山泽陂池的发展，经济实力比较雄厚；且在诸侯王国区域内，诸侯王们握有至高无上的政治特权，诸侯王国实力的壮大严重地威胁着中央集权的建立。由此，在行使公共政治权力的中央帝国与拥有一定政治经济特权的地方诸侯王国之间形成了权力梯度差，而这种空间权力梯度差正是西汉初期中央与地方之间的权力关系形成的基础。

政治权力的形成，是政治权力主体动员和凝聚有效政治资源的能动过程，也是政治权力主体主观条件与客观条件有机结合的过程。作为一种实际的力量，政治权力中包含着主客观两个方面的构成要素（本书仅指客观要素）。政治权力的客观构成要素是指政治权力形成过程中，外在于政治权力主体的促成因素和条件。就其内容来说，它主要是指政治资源，但又不仅限于政治资源。就其构成来说，包括：生产资料、物质财富、暴力。生产资料是人类劳动得以进行的必要条件，谁占有生产资料，谁就可以获得支配社会生存和发展的能力。物质财富一般是指劳动形成的物质产品。作为政治权力构成要素的暴力包含三方面的基本内容，即暴力执行者、暴力组织和暴力工具。除此以外，政治权力的客观构成要素还包括所拥有的自然资源、所处的地理条件、有益的文化传统、有利的形势和时机以及政治权力客体的服从心理，等等。西汉时期具有不同职能类型的城市逐渐被中央管理和控制过程就是权力构成要素完善及权力渗透的反映。

中央权力与地方权力的关系，实际上是社会公共权力在其权力主体内部不同层次之间的纵向关系，同时，它又是全社会整体利益与特定政治社区的局部利益之间的关系在权力关系上的体现。因此，与纵向利益关系一样，中央权力与地方权力的关系包含着两个方面的问题，一是两者之间的关系状况，二是两者之间的权力配置或者分割。表现在城市上就是城市等级、规模以及综合实力的差异和演变。

权力作用方式有多种，主要形式有：暴力方式，当根本对立的政治力量之间矛盾激化时，暴力方式可能出现。如战争、武装谋反（起义）、武力征伐、暴力镇压等流血事件；压力或规范方式，主体做出一定的强硬态势，使客体意识到如果不按照主体的意志行为可能带来严重的后果。如景帝时对淮南王的诏书，政治警告、政治恐怖、政治戒严、政治压力集团活动；处罚方式，主体对不服从的客体或客体发生违反主体意志的行为时，主体对客体进行一定方式的处罚。既可以是物质上的，也可以是精神、生理上的。如西汉时期中央对诸侯王一贯使用的夺郡削县即是对诸侯王采取的一种处罚的方式；而对列侯、大臣等用言辞谴责令其自杀的形式，一度成为西汉定制；另外唐蒙在夜郎置郡活动也具有这一特征。《史记·西南夷列传》："蒙厚赐，喻以威德，约为置吏，使其子为令"。总体而言，中央权力在诸侯王国地区上的运行方式表现为以武力为后盾，以施恩为外在形式，逐步蚕食诸侯王国领域的过程；中央汉郡区是帝国统治的核心，城市增长相对分散，中央权力在本区的运行方式是在保持稳定局势之下的渗透与巩固；中央权力在拓展区的运行表现为借助于武力，以经济利益为诱饵，逐步占领的方式。

政治权力具有垄断性、制约性、工具性、动态性等特征。在政治权力的垄断性中隐含着普遍性、至高无上以及排他性三个层面的内容，而制约性是一切政治权力的基本特性。权力主体只有拥有对客体的制约能力，并存在制约关系才会产生权力现象。在全社会范围内，公共权力对一切客体都有制约性，这是一种不对称的关系。当这种制约性受到挑战时，公共权力就式微。公共政治权力本质是实现特定目标的工具，权力的目标是实现特定的利益。权力又不是一个静态的概念，作为主体与客体互动关系中产生的现象，它是随着社会的发展变化，而不断变动的。一方面，政治权力有内在扩张性与自我维护性，有意识地调整权力的作用范围、方式和强度。另一方面，政治权力得以构成的基础也在不断地发生变化。本文在地方空间对权力的反作用方面着墨较少，是今后努力的方向。

附录1　西汉政区沿革图示

历史政区沿革是研究区域城市空间结构特征演化的主要因素，为此本书在展开对西汉城市地理研究之前首先是对西汉政区地理的认识，这方面最权威的研究成果就是周振鹤先生的《西汉政区地理》。为节省篇幅，将周先生研究成果转化成图示格式附于书末以便查对，也希望得到周先生的批评指正。这里对图示内容作简要说明。

（1）图示排列顺序以周文为据，即由诸侯国到汉郡。

（2）图中各部分内容时间顺序是按照历史发展顺序，即自汉初至汉末，而非周先生之推理过程；图示的最后年代为《汉志》记载郡县的“成帝绥和末年”。

（3）图中用箭头方向指示郡县的归属，比如，析置的郡县，“箭头”远离原郡国图框或时间发展轴。相反，某郡县合并入另一郡国，则箭头指向该郡国图框或时间发展轴。

（4）部分郡县置了又罢，图中的显示方式为（3）中两种箭头的组合。

（5）图内方框中的“年代”是指该郡国初置之年。

（6）图内郡中析置县，仍在本郡者用“⟷”表示。

楚 国1

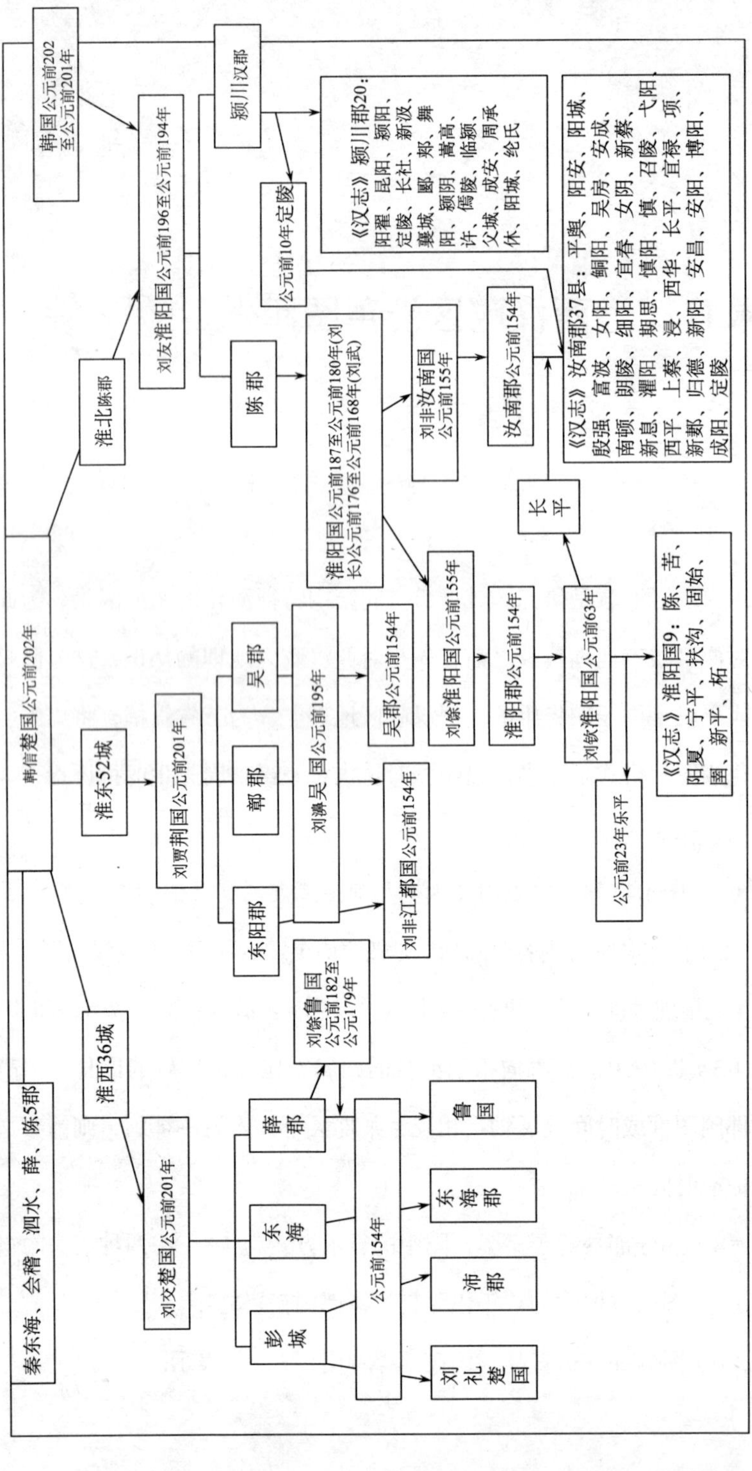
秦东海、会稽、泗水、薛、陈5郡
韩信楚国公元前202年
韩国公元前202至公元前201年
淮北陈郡
淮东52城
淮西36城
刘友淮阳国公元前196至公元前194年
颍川汉郡
公元前10年定陵
《汉志》颍川郡20：阳翟、昆阳、颍阳、定陵、长社、新汲、襄城、郾、郏、舞阳、颍阴、嵩高、许、傿陵、临颍、父城、成安、周承休、阳城、纶氏
陈郡
淮阳国公元前187至公元前180年(刘长)公元前176至公元前168年(刘武)
刘非汝南国公元前155年
汝南郡公元前154年
《汉志》汝南郡37县：平舆、阳安、阳城、殷强、富波、女阳、鲖阳、吴房、安成、南顿、朗陵、细阳、宜春、女阴、新蔡、新息、灈阳、期思、慎阳、慎、召陵、弋阳、西平、上蔡、浸、西华、长平、宜禄、项、新郪、归德、新阳、安昌、安阳、博阳、成阳、定陵
长平
刘馀淮阳国公元前155年
淮阳郡公元前154年
刘钦淮阳国公元前63年
《汉志》淮阳国9：陈、苦、阳夏、宁平、扶沟、固始、圉、新平、柘
公元前23年乐平
刘贾荆国公元前201年
吴郡
鄣郡
东阳郡
刘濞吴国公元前195年
吴郡公元前154年
刘非江都国公元前154年
刘交楚国公元前201年
薛郡
东海
彭城
刘馀鲁国公元前182至公元前179年
公元前154年
鲁国
东海郡
沛郡
刘礼楚国

楚 国2

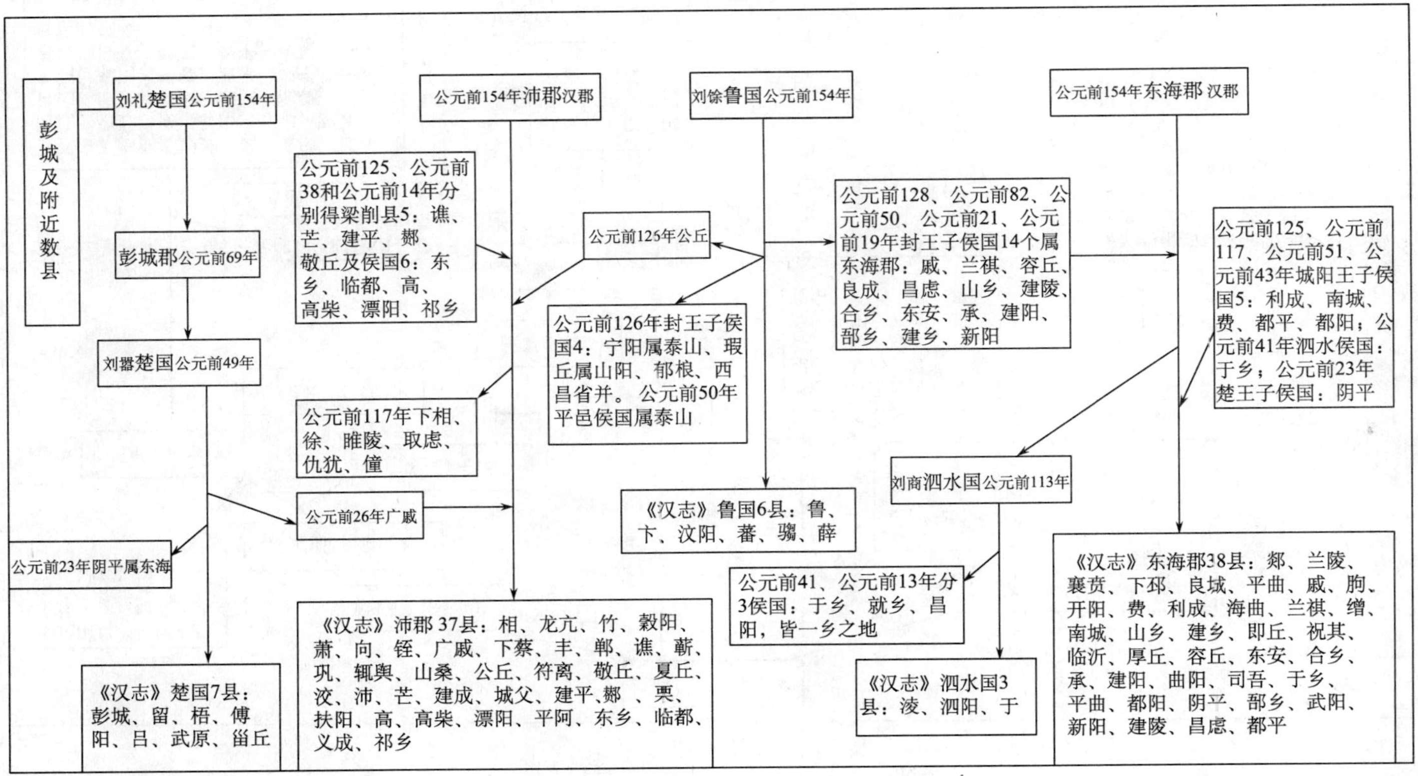
彭城及附近数县
刘礼楚国公元前154年
彭城郡公元前69年
刘嚣楚国公元前49年
公元前23年阴平属东海
《汉志》楚国7县：彭城、留、梧、傅阳、吕、武原、甾丘
公元前154年沛郡汉郡
公元前125、公元前38和公元前14年分别得梁削县5：谯、芒、建平、鄼、敬丘及侯国6：东乡、临都、高、高柴、漂阳、祁乡
公元前117年下相、徐、睢陵、取虑、仇犹、僮
公元前26年广戚
《汉志》沛郡 37县：相、龙亢、竹、穀阳、萧、向、铚、广戚、下蔡、丰、郸、谯、蕲、巩、辄舆、山桑、公丘、符离、敬丘、夏丘、洨、沛、芒、建成、城父、建平、鄼、栗、扶阳、高、高柴、漂阳、平阿、东乡、临都、义成、祁乡
刘馀鲁国公元前154年
公元前125年公丘
公元前126年封王子侯国4：宁阳属泰山、瑕丘属山阳、郁桹、西昌省并。公元前50年平邑侯国属泰山
公元前128、公元前82、公元前50、公元前21、公元前19年封王子侯国14个属东海郡：戚、兰祺、容丘、良成、昌虑、山乡、建陵、合乡、东安、承、建阳、部乡、建乡、新阳
《汉志》鲁国6县：鲁、卞、汶阳、蕃、驺、薛
公元前154年东海郡 汉郡
公元前125、公元前117、公元前51、公元前43年城阳王子侯国5：利成、南城、费、都平、都阳；公元前41年泗水侯国：于乡；公元前23年楚王子侯国：阴平
刘商泗水国公元前113年
公元前41、公元前13年分3侯国：于乡、就乡、昌阳，皆一乡之地
《汉志》泗水国3县：淩、泗阳、于
《汉志》东海郡38县：郯、兰陵、襄贲、下邳、良城、平曲、戚、朐、开阳、费、利成、海曲、兰祺、缯、南城、山乡、建乡、即丘、祝其、临沂、厚丘、容丘、东安、合乡、承、建阳、曲阳、司吾、于乡、平曲、都阳、阴平、部乡、武阳、新阳、建陵、昌虑、都平

楚国 3

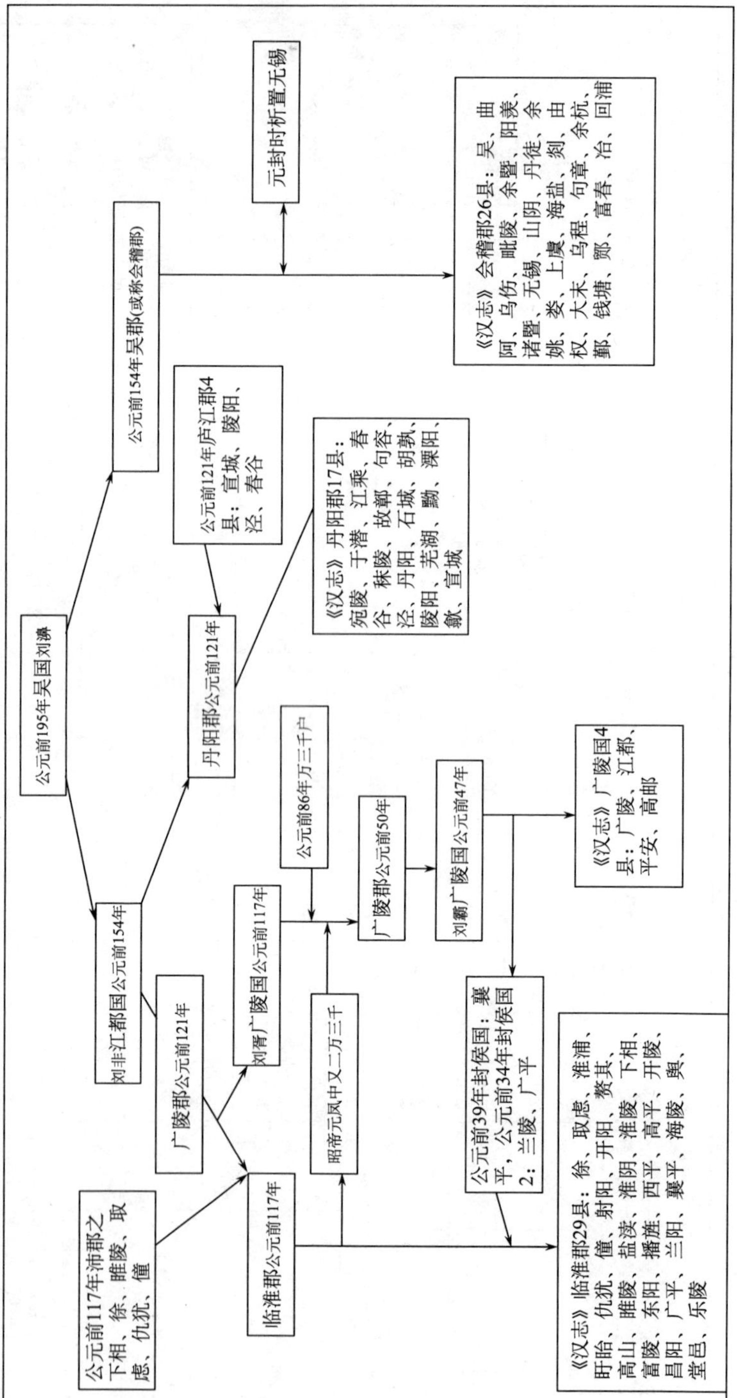

公元前195年吴国刘濞
公元前154年吴郡(或称会稽郡)
元封时析置无锡
《汉志》会稽郡26县：吴、曲阿、乌伤、毗陵、余暨、阳羡、诸暨、无锡、山阴、丹徒、余姚、娄、上虞、海盐、剡、由权、大末、乌程、句章、余杭、鄞、钱塘、鄮、富春、冶、回浦
公元前121年庐江郡4县：宣城、陵阳、泾、春谷
丹阳郡公元前121年
《汉志》丹阳郡17县：宛陵、于潜、江乘、春谷、秣陵、故鄣、句容、泾、丹阳、石城、胡孰、陵阳、芜湖、黝、溧阳、歙、宣城
刘非江都国公元前154年
广陵郡公元前121年
刘胥广陵国公元前117年
公元前86年万三千户
昭帝元凤中又二万三千
广陵郡公元前50年
刘霸广陵国公元前47年
《汉志》广陵国4县：广陵、江都、平安、高邮
公元前39年封侯国：襄平，公元前34年封侯国2：兰陵、广平
公元前117年沛郡之下相、徐、睢陵、取虑、仇犹、僮
临淮郡公元前117年
《汉志》临淮郡29县：徐、取虑、淮浦、盱眙、仇犹、僮、射阳、开阳、赘其、高山、睢陵、盐渎、淮阴、淮陵、下相、富陵、东阳、播旌、西平、高平、开陵、昌阳、广平、兰阳、襄平、海陵、舆、堂邑、乐陵

淮南国

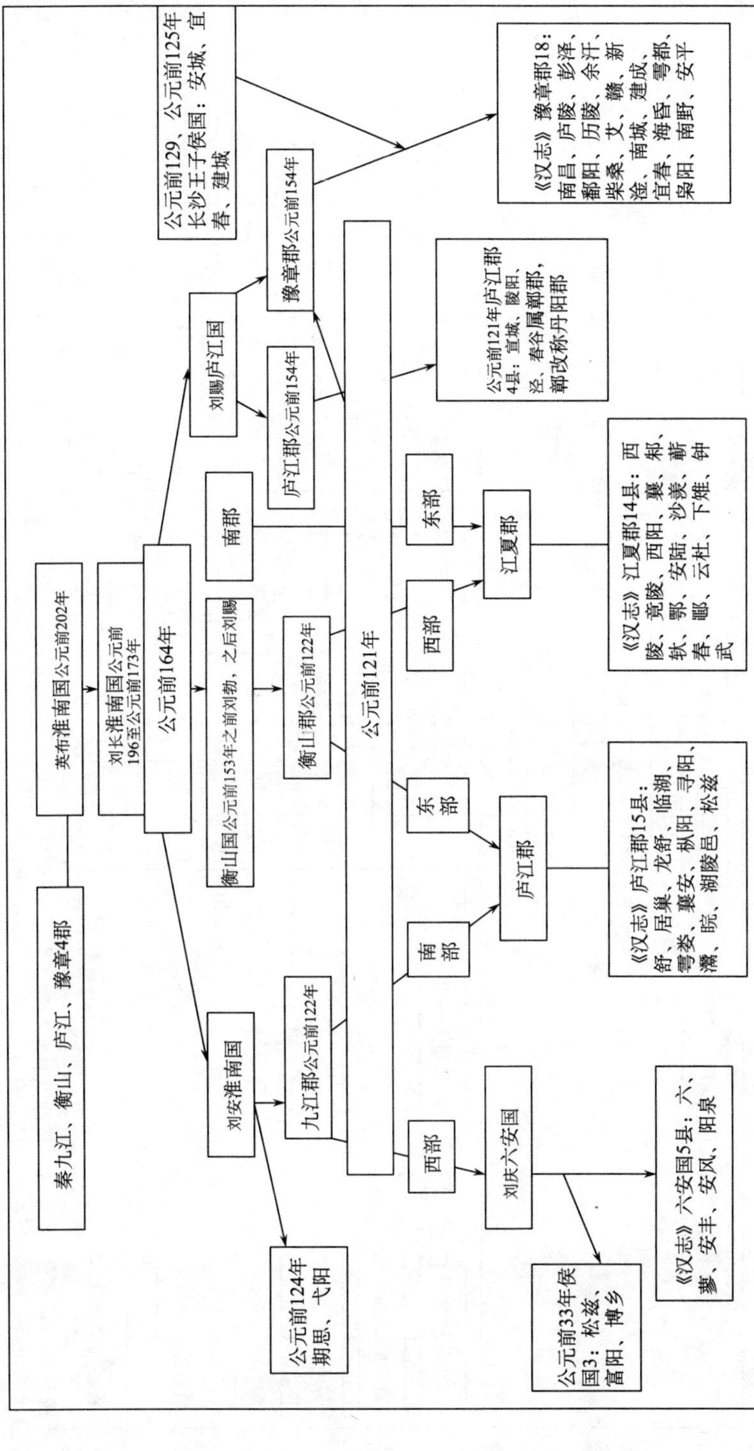
秦九江、衡山、庐江、豫章4郡
英布淮南国公元前202年
刘长淮南国公元前196至公元前173年
公元前164年
刘安淮南国
衡山国公元前153年之前刘勃，之后刘赐
南郡
刘赐庐江国
公元前129、公元前125年长沙王子侯国：安城、宜春、建城
豫章郡公元前154年
庐江郡公元前154年
衡山郡公元前122年
九江郡公元前122年
公元前124年期思、弋阳
公元前121年
西部
东部
南部
东部
西部
刘庆六安国
庐江郡
江夏郡
公元前121年庐江郡4县：宣城、陵阳、泾、春谷属鄣郡，鄣改称丹阳郡
《汉志》豫章郡18：南昌、庐陵、彭泽、鄱阳、历陵、余汗、柴桑、艾、赣、新淦、南城、建成、宜春、海昏、雩都、鄡阳、南野、安平
《汉志》江夏郡14县：西陵、竟陵、西阳、襄、邾、轪、鄂、安陆、沙羡、蕲春、鄳、云杜、下雉、钟武
《汉志》庐江郡15县：舒、居巢、龙舒、临湖、雩娄、襄安、枞阳、寻阳、灊、皖、湖陵邑、松兹
《汉志》六安国5县：六、蓼、安丰、安风、阳泉
公元前33年侯国3：松兹、富阳、博乡

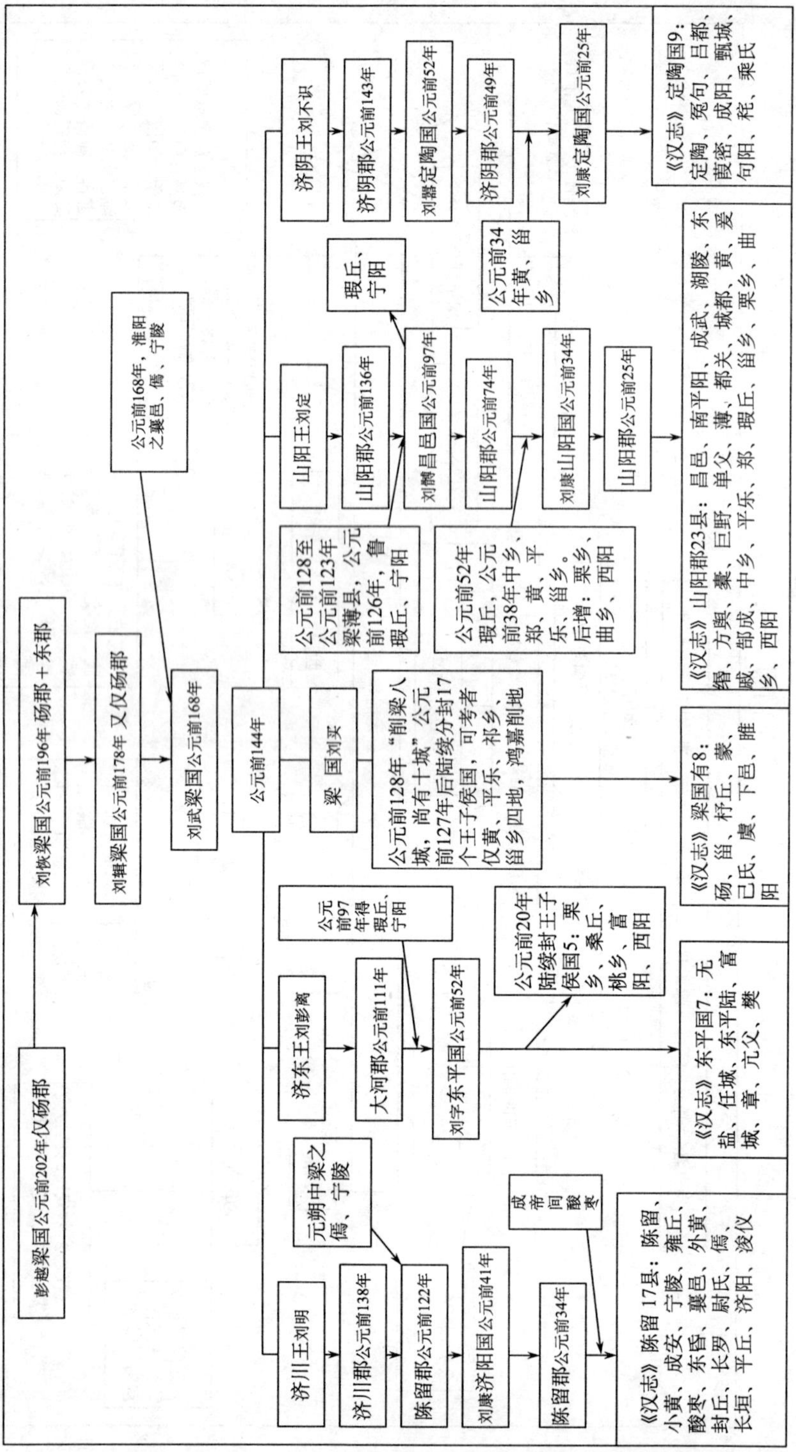
梁国
彭越梁国公元前202年仅砀郡
刘恢梁国公元前196年砀郡＋东郡
刘揖梁国公元前178年又仅砀郡
公元前168年，淮阳之襄邑、傿、宁陵
刘武梁国公元前168年
公元前144年
济川王刘明
济川郡公元前138年
元朔中梁之傿、宁陵
陈留郡公元前122年
刘康济阳国公元前41年
成帝间酸枣
陈留郡公元前34年
《汉志》陈留17县：陈留、小黄、成安、宁陵、雍丘、酸枣、东昏、襄邑、外黄、封丘、长罗、尉氏、傿、长垣、平丘、济阳、浚仪
济东王刘彭离
大河郡公元前111年
公元前97年得瑕丘、宁阳
刘宇东平国公元前52年
公元前20年陆续封王子侯国5：栗乡、桑丘、富桃乡、西阳
《汉志》东平国7：无盐、任城、东平陆、富城、章、亢父、樊
梁国刘买
公元前128年"削梁八城"，尚有十城。公元前127年后陆续分封17个王子侯国，可考者仅黄、平乐、祁乡、甾乡四地，鸿嘉削地
《汉志》梁国有8：砀、甾、杼丘、蒙、己氏、虞、下邑、睢阳
山阳王刘定
山阳郡公元前136年
公元前128至公元前123年梁薄县，公元前126年，鲁瑕丘、宁阳
瑕丘、宁阳
刘髆昌邑国公元前97年
山阳郡公元前74年
公元前52年瑕丘，公元前38年中乡，平郑，黄，平乐，甾乡。后增：栗乡，曲乡，西阳
刘康山阳国公元前34年
山阳郡公元前25年
《汉志》山阳郡23县：昌邑、南平阳、成武、湖陵、东缗、方舆、橐、巨野、单父、薄、都关、城都、黄、爰戚、郜成、中乡、平乐、郑、瑕丘、甾乡、栗乡、曲乡、西阳
济阴王刘不识
济阴郡公元前143年
刘嚣定陶国公元前52年
公元前34年黄，甾乡
济阴郡公元前49年
刘康定陶国公元前25年
《汉志》定陶国9：定陶、冤句、吕都、葭密、成阳、鄄城、句阳、秺、乘氏

燕 国

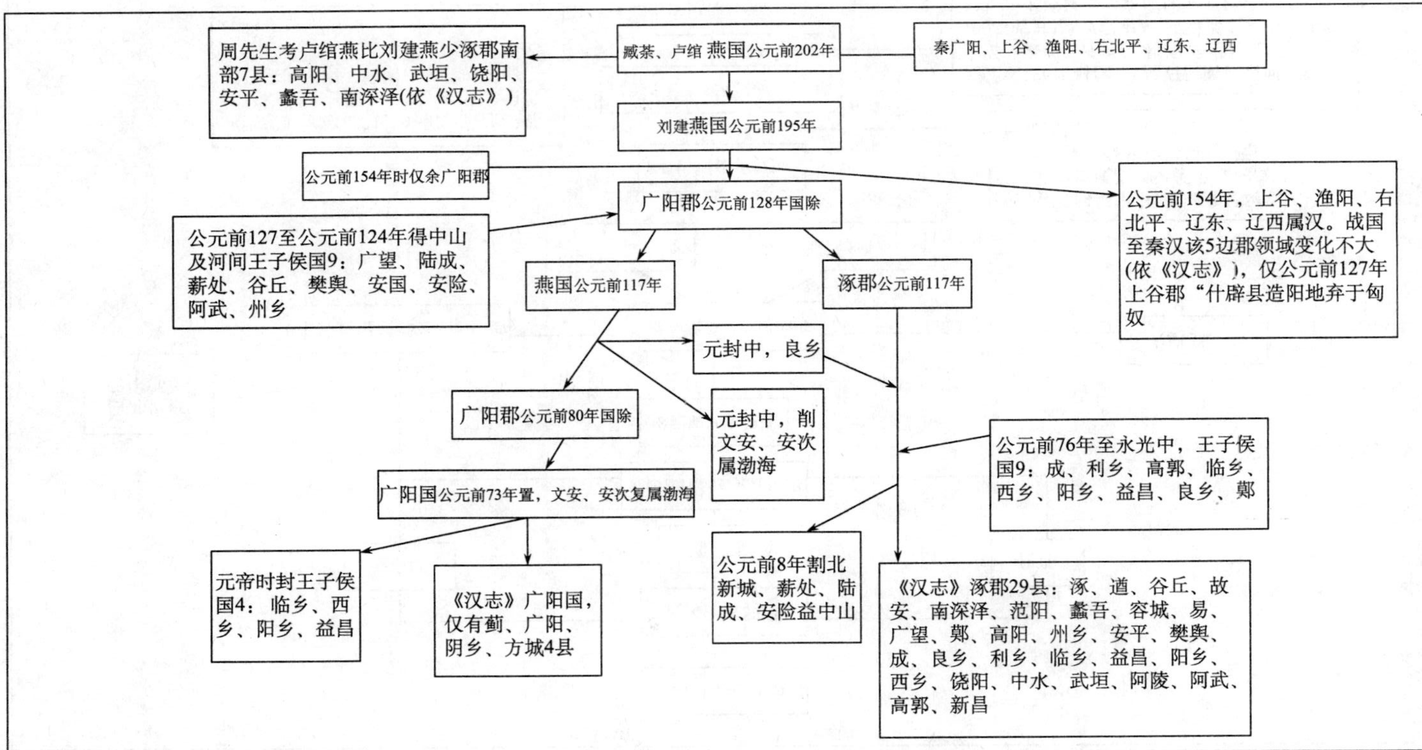
臧荼、卢绾 燕国公元前202年
秦广阳、上谷、渔阳、右北平、辽东、辽西
周先生考卢绾燕比刘建燕少涿郡南部7县：高阳、中水、武垣、饶阳、安平、蠡吾、南深泽(依《汉志》)
刘建燕国公元前195年
公元前154年时仅余广阳郡
公元前154年，上谷、渔阳、右北平、辽东、辽西属汉。战国至秦汉该5边郡领域变化不大(依《汉志》)，仅公元前127年上谷郡“什辟县造阳地弃于匈奴
广阳郡公元前128年国除
公元前127至公元前124年得中山及河间王子侯国9：广望、陆成、薪处、谷丘、樊舆、安国、安险、阿武、州乡
燕国公元前117年
涿郡公元前117年
元封中，良乡
元封中，削文安、安次属渤海
广阳郡公元前80年国除
公元前76年至永光中，王子侯国9：成、利乡、高郭、临乡、西乡、阳乡、益昌、良乡、鄚
广阳国公元前73年置，文安、安次复属渤海
公元前8年割北新城、薪处、陆成、安险益中山
元帝时封王子侯国4：临乡、西乡、阳乡、益昌
《汉志》广阳国，仅有蓟、广阳、阴乡、方城4县
《汉志》涿郡29县：涿、遒、谷丘、故安、南深泽、范阳、蠡吾、容城、易、广望、鄚、高阳、州乡、安平、樊舆、成、良乡、利乡、临乡、益昌、阳乡、西乡、饶阳、中水、武垣、阿陵、阿武、高郭、新昌

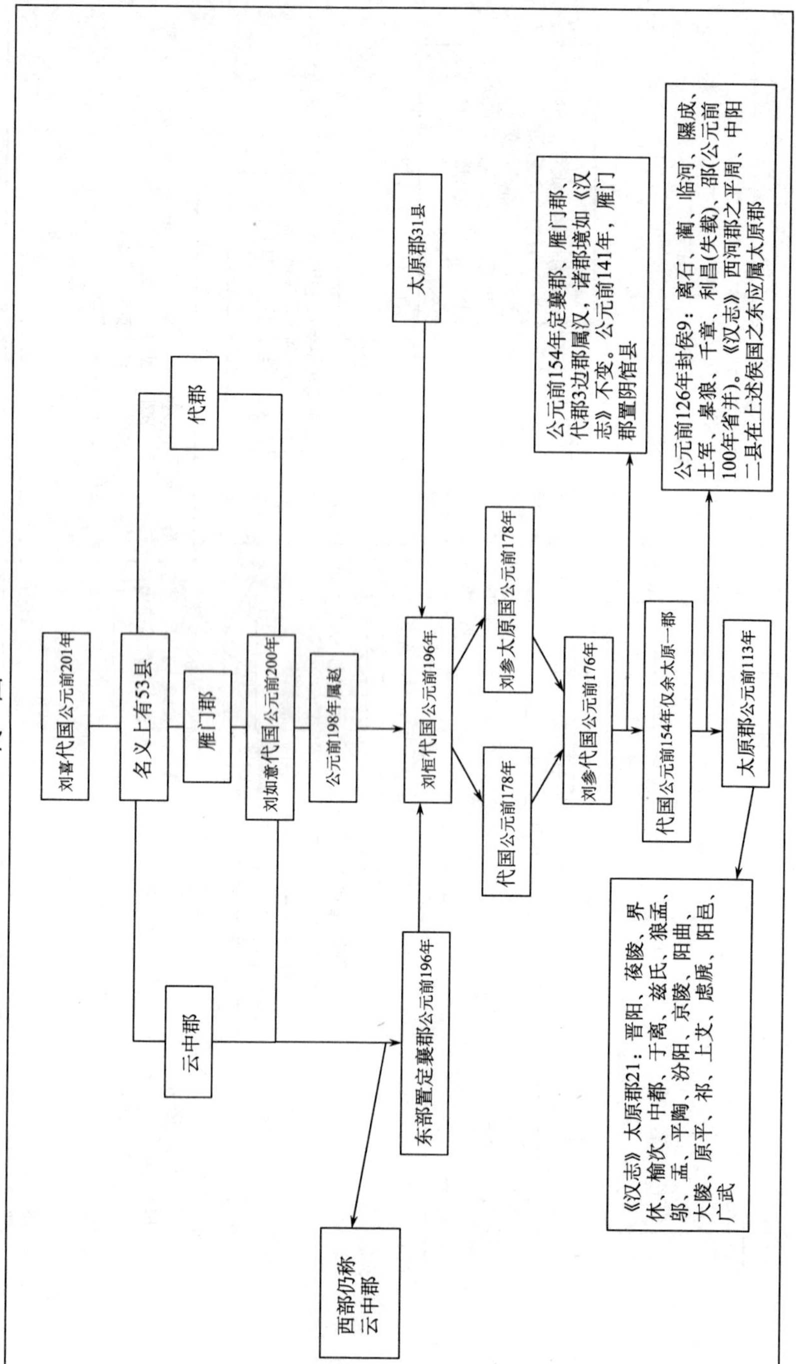
代国
刘喜代国公元前201年
名义上有53县
雁门郡
代郡
云中郡
刘如意代国公元前200年
公元前198年属赵
刘恒代国公元前196年
太原郡31县
东部置定襄郡公元前196年
西部仍称云中郡
代国公元前178年
刘参太原国公元前178年
刘参代国公元前176年
代国公元前154年仅余太原一郡
太原郡公元前113年
公元前154年定襄郡、雁门郡、代郡3边郡属汉，诸郡境如《汉志》不变。公元前141年，雁门郡置阴馆县
公元前126年封侯9：离石、蔺、临河、隰成、土军、皋狼、千章、利昌(失载)、邵(公元前100年省并)。《汉志》西河郡之平周、中阳二县在上述侯国之东应属太原郡
《汉志》太原郡21：晋阳、葰陵、界休、榆次、中都、于离、兹氏、狼孟、邬、盂、平陶、汾阳、京陵、阳曲、大陵、原平、祁、上艾、虑虒、阳邑、广武

赵 国1

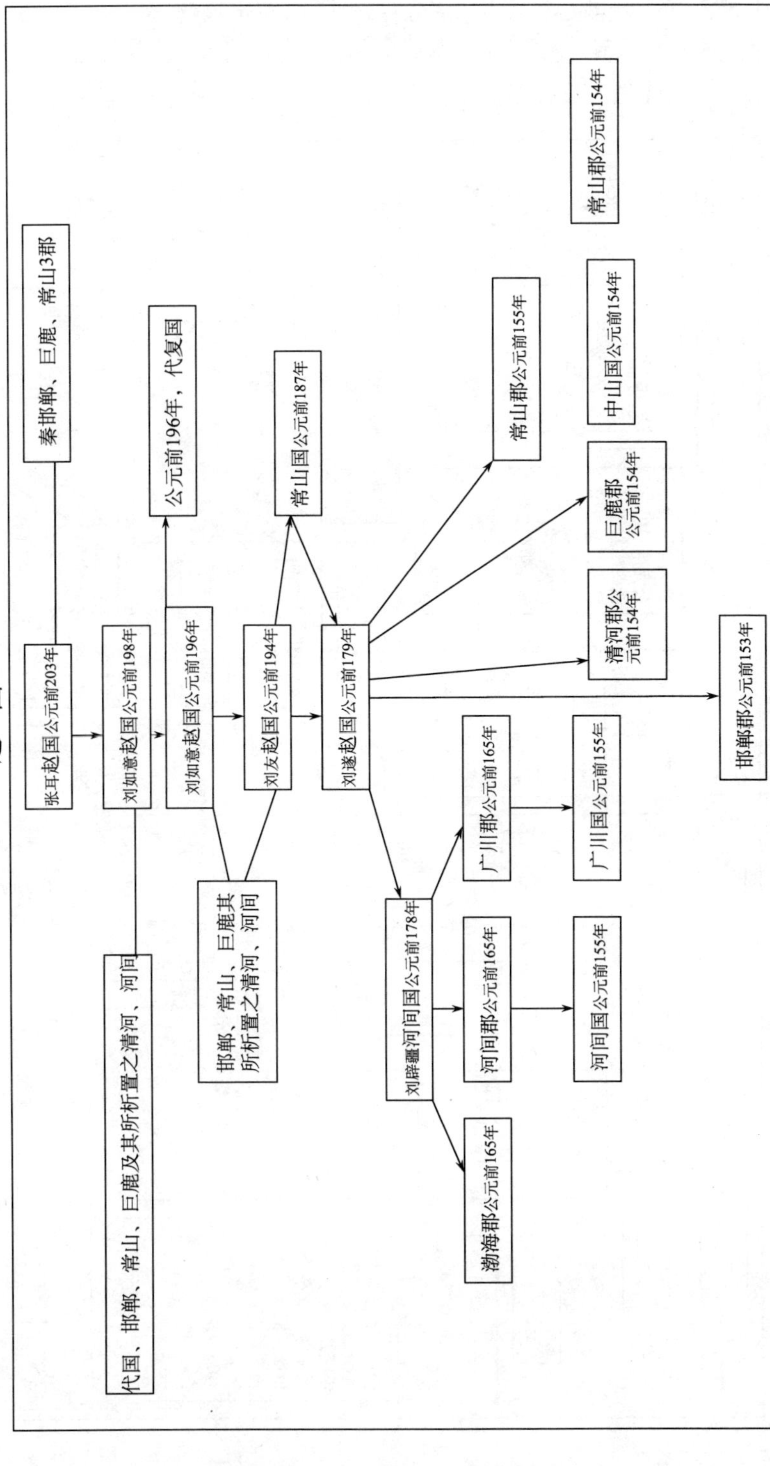
秦邯郸、巨鹿、常山3郡
张耳赵国公元前203年
刘如意赵国公元前198年
代国、邯郸、常山、巨鹿及其所析置之清河、河间
公元前196年，代复国
刘如意赵国公元前196年
邯郸、常山、巨鹿其所析置之清河、河间
刘友赵国公元前194年
常山国公元前187年
刘遂赵国公元前179年
常山郡公元前155年
巨鹿郡公元前154年
清河郡公元前154年
邯郸郡公元前153年
中山国公元前154年
常山郡公元前154年
刘辟疆河间国公元前178年
广川郡公元前165年
广川国公元前155年
河间郡公元前165年
河间国公元前155年
渤海郡公元前165年

赵　国2

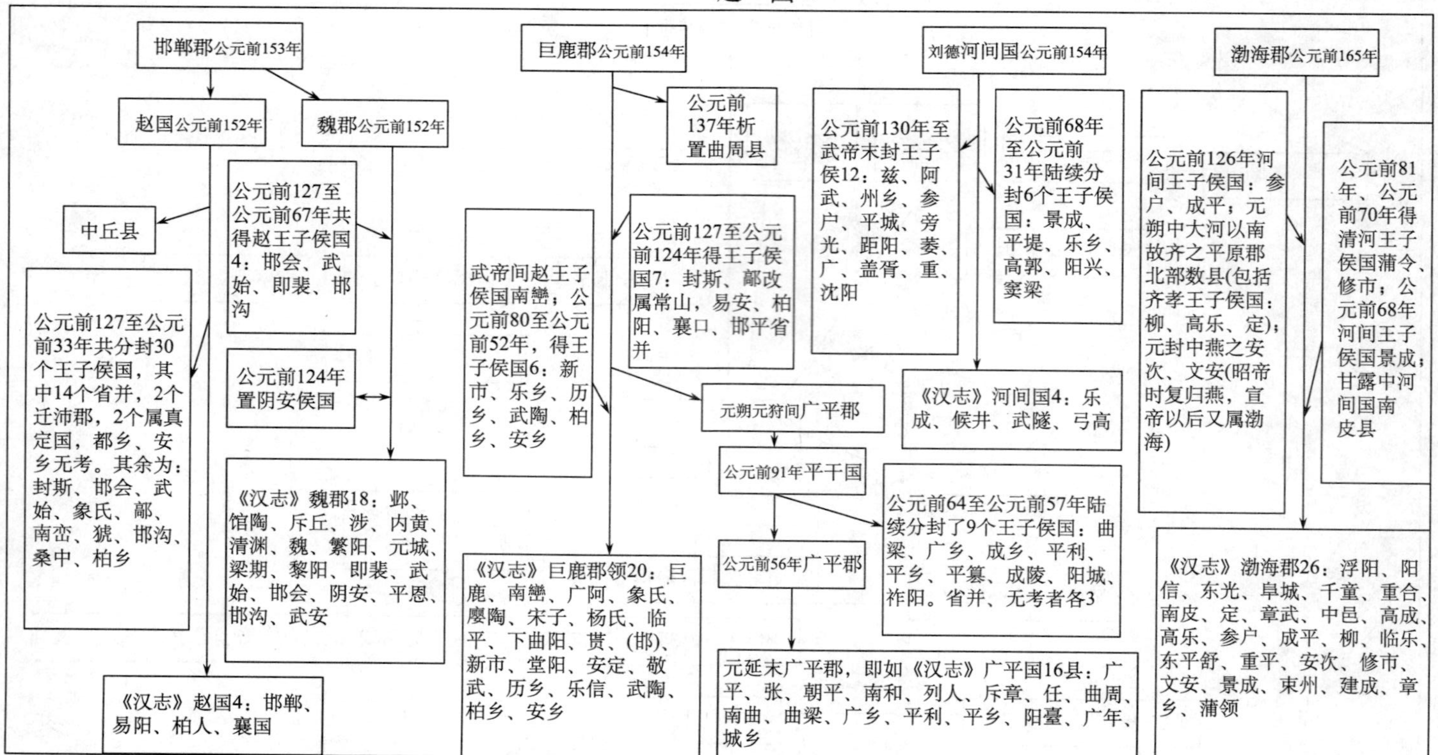
邯郸郡公元前153年
赵国公元前152年
魏郡公元前152年
中丘县
公元前127至公元前33年共分封30个王子侯国，其中14个省并，2个迁沛郡，2个属真定国，都乡、安乡无考。其余为：封斯、邯会、武始、象氏、鄗、南峦、猇、邯沟、桑中、柏乡
公元前127至公元前67年共得赵王子侯国4：邯会、武始、即裴、邯沟
公元前124年置阴安侯国
《汉志》魏郡18：邺、馆陶、斥丘、涉、内黄、清渊、魏、繁阳、元城、梁期、黎阳、即裴、武始、邯会、阴安、平恩、邯沟、武安
《汉志》赵国4：邯郸、易阳、柏人、襄国
巨鹿郡公元前154年
公元前137年析置曲周县
武帝间赵王子侯国南䜌；公元前80至公元前52年，得王子侯国6：新市、乐乡、历乡、武陶、柏乡、安乡
公元前127至公元前124年得王子侯国7：封斯、鄗改属常山，易安、柏阳、襄口、邯平省并
元朔元狩间广平郡
公元前91年平干国
公元前56年广平郡
公元前64至公元前57年陆续分封了9个王子侯国：曲梁、广乡、成乡、平利、平乡、平篡、成陵、阳城、祚阳。省并、无考者各3
《汉志》巨鹿郡领20：巨鹿、南䜌、广阿、象氏、廮陶、宋子、杨氏、临平、下曲阳、贳、(邯)、新市、堂阳、安定、敬武、历乡、乐信、武陶、柏乡、安乡
元延末广平郡，即如《汉志》广平国16县：广平、张、朝平、南和、列人、斥章、任、曲周、南曲、曲梁、广乡、平利、平乡、阳臺、广年、城乡
刘德河间国公元前154年
公元前130年至武帝末封王子侯12：兹、阿武、州乡、参户、平城、旁光、距阳、蒌、广、盖胥、重、沈阳
公元前68年至公元前31年陆续分封6个王子侯国：景成、平堤、乐乡、高郭、阳兴、窦梁
《汉志》河间国4：乐成、候井、武隧、弓高
渤海郡公元前165年
公元前126年河间王子侯国：参户、成平；元朔中大河以南故齐之平原郡北部数县(包括齐孝王子侯国：柳、高乐、定)；元封中燕之安次、文安(昭帝时复归燕，宣帝以后又属渤海)
公元前81年、公元前70年得清河王子侯国蒲令、修市；公元前68年河间王子侯国景成；甘露中河间国南皮县
《汉志》渤海郡26：浮阳、阳信、东光、阜城、千童、重合、南皮、定、章武、中邑、高成、高乐、参户、成平、柳、临乐、东平舒、重平、安次、修市、文安、景成、束州、建成、章乡、蒲领

赵　国3

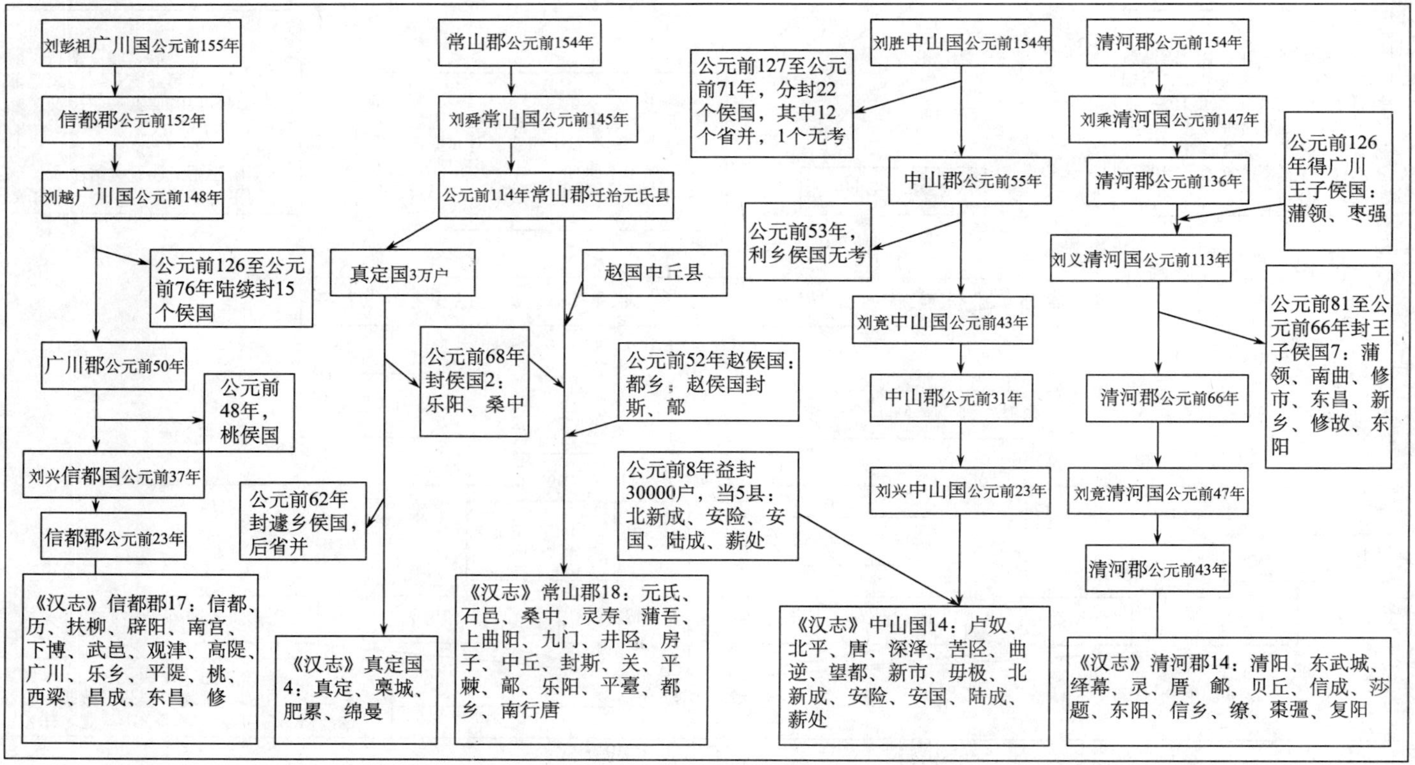
刘彭祖广川国公元前155年
信都郡公元前152年
刘越广川国公元前148年
公元前126至公元前76年陆续封15个侯国
广川郡公元前50年
公元前48年，桃侯国
刘兴信都国公元前37年
信都郡公元前23年
《汉志》信都郡17：信都、历、扶柳、辟阳、南宫、下博、武邑、观津、高隄、广川、乐乡、平隄、桃、西梁、昌成、东昌、修
常山郡公元前154年
刘舜常山国公元前145年
公元前114年常山郡迁治元氏县
真定国3万户
公元前62年封遽乡侯国，后省并
《汉志》真定国4：真定、稾城、肥累、绵曼
公元前68年封侯国2：乐阳、桑中
赵国中丘县
公元前52年赵侯国：都乡；赵侯国封斯、鄗
《汉志》常山郡18：元氏、石邑、桑中、灵寿、蒲吾、上曲阳、九门、井陉、房子、中丘、封斯、关、平棘、鄗、乐阳、平臺、都乡、南行唐
刘胜中山国公元前154年
公元前127至公元前71年，分封22个侯国，其中12个省并，1个无考
中山郡公元前55年
公元前53年，利乡侯国无考
刘竟中山国公元前43年
中山郡公元前31年
刘兴中山国公元前23年
公元前8年益封30000户，当5县：北新成、安险、安国、陆成、薪处
《汉志》中山国14：卢奴、北平、唐、深泽、苦陉、曲逆、望都、新市、毋极、北新成、安险、安国、陆成、薪处
清河郡公元前154年
刘乘清河国公元前147年
清河郡公元前136年
公元前126年得广川王子侯国：蒲领、枣强
刘义清河国公元前113年
公元前81至公元前66年封王子侯国7：蒲领、南曲、修市、东昌、新乡、修故、东阳
清河郡公元前66年
刘竟清河国公元前47年
清河郡公元前43年
《汉志》清河郡14：清阳、东武城、绎幕、灵、厝、鄃、贝丘、信成、莎题、东阳、信乡、缭、枣彊、复阳

齐 国1

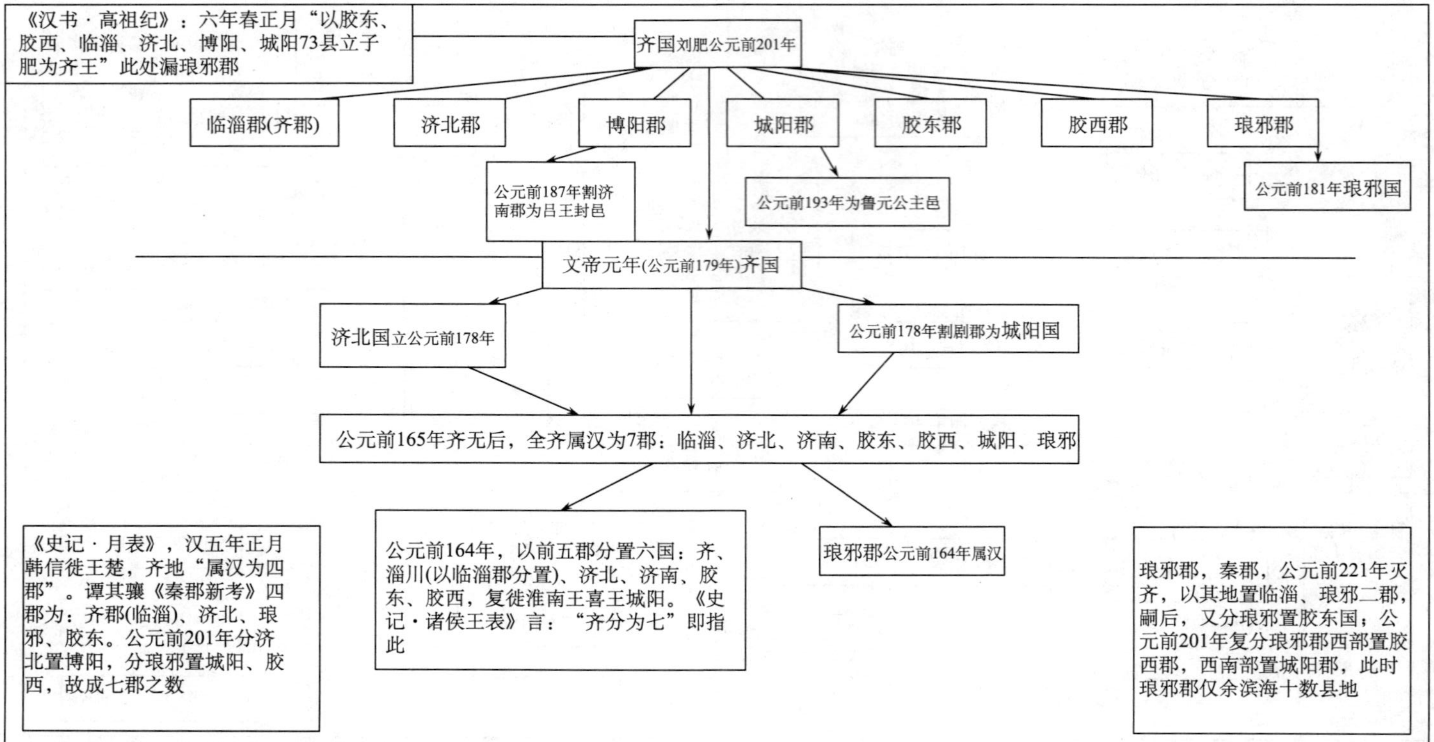
《汉书 · 高祖纪》：六年春正月“以胶东、胶西、临淄、济北、博阳、城阳73县立子肥为齐王”此处漏琅邪郡
齐国刘肥公元前201年
临淄郡(齐郡)
济北郡
博阳郡
城阳郡
胶东郡
胶西郡
琅邪郡
公元前187年割济南郡为吕王封邑
公元前193年为鲁元公主邑
公元前181年琅邪国
文帝元年(公元前179年)齐国
济北国立公元前178年
公元前178年割剧郡为城阳国
公元前165年齐无后，全齐属汉为7郡：临淄、济北、济南、胶东、胶西、城阳、琅邪
《史记 · 月表》，汉五年正月韩信徙王楚，齐地“属汉为四郡”。谭其骧《秦郡新考》四郡为：齐郡(临淄)、济北、琅邪、胶东。公元前201年分济北置博阳，分琅邪置城阳、胶西，故成七郡之数
公元前164年，以前五郡分置六国：齐、淄川(以临淄郡分置)、济北、济南、胶东、胶西，复徙淮南王喜王城阳。《史记 · 诸侯王表》言：“齐分为七”即指此
琅邪郡公元前164年属汉
琅邪郡，秦郡，公元前221年灭齐，以其地置临淄、琅邪二郡，嗣后，又分琅邪置胶东国；公元前201年复分琅邪郡西部置胶西郡，西南部置城阳郡，此时琅邪郡仅余滨海十数县地

齐 国2

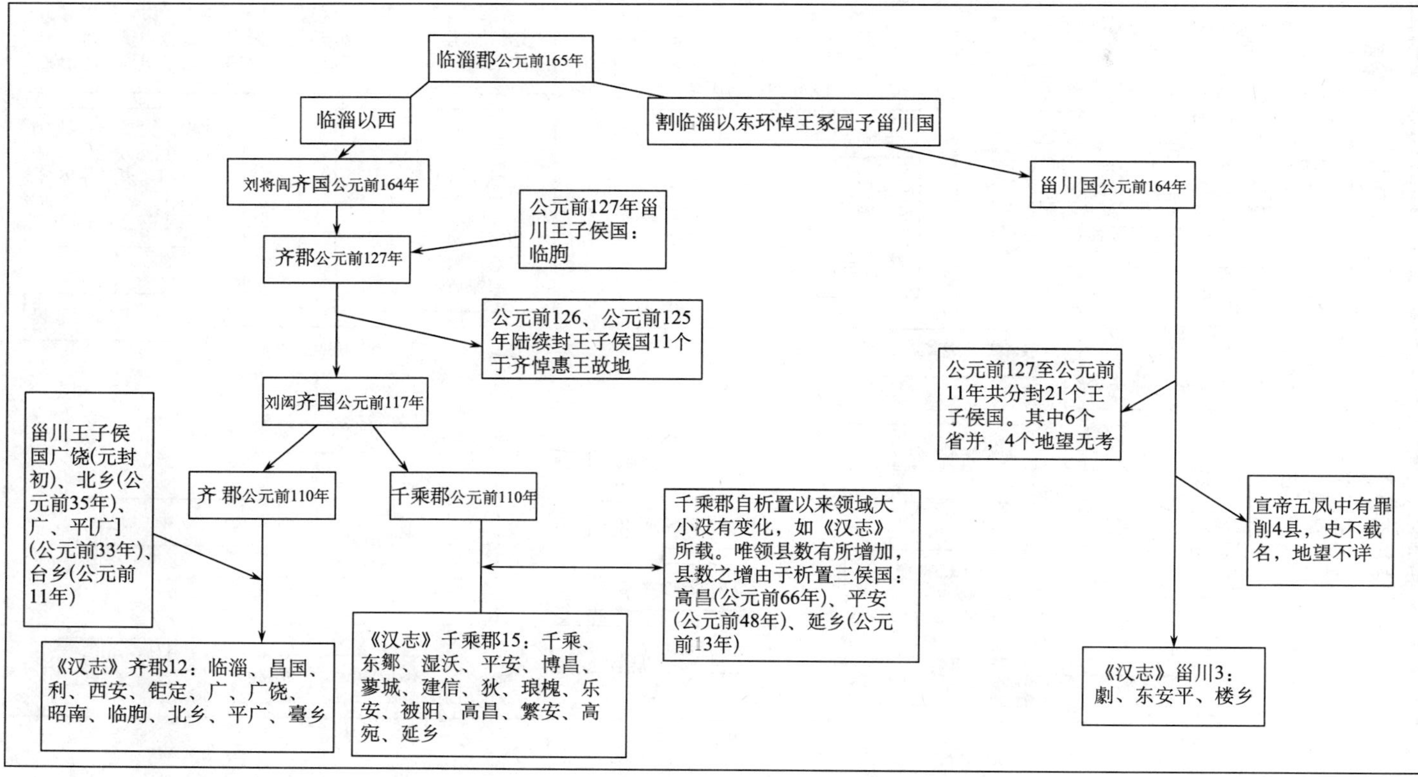
临淄郡公元前165年
临淄以西
割临淄以东环悼王冢园予菑川国
刘将闾齐国公元前164年
菑川国公元前164年
公元前127年菑川王子侯国：临朐
齐郡公元前127年
公元前126、公元前125年陆续封王子侯国11个于齐悼惠王故地
刘闳齐国公元前117年
公元前127至公元前11年共分封21个王子侯国。其中6个省并，4个地望无考
菑川王子侯国广饶(元封初)、北乡(公元前35年)、广、平[广](公元前33年)、台乡(公元前11年)
齐 郡公元前110年
千乘郡公元前110年
千乘郡自析置以来领域大小没有变化，如《汉志》所载。唯领县数有所增加，县数之增由于析置三侯国：高昌(公元前66年)、平安(公元前48年)、延乡(公元前13年)
宣帝五凤中有罪削4县，史不载名，地望不详
《汉志》齐郡12：临淄、昌国、利、西安、钜定、广、广饶、昭南、临朐、北乡、平广、臺乡
《汉志》千乘郡15：千乘、东鄒、湿沃、平安、博昌、蓼城、建信、狄、琅槐、乐安、被阳、高昌、繁安、高宛、延乡
《汉志》菑川3：劇、东安平、楼乡

齐　国3

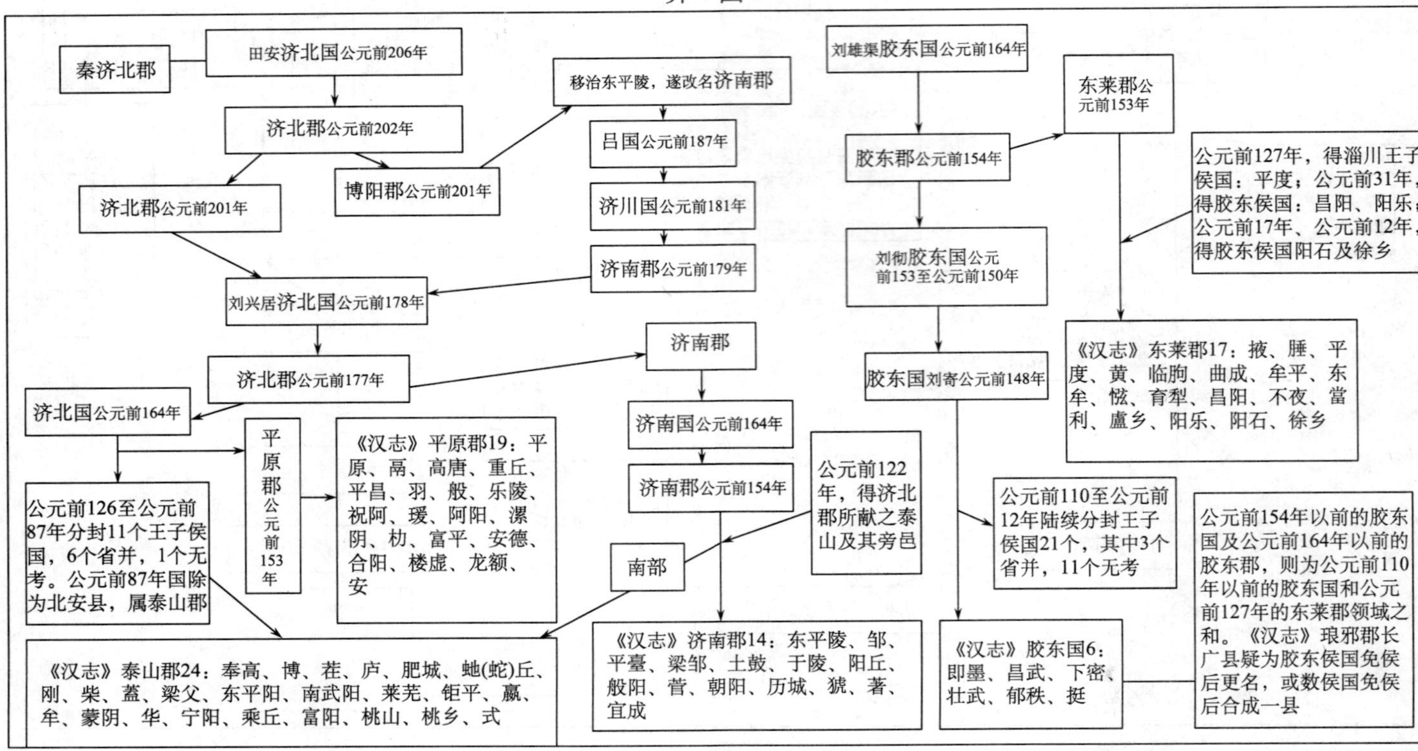
秦济北郡
田安济北国公元前206年
济北郡公元前202年
济北郡公元前201年
博阳郡公元前201年
移治东平陵，遂改名济南郡
吕国公元前187年
济川国公元前181年
济南郡公元前179年
刘兴居济北国公元前178年
济北郡公元前177年
济南郡
济北国公元前164年
平原郡公元前153年
《汉志》平原郡19：平原、鬲、高唐、重丘、平昌、羽、般、乐陵、祝阿、瑗、阿阳、漯阴、朸、富平、安德、合阳、楼虚、龙额、安
公元前126至公元前87年分封11个王子侯国，6个省并，1个无考。公元前87年国除为北安县，属泰山郡
《汉志》泰山郡24：奉高、博、茬、卢、肥城、虵(蛇)丘、刚、柴、盖、梁父、东平阳、南武阳、莱芜、钜平、嬴、牟、蒙阴、华、宁阳、乘丘、富阳、桃山、桃乡、式
济南国公元前164年
济南郡公元前154年
公元前122年，得济北郡所献之泰山及其旁邑
南部
《汉志》济南郡14：东平陵、邹、平台、梁邹、土鼓、于陵、阳丘、般阳、菅、朝阳、历城、猇、著、宜成
刘雄渠胶东国公元前164年
胶东郡公元前154年
刘彻胶东国公元前153至公元前150年
胶东国刘寄公元前148年
公元前110至公元前12年陆续分封王子侯国21个，其中3个省并，11个无考
《汉志》胶东国6：即墨、昌武、下密、壮武、郁秩、挺
东莱郡公元前153年
公元前127年，得淄川王子侯国：平度；公元前31年，得胶东侯国：昌阳、阳乐；公元前17年、公元前12年，得胶东侯国阳石及徐乡
《汉志》东莱郡17：掖、腄、平度、黄、临朐、曲成、牟平、东牟、㡉、育犁、昌阳、不夜、当利、卢乡、阳乐、阳石、徐乡
公元前154年以前的胶东国及公元前164年以前的胶东郡，则为公元前110年以前的胶东国和公元前127年的东莱郡领域之和。《汉志》琅邪郡长广县疑为胶东侯国免侯后更名，或数侯国免侯后合成一县

齐 国4

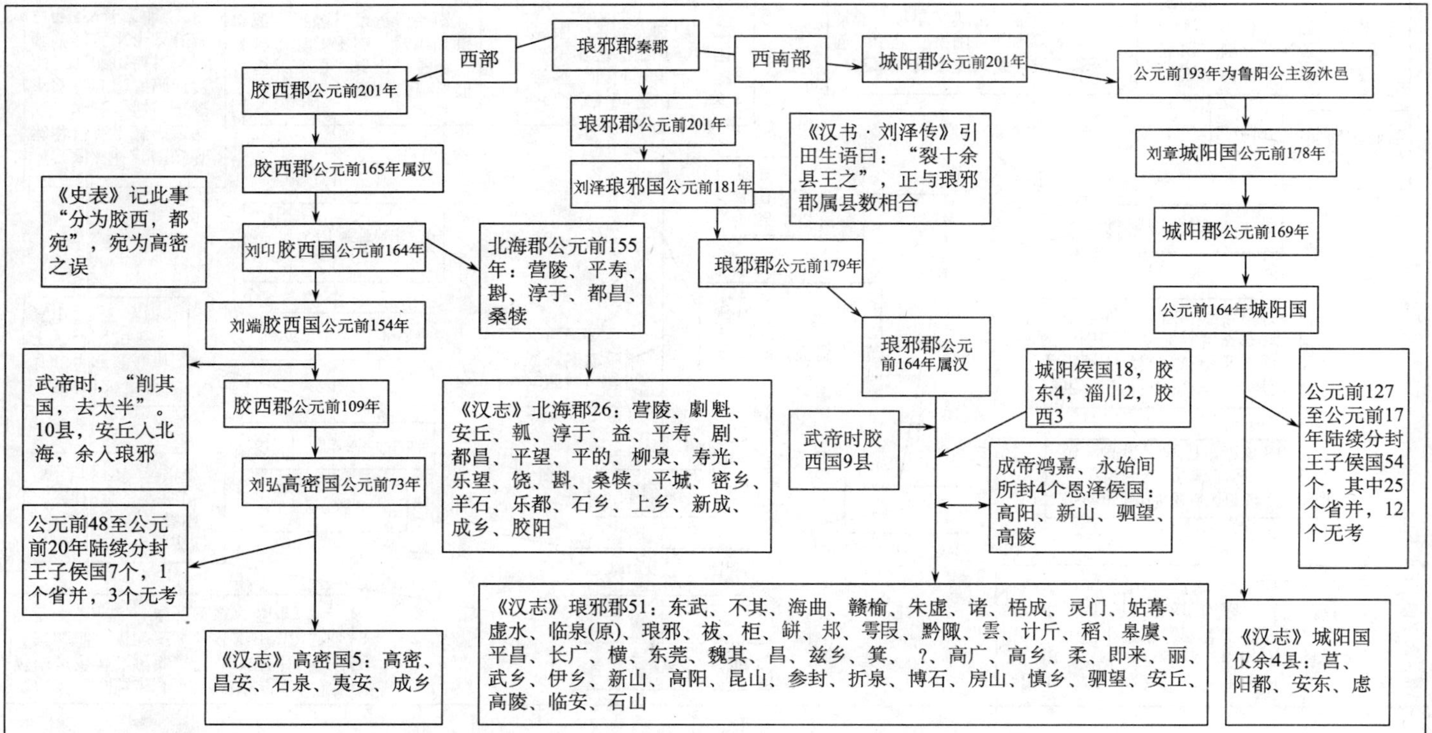
琅邪郡秦郡
西部
西南部
胶西郡公元前201年
胶西郡公元前165年属汉
《史表》记此事“分为胶西，都宛”，宛为高密之误
刘卬胶西国公元前164年
北海郡公元前155年：营陵、平寿、斟、淳于、都昌、桑犊
刘端胶西国公元前154年
武帝时，“削其国，去太半”。10县，安丘入北海，余入琅邪
胶西郡公元前109年
刘弘高密国公元前73年
公元前48至公元前20年陆续分封王子侯国7个，1个省并，3个无考
《汉志》高密国5：高密、昌安、石泉、夷安、成乡
《汉志》北海郡26：营陵、剧魁、安丘、瓡、淳于、益、平寿、剧、都昌、平望、平的、柳泉、寿光、乐望、饶、斟、桑犊、平城、密乡、羊石、乐都、石乡、上乡、新成、成乡、胶阳
琅邪郡公元前201年
刘泽琅邪国公元前181年
《汉书·刘泽传》引田生语曰：“裂十余县王之”，正与琅邪郡属县数相合
琅邪郡公元前179年
琅邪郡公元前164年属汉
武帝时胶西国9县
城阳侯国18，胶东4，淄川2，胶西3
成帝鸿嘉、永始间所封4个恩泽侯国：高阳、新山、驷望、高陵
《汉志》琅邪郡51：东武、不其、海曲、赣榆、朱虚、诸、梧成、灵门、姑幕、虚水、临泉(原)、琅邪、祓、柜、缾、邦、雩叚、黔陬、雲、计斤、稻、皋虞、平昌、长广、横、东莞、魏其、昌、兹乡、箕、?、高广、高乡、柔、即来、丽、武乡、伊乡、新山、高阳、昆山、参封、折泉、博石、房山、慎乡、驷望、安丘、高陵、临安、石山
城阳郡公元前201年
公元前193年为鲁阳公主汤沐邑
刘章城阳国公元前178年
城阳郡公元前169年
公元前164年城阳国
公元前127至公元前17年陆续分封王子侯国54个，其中25个省并，12个无考
《汉志》城阳国仅余4县：莒、阳都、安东、虑

长沙国

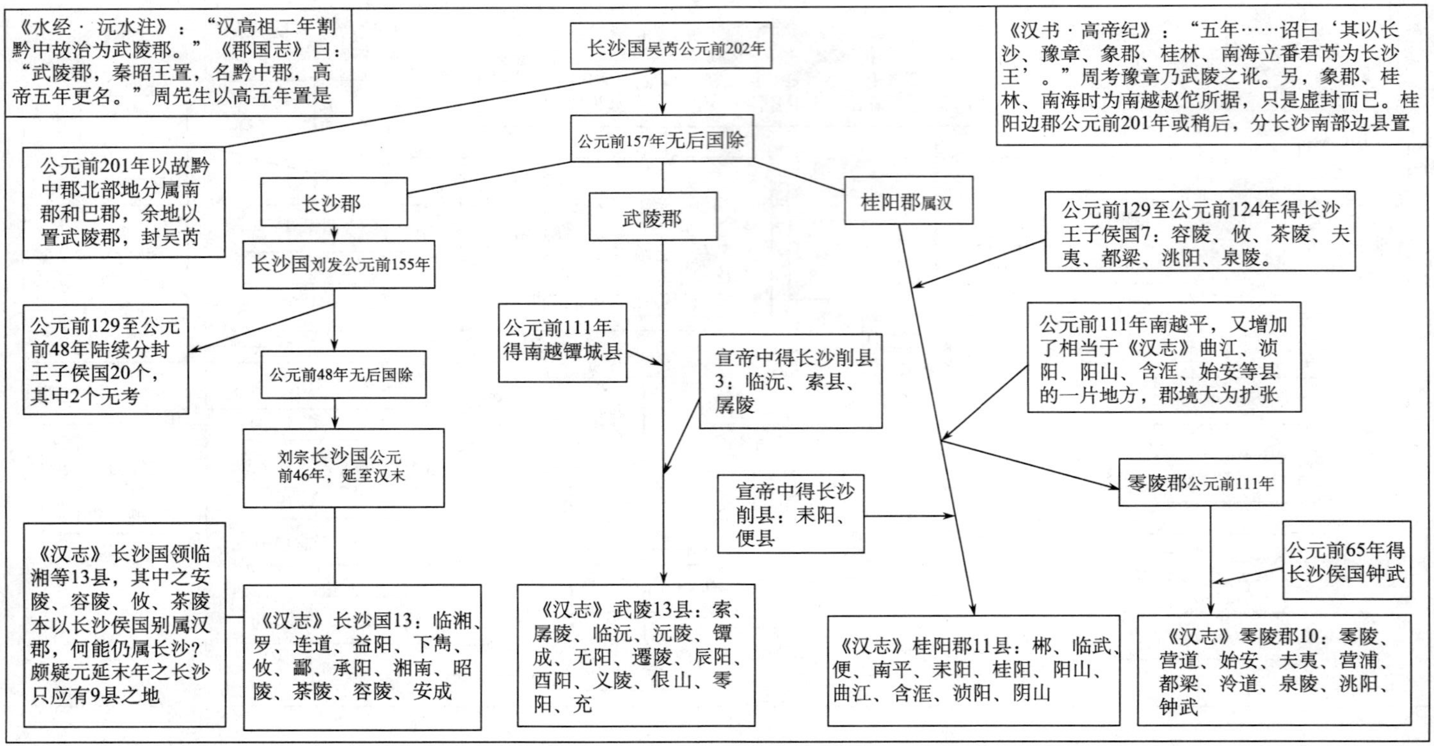
《水经 · 沅水注》："汉高祖二年割黔中故治为武陵郡。"《郡国志》曰："武陵郡，秦昭王置，名黔中郡，高帝五年更名。"周先生以高五年置是
长沙国吴芮公元前202年
《汉书 · 高帝纪》："五年……诏曰'其以长沙、豫章、象郡、桂林、南海立番君芮为长沙王'。"周考豫章乃武陵之讹。另，象郡、桂林、南海时为南越赵佗所据，只是虚封而已。桂阳边郡公元前201年或稍后，分长沙南部边县置
公元前157年无后国除
公元前201年以故黔中郡北部地分属南郡和巴郡，余地以置武陵郡，封吴芮
长沙郡
武陵郡
桂阳郡属汉
长沙国刘发公元前155年
公元前129至公元前124年得长沙王子侯国7：容陵、攸、茶陵、夫夷、都梁、洮阳、泉陵。
公元前129至公元前48年陆续分封王子侯国20个，其中2个无考
公元前111年得南越镡城县
公元前111年南越平，又增加了相当于《汉志》曲江、浈阳、阳山、含洭、始安等县的一片地方，郡境大为扩张
公元前48年无后国除
宣帝中得长沙削县3：临沅、索县、孱陵
刘宗长沙国公元前46年，延至汉末
宣帝中得长沙削县：耒阳、便县
零陵郡公元前111年
公元前65年得长沙侯国钟武
《汉志》长沙国领临湘等13县，其中之安陵、容陵、攸、茶陵本以长沙侯国别属汉郡，何能仍属长沙？颇疑元延末年之长沙只应有9县之地
《汉志》长沙国13：临湘、罗、连道、益阳、下隽、攸、酃、承阳、湘南、昭陵、茶陵、容陵、安成
《汉志》武陵13县：索、孱陵、临沅、沅陵、镡成、无阳、迁陵、辰阳、酉阳、义陵、佷山、零阳、充
《汉志》桂阳郡11县：郴、临武、便、南平、耒阳、桂阳、阳山、曲江、含洭、浈阳、阴山
《汉志》零陵郡10：零陵、营道、始安、夫夷、营浦、都梁、泠道、泉陵、洮阳、钟武

内史沿革

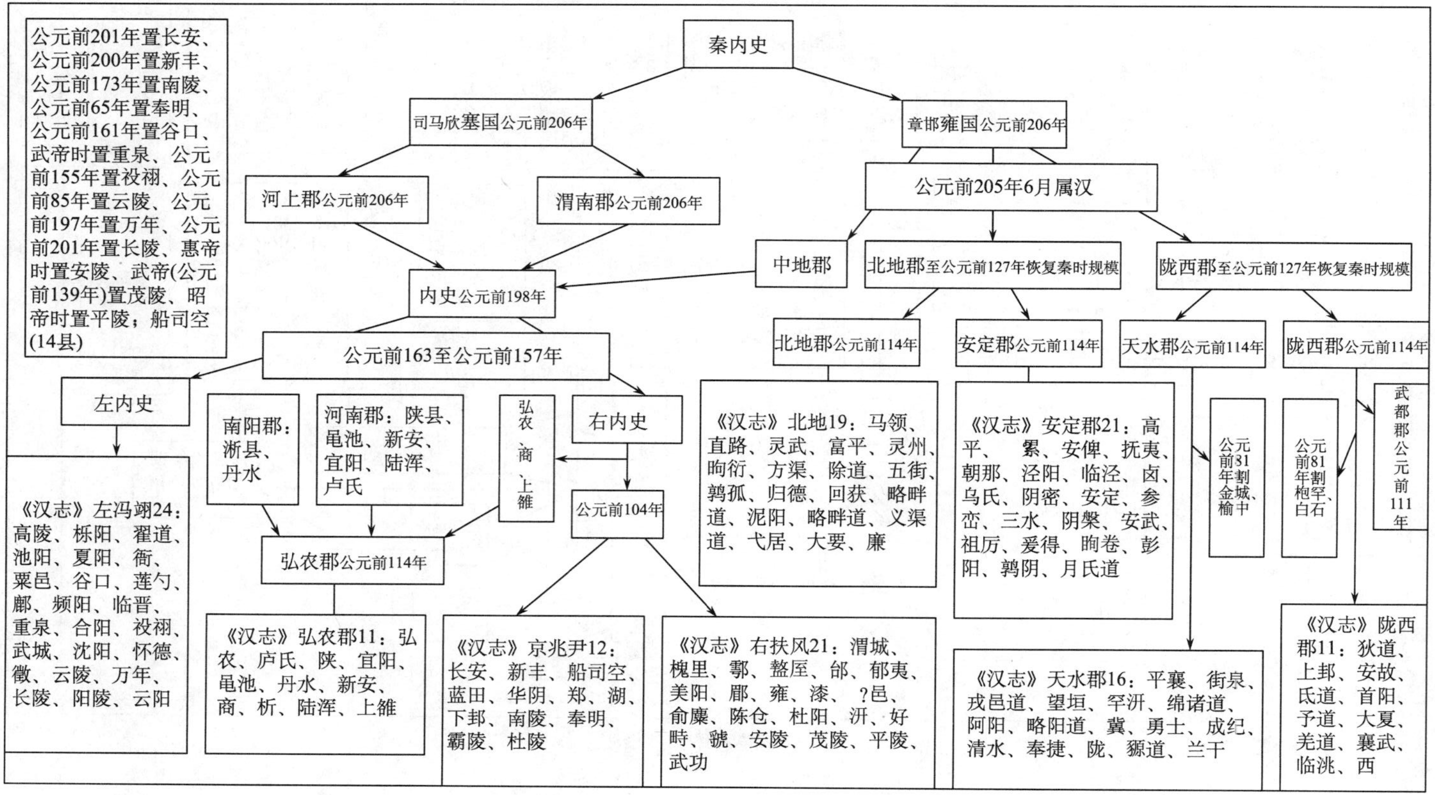
秦内史
司马欣塞国公元前206年
章邯雍国公元前206年
河上郡公元前206年
渭南郡公元前206年
公元前205年6月属汉
中地郡
北地郡至公元前127年恢复秦时规模
陇西郡至公元前127年恢复秦时规模
内史公元前198年
公元前201年置长安、公元前200年置新丰、公元前173年置南陵、公元前65年置奉明、公元前161年置谷口、武帝时置重泉、公元前155年置祋祤、公元前85年置云陵、公元前197年置万年、公元前201年置长陵、惠帝时置安陵、武帝(公元前139年)置茂陵、昭帝时置平陵；船司空(14县)
公元前163至公元前157年
北地郡公元前114年
安定郡公元前114年
天水郡公元前114年
陇西郡公元前114年
武都郡公元前111年
公元前31年割金城、榆中
公元前81年割枹罕、白石
左内史
南阳郡：淅县、丹水
河南郡：陕县、黾池、新安、宜阳、陆浑、卢氏
弘农、商、上雒
右内史
公元前104年
弘农郡公元前114年
《汉志》左冯翊24：高陵、栎阳、翟道、池阳、夏阳、衙、粟邑、谷口、莲勺、鄜、频阳、临晋、重泉、合阳、祋祤、武城、沈阳、怀德、徵、云陵、万年、长陵、阳陵、云阳
《汉志》弘农郡11：弘农、庐氏、陕、宜阳、黾池、丹水、新安、商、析、陆浑、上雒
《汉志》京兆尹12：长安、新丰、船司空、蓝田、华阴、郑、湖、下邽、南陵、奉明、霸陵、杜陵
《汉志》右扶风21：渭城、槐里、鄠、盩厔、郃、郁夷、美阳、郿、雍、漆、?邑、俞糜、陈仓、杜阳、汧、好畤、虢、安陵、茂陵、平陵、武功
《汉志》北地19：马领、直路、灵武、富平、灵州、昫衍、方渠、除道、五街、鹑孤、归德、回获、略畔道、泥阳、略畔道、义渠道、弋居、大要、廉
《汉志》安定郡21：高平、絫、安俾、抚夷、朝那、泾阳、临泾、卤、乌氏、阴密、安定、参峦、三水、阴槃、安武、祖厉、爰得、眴卷、彭阳、鹑阴、月氏道
《汉志》天水郡16：平襄、街泉、戎邑道、望垣、罕汧、绵诸道、阿阳、略阳道、冀、勇士、成纪、清水、奉捷、陇、豲道、兰干
《汉志》陇西郡11：狄道、上邽、安故、氐道、首阳、予道、大夏、羌道、襄武、临洮、西

西南诸郡沿革

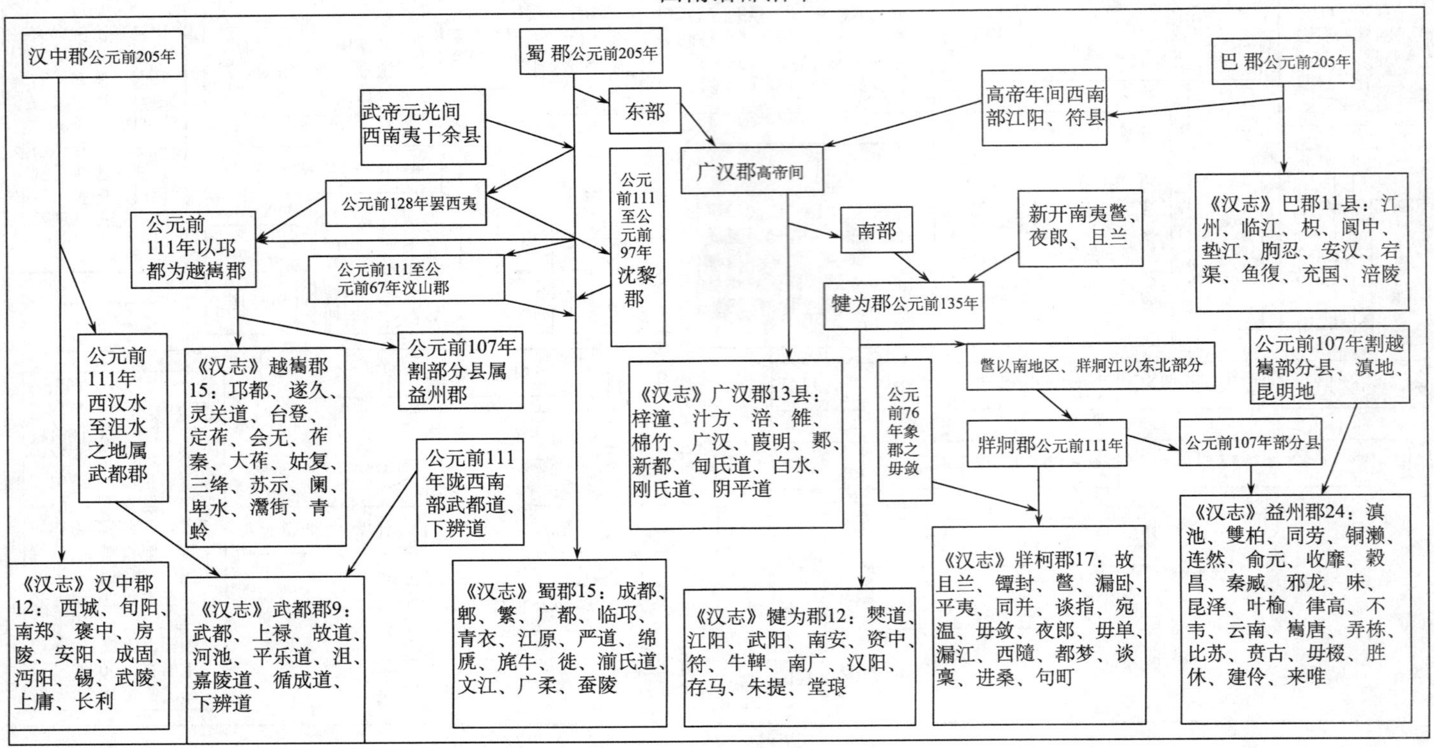
汉中郡公元前205年
蜀 郡公元前205年
巴 郡公元前205年
东部
武帝元光间西南夷十余县
高帝年间西南部江阳、符县
广汉郡高帝间
公元前128年罢西夷
公元前111年以邛都为越嶲郡
公元前111至公元前97年沈黎郡
公元前111至公元前67年汶山郡
南部
新开南夷鳖、夜郎、且兰
犍为郡公元前135年
《汉志》巴郡11县：江州、临江、枳、阆中、垫江、朐忍、安汉、宕渠、鱼復、充国、涪陵
公元前111年西汉水至沮水之地属武都郡
《汉志》越嶲郡15：邛都、遂久、灵关道、台登、定莋、会无、莋秦、大莋、姑复、三绛、苏示、阑、卑水、灊街、青蛉
公元前107年割部分县属益州郡
《汉志》广汉郡13县：梓潼、汁方、涪、雒、棉竹、广汉、葭明、郪、新都、甸氐道、白水、刚氐道、阴平道
公元前76年象郡之毋敛
鳖以南地区、牂牁江以东北部分
公元前107年割越嶲部分县、滇地、昆明地
牂牁郡公元前111年
公元前107年部分县
公元前111年陇西南部武都道、下辨道
《汉志》汉中郡12：西城、旬阳、南郑、褒中、房陵、安阳、成固、沔阳、锡、武陵、上庸、长利
《汉志》武都郡9：武都、上禄、故道、河池、平乐道、沮、嘉陵道、循成道、下辨道
《汉志》蜀郡15：成都、郫、繁、广都、临邛、青衣、江原、严道、绵虒、旄牛、徙、湔氐道、文江、广柔、蚕陵
《汉志》犍为郡12：僰道、江阳、武阳、南安、资中、符、牛鞞、南广、汉阳、存马、朱提、堂琅
《汉志》牂柯郡17：故且兰、镡封、鳖、漏卧、平夷、同并、谈指、宛温、毋敛、夜郎、毋单、漏江、西随、都梦、谈稾、进桑、句町
《汉志》益州郡24：滇池、双柏、同劳、铜濑、连然、俞元、收靡、穀昌、秦臧、邪龙、味、昆泽、叶榆、律高、不韦、云南、嶲唐、弄栋、比苏、贲古、毋棳、胜休、建伶、来唯

河西四郡

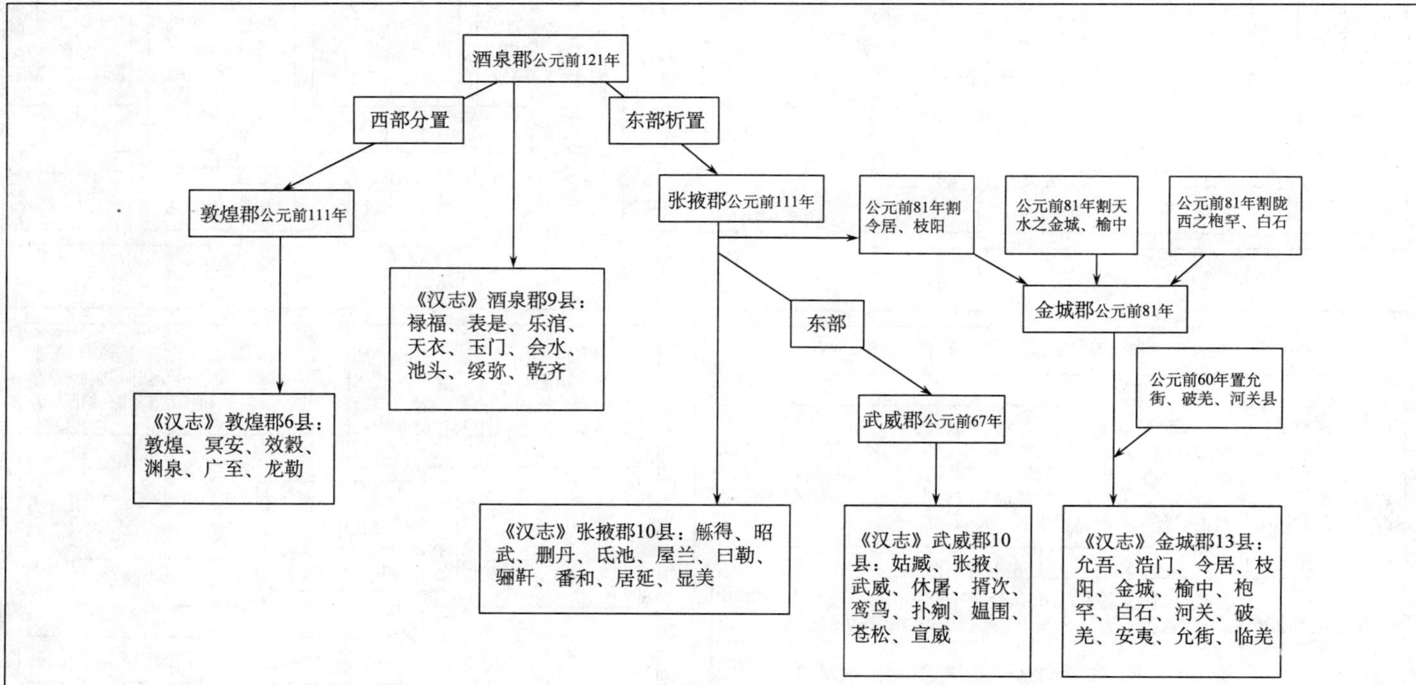
酒泉郡公元前121年
西部分置
东部析置
敦煌郡公元前111年
张掖郡公元前111年
公元前81年割令居、枝阳
公元前81年割天水之金城、榆中
公元前81年割陇西之枹罕、白石
金城郡公元前81年
东部
武威郡公元前67年
公元前60年置允街、破羌、河关县
《汉志》酒泉郡9县：禄福、表是、乐涫、天衣、玉门、会水、池头、绥弥、乾齐
《汉志》敦煌郡6县：敦煌、冥安、效穀、渊泉、广至、龙勒
《汉志》张掖郡10县：觻得、昭武、删丹、氐池、屋兰、日勒、骊靬、番和、居延、显美
《汉志》武威郡10县：姑臧、张掖、武威、休屠、揟次、鸾鸟、扑剢、媪围、苍松、宣威
《汉志》金城郡13县：允吾、浩门、令居、枝阳、金城、榆中、枹罕、白石、河关、破羌、安夷、允街、临羌

五原、朔方郡

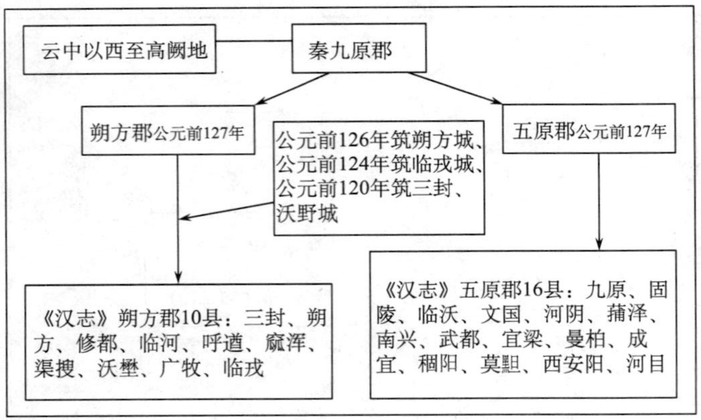

西域都护府与诸城郭国

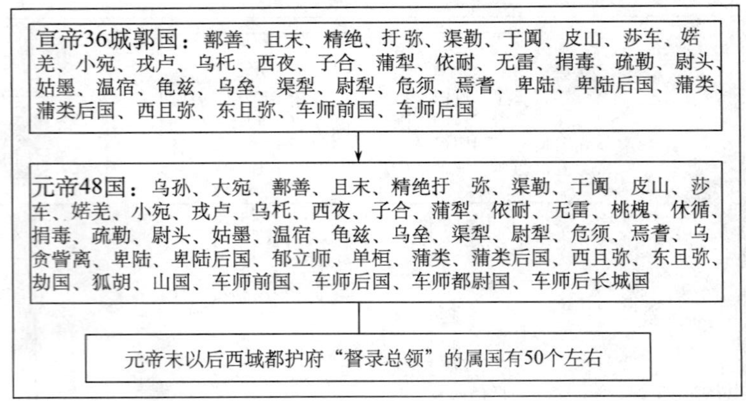

岭南诸国

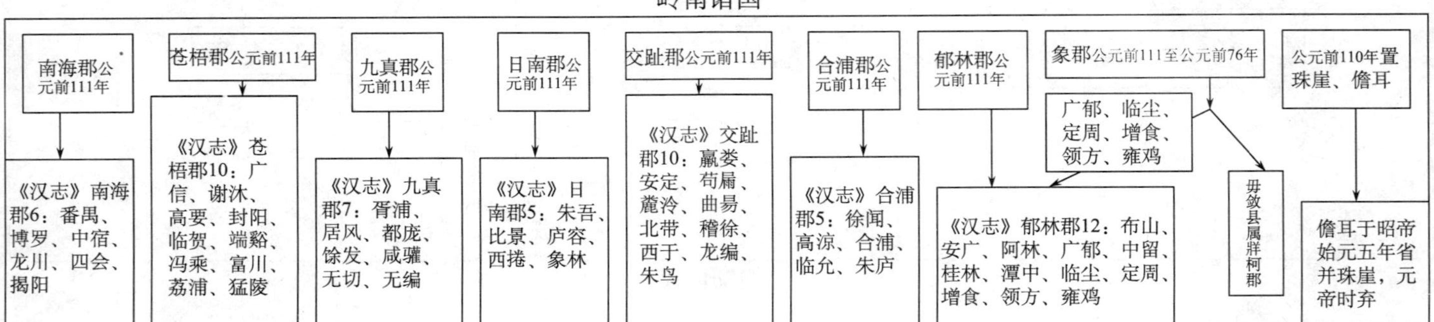

附录2　西汉侯国城市统计

说明：（1）所在郡国以《汉书·地理志》区划为准（以下各表均同），无考者缺。

（2）某些侯国城市的名称或所在郡国，《史记》与《汉书》不同或有异说，选取其中之一；若另有结论则以脚注形式说明，详考过程从略。

（3）本表纳入了《汉书》“王子侯表”、“外戚侯表”中的部分内容（王子侯4——羹颉侯刘信、合阳侯刘仲、沛侯刘濞、德侯刘广（高祖兄子）；外戚侯2——周吕侯吕泽、建成侯吕释之），突出时段特征。

2—A　高祖时期侯国城市统计

编号	郡国/县	侯名	侯者	位次	始封户数	始封		侯除之年	失侯之因	备注
						年	月			
1	河东	平阳	曹参	2	10600	高祖六年（公元前201年）	12	武征和二年（公元前91年）	坐淫乱，入财完为城旦，23000户	宣元康四年（公元前62年）以“杜陵公乘”复家
2		信武	靳歙	11	5300	高祖六年（公元前201年）	12	文后三年（公元前161年）	坐事国人过律，23000户	宣元康四年（公元前62年）以“长安上造”复家
3	清河	清阳	王吸	14	3100	高祖六年（公元前201年）	12	武元光二年（公元前133年）	无后	宣元康四年（公元前62年）以“长安大夫”复家
4	汝南	汝阴	夏侯婴	8	6900	高祖六年（公元前201年）	12	武元鼎二年（公元前115年）	淫乱，自杀	宣元康四年（公元前62年）以“长安大夫”复家

续表

编号	郡国/县	侯名	侯者	位次	始封户数	始封		侯除之年	失侯之因	备注
						年	月			
5	九江	阳陵[①]	傅宽	10	2600	高祖六年（公元前201年）	12	武元狩元年（公元前122年）	谋反	宣元康四年（公元前62年）以“长陵士伍”复家
6	琅邪/东莞	广严	昭欧	28	2200	高祖六年（公元前201年）	12	文后元七年（公元前157年）	无后	宣元康四年（公元前62年）以“安陵大夫”复家，后封留川孝王子刘便
7	临淮 常山	广平 平棘	薛欧 薛泽	15	4500	高祖六年（公元前201年） 景中五年（公元前145年）	12	景中二年（公元前148年） 武元狩元年（公元前122年）	有罪 受赇、诏问谩罪	景中三年（公元前147年）有罪 宣元康四年（公元前62年）以“长安大夫”复家
8	汝南	博阳	陈濞	19		高祖六年（公元前201年）	12	景后元元年（公元前143年）	有罪	宣元康四年（公元前62年）复家
9	中山	曲逆	陈平	47	5000	高祖六年（公元前201年）	12	武元光五年（公元前130年）	略人妻，弃市16000户	宣元康四年（公元前62年）以“长安簪褭”复家
10	临淮	堂邑	陈婴	86	1800	高祖六年（公元前201年）	12	武元鼎元年（公元前116年）	淫乱，争财，自杀	隆虑，景中五年（公元前145年）陈融侯，15000户 宣元康四年（公元前62年）以“霸陵公士”复家
11	济阴	周吕（吕都）	吕泽			高祖六年（公元前201年）	1	高后八年（公元前180年）	谋反，诛	
12	楚国/彭城	留	张良	62	10000	高祖六年（公元前201年）	1	文五年（公元前175年）	坐与门大夫杀故楚内史，赎为城旦	宣元康四年（公元前62年）以“阳陵公乘”复家
13	临淮	射阳	项缠			高祖六年（公元前201年）	1	惠三年（公元前192年）	有罪	

① ［清］王先谦曰：“《索引》阳陵县属冯翊，《楚汉春秋》作阴陵，钱大昭云‘阳陵景帝更名，汉初未有也，阴陵九江县’”，《汉书补注》，书目文献出版社，1995年，第208页。《张家山汉简·二年律令·秩律》中亦无阳陵之名，若阳陵侯傅宽在左冯翊，秩律中当有记载。

续表

编号	郡国/县	侯名	侯者	位次	始封户数	始封		侯除之年	失侯之因	备注
						年	月			
14	沛	酂[①]	萧何	1	8000	高祖六年（公元前201年）	1	文元年（公元前179年）	有罪	
	南阳 东海 南阳	筑阳 武阳 酂	萧延 萧嘉 萧庆		2400	文元年（公元前179年） 景前二年（公元前155年） 武元狩三年（公元前120年）		文三年（公元前177年） 武元朔二年（公元前127年） 武元封四年（公元前105年）	有罪 坐不敬，26000户 为太常牺牲不如令	
15	广平	曲周 缪	郦商 郦坚	6	4800	高祖六年（公元前201年） 景中三年（公元前147年）	1	文九年（公元前171年） 武后元二年（公元前87年）	有罪18000户 坐咒诅，诛	18000户， 宣元康四年（公元前62年）以“长安公士”复家
16	河东 东海	绛 平曲	周勃 周坚	4	8100	高祖六年（公元前201年） 景后元元年（公元前143年）	1	景七年（公元前150年） 武元鼎五年（公元前112年）	有罪 坐酎金	宣元康四年（公元前62年）以“槐里公乘”复家
17	颍川	舞阳	樊哙	5	5000	高祖六年（公元前201年）	1	景中六年（公元前144年）	非其子	宣元康四年（公元前62年）以“长陵不更”复家
18	颍川 汝南	颍阴 临汝	灌婴 灌贤	9	5000	高祖六年（公元前201年） 武元光二年（公元前133年）	1	景中三年（公元前147年） 武元朔五年（公元前124年）	有罪，绝，8400户 行赇罪	宣元康四年（公元前62年）以“长安官首”复家
19	河东 汝南	汾阴 安阳	周昌 周左车	16	2800	高祖六年（公元前201年） 景中二年（公元前148年）	1	文前五年（公元前175年） 武建元元年（公元前140年）	行赇，髡为城旦 有罪	宣元康四年（公元前62年）以“沃侯国士伍”复家，先封淮南厉王子刘勃，后封王刘音

①南阳酂县，师古曰：“即萧何所封”。王先谦以为萧何所封为沛郡酂县，至其曾孙庆所封之酂地音具别，《汉书补注》，书目文献出版社，1995年，第210页。

续表

编号	郡国/县	侯名	侯者	位次	始封户数	始封		侯除之年	失侯之因	备注
						年	月			
20	济南	梁邹	武儒	20	2800	高祖六年（公元前201年）	1	武元鼎五年（公元前112年）	坐酎金	宣元康四年（公元前62年）以“夫夷侯国公乘”复家
21	涿	成 节氏	董渫 董赤	25	2800	高祖六年（公元前201年） 景中五年（公元前145年）	1	景六年（公元前151年） 武元狩三年（公元前120年）	有罪，5600户 坐济南太守与城阳王女通，耏为鬼薪	宣元康四年（公元前62年）以“平陵公乘”复家
22	六安	蓼	孔藂	30		高祖六年（公元前201年）	1	武元朔三年（公元前126年）	坐为太常，南陵桥坏，衣冠车不得度	宣元康四年（公元前62年）以“长安公士”复家
23	东海 庐江	费 巢	陈贺 陈最	31		高祖六年（公元前201年） 景中六年（公元前144年）	1	景中二年（公元前148年） 景后三年（公元前141年）	有罪 无后	宣元康四年（公元前62年）以“茂陵上造”复家
24	淮阳	阳夏	陈豨			高祖六年（公元前201年）	1	高祖十年（公元前197年）	谋反	
25	河内	林（隆）虑	周竈	34		高祖六年（公元前201年）	1	景中元年（公元前149年）	有罪	宣元康四年（公元前62年）以“阳陵公乘”复家
26	城阳	阳都	丁复	17	7800	高祖六年（公元前201年）	1	景二年（公元前155年）	有罪，17000户	宣元康四年（公元前62年）以“临沂公士”复家
27	汝南	新阳	吕清	87	1000	高祖六年（公元前201年）	1	武元鼎五年（公元前112年）	坐酎金	宣元康四年（公元前62年）以“长陵大夫”复家
28	琅邪	东武	郭蒙	41	3000	高祖六年（公元前201年）	1	景六年（公元前151年）	弃市，10100户	宣元康四年（公元前62年）以“茂陵公士”复家
29	广汉	汁方（什邡）	雍齿	57	2500	高祖六年（公元前201年）	3	武元鼎五年（公元前112年）	坐酎金	宣元康四年（公元前62年）以“长安官首”复家
30		棘蒲	陈武	13		高祖六年（公元前201年）	3	景后元元年（公元前143年）	子反不得置国	宣元康四年（公元前62年）以“云阳上造”复家
31	北海	都昌	朱轸	23		高祖六年（公元前201年）	3	景中元年（公元前149年）	无后	宣元康四年（公元前62年）以“昌侯国公士”复家

续表

编号	郡国／县	侯名	侯者	位次	始封户数	始封 年	始封 月	侯除之年	失侯之因	备注
32		武彊	庄不识	33		高祖六年（公元前201年）	3	武元鼎二年（公元前115年）	坐为与朱买臣逮御使大夫汤不直	宣元康四年（公元前62年）以“长安公乘”复家
33	巨鹿	贳	傅胡害	36	1600	高祖六年（公元前201年）	3	武元鼎元年（公元前116年）	杀人弃市	宣元康四年（公元前62年）以“茂陵公士”复家
34	辽西	海阳	摇毋馀	37	1800	高祖六年（公元前201年）	3	景中六年（公元前144年）	无后	宣元康四年（公元前62年）以“未央不更”复家
35	犍为	南安	宣虎	63	900	高祖六年（公元前201年）	3	景中元年（公元前149年）	伤人，2100户	宣元康四年（公元前62年）以“南安簪袅”复家
36	辽西	肥如	蔡寅	66	1000	高祖六年（公元前201年）	3	景帝元年（公元前156年）	无后	宣元康四年（公元前62年）以“肥如大夫”复家
37	东莱	曲城	蛊达 蛊捷 蛊捷	18	4000	高祖六年（公元前201年） 文十四年（公元前166年） 景中五年（公元前145年）	3	文八年（公元前172年） 文后元三年（公元前161年） 武元鼎三年（公元前114年）	有罪 有罪绝，9300户 为汝南太守知民不用赤侧钱	宣元康四年（公元前62年）以“茂陵公乘”复家
38	河内	河阳	陈涓	29		高祖六年（公元前201年）	3	文三年（公元前177年）	不赏人责过	宣元康四年（公元前62年）以“即丘公士”复家
39	临淮	淮阴	韩信			高祖六年（公元前201年）	4	高祖十一年（公元前196年）	谋反	
40	沛 广平	芒 张	彨跖 彨跖			高祖六年（公元前201年） 景三年（公元前154年）	4	高祖九年（公元前198年） 武元朔六年（公元前123年）	有罪 尚南宫公主不敬	先封毛释之，后封赵顷王子刘嵩
41	沛郡	建成 湖陵	吕释之 吕禄			高祖六年（公元前201年） 高后元年（公元前187年）	4	惠三年（公元前192年） 高后七年（公元前181年）	有罪 诛	
42	河南	故市	阎泽	55	1000	高祖六年（公元前201年）	4	武元鼎五年（公元前112年）	坐酎金	宣元康四年（公元前62年）以“长安上造”复家

续表

编号	郡国／县	侯名	侯者	位次	始封户数	始封		侯除之年	失侯之因	备注
						年	月			
43	渤海	柳丘	戎赐	39	1000	高祖六年（公元前201年）	6	景后元元年（公元前143年）	有罪，3000户	宣元康四年（公元前62年）以“长安公士”复家
44	琅邪	魏其	周定	44	1000	高祖六年（公元前201年）	6	景三年（公元前154年）	谋反诛，3000户	宣元康四年（公元前62年）以“长陵不更”复家，后封窦婴
45	太原	祁(谷)	缯贺	51	1400	高祖六年（公元前201年）	6	武元光二年（公元前133年）	从射擅罢，不敬	宣元康四年（公元前62年）以“茂陵公大夫”复家
46	河南	平	沛嘉（工师喜）	32	1300	高祖六年（公元前201年）	6	景中五年（公元前145年）	坐匿死罪，会赦，3300户	后封济北王式王子刘遂
47	鲁 渤海	鲁 重平	奚涓 毋底	7	4800	高祖六年（公元前201年） 高后六年（公元前182年）	缺	高后五年（公元前183年） 文后元元年（公元前163年）	无后 薨	
48	沛	故城	尹恢	26	2000	高祖六年（公元前201年）	缺	高后三年（公元前185年）	夺爵为关内侯	宣元康四年（公元前62年）以“新丰簪褭”复家
49	广平	任	张越		750	高祖六年（公元前201年）	缺	高后三年（公元前185年）	坐匿死罪，750户	
50		棘丘	襄		980	高祖六年（公元前201年）	缺	高后四年（公元前184年）	夺侯为士伍，970户	
51	涿	阿陵 南	郭亭 郭延居	27		高祖六年（公元前201年） 景中六年（公元前144年）	7	景二年（公元前155年） 武元鼎五年（公元前112年）	有罪免 坐酎金	宣元康四年（公元前62年）以“茂陵公乘”复家
52	胶东	昌武	单甯	45	980	高祖六年（公元前201年）	7	武元朔三年（公元前126年）	坐伤二人旬内死，弃市。600户	宣元康四年（公元前62年）以“阳陵公乘”复家
53	千乘	高苑	丙倩	41	1600	高祖六年（公元前201年）	7	武建元三年（公元前138年）	坐出入属车间，夺侯。3200	宣元康四年（公元前62年）以“高苑大夫”复家

续表

编号	郡国/县	侯名	侯者	位次	始封户数	始封		侯除之年	失侯之因	备注
						年	月			
54		宣曲 发娄	丁義 丁通	43	670	高祖六年（公元前201年） 景中五年（公元前145年）	7	景四年（公元前153年） 武建元六年（公元前135年）	有罪，赦为鬼薪1100户 有罪	宣元康四年（公元前62年）以“阳安公士”复家
55	济南	绛阳（陵）	华无害	46	740	高祖六年（公元前201年）	7	景四年（公元前153年）	坐出界有罪，耏为司寇，1500户	宣元康四年（公元前62年）以“于陵大夫”复家
56	山阳	东茅	刘钊	48	1000	高祖六年（公元前201年）	8	文十六年（公元前164年）	坐事国人过员	宣元康四年（公元前62年）以“鲖阳公乘”复家
57	魏	斥丘	唐厉	40	1000	高祖六年（公元前201年）	8	武元鼎五年（公元前112年）	坐酎金	宣元康四年（公元前62年）以“长安公士”复家
58	济南	台	戴野	35		高祖六年（公元前201年）	8	景三年（公元前154年）	坐谋反诛	宣元康四年（公元前62年）以“长陵上造”复家
59	中山	安国	王陵/定	12	5000	高祖六年（公元前201年）	8	武元鼎五年（公元前112年）	坐酎金	宣元康四年（公元前62年）以“长安公乘”复家，后封赵共王子吉
60	河间	乐成	丁礼		1000	高祖六年（公元前201年）	8	武元鼎五年（公元前112年）	坐言五利侯不道，弃市。2400户	宣元康四年（公元前62年）以“长安公士”复家
61	信都	辟阳	审食其			高祖六年（公元前201年）	8	景三年（公元前154年）	坐谋反，自杀	宣元康四年（公元前62年）以“茂陵公乘”复家
62	涿	安平	谔千秋		2000	高祖六年（公元前201年）	8	武元狩元年（公元前122年）	坐与淮南王女通、称臣尽力，弃市	宣元康四年（公元前62年）以“阳陵公乘”复家
63	北地 沛	蒯成 郸	周緤 周应		3300	高祖六年（公元前201年） 景中元年（公元前149年）	8	文五年（公元前175年） 武元鼎三年（公元前114年）	有罪。 坐为太常收赤侧金不收，完为城旦	宣元康四年（公元前62年）以“长安公士”复家
64	中山	北平	张苍		1300	高祖六年（公元前201年）	8	武建元五年（公元前136年）	坐临诸侯桑，后，不敬	宣元康四年（公元前62年）以“长安公士”复家
65		高胡	陈夫乞		1000	高祖六年（公元前201年）	缺	文五年（公元前175年）	无后	宣元康四年（公元前62年）以“长功公乘”复家

续表

编号	郡国/县	侯名	侯者	位次	始封户数	始封		侯除之年	失侯之因	备注
						年	月			
66	平原/富平	厌次	爰类			高祖六年（公元前201年）	缺	文五年（公元前175年）	坐谋反	宣元康四年（公元前62年）以“阳陵公士”复家
67	河内	平皋	刘它	121	580	高祖七年（公元前200年）	10	武元鼎五年（公元前112年）	坐酎金	宣元康四年（公元前62年）以“长安簪袅”复家
68	清河	复阳	陈胥	49	1000	高祖七年（公元前200年）	10	武元狩二年（公元前121年）	坐其父非祖子	宣元康四年（公元前62年）以“云阳簪袅”复家
69	上党	阳河	其石	83	500	高祖七年（公元前200年）	11	武征和二年（公元前91年）	坐祝诅，大逆无道，腰斩	宣元康四年（公元前62年）以“长安官大夫”复家
70	济南	朝阳	华寄	69	1000	高祖七年（公元前200年）	3	武元朔二年（公元前127年）	坐教人上书枉法，髡为鬼薪。5000户	宣元康四年（公元前62年）以“奉明大夫”复家，后封广陵王自刘圣
71	南阳	棘阳	杜得臣	81	1000	高祖七年（公元前200年）	7	武元朔五年（公元前124年）	无后	
72	南阳	涅阳	吕胜	104	1500	高祖七年（公元前200年）	缺	文五年（公元前175年）	坐非子	宣元康四年（公元前62年）以“涅阳不更”复家
73	常山	平棘	林挚	64	1000	高祖七年（公元前200年）	缺	文六年（公元前174年）	有罪为鬼薪	宣元康四年（公元前62年）以“襄国大夫”复家
74		羹颉	刘信			高祖七年（公元前200年）	缺	高后元年（公元前187年）	有罪削爵一级，为关内侯	
75	中山	深泽臾	赵将夕夷胡侯	98	700	高祖八年（公元前199年）景中五年（公元前145年）	10	景中二年（公元前148年）武元朔五年（公元前124年）	有罪髡为司寇无后	宣元康四年（公元前62年）以“平陵上造”复家
76		柏至	许盎	58	1000	高祖七年（公元前200年）	10	武元鼎二年（公元前115年）	坐为姦为鬼薪	宣元康四年（公元前62年）以“长安公士”复家
77	涿	中水	吕马童	101	1500	高祖七年（公元前200年）	1	武元鼎五年（公元前112年）	坐酎金	宣元康四年（公元前62年）以“长安公士”复家

续表

编号	郡国/县	侯名	侯者	位次	始封户数	始封		侯除之年	失侯之因	备注
						年	月			
78	南阳	杜衍	王翳	102	1700	高祖七年（公元前200年） 景后元元年（公元前143年）	1	文十二年（公元前168年） 武元狩四年（公元前119年）	有罪，为鬼薪3400户 有罪	宣元康四年（公元前62年）以“长安大夫”复家
79	豫章	赤泉 临汝	杨喜 杨无害	103	1900	高祖七年（公元前200年） 景中五年（公元前145年）	1	景四年（公元前153年） 武元光二年（公元前133年）	坐诈给人臧600免 有罪	宣元康四年（公元前62年）以“茂陵不更”复家
80	扶风	栒	温疥	91	1900	高祖八年（公元前199年）	10	景中四年（公元前146年）	有罪	宣元康四年（公元前62年）以“长安簪褭”复家
81	楚国	武原	卫胠	93	2800	高祖八年（公元前199年）	12	景后二年（公元前142年）	坐葬过律	宣元康四年（公元前62年）以“郭公乘”复家， 后封代共王子刘罢军
82	信都	历	程黑	29	1000	高祖八年（公元前199年）	10	景中元年（公元前149年）	有罪	宣元康四年（公元前62年）以“长安簪褭”复家
83	山阳	橐	陈锴	124	600	高祖八年（公元前199年）	12	武元鼎五年（公元前112年）	坐酎金	宣元康四年（公元前62年）以“茂陵公乘”复家
84	巨鹿	宋子	许瘛	99	536	高祖八年（公元前199年）	3	景中二年（公元前148年）	坐买塞外禁物罪	宣元康四年（公元前62年）以“宋子大夫”复家
85	河东	猗氏	陈速	50	1100	高祖八年（公元前199年）	3	景三年（公元前154年）	无后	宣元康四年（公元前62年）以“猗氏大夫”复家
86	东郡	清	空中同	71	1000	高祖八年（公元前199年）	3	武元鼎五年（公元前112年）	坐酎金	宣元康四年（公元前62年）以“高苑簪褭”复家
87	涿/枣强	强	留胜	72	1000	高祖八年（公元前199年）	3	文十三年（公元前167年）	有罪	宣元康四年（公元前62年）以“长安大夫”复家
88	琅邪	彭（祊）	秦同	70	1000	高祖八年（公元前199年）	3	景后元元年（公元前143年）	有罪	宣元康四年（公元前62年）以“费公士”复家

续表

编号	郡国/县	侯名	侯者	位次	始封户数	始封		侯除之年	失侯之因	备注
						年	月			
89	汝南	吴房	杨武	94	700	高祖八年（公元前199年）	3	景后元元年（公元前143年）	有罪	宣元康四年（公元前62年）以“霸陵公乘”复家
90	济南	甯	魏遬	78	1000	高祖八年（公元前199年）	4	景四年（公元前153年）	坐出国界，有罪	宣元康四年（公元前62年）以“长安公士”复家
91	琅邪	昌	庐卿	109	1000	高祖八年（公元前199年）	6	景三年（公元前154年）	谋反	宣元康四年（公元前62年）以“昌上造”复家
92	河内	共	庐罢	114	1200	高祖八年（公元前199年）	6	文后元四年（公元前160年）	无后	宣元康四年（公元前62年）以“霸陵簪褭”复家
93	安定	阏氏	冯解敢	100	1000	高祖八年（公元前199年）	6	武元鼎五年（公元前112年）	坐酎金	
94	琅邪	安丘	张说	67	3000	高祖八年（公元前199年）	7	武元鼎四年（公元前113年）	坐入上林谋盗鹿	宣元康四年（公元前62年）以“阳陵上造”复家， 后封高密顷王子刘常
95	冯翊	合阳	刘仲			高祖八年（公元前199年）	9	惠二年（公元前193年）	薨（封顷王）	
96	临淮	襄平	纪通	66		高祖八年（公元前199年）	9	武元封元年（公元前110年）	无后	宣元康四年（公元前62年）以“长安簪褭”复家， 后封广陵厉王子刘兴
97	庐江	龙（舒）	陈署	84	1000	高祖八年（公元前199年）	9	景后元元年（公元前143年）	有罪	
98		繁（平）	强瞻	95	1500	高祖九年（公元前198年）	12	武元狩元年（公元前122年）	为人所杀	宣元康四年（公元前62年）以“敏上造恋城”复家
99	长沙	陆梁（量）	须毋	137		高祖九年（公元前198年）	3	武元鼎五年（公元前112年）	坐酎金	宣元康四年（公元前62年）以“郦阳秉铎”复家
100		高京 绳	周成 周应	60		高祖九年（公元前198年） 景中元年（公元前149年）	4	文后五年（公元前159年） 武元狩四年（公元前119年）	坐谋反系死 坐为太常不善治园陵，不敬	宣元康四年（公元前62年）以“长安公大夫”复家

续表

编号	郡国/县	侯名	侯者	位次	始封户数	始封		侯除之年	失侯之因	备注
						年	月			
101		离	邓弱			高祖九年（公元前198年）	4	失载		
102	武陵	义陵	吴程（郢）	134	1500	高祖九年（公元前198年）	9	高后七年（公元前181年）	无后	
103	信都 临淮	宣平 信平 南宫 睢陵	张敖 张偃 张偃 张广国	3		高祖九年（公元前198年） 高后二年（公元前186年） 文元年（公元前179年） 武元光三年（公元前132年）	9	高后二年（公元前186年） 文元年（公元前179年） 武元光元年（134年） 武太初二年（公元前103年）	改封鲁王 复为侯（南宫侯） 有罪 坐为太常乏祠（张昌）	宣元康四年（公元前62年）以“长陵公乘”复家
104		江邑	赵尧		600	高祖十一年（公元前196年）	11	高后元年（公元前187年）	有罪	
105	北海	营陵	刘泽	88	2000	高祖十一年（公元前196年）	11	高后六年（公元前182年）	为琅邪王	
106	清河	东阳	张相如	118	1300	高祖十一年（公元前196年）	12	武建元元年（公元前140年）	无后	宣元康四年（公元前62年）以“茂陵公乘”复家， 后封清河纲王子刘宏
107	河南	开封	陶舍	115	2000	高祖十一年（公元前196年）	12	武元鼎五年（公元前112年）	坐酎金	宣元康四年（公元前62年）以“长安公士”复家
108	沛	沛	刘濞			高祖十一年（公元前196年）	12	高祖十二年（公元前195年）	为吴王	
109	汝南	慎阳	乐说	131	2000	高祖十一年（公元前196年）	12	武元狩五年（公元前118年）	坐铸白金弃市	宣元康四年（公元前62年）以“长安公士”复家
110	巨鹿	禾成	孙耳（昔）	117	1900	高祖十一年（公元前196年）	1	文十四年（公元前166年）	无后	宣元康四年（公元前62年）以“霸陵公乘”复家

续表

编号	郡国/县	侯名	侯者	位次	始封户数	始封		侯除之年	失侯之因	备注
						年	月			
111	巨鹿	堂阳	孙赤	77	800	高祖十一年（公元前196年）	1	景中六年（公元前144年）	有罪	宣元康四年（公元前62年）以“霸陵公乘”复家
112	平原	祝阿	高邑（色）	74	800	高祖十一年（公元前196年）	1	文后元三年（公元前161年）	坐事国人过律	宣元康四年（公元前62年）以“长陵上造”复家
113	西河	土军	宣义	122	1200	高祖十一年（公元前196年）	2	武元朔二年（公元前127年）	坐与人妻奸	宣元康四年（公元前62年）以“阿武不更”复家， 后封代共王子刘郢客
114	巨鹿	广阿	任敖	89	1800	高祖十一年（公元前196年）	2	武元鼎二年（公元前115年）	坐为太常庙酒酸，不敬	宣元康四年（公元前62年）以“广阿簪裹”复家
115	东	须昌	赵衍	107	1400	高祖十一年（公元前196年）	2	景五年（公元前152年）	有罪	宣元康四年（公元前62年）以“长安簪裹”复家
116		临辕	戚鳃	116	500	高祖十一年（公元前196年）	2	武元鼎五年（公元前112年）	坐酎金	宣元康四年（公元前62年）以“梁郎官大夫”复家
117	河内	汲	公上不害	123	1200	高祖十一年（公元前196年）	2	武元光五年（公元前130年）	坐其妻大逆，牵连，弃市	宣元康四年（公元前62年）以“安陵五大夫”复家
118	河东 东郡	长修 阳平	杜恬 杜相夫	108	1900	高祖十一年（公元前196年） 景中五年（公元前145年）	3	景中元年（公元前149年） 武元封三年（公元前108年）	有罪 坐为太常与大乐令中可当郑舞人擅由，闯出入关	宣元康四年（公元前62年）以“云阳上造”复家
119	陈留	宁陵	吕臣	73	1000	高祖十一年（公元前196年）	3	武建元五年（公元前136年）	无后	宣元康四年（公元前62年）以“南陵公大夫”复家
120	太原	汾阳	靳彊	96		高祖十一年（公元前196年）	3	武太始四年（公元前93年）	坐为太常行幸离宫道桥苦恶，行太仆事，治啬夫可年，益纵年	宣元康四年（公元前62年）以“长安公乘”复家
121	梁/甾	戴	祕彭祖	126	1200	高祖十一年（公元前196年）	3	武帝后元年（公元前88年）	坐祝诅，无道	宣元康四年（公元前62年）以“阳陵大夫”复家
122	陈留/封丘	衍	翟盱	130	900	高祖十一年（公元前196年）	7	武元朔元年（公元前128年）	坐挟诏书	宣元康四年（公元前62年）以“阳陵公乘”复家

续表

编号	郡国／县	侯名	侯者	位次	始封户数	始封		侯除之年	失侯之因	备注
						年	月			
123	泰山／牟县	平州	昭涉掉尾	110	1000	高祖十一年（公元前196年）	8	武元狩五年（公元前118年）	坐行弛道中更呵驰去罪	宣元康四年（公元前62年）以“涪不更”复家
124	南郡	邔	黄极忠	113	1000	高祖十二年（公元前195年）	10	武元鼎元年（公元前116年）	坐卖宅县官故贵（坐掩搏公主马，髡为城旦4000户）	宣元康四年（公元前62年）以“邔公乘”复家
125	楚国	傅阳	周聚	53	1400	高祖十二年（公元前195年）	10	景中五年（公元前145年）	夺爵一级，为关内侯	宣元康四年（公元前62年）以“长陵公乘”复家
126	会稽	阳义（羡）	灵常	119	2000	高祖十二年（公元前195年）	10	文十二年（公元前168年）	无后	宣元康四年（公元前62年）以“南和大夫”复家
127	临淮	下相	泠耳	85	2000	高祖十二年（公元前195年）	10	景三年（公元前154年）	坐谋反	宣元康四年（公元前62年）以“长安公士”复家
128	济南	德	刘广			高祖十二年（公元前195年）	11	武元鼎五年（公元前112年）	坐酎金	
129	琅邪	高陵	王周（虞人）	29	800	高祖十二年（公元前195年）	11	景三年（公元前154年）	坐酎金	
130	河南	中牟	单父圣（右军）	125	2300	高祖十二年（公元前195年）	12	武元鼎五年（公元前112年）	坐酎金	宣元康四年（公元前62年）以“阳陵不更”复家
131	汝南	期思	贲赫	132	2000	高祖十二年（公元前195年）	12	文十四年（公元前166年）	无后	宣元康四年（公元前62年）以“寿春大夫”复家
132	东郡／观	戚	季必	90	1000	高祖十二年（公元前195年）	12	武元狩五年（公元前118年）	坐为太常纵丞相侵神道，不敬	宣元康四年（公元前62年）以“长安公士”复家
133	颍川	鄢（傿）陵	朱濞	52	700	高祖十二年（公元前195年）	12	文七年（公元前173年）	无后	宣元康四年（公元前62年）以“阳陵公士”复家
134	安定	菌（卤）平	张平	48	2700	高祖十二年（公元前195年）	12	文四年（公元前176年）	有罪	宣元康四年（公元前62年）以“长安公士”复家
135	沛	谷陵（阳）	冯谿	105		高祖十二年（公元前195年）	1			宣元康四年（公元前62年）以“谷阳不更”复家

续表

编号	郡国/县	侯名	侯者	位次	始封户数	始封		侯除之年	失侯之因	备注
						年	月			
136		庄	许倩（猜）	112	600	高祖十二年（公元前195年）	1	武元鼎元年（公元前116年）	坐酎金	宣元康四年（公元前62年）以“平寿公士”复家
137	汝南	成阳	奚意	110	600	高祖十二年（公元前195年）	1	武建元元年（公元前140年）	有罪为鬼薪	宣元康四年（公元前62年）以“阳陵公乘”复家，后封赵临
138	信都	桃	刘襄	135	1000	高祖十二年（公元前195年）	2	武元鼎五年（公元前112年）	坐酎金	宣元康四年（公元前62年）以“长安上造”复家，后封广川缪王子刘良
139	河东/杨县	高梁	郦疥	66	900	高祖十二年（公元前195年）	2	武元狩元年（公元前122年）	坐诈诏常山王取金当死，病死	宣元康四年（公元前62年）以“阳陵公乘”复家
140		纪信	陈仓	80	700	高祖十二年（公元前195年）	6	景三年（公元前154年）	谋反	宣元康四年（公元前62年）以“长安公士”复家
141		甘泉	王竟（景）	106	500	高祖十二年（公元前195年）	6	景中三年（公元前147年）	有罪	宣元康四年（公元前62年）以“长安公士”复家
142	济阴/冤朐	煮枣	赤（棘朱）	75	900	高祖十二年（公元前195年）	6	景中四年（公元前146年）	有罪	宣元康四年（公元前62年）以“阳陵大夫”复家
143	广平	张	毛释之	79	700	高祖十二年（公元前195年）	6	景中六年（公元前144年）	有罪	宣元康四年（公元前62年）以“长安公士”复家，后封耐昭

资料来源：《史记》卷18《高祖功臣侯者年表第六》；《汉书》卷16《高惠高后文功臣年表第四》；王先谦：《汉书补注》；吴越、徐克范：《读史记十表》，《二十五史补编》第一册；夏燮《校汉书八表》；钱大昕《二十四史考异》；周振鹤《西汉政区地理》。

2—B 惠景时期侯国城市统计

编号	郡国/县	侯名	侯者（位次）	始封户数	封侯之因	始封		侯除之年	失侯之因	备注
						年	月			
1	桂阳	便	吴浅（133）	2000	长沙王子	惠元年（公元前194年）	9	武元鼎五年（公元前112年）	坐酎金	公元前62年以“长安公乘”复家
2	江夏	軑	利仓（朱苍120）	700	长沙相	惠二年（公元前193年）	4	武元封元年（公元前110年）	行过不请，擅发卒兵为卫	公元前62年以“竟陵簪褭”复家
3	东海	平都	刘到（110）	1000	齐将	惠五年（公元前190年）	6	景后元二年（公元前142年）	有罪	公元前62年以“长安公乘”复家
4	信都	扶柳	吕平		高后姊子	高后元年（公元前187年）	4	高后八年（公元前180年）	吕氏事诛	
5	沛郡	郊（洨）	吕产		高后兄子	高后元年（公元前187年）	4	高后八年（公元前180年）		
6	信都	南宫	张买		中大夫	高后元年（公元前187年）	4	高后八年（公元前180年）	吕氏事诛，6600户	下注“北海”
7	楚国/彭城	梧	阳城延（76）	500	军匠从其郏	高后元年（公元前187年）	4	武元狩五年（公元前118年）	谋杀季父，弃市，3300户	公元前62年以“梧公士”复家
8	西河	平定	齐受（54）		齐丞相	高后元年（公元前187年）	4	武元鼎四年（公元前113年）	有罪	公元前62年以“安平大夫”复家
9		博成	冯无择		力战	高后元年（公元前187年）	4	高后八年（公元前180年）	吕氏事诛	公元前62年以“长安公乘”复家
10	琅邪	不其	吕种		奉吕宣王寝園	高后元年（公元前187年）	4	高后八年（公元前180年）	吕氏事诛	
11	颍川	襄成（城）	刘义		孝惠子	高后元年（公元前187年）	4	高后二年（公元前186年）	为常山王	
12	河内	轵	刘朝		孝惠子	高后元年（公元前187年）	4	高后四年（公元前184年）	为常山王	
13	上党	壶关	刘武		孝惠子	高后元年（公元前187年）	4	高后五年（公元前183年）	为淮阳王	
14	武陵	沅陵	吴阳（136）		长沙成王子	高后元年（公元前187年）	7	景后元三年（公元前141年）	无后	

续表

编号	郡国/县	侯名	侯者（位次）	始封户数	封侯之因	始封		侯除之年	失侯之因	备注
						年	月			
15	犍为	汉阳	吕绿			高后元年（公元前187年）	9	高后八年（公元前180年）	9月反，诛	
16	鲁/薛	上邳	刘郢客（128）		楚元王子	高后二年（公元前186年）	5	文二年（公元前178年）	为楚王	
17	琅邪	朱虚	刘章（129）		齐悼惠王子	高后二年（公元前186年）	5	文二年（公元前178年）	为城阳王	
18	上谷	昌平	刘太（大）		孝惠子	高后四年（公元前184年）	2	高后七年（181年）	为吕王	
19	临淮	赘其	吕胜		高后昆弟子，淮阳丞相	高后四年（公元前184年）	4	高后八年（公元前180年）	吕氏事诛	
20	渤海	中邑	朱通（进）	600	吕相	高后四年（公元前184年）	4	景后元三年（公元前141年）	有罪	
21	南阳	乐平（成）	卫无择	600	卫尉	高后四年（公元前184年）	4	武建元六年（公元前135年）	以买田宅不法及请赇吏罪	
22	南阳	山都	王恬开（启）		梁相	高后四年（公元前184年）	4	武元封元年（公元前110年）	与奴闯入上林苑	
23	庐江	松(祝)兹	徐厉		常山丞相	高后四年（公元前184年）	4	武建元六年（公元前135年）	有罪	
24		成陶（阴）	周信	500	河南守	高后四年（公元前184年）	4	文十五年（公元前165年）	有罪	
25	清河	鄃	吕它		父功	高后四年（公元前184年）	4	高后八年（公元前180年）	吕氏事诛	
26	沛郡	滕	吕更始		楚相	高后四年（公元前184年）	4	高后八年（公元前180年）	吕氏事诛	
27	长沙	醴陵	越	600	长沙相	高后四年（公元前184年）	4	文四年（公元前176年）	有罪	
28	楚国	吕	吕忿		高后昆弟子	高后四年（公元前184年）	4	高后八年（公元前180年）	吕氏事诛	

续表

编号	郡国/县	侯名	侯者（位次）	始封户数	封侯之因	始封		侯除之年	失侯之因	备注
						年	月			
29	东莱	东牟	刘兴居		齐悼惠王子	高后六年（公元前182年）	4	文二年（公元前178年）	为济北王	
30	东莱	腄	吕通		吕肃王子	高后六年（公元前182年）	4	高后八年（公元前180年）	吕氏事诛	
31	信都	信都	张侈		鲁元太后子	高后八年（公元前180年）	4	文元年（公元前179年）	有罪	
32	东郡	乐昌	张受		鲁元太后子	高后八年（公元前180年）	4	文元年（公元前179年）	有罪	
33	琅邪	祝兹	吕荣（莹）		高后昆弟子	高后八年（公元前180年）	4	高后八年（公元前180年）	吕氏事诛	
34	东海	建陵	张泽（释）		大谒者，多奇计	高后八年（公元前180年）	4	高后八年（公元前180年）	吕氏事诛	
35	东平	东平	吕庄		燕王弟	高后八年（公元前180年）	5	高后八年（公元前180年）	吕氏事诛	
36	渤海	阳信	刘揭	2000	尊孝文	文元年（公元前179年）	11	景六年（公元前151年）	有罪	后为武帝姊长公主邑，后封郑乐
37	河内	轵	薄昭	10000	尊孝文，太后弟	文元年（公元前179年）	1			
38	胶东	壮武	宋昌	1400	尊孝文	文元年（公元前179年）	4	景中四年（公元前146年）	有罪，夺爵一级，为关内侯	
39	齐	清郭（都）	驷钧		齐王舅	文元年（公元前179年）	4	文六年（公元前174年）	有罪	
40	上郡	周阳	赵兼		淮南王舅	文元年（公元前179年）	4	文六年（公元前174年）	有罪	后封田胜
41	东平	樊	蔡兼	1200	常山相	文元年（公元前179年）	6	武元鼎四年（公元前113年）	搏揜完为城旦	
42	河南/荥阳	管	刘罢军		齐悼惠王子	文四年（公元前176年）	5	景三年（公元前154年）	反	

续表

编号	郡国／县	侯名	侯者（位次）	始封户数	封侯之因	始封		侯除之年	失侯之因	备注
						年	月			
43	魏郡	瓜(斥)丘	刘宁国		齐悼惠王子	文四年（公元前176年）	5	景三年（公元前154年）	反	
44	北海	营（陵）	刘信都		齐悼惠王子	文四年（公元前176年）	5	景三年（公元前154年）	反	
45	平原	杨（楼）虚	刘将闾		齐悼惠王子	文四年（公元前176年）	5	文十六年（公元前164年）	为齐王	
46	济南	杨（阳）丘	刘安		齐悼惠王子	文四年（公元前176年）	5	景四年（公元前153年）	出国界，耏为司寇	
47	平原	朸	刘辟光		齐悼惠王子	文四年（公元前176年）	5	文十六年（公元前164年）	为济南王	后封城阳顷王子刘让
48	琅邪／高阳	安都	刘志		齐悼惠王子	文四年（公元前176年）	5	文十六年（公元前164年）	为济北王	
49	琅邪	平昌	刘卬		齐悼惠王子	文四年（公元前176年）	5	文十六年（公元前164年）	为胶西王	
50	东海	武城（成）	刘贤		齐悼惠王子	文四年（公元前176年）	5	文十六年（公元前164年）	为菑川王	
51	平原／安德	白石	刘熊渠		齐悼惠王子	文四年（公元前176年）	5	文十六年（公元前164年）	为胶东王	
52	河内	泜（波）陵	魏驷		阳陵君	文七年（公元前173年）	3	文十二年（公元前168年）	无后	
53	河内	南郎	起		信平君	文七年（公元前173年）	2	文帝时	后父，故削爵一级，为关内侯	
54	九江	阜陵	刘安		淮南厉王子	文八年（公元前172年）	5	文十六年（公元前164年）	为淮南王	
55	汝南	安阳	刘勃		淮南厉王子	文八年（公元前172年）	5	文十六年（公元前164年）	为衡山王	后封周左车
56	上郡	阳周	刘赐		淮南厉王子	文八年（公元前172年）	5	文十六年（公元前164年）	为庐江王	

续表

编号	郡国/县	侯名	侯者（位次）	始封户数	封侯之因	始封		侯除之年	失侯之因	备注
						年	月			
57	九江	东城	刘良（良）		淮南厉王子	文八年（公元前172年）	5	文十五年（公元前165年）	无后	
58	东郡	犁（黎）	召奴	1410	齐相	文十年（公元前170年）	4	武元封六年（公元前105年）	不出持马，腰斩1800户	
59	琅邪	缾	孙单		父功	文十四年（公元前166年）	3	景三年（公元前154年）	谋反	后封留川靖王子刘成
60	河间	弓高	韩颓（隤）当	1237	匈奴相国，韩王信子	文十六年（公元前164年）	6	武元朔五年（公元前124年）	无后	
61	颍川	襄成	韩婴	1432	韩王信太子之子	文十六年（公元前164年）	6	武元朔四年（公元前125年）	诈病不起，不敬	
62	涿郡	故安	申屠嘉	1712	丞相侯	文后元三年（公元前161年）	4	武元鼎元年（公元前116年）	坐为九江太守故官送	公元前120年更为清河
63	渤海	章武	窦广国	11869	窦后弟	文后元七年（公元前157年）	6	武元狩元年（公元前122年）	谋杀人，未杀罪	
64	渤海	南皮	窦彭祖	6460	窦后兄子	文后元七年（公元前157年）	6	武元鼎五年（公元前112年）	坐酎金	孝文29
65	陈留/尉氏	平陆	刘礼	3267	楚元王子	景元年（公元前156年）	4	景三年（公元前154年）	为楚王	后封淮扬宪王孙刘崇
66	沛郡	休 红（虹）	刘富	1750	楚元王子	景元年（公元前156年） 景三年（公元前154年）	4	景三年（公元前154年） 武元朔五年（公元前124年）	更为红侯 无后	
67	千乘/高苑	沈犹	刘秽	1380	楚元王子	景元年（公元前156年）	4	武元狩五年（公元前118年）	为故宗正听谒不具宗室，不敬	
68	济阴	宛（冤）朐	刘埶		楚元王子	景元年（公元前156年）	4	景三年（公元前154年）	谋反	
69	琅邪	魏其	窦婴	3350	平吴楚乱	景三年（公元前154年）	6	武元光四年（公元前131年）	矫制害，弃市	

续表

编号	郡国/县	侯名	侯者（位次）	始封户数	封侯之因	始封		侯除之年	失侯之因	备注
						年	月			
70		棘乐	刘调	1213	楚元王子	景三年（公元前154年）	8	武元鼎五年（公元前112年）	坐酎金	
71	清河	俞	栾布	1800	都尉	景六年（公元前151年）	4	武元狩六年（公元前117年）	为太常，庙牺牲不如令，有罪	先封吕它
72	东海	建陵	卫绾	1310	将军击吴楚及中尉	景六年（公元前151年）	4	武元鼎五年（公元前112年）	坐酎金	后封鲁孝王子刘遂
73	沛郡	建平	程嘉	3150	将军击吴楚及江都相	景六年（公元前151年）	4	武元光四年（公元前131年）	无后	先封周开方，后封杜延年
74	东海	平曲	公孙昆	3220	将军击吴楚及陇西太守	景六年（公元前151年）	4	景中四年（公元前146年）	有罪	后封周坚
75	南郡	江阳（陵）	苏嘉	2541	将军击吴楚，赵相	景六年（公元前151年）	4	武元鼎五年（公元前112年）	坐酎金	
76	常山	遽	横	1970	父功	景中二年（公元前148年）	4	景后元二年（公元前142年）	有罪	
77	巨鹿	新市	王康（弃之）	1014	父功	景中二年（公元前148年）	4	武元光四年（公元前131年）	为人所杀	后封广川缪王子刘吉
78	琅邪	高陵	赵周	1045	父功	景中二年（公元前148年）	4	武元鼎五年（公元前112年）	为丞相知列侯酎金轻下廷尉自杀	高陵侯王衍国除后封
79	河内	山阳	张当居	1124	父功	景中二年（公元前148年）	4	武元朔五年（公元前124年）	为太常程博士弟子故不以实罪	
80	汝南	安陵	子（于）军	1517	匈奴王降	景中三年（公元前147年）	11	武建元六年（公元前135年）	无后	
81	河东	垣（桓）	赐		匈奴王降	景中三年（公元前147年）	12	景中六年（公元前144年）	不得及嗣	
82	涿郡	遒	隆（陆）彊	1570	匈奴王降	景中三年（公元前147年）	12	武后元年（公元前88年）	使巫齐少君祠祝诅，大逆无道	
83	涿郡	容成	（唯）徐庐	700	匈奴王降	景中三年（公元前147年）	12	武后二年（公元前87年）	坐祠祝诅	

续表

编号	郡国/县	侯名	侯者（位次）	始封户数	封侯之因	始封		侯除之年	失侯之因	备注
						年	月			
84	涿郡	易（翕）	仆鳈	1110	匈奴王降	景中三年（公元前147年）	12	景后元二年（公元前142年）	无后	
85	涿郡	范阳	代	1197	匈奴王降	景中三年（公元前147年）	12	武元光四年（公元前131年）	无后	
86	魏/内黄	翕	邯郸		匈奴王降	景中三年（公元前147年）	12	武元光四年（公元前131年）	行来不请长信，不敬	
87	河内	亚谷	卢它之	1500	匈奴东胡王降，卢绾子	景中五年（公元前145年）	4	武征和二年（公元前87年）	坐太子事	
88	河内	隆虑	蛟	4126	长公主嫖子	景中五年（公元前145年）	5	武元鼎元年（公元前116年）	母薨未除服，奸，禽兽行当死自杀	
89	济阴	乘氏	刘买		梁孝王子	景中五年（公元前145年）	5	景中六年（公元前144年）	为梁王	
90		桓邑	刘明		梁孝王子	景中五年（公元前145年）	5	景中六年（公元前144年）	为济川王	
91	渤海	蓋	王信	1890	景后兄子	景中五年（公元前145年）	5	武元鼎五年（公元前112年）	坐酎金	
92		塞	直不疑	1046	御使大夫击吴楚	景后元元年（公元前143年）	8	武元鼎五年（公元前112年）	坐酎金	
93	魏郡	武安	田蚡	8214	孝景后同母弟	景后元三年（公元前141年）	3	武元朔三年（公元前126年）	衣襜褕入宫廷中，不敬	
94	上郡	周阳	田胜	6026	孝景后同母弟	景后元三年（公元前141年）	3	武元狩二年（公元前121年）	当归与章侯宅不与，罪	

资料来源：《史记》卷19《惠景间侯者年表第七》；《汉书》卷16《高惠高后文功臣年表第四》、《汉书》卷17《高惠高后文功臣年表第五》；王先谦《汉书补注》相应表；吴越、徐克范《读史记十表》；夏燮《校汉书八表》；钱大昕《二十四史考异》；周振鹤《西汉政区地理》。

2—C 武成时期王子侯城统计

编号	郡国/县	侯名	侯者	封侯之因	始封		侯除之年	失侯之因	备注
					年	月			
1		兹	刘明	河间献王子	武元光五年（公元前130年）	1	武元朔三年（公元前126年）	杀人弃市	省
2	豫章	安成（城）	刘苍	长沙定王子	武元光六年（公元前129年）	7	宣五凤二年（公元前56年）	坐与姊乱，下狱，病死	
3	豫章	宜春	刘成	长沙定王子	武元光六年（公元前129年）	7	武元鼎五年（公元前112年）	坐酎金	
4	丹阳	句容	刘党	长沙定王子	武元光六年（公元前129年）	7	武元朔元年（公元前128年）	无后	
5	长沙	容陵	刘福	长沙定王子	武元光六年（公元前129年）	7	武元鼎五年（公元前112年）	坐酎金	
6	楚	杏山	刘成	楚安王子	武元光六年（公元前129年）	后9	武元鼎五年（公元前112年）	坐酎金	省，后封楚思王子遵
7	沛	浮丘	刘不审（害）	楚安王子	武元光六年（公元前129年）	后9	武元鼎五年（公元前112年）	坐酎金	省，后封楚孝王子勋
8	东海	广戚	刘择	鲁恭王子	武元朔元年（公元前128年）	10	武元鼎五年（公元前112年）	坐酎金	
9	丹阳/无湖	丹阳	刘敢	江都易王子	武元朔元年（公元前128年）	12	武元狩元年（公元前122年）	无后	
10	临淮	盱台	刘象（蒙）之	江都易王子	武元朔元年（公元前128年）	12	武元鼎五年（公元前112年）	坐酎金	
11	丹阳	湖（胡）孰	刘胥	江都易王子	武元朔元年（公元前128年）	1	武元鼎五年（公元前112年）	坐知人脱亡名数，以为保，杀人	
12	丹阳	秩（秣）阳（陵）	刘涟（缠）	江都易王子	武元朔元年（公元前128年）	1	武元鼎四年（公元前113年）	无后	
13	临淮	睢（淮）陵	刘定国	江都易王子	武元朔元年（公元前128年）	1	武元鼎五年（公元前112年）	坐酎金	

续表

编号	郡国/县	侯名	侯者	封侯之因	始封		侯除之年	失侯之因	备注
					年	月			
14	琅邪	龙丘	刘代	江都易王子	武元朔二年（公元前127年）	5	武元鼎五年（公元前112年）	坐酎金	省
15		张梁	刘仁	江都易王子	武元朔二年（公元前127年）	5	武征和三年（公元前90年）	为奴所杀	省
16	北海	剧	刘错	甾川懿王子	武元朔二年（公元前127年）	5			
17		壤（怀昌）	刘高遂	甾川懿王子	武元朔二年（公元前127年）	5			
18	北海	平望	刘赏	甾川懿王子	武元朔二年（公元前127年）	5			
19	琅邪	临原（众）	刘始昌	甾川懿王子	武元朔二年（公元前127年）	5			
20		葛魁	刘宽	甾川懿王子	武元朔二年（公元前127年）	5	元鼎三年（公元前114年）	坐杀人弃市	省
21	北海	益都	刘胡	甾川懿王子	武元朔二年（公元前127年）	5	昭元凤三年（公元前78年）	坐非子免	省，并入益县
22	北海	平酌	刘彊	甾川懿王子	武元朔二年（公元前127年）	5			
23	北海	剧魁	刘墨（黑）	甾川懿王子	武元朔二年（公元前127年）	5			
24	东郡/寿乐	寿梁	刘守	甾川懿王子	武元朔二年（公元前127年）	5	武元鼎五年（公元前112年）	坐酎金	省，如北海寿光县
25	东莱	平度	刘衍（行）	甾川懿王子	武元朔二年（公元前127年）	5			
26	济南	宜成	刘偃	甾川懿王子	武元朔二年（公元前127年）	5	武太初元年（公元前104年）	坐杀弟，弃市	
27	齐郡	临朐	刘奴	甾川懿王子	武元朔二年（公元前127年）	5			

续表

编号	郡国/县	侯名	侯者	封侯之因	始封		侯除之年	失侯之因	备注
					年	月			
28	东海	雷	刘稀	城阳共王子	武元朔二年（公元前127年）	5	武元鼎五年（公元前112年）	坐酎金	省
29	琅邪	东莞	刘吉	城阳共王子	武元朔二年（公元前127年）	5	武元朔五年（公元前124年）	有痼疾不朝，废	
30	东海	辟（土）	刘壮	城阳共王子	武元朔二年（公元前127年）	5	武元鼎五年（公元前112年）	坐酎金	省
31		尉文	刘丙	赵敬肃王子	武元朔二年（公元前127年）	6	武元鼎五年（公元前112年）	坐酎金	省
32	常山	封斯	刘胡阳（伤）	赵敬肃王子	武元朔二年（公元前127年）	6			
33		榆丘	刘寿（受）福	赵敬肃王子	武元朔二年（公元前127年）	6	武元鼎五年（公元前112年）	坐酎金	省
34	广平	襄攙	刘建	赵敬肃王子	武元朔二年（公元前127年）	6	武元鼎五年（公元前112年）	坐酎金	省
35	魏郡	邯会	刘仁	赵敬肃王子	武元朔二年（公元前127年）	6			
36	东郡	朝	刘义	赵敬肃王子	武元朔二年（公元前127年）	6	宣五凤四年（公元前54年）	坐酎金少四两，免	省
37	九江	东城	刘遗	赵敬肃王子	武元朔二年（公元前127年）	6	武元鼎元年（公元前116年）	有罪	省
38		阴城	刘苍	赵敬肃王子	武元朔二年（公元前127年）	6	武元鼎元年（公元前116年）	有罪	省
39	涿郡	广望	刘安中（忠）	中山靖王子	武元朔二年（公元前127年）	6			
40	涿郡	将梁	刘朝平	中山靖王子	武元朔二年（公元前127年）	6	武元鼎五年（公元前112年）	坐酎金	省，并入广望

续表

编号	郡国/县	侯名	侯者	封侯之因	始封		侯除之年	失侯之因	备注
					年	月			
41	涿郡	新（薪）馆	刘未央	中山靖王子	武元朔二年（公元前127年）	6	武元鼎五年（公元前112年）	坐酎金	省
42	中山	新（薪）处	刘嘉	中山靖王子	武元朔二年（公元前127年）	6	武元鼎五年（公元前112年）	坐酎金	
43	中山	陉（陆）城	刘贞	中山靖王子	武元朔二年（公元前127年）	6	武元鼎五年（公元前112年）	坐酎金	
44	渤海	蒲领	刘嘉	广川惠王子	武元朔三年（公元前126年）	10	不久绝	有罪	后封清河纲王子绿
45		西熊	刘明	广川惠王子	武元朔三年（公元前126年）	10	薨	无后	省
46	清河	枣彊	刘晏	广川惠王子	武元朔三年（公元前126年）	10	武元朔三年（公元前126年）	无后	
47	魏郡	毕梁	刘婴	广川惠王子	武元朔三年（公元前126年）	10	武元封四年（公元前107年）	首匿罪人为鬼薪	省
48	魏郡	房（旁）光	刘殷	河间献王子	武元朔三年（公元前126年）	10	武元狩元年（公元前122年）	有罪	省
49		距阳	刘匄	河间献王子	武元朔三年（公元前126年）	10	武元鼎五年（公元前112年）	坐酎金	《汉志》不见
50	涿郡/饶阳	蒌	刘邈（退）	河间献王子	武元朔三年（公元前126年）	10	成建始四年（公元前29年）	无后	《汉志》不见
51	涿郡	阿武	刘豫	河间献王子	武元朔三年（公元前126年）	10			
52	渤海	参户	刘勉	河间献王子	武元朔三年（公元前126年）	10			
53	涿郡	州乡	刘禁	河间献王子	武元朔三年（公元前126年）	10			
54	渤海/南皮	成平（平城）	刘礼	河间献王子	武元朔三年（公元前126年）	10	武元狩三年（公元前120年）	有罪	

续表

编号	郡国/县	侯名	侯者	封侯之因	始封		侯除之年	失侯之因	备注
					年	月			
55	渤海	广	刘顺	河间献王子	武元朔三年（公元前126年）	10	武元鼎五年（公元前112年）	坐酎金	
56	魏郡	蓋胥	刘让	河间献王子	武元朔三年（公元前126年）	10	武元鼎五年（公元前112年）	坐酎金	省，《汉志》不见
57	魏郡	陪（阴）安	刘不害	济北贞王子	武元朔三年（公元前126年）	10	武元鼎三年（公元前114年）	无后	
58	东郡/茌平	荣简（关）	刘骞	济北贞王子	武元朔三年（公元前126年）	10	武元狩三年（公元前120年）	谋杀人，会赦免	
59		周坚（望）	刘何	济北贞王子	武元朔三年（公元前126年）	10	武元鼎五年（公元前112年）	坐酎金	省
60	平原	安阳	刘桀（乐）	济北贞王子	武元朔三年（公元前126年）	10			
61	平原	陪	刘明（则）	济北贞王子	武元朔三年（公元前126年）	10	武元鼎五年（公元前112年）	坐酎金	省
62	平原	丛	刘信	济北贞王子	武元朔三年（公元前126年）	10	武元鼎五年（公元前112年）	坐酎金	省
63	泰山	五据	刘臒丘	济北式王子	武元朔三年（公元前126年）	10	武元鼎五年（公元前112年）	坐酎金	省
64	泰山	富	刘袭	济北式王子	武元朔三年（公元前126年）	10	宣元康元年（公元前65年）	坐使奴杀人，下狱瘐死	
65	河南	平	刘遂	济北式王子	武元朔三年（公元前126年）	10	武元狩元年（公元前122年）	有罪	省，先封工师喜
66	平原	羽	刘成	济北式王子	武元朔三年（公元前126年）	10			
67	泰山	胡母	刘楚	济北式王子	武元朔三年（公元前126年）	2	武元鼎五年（公元前112年）	坐酎金	省
68	西河	离石	刘绾	代共王子	武元朔三年（公元前126年）	1	后更为涉侯	坐上书谩，耏为鬼薪	

续表

编号	郡国／县	侯名	侯者	封侯之因	始封		侯除之年	失侯之因	备注
					年	月			
69	西河	邵（郚）	刘慎（顺）	代共王子	武元朔三年（公元前126年）	1	武天汉元年（公元前100年）	坐杀人及奴凡16人，以捕匈奴千骑免	
70	齐郡	利昌[①]	刘嘉	代共王子	武元朔三年（公元前126年）	1			
71	西河	蔺	刘熹（罢军）	代共王子	武元朔三年（公元前126年）	1	后更为武原侯	作盗贼免	
72	西河	临河（水）	刘贤	代共王子	武元朔三年（公元前126年）	1	武元鼎间，更为高俞侯	坐酎金	
73	西河	隰成	刘忠	代共王子	武元朔三年（公元前126年）	1	不久，更为端氏侯（河东县）	薨无后	
74	西河	土军	刘郢客	代共王子	武元朔三年（公元前126年）	1	武元鼎间，更为距乘侯	坐与人妻奸，坐酎金	
75	西河	皋狼（琅）	刘迁（选）	代共王子	武元朔三年（公元前126年）	1	（不久）薨	无后	
76	西河	千章	刘遇	代共王子	武元朔三年（公元前126年）	1	武元鼎间，更为夏丘侯（沛郡县）	坐酎金	
77	泰山[②]	博阳	刘就	齐孝王子	武元朔三年（公元前126年）	3	武元鼎五年（公元前112年）	坐酎金	
78	泰山	宁阳	刘恢（恬）	鲁共王子	武元朔三年（公元前126年）	3			
79	沛	瑕（敬）丘	刘贞（政）	鲁共王子	武元朔三年（公元前126年）	3			
80[1 2]	沛郡	公丘	刘顺	鲁共王子	武元朔三年（公元前126年）	3			

①（清）王先谦曰：“利昌，齐郡县”，《汉书补注》，书目文献出版社，1995年，第159页。

②刘就初封时，博阳尚属济南郡，王国维以公元前122年济南郡得济北郡所献之泰山及其旁邑之时以其南部置泰山郡，故博阳《汉书·地理志》属泰山郡。

续表

编号	郡国／县	侯名	侯者	封侯之因	始封		侯除之年	失侯之因	备注
					年	月			
81	鲁	郁狼（良）	刘骑（骄）	鲁共王子	武元朔三年（公元前126年）	3	武元鼎五年（公元前112年）	坐酎金	省
82		西昌	刘敬	鲁共王子	武元朔三年（公元前126年）	3	武元鼎五年（公元前112年）	坐酎金	省
83	中山／新处	陉（陆）城	刘义	中山靖王子	武元朔三年（公元前126年）	3	武元鼎五年（公元前112年）	坐酎金	省
84	魏郡	邯平	刘顺	赵敬肃王子	武元朔三年（公元前126年）	3	武元鼎五年（公元前112年）	坐酎金	省
85	魏郡	武始	刘昌	赵敬肃王子	武元朔三年（公元前126年）	4	武征和元年（公元前90年）	为赵王	
86	巨鹿	象氏	刘贺	赵敬肃王子	武元朔三年（公元前126年）	4			
87	涿郡／鄗	易安	刘平	赵敬肃王子	武元朔三年（公元前126年）	4	昭始元元年（公元前86年）	坐杀人免	省
88	长沙	洛（路、昭）陵	刘章（童）	长沙定王子	武元朔四年（公元前125年）	3	武元狩二年（公元前121年）	有罪	省
89	长沙	攸（舆）	刘则	长沙定王子	武元朔四年（公元前125年）	3	武太初元年（公元前104年）	篡死罪囚，弃市	
90	长沙	荼陵	刘欣（沂）	长沙定王子	武元朔四年（公元前125年）	3	武太初元年（公元前104年）	无后	
91	豫章	建成	刘拾	长沙定王子	武元朔四年（公元前125年）	3	武元狩六年（公元前117年）	坐不朝，不敬	
92	南阳	安众	刘丹	长沙定王子	武元朔四年（公元前125年）	3			
93	南阳	叶平（康）	刘嘉（喜）	长沙定王子	武元朔四年（公元前125年）	3	武元鼎五年（公元前112年）	坐酎金	
94	东海／利成	利乡	刘婴	城阳共王子	武元朔四年（公元前125年）	3	武元狩三年（公元前120年）	有罪	

续表

编号	郡国/县	侯名	侯者	封侯之因	始封		侯除之年	失侯之因	备注
					年	月			
95	东海	有利	刘钉	城阳共王子	武元朔四年（公元前125年）	3	武元狩元年（公元前122年）	坐遗淮南王书称臣，弃市	省
96	东海	东平	刘庆	城阳共王子	武元朔四年（公元前125年）	3	武元狩三年（公元前120年）	坐与姊妹奸，有罪	省
97	东海	运（连）平	刘䜣（记）	城阳共王子	武元朔四年（公元前125年）	3	武元鼎五年（公元前112年）	坐酎金	省
98		山州	刘齿	城阳共王子	武元朔四年（公元前125年）	3	武元鼎五年（公元前112年）	坐酎金免，前111年击东越畏懦诛	省
99	琅邪	海常	刘福	城阳共王子	武元朔四年（公元前125年）	3	武元鼎五年（公元前112年）	坐酎金	省，后击南越有功入功臣表
100		钧（驺）丘	刘宪（宽）	城阳共王子	武元朔四年（公元前125年）	3	宣本始二年（公元前72年）	坐使人杀兄，弃市	省
101	东海	南城（成）	刘贞	城阳共王子	武元朔四年（公元前125年）	3			
102		广陵	刘表（裘）	城阳共王子	武元朔四年（公元前125年）	3	武元鼎五年（公元前112年）	坐酎金	省
103		莊（杜）原	刘皋	城阳共王子	武元朔四年（公元前125年）	3	武元鼎五年（公元前112年）	坐酎金	省
104	渤海	临乐	刘光	中山靖王子	武元朔四年（公元前125年）	4			
105		东野	刘章	中山靖王子	武元朔四年（公元前125年）	4	武太初四年（公元前101年）	无后	省
106	平原	高平	刘嘉	中山靖王子	武元朔四年（公元前125年）	4	武元鼎五年（公元前112年）	坐酎金	省，公元前76年封中山康王子喜
107	信都	广川	刘颇	中山靖王子	武元朔四年（公元前125年）	4	武元鼎五年（公元前112年）	坐酎金	省
108	渤海	千钟（重丘）	刘摇（擔）	河间献王子	武元朔四年（公元前125年）	4	武元狩二年（公元前121年）	不使人为秋请，有罪	省

续表

编号	郡国/县	侯名	侯者	封侯之因	始封		侯除之年	失侯之因	备注
					年	月			
109	千乘	披（被）阳	刘燕	齐孝王子	武元朔四年（公元前125年）	4			
110	渤海	定	刘越	齐孝王子	武元朔四年（公元前125年）	4			
111	琅邪	稻	刘定	齐孝王子	武元朔四年（公元前125年）	4			
112	渤海	山	刘国	齐孝王子	武元朔四年（公元前125年）	4	建昭四年（公元前35年）		省
113	千乘	繁安	刘忠	齐孝王子	武元朔四年（公元前125年）	4			
114	渤海	柳	刘阳（已）	齐孝王子	武元朔四年（公元前125年）	4			
115	琅邪	云	刘信	齐孝王子	武元朔四年（公元前125年）	4			
116	东莱	牟平	刘渫	齐孝王子	武元朔四年（公元前125年）	4			
117	泰山	柴	刘代	齐孝王子	武元朔四年（公元前125年）	4	约在宣帝间	无后	
118	中山	柏阳（畅）	刘终古	赵敬肃王子	武元朔五年（公元前124年）	11	昭始元三年（公元前84年）	无后	省
119	巨鹿	鄗	刘延年	赵肃敬王子	武元朔五年（公元前124年）	11	武元鼎五年（公元前112年）	坐酎金	
120	中山/深泽	桑丘	刘洋（将）	中山靖王子	武元朔五年（公元前124年）	3	宣元康四年（公元前61年）	坐为人子时与后母乱，免	省，并入北新城
121		高丘	刘破胡	中山靖王子	武元朔五年（公元前124年）	3	武元鼎元年（公元前116年）	无后	
122	涿郡	柳宿	刘盖	中山靖王子	武元朔五年（公元前124年）	3	武元鼎五年（公元前112年）	坐酎金	省

续表

编号	郡国/县	侯名	侯者	封侯之因	始封		侯除之年	失侯之因	备注
					年	月			
123		戎丘	刘让	中山靖王子	武元朔五年（公元前124年）	3	武元鼎五年（公元前112年）	坐酎金	省
124	涿郡	樊舆	刘条（脩）	中山靖王子	武元朔五年（公元前124年）	3			
125	涿郡	曲成	刘万岁	中山靖王子	武元朔五年（公元前124年）	3	武元鼎五年（公元前112年）	坐酎金	省
126	涿郡	安郭	刘博（傅）	中山靖王子	武元朔五年（公元前124年）	3	宣元康元年（公元前65年）	坐首匿死罪免	后并入中山安国县
127	中山	安险	刘应	中山靖王子	武元朔五年（公元前124年）	3	武元鼎五年（公元前112年）	坐酎金	
128		安道	刘恢（定）	中山靖王子	武元朔五年（公元前124年）	3	武元鼎五年（公元前112年）	坐酎金	省
129	零陵	夫夷	刘义	长沙定王子	武元朔五年（公元前124年）	3			
130	零陵	春陵[①]	刘买	长沙定王子	武元朔五年（公元前124年）	6	宣元康元年（公元前65年）		
	南阳	春陵	刘仁	刘买孙嗣	宣元康元年（公元前65年）				
131	零陵	都梁	刘遂	长沙定王子	武元朔五年（公元前124年）	6			
132	零陵	洮阳	刘狗彘（将燕）	长沙定王子	武元朔五年（公元前124年）	6	武元狩六年（公元前117年）	无后	
133	零陵	泉（众）陵	刘贤	长沙定王子	武元朔五年（公元前124年）	6			

①［清］王先谦：长沙定王子买封于零陵郡春陵乡，而其孙仁则封于南阳白水乡，仍以春陵为名。《汉书补注》，书目文献出版社，1995年，第168页。

续表

编号	郡国/县	侯名	侯者	封侯之因	始封		侯除之年	失侯之因	备注
					年	月			
134	汝南	终弋	刘广置	衡山王子	武元朔六年（公元前123年）	4	武元鼎五年（公元前112年）	坐酎金	
135	琅邪	麦	刘昌	城阳顷王子	武元鼎元年（公元前116年）	4	武元鼎五年（公元前112年）	坐酎金	省
136	平原	钜合	刘发	城阳顷王子	武元鼎元年（公元前116年）	4	武元鼎五年（公元前112年）	坐酎金	省
137	琅邪	昌	刘差（羌）	城阳顷王子	武元鼎元年（公元前116年）	4	武元鼎五年（公元前112年）	坐酎金	先封张卿
138	东海	蕢（费）	刘方（万）	城阳顷王子	武元鼎元年（公元前116年）	4	武元鼎五年（公元前112年）	坐酎金	
139	琅邪	雩（虖）殷（葭）	刘泽	城阳顷王子	武元鼎元年（公元前116年）	4			
140	琅邪	石（原）洛	刘敬（敢）	城阳顷王子	武元鼎元年（公元前116年）	4	武征和三年（公元前90年）	坐杀人，弃市	省
141	琅邪	扶浸（挟术）	刘昆吾	城阳顷王子	武元鼎元年（公元前116年）	4	武天汉元年（公元前100年）	无后	省
142	琅邪	挾（被）	刘霸	城阳顷王子	武元鼎元年（公元前116年）	4		曾孙嗣，薨无后	
143	平原	扐（朸）	刘让	城阳顷王子	武元鼎元年（公元前116年）	4	昭始元五年（公元前82年）	为人所杀	先封齐悼惠王子辟光
144	东海	父（文）城	刘光	城阳顷王子	武元鼎元年（公元前116年）	4	武元鼎五年（公元前112年）	坐酎金	省
145		挍	刘云	城阳顷王子	武元鼎元年（公元前116年）	4	武元鼎五年（公元前112年）	坐酎金	
146	琅邪	庸	刘谭（馀）	城阳顷王子	武元鼎元年（公元前116年）	4	不久	有死罪	省
147	东海	翟	刘寿	城阳顷王子	武元鼎元年（公元前116年）	4	武元鼎五年（公元前112年）	坐酎金	省

续表

编号	郡国/县	侯名	侯者	封侯之因	始封		侯除之年	失侯之因	备注
					年	月			
148	东海/襄贲	鳣	刘应	城阳顷王子	武元鼎元年（公元前116年）	4	武元鼎五年（公元前112年）	坐酎金	省，入襄賁
149	东海	彭—费	刘偃（强）	城阳顷王子	武元鼎元年（公元前116年）	4	武元鼎五年（公元前112年）	坐酎金	省，入费
150	北海	瓡[①]	刘息	城阳顷王子	武元鼎元年（公元前116年）	4	宣五凤二年（公元前56年）	薨	
151	琅邪	虚水	刘禹	城阳顷王子	武元鼎元年（公元前116年）	4			
152	东海	东淮	刘类	城阳顷王子	武元鼎元年（公元前116年）	4	武元鼎五年（公元前112年）	坐酎金	省
153	东海	栒（拘）	刘买（贤）	城阳顷王子	武元鼎元年（公元前116年）	4	武元鼎五年（公元前112年）	坐酎金	省
154	东海	涓	刘不疑	城阳顷王子	武元鼎元年（公元前116年）	4	武元鼎五年（公元前112年）	坐酎金	省
155	北海/寿光	陆	刘何	菑川靖王子	武元鼎元年（公元前116年）	7	宣五凤三年（公元前55年）	坐知其妹夫有笞二百罪，亡命首匿	省，并入寿光
156	齐郡	广饶	刘国	菑川靖王子	武元鼎元年（公元前116年）	7			
157	琅邪	缾	刘成	菑川靖王子	武元鼎元年（公元前116年）	7			
158		俞闾	刘不（毋）害	菑川靖王子	武元鼎元年（公元前116年）	7	元初元元年（公元前48年）	无后	省
159	巨鹿	甘井	刘元（光）	广川穆王子	武元鼎元年（公元前116年）	7	武征和二年（公元前91年）	坐杀人，弃市	省
160	巨鹿	襄陵（隄）	刘圣	广川穆王子	武元鼎元年（公元前116年）	7	宣地节四年（公元前66年）	坐酎金少四两免	省

①《汉书·王子侯表三》："瓡节侯息，……元康四年质侯守嗣，七年薨"后无记，但《汉书·地理志》北海郡属县瓡下记为侯国，不知何据。

续表

编号	郡国／县	侯名	侯者	封侯之因	始封		侯除之年	失侯之因	备注
					年	月			
161	琅邪	皋虞	刘建	胶东康王子	武元封元年（公元前110年）	5			
162	琅邪	魏其	刘昌	胶东康王子	武元封元年（公元前110年）	5			先封窦婴
163	琅邪	祝兹	刘延（年）	胶东康王子	武元封元年（公元前110年）	5	武元封五年（公元前106年）	坐弃印绶出国，不敬	省
164	渤海	高乐	失名	齐孝王子	不得封年			薨，无后①	
165	济阴②	参䣐	刘则	广川惠王子	不得封年		迟至宣帝间免	坐酎金	省
166	东海	沂陵	刘喜	广川惠王子	不得封年		迟至宣帝间免	坐酎金	省
167	渤海	沈(浮)阳	刘自为	河间献王子	不得封年				
168	魏郡	漳北	刘宽	赵敬肃王子	不得封年		昭元凤三年（公元前78年）	为奴所杀	省
169	巨鹿	南䜌	刘佗	赵敬肃王子	不得封年		武征和二年（公元前91年）	坐酎金	
170	临淮	南陵	刘庆	赵敬肃王子	不得封年		武后元二年（公元前87年）③	坐为沛郡太守横恣罔上，下狱瘐死	省
171	常山	鄗	刘舟	赵敬肃王子	不得封年		武征和四年（公元前89年）	坐祝诅上，腰斩	
172	魏郡	安檀	刘福	赵敬肃王子	不得封年		武后元二年（公元前87年）	坐为常山太守祝诅上，讯未竟病死	省
173	山阳	爰戚	刘当	赵敬肃王子	不得封年		武后元二年（公元前87年）	坐与兄廖谋反，自杀	省，后封赵长年

①高乐侯薨，无继嗣，国当除，后于平帝元始元年（公元1年）二月封东平思王子修，故成帝末年高乐城不为侯国城市。

②《汉志》属东海郡。王先谦《汉书补注》引钱大昭曰：“《郡国志》济阴郡定陶有三䣐亭，即此三䣐”。故改属济阴。

③因为武帝之后诸帝再没有以“后元”为纪年的，而武帝后元也只有两年，所以此处所除之年当为“二年”，172号安檀、173号爰戚侯国与此同，均改。

续表

编号	郡国/县	侯名	侯者	封侯之因	始封		侯除之年	失侯之因	备注
					年	月			
174	沛	栗	刘乐	赵敬肃王子	武征和元年（公元前92年）				
175	沛	洨	刘周舍	赵敬肃王子	武征和元年（公元前92年）				先封吕产
176	济南	猇	刘起	赵敬肃王子	武征和元年（公元前92年）				
177	魏	即裴	刘道	赵敬肃王子	武征和元年（公元前92年）				
178	东海	澎/彭	刘屈厘	中山靖王子	武征和二年（公元前91年）	3	武后元元年（公元前88年）	坐为丞相祝诅，腰斩	省，先封秦同及城阳顷王子强
179	庐江	松兹	刘霸	六安共王子	昭始元五年（公元前82年）	6			
180		温水	刘安国	胶东哀王子	昭始元五年（公元前82年）	6	宣本始二年（公元前72年）	坐上书为妖言，会赦免	省
181	东海	兰旗	刘临朝	鲁安王子	昭始元五年（公元前82年）	6		曾孙绝嗣	
182	东海	容丘	刘方山	鲁安王子	昭始元五年（公元前82年）	6		孙绝嗣	
183	东海	良成	刘文德	鲁安王子	昭始元五年（公元前82年）	6		玄孙绝嗣	
184	渤海	蒲领	刘禄	清河纲王子	昭始元六年（公元前81年）	5		孙嗣免	先封广川惠王嘉
185	广平	南曲	刘迁	清河纲王子	昭始元六年（公元前81年）	5		孙嗣免	
186	涿郡	成	刘喜	中山康王子	昭元凤五年（公元前76年）	11	哀建平元年（公元前6年）	无后	先封董泄
187	巨鹿/堂阳	新市	刘吉	广川缪王子	昭元凤五年（公元前76年）	11			

续表

编号	郡国/县	侯名	侯者	封侯之因	始封		侯除之年	失侯之因	备注
					年	月			
188	东海	江阳	刘仁	城阳惠王子	昭元凤六年（公元前75年）	11	宣元康元年（公元前65年）	坐役使附落免	省
189	河南	阳武	刘询	孝武曾孙	昭元平元年（公元前74年）	7	昭元平元年（公元前74年）	即日继皇帝位	
190	济南	朝阳	刘圣	广陵厉王子	宣本始元年（公元前73年）	7		孙嗣免	
191	东海	平曲	刘曾	广陵厉王子	宣本始元年（公元前73年）	7		孙嗣免	省，先封周坚
192	汝南/汝阳	南利	刘昌	广陵厉王子	宣本始元年（公元前73年）	7	宣地节二年（公元前68年）	坐贼杀人免	
193	巨鹿	安定	刘贤	燕刺王子	宣本始元年（公元前73年）	10		孙嗣免	
194	信都	东襄	刘宽	广川缪王子	宣本始二年（公元前72年）	4	元建昭元年（公元前38年）	无后	
195		宣处	刘章	中山康王子	宣本始三年（公元前71年）	6	宣地节三年（公元前67年）	无后	
196	渤海	修市	刘寅	清河纲王子	宣本始四年（公元前70年）	4		曾孙嗣免	
197	信都	东昌	刘成	清河纲王子	宣本始四年（公元前70年）	4		曾孙嗣免	
198	清河	新乡（信乡）	刘豹	清河纲王子	宣本始四年（公元前70年）	4			后封东平炀王子鲤
199	信都	修故	刘福	清河纲王子	宣本始四年（公元前70年）	4	宣元康元年（公元前65年）	坐首匿群盗弃市	
200	清河	东阳	刘弘	清河纲王子	宣本始四年（公元前70年）	4		玄孙时免	先封张相如
201	涿郡	新昌	刘庆	燕刺王子	宣本始四年（公元前70年）	5		孙嗣后无后	

续表

编号	郡国／县	侯名	侯者	封侯之因	始封		侯除之年	失侯之因	备注
					年	月			
202	魏郡	邯沟	刘偃	赵顷王子	宣地节二年（公元前68年）	4		曾孙免	
203	常山	乐阳	刘说	赵顷王子	宣地节二年（公元前68年）	4		曾孙免	
204	常山	桑中	刘广汉	赵顷王子	宣地节二年（公元前68年）	4		孙免	
205	广平	张	刘嵩	赵顷王子	宣地节二年（公元前68年）	4	宣神爵二年（公元前60年）	坐贼杀人，上书要上，下狱瘐死	
206	渤海	景成	刘雍	河间献王子	宣地节二年（公元前68年）	4		曾孙免	
207	信都	平隄	刘招	河间献王子	宣地节二年（公元前68年）	4		玄孙嗣免	
208	信都	乐乡	刘佟	河间献王子	宣地节二年（公元前68年）	4		玄孙嗣免	
209	涿郡	高郭①	刘蓋	河间献王子	宣地节二年（公元前68年）	4	成元延元年之前	薨，无后	
210	涿郡	鄚	刘异众		成元延元年（公元前12年）				
211	北海	乐望	刘光	胶东戴王子	宣地节四年（公元前66年）	2		孙嗣免	
212	北海	饶	刘成	胶东戴王子	宣地节四年（公元前66年）	2		子嗣免	
213	北海	柳泉	刘强	胶东戴王子	宣地节四年（公元前66年）	2		曾孙嗣免	
214	南阳	復阳	刘延年	长沙顷王子	宣元康元年（公元前65年）	1		孙嗣免	

①《汉书·王子侯表》载：高郭侯刘蓋曾孙，哀侯刘霸无子嗣，元延元年刘异众以霸弟绍封为鄚侯，《汉书·地理志》高郭仍注为侯国，说明《汉志》侯国名目断限不是某一点，而是以一段时间为据，然最终止于成帝绥和二年（公元前7年）。

续表

编号	郡国/县	侯名	侯者	封侯之因	始封		侯除之年	失侯之因	备注
					年	月			
215	江夏	钟武	刘度	长沙顷王子	宣元康元年（公元前65年）	1	成元延二年之前	孙嗣无后	
	江夏	钟武	刘度次子	绍封	成元延二年（公元前11年）				
216	南郡	高城	刘梁[①]	长沙顷王子	宣元康元年（公元前65年）	1		曾孙嗣免	
217	泰山	富阳	刘赐	六安夷王子	宣元康二年（公元前64年）	5	元建昭二年（公元前37年）	坐上书归印绶，免	后封东平思王子
218	豫章	海昏	刘贺	昌邑哀王子	宣元康三年（公元前63年）	4	宣神爵三年（公元前59年）	坐故行淫辟，不得置后	
	豫章	海昏	刘代宗	刘贺子绍封	元初元三年（公元前46年）				
219	广平	曲梁	刘敬	平干顷王子	宣元康三年（公元前63年）	7		孙嗣免	
220	常山	遽乡	刘宣	真定列王子	宣元康四年（公元前62年）	3	宣神爵二年（公元前60年）	无后	省
221		新利	刘偃	胶东戴王子	宣神爵元年（公元前61年）	4	宣甘露四年（公元前50年）	坐上书谩免	省
		户都侯	刘户	更封			成建始三年（公元前30年）	又上书谩免	省
222	巨鹿	乐信	刘强	广川缪王子	宣神爵三年（公元前59年）	4		曾孙嗣免	
223	信都	昌成	刘元	广川缪王子	宣神爵三年（公元前59年）	4	哀建平三年（公元前4年）	无后	

①笔者按《汉书·王子侯表》下所载："高城节侯梁，长沙顷王子，昭始元六年（公元前81年）六月乙卯封。"与此处有冲突，因另两位长沙顷王子封于元康元年，故将高城侯亦记于此。

续表

编号	郡国/县	侯名	侯者	封侯之因	始封		侯除之年	失侯之因	备注
					年	月			
224	广平	广乡	刘明	平干顷王子	宣神爵三年（公元前59年）	7		曾孙嗣免	
225	广平	成乡	刘庆	平干顷王子	宣神爵三年（公元前59年）	7	成鸿嘉三年（公元前18年）	无后	
	广平	成乡	刘果	绍封	成元延二年（公元前11年）				
226	广平	平利	刘世	平干顷王子	宣神爵四年（公元前58年）	3		曾孙嗣免	
227	广平	平乡	刘壬	平干顷王子	宣神爵四年（公元前58年）	3		孙嗣免	
228	平原	平纂	刘梁	平干顷王子	宣神爵四年（公元前58年）	3	不久	薨，无后	省，后封东平思王子
229	广平	成陵	刘充	平干顷王子	宣神爵四年（公元前58年）	3	成鸿嘉三年（公元前18年）	坐弟与后母乱，共杀兄，知不举不道，下狱瘐死	省
230	信都	西梁	刘辟兵	广川戴王子	宣神爵四年（公元前58年）	3		曾孙嗣免	
231	巨鹿	历乡	刘必胜	广川缪王子	宣神爵四年（公元前58年）	7		曾孙嗣免	
232	广平	阳城（台）	刘田	平干顷王子	宣神爵四年（公元前58年）	7		曾孙嗣免	
233	广平	祚阳	刘仁	平干顷王子	宣五凤元年（公元前57年）	4	元初元五年（公元前44年）	坐擅兴徭赋，削爵一级，为关内侯	省并，910户
234	巨鹿	武陶	刘朝	广川缪王子	宣五凤元年（公元前57年）	7		曾孙嗣免	
235	涿郡	阳兴	刘昌	河间孝王子	宣五凤元年（公元前57年）	12	成建始二年（公元前31年）	坐朝私留它县，使庶子杀人弃市	省并，后封东平思王孙寄生
236	涿郡	利乡	刘安	中山顷王子	宣甘露元年（公元前53年）	3		孙嗣免	

续表

编号	郡国/县	侯名	侯者	封侯之因	始封		侯除之年	失侯之因	备注
					年	月			
237	常山	都乡	刘景	赵顷王子	宣甘露二年（公元前52年）	7		子嗣免	
238	东海	昌虑	刘弘	鲁孝王子	宣甘露四年（公元前50年）	闰月		孙嗣免	
239	东海	平邑	刘敞	鲁孝王子	宣甘露四年（公元前50年）	闰月	元初元元年（公元前48年）	坐杀人一家二人，弃市	
240	东海	山阳（乡）	刘绾	鲁孝王子	宣甘露四年（公元前50年）	闰月		子嗣免	
241	东海	建陵	刘遂	鲁孝王子	宣甘露四年（公元前50年）	闰月		孙嗣免	先封卫绾
242	东海	合阳	刘平	鲁孝王子	宣甘露四年（公元前50年）	闰月	成建始元年（公元前32年）	无后	
243	东海	东安	刘强	鲁孝王子	宣甘露四年（公元前50年）	闰月		子嗣免	
244	东海	承乡（承县）	刘當	鲁孝王子	宣甘露四年（公元前50年）	闰月	成鸿嘉二年（公元前19年）	坐恐吓国人，受财臧五百以上免	后封楚孝王孙刘闭
245	东海	建阳	刘咸	鲁孝王子	宣甘露四年（公元前50年）	闰月		孙嗣免	
246	琅邪	高乡	刘休	城阳惠王子	宣甘露四年（公元前50年）	11		孙嗣免	
247	琅邪	兹乡	刘弘	城阳荒王子	宣甘露四年（公元前50年）	11		曾孙嗣免	
248	东海	藉阳	刘显	城阳荒王子	宣甘露四年（公元前50年）	11	元建昭四年（公元前35年）	坐恐吓国民取财物，免	省并，600户
249	东海	都平	刘丘	城阳荒王子	宣甘露四年（公元前50年）	11		孙嗣免	
250	琅邪/柔县	枣（柔）	刘山	城阳荒王子	宣甘露四年（公元前50年）	11		孙嗣，无后	

续表

编号	郡国/县	侯名	侯者	封侯之因	始封		侯除之年	失侯之因	备注
					年	月			
251	琅邪	箕	刘文	城阳荒王子	宣甘露四年（公元前50年）	11		孙嗣免	
252	琅邪	高广	刘勋	城阳荒王子	宣甘露四年（公元前50年）	11		曾孙嗣免	
253	琅邪	即来	刘佼	城阳荒王子	宣甘露四年（公元前50年）	11		子嗣免	
254	北海	胶乡	刘汉	高密哀王子	元初元元年（公元前48年）	3	成阳朔四年（公元前21年）	无后	省并，后封东平思王子武
255	信都	桃	刘良	广川缪王子	元初元元年（公元前48年）	3		孙嗣免	
256	豫章	安平	刘习	长沙剌王子	元初元元年（公元前48年）	3		子嗣免	
257	桂阳	阳山	刘宗	长沙剌王子	元初元元年（公元前48年）	3		子嗣免	
258	琅邪	庸	刘谈	城阳荒王子	元初元元年（公元前48年）	3	元永光二年（公元前42年）	坐强奸人妻，会赦免	省并
259	琅邪	昆山	刘光	城阳荒王子	元初元元年（公元前48年）	3		子嗣免	
260	琅邪	折泉	刘根	城阳荒王子	元初元元年（公元前48年）	3		子嗣免	
261	琅邪	博石	刘渊	城阳荒王子	元初元元年（公元前48年）	3		子嗣免	
262	齐郡	要(西)安	刘胜	城阳荒王子	元初元元年（公元前48年）	3		子嗣，无后	省，后封东平思王孙汉
263	琅邪	房山	刘勇	城阳荒王子	元初元元年（公元前48年）	3	公元8年	薨	
264	泰山	式	刘宪	城阳荒王子	元初元元年（公元前48年）	3	成鸿嘉元年（公元前20年）	无后	

续表

编号	郡国／县	侯名	侯者	封侯之因	始封		侯除之年	失侯之因	备注
					年	月			
265	涿郡	临乡	刘云	广阳顷王子	元初元五年（公元前44年）	6		子嗣免	
266	涿郡	西乡	刘容	广阳顷王子	元初元五年（公元前44年）	6		子嗣免	
267	涿郡	阳乡	刘发	广阳顷王子	元初元五年（公元前44年）	6		子嗣免	
268	涿郡	益昌	刘婴	广阳顷王子	元永光三年（公元前41年）	3		孙嗣免	
269	北海	羊石	刘回	胶东顷王子	元永光三年（公元前41年）	3		孙嗣免	
270	北海	石乡	刘理	胶东顷王子	元永光三年（公元前41年）	3		子嗣免	
271	北海	新城	刘根	胶东顷王子	元永光三年（公元前41年）	3		子嗣免	
272	北海	上乡	刘歙	胶东顷王子	元永光三年（公元前41年）	3	哀元寿元年（公元前2年）	免	
273	东海	于乡	刘定	泗水勤王子	元永光三年（公元前41年）	3		子嗣免	
274	东海	就乡	刘玮	泗水勤王子	元永光三年（公元前41年）	3	建昭四年（公元前35年）		省并，后封东平思王孙不害
275	琅邪	石山	刘玄	城阳戴王子	元永光三年（公元前41年）	3		子嗣免	
276	东海	都阳	刘音	城阳戴王子	元永光三年（公元前41年）	3		子嗣免	
277	琅邪	叁封	刘嗣	城阳戴王子	元永光三年（公元前41年）	3		子嗣免	
278	琅邪	伊乡[①]	刘迁	城阳戴王子	元永光三年（公元前41年）	3		不久薨，无后	后封东平思王孙开

续表

编号	郡国／县	侯名	侯者	封侯之因	始封		侯除之年	失侯之因	备注
					年	月			
279	临淮	襄平	刘謈	广陵厉王子	元永光五年（公元前39年）	3	公元8年	免	
280	临淮／射阳	贳乡	刘平	梁敬王子	元建昭元年（公元前38年）	1	元建昭四年（公元前35年）	病狂自杀	省
281		乐	刘义	梁敬王子	元建昭元年（公元前38年）	1	元建昭四年（公元前35年）	坐使人杀人，髡为城旦	省
282	山阳	中乡	刘延年	梁敬王子	元建昭元年（公元前38年）	1	公元8年	薨	
283	山阳	郑	刘罢军	梁敬王子	元建昭元年（公元前38年）	1		孙嗣免	
284	山阳	黄	刘顺	梁敬王子	元建昭元年（公元前38年）	1		子嗣免	
285	山阳	平乐	刘迁	梁敬王子	元建昭元年（公元前38年）	1		子嗣免	
286	山阳	菑乡	刘就	梁敬王子	元建昭元年（公元前38年）	1		子嗣免	
287	沛郡	东乡	刘方	梁敬王子	元建昭元年（公元前38年）	1		子嗣免	
288	沛郡	陵乡	刘訢	梁敬王子	元建昭元年（公元前38年）	1	成建始二年（公元前31年）	坐使人伤家丞，有贷谷息过律，免	省并
289[1]	沛郡／东武城	溧(漂)阳	刘钦	梁敬王子	元建昭元年（公元前38年）	1		子嗣免	
290	沛郡	厘乡	刘固	梁敬王子	元建昭元年（公元前38年）	1	成鸿嘉四年（公元前17年）	坐上书归印绶免	省并，后封东平哀王子刘褒

①笔者按：《汉书·王子侯表》载：伊乡侯国，永光三年三月封，薨，无后。同表又载：元始元年二月丙辰，侯开以东平思王孙封。此时已至平帝时，然《汉志》在琅邪郡伊乡下仍记为侯国，不知何据。

续表

编号	郡国/县	侯名	侯者	封侯之因	始封		侯除之年	失侯之因	备注
					年	月			
291	沛郡	高柴	刘发	梁敬王子	元建昭元年（公元前38年）	1		孙嗣免	
292	沛郡	临都	刘未央	梁敬王子	元建昭元年（公元前38年）	1		子嗣免	
293	沛郡	高	刘舜	梁敬王子	元建昭元年（公元前38年）	1		孙嗣免	
294	齐	北乡	刘谭	甾川孝王子	元建昭四年（公元前35年）	6	公元8年	免	无考
295	临淮	兰陵	刘宜	广陵孝王子	元建昭五年（公元前34年）	12		孙嗣免	
296	临淮	广平	刘德	广陵孝王子	元建昭五年（公元前34年）	12		子嗣免	
297	九江	博乡	刘交	六安缪王子	元竟宁元年（公元前33年）	4		子嗣免	
298	巨鹿	柏乡	刘买	赵哀王子	元竟宁元年（公元前33年）	4		孙嗣免	
299	巨鹿	安乡	刘喜	赵哀王子	元竟宁元年（公元前33年）	4		孙嗣免	
300	齐	广	刘便	甾川王子	元竟宁元年（公元前33年）	4		孙嗣免	
301	齐	平（广）	刘服	甾川王子	元竟宁元年（公元前33年）	4		子嗣免	无考
302	东莱	昌乡（阳）	刘宪	胶东顷王子	成建始二年（公元前31年）	1	哀元寿二年（公元前1年）	坐使家丞封上印绶，免	与东平炀王子之昌乡不同
303	琅邪/慎阳	顺阳	刘共	胶东顷王子	成建始二年（公元前31年）	1	公元8年	免	
304	东莱	乐阳或阳乐	刘获	胶东顷王子	成建始二年（公元前31年）	1	公元8年	免	

续表

编号	郡国／县	侯名	侯者	封侯之因	始封		侯除之年	失侯之因	备注
					年	月			
305	北海	平城	刘邑	胶东顷王子	成建始二年（公元前31年）	1		孙嗣免	
306	北海	密乡	刘休	胶东顷王子	成建始二年（公元前31年）	1		孙嗣免	
307	北海	乐都	刘訢	胶东顷王子	成建始二年（公元前31年）	1		孙嗣免	
308		卑梁	刘都	高密顷王子	成建始二年（公元前31年）	1	公元8年	免	先封广川惠王子婴
309	北海	胶阳	刘恁	高密顷王子	成建始二年（公元前31年）	1	公元8年	免	
310	琅邪	武乡	刘庆	高密顷王子	成建始二年（公元前31年）	1		子嗣免	
311	北海	成乡	刘安	高密顷王子	成建始二年（公元前31年）	1		子嗣免	
312	琅邪	丽（兹）	刘赐	高密顷王子	成建始二年（公元前31年）	1		子嗣免	与平干王子刘庆之成乡不同
313		窦梁	刘强	河间孝王子	成建始二年（公元前31年）	1	河平二年（公元前26年）	无后	
314	沛郡	广戚	刘勋	楚孝王子	成河平三年（公元前26年）	2			省并
315	东海	阴平	刘回	楚孝王子	成阳朔二年（公元前23年）	2			先封鲁孝王子当
316		乐平	刘訢	淮阳宪王子	成阳朔二年（公元前23年）	闰六	不久	病免	
317	东海	郚乡	刘闵	鲁顷王子	成阳朔四年（公元前21年）	4			后封楚思王子光
318	东海	建乡	刘康	鲁顷王子	成阳朔四年（公元前21年）	4	哀建平三年（公元前4年）	为鲁王	

续表

编号	郡国/县	侯名	侯者	封侯之因	始封		侯除之年	失侯之因	备注
					年	月			
319	琅邪	安丘	刘常	高密顷王子	成鸿嘉元年（公元前20年）	1	公元8年	免	先封张说
320	山阳	栗乡	刘获	东平思王子	成鸿嘉元年（公元前20年）	4		子嗣免	先封杨恽，《汉志》在博阳
321	泰山	乘丘	刘顷	东平思王子	成鸿嘉元年（公元前20年）	4			
322	泰山	桃乡	刘宣	东平思王子	成鸿嘉二年（公元前19年）	1		子嗣免	
323	东海	新阳	刘永	鲁顷王子	成鸿嘉二年（公元前19年）	1		子嗣免	
324	东莱	陵（阳）石	刘庆	胶东共王子	成鸿嘉四年（公元前17年）	6	公元8年	免	
325	沛	祁乡	刘贤	梁夷王子	成永始二年（公元前15年）	5		子嗣免	
326	泰山	富阳	刘萌	东平思王子	成永始三年（公元前14年）	3	公元9年	免	
327	山阳	曲乡	刘凤	梁荒王子	成永始三年（公元前14年）	6		子嗣免	
328	泰山	桃山	刘钦	城阳孝王子	成永始四年（公元前13年）	5	公元8年	免	
329	临淮	昌阳	刘霸	泗水戾王子	成永始四年（公元前13年）	5	公元8年	免	
330	琅邪	临安	刘闵	胶东共王子	成永始四年（公元前13年）	5	公元8年	免	
331	东莱	徐乡	刘炔	胶东共王子	成元延元年（公元前12年）	2	公元9年	免	
332	齐	台乡	刘畛	菑川孝王子	成元延二年（公元前11年）	1	公元7年	免	无考

续表

编号	郡国/县	侯名	侯者	封侯之因	始封		侯除之年	失侯之因	备注
					年	月			
333	山阳	西阳	刘并	东平思王子	成元延二年（公元前11年）	4		子嗣免	
334		堂乡	刘恢	胶东共王子	成绥和元年（公元前8年）	5	哀建平元年（公元前6年）	无后	与楚思王子获之堂乡异地
335	中山	安国	刘吉	赵共王子	成绥和元年（公元前8年）	6	公元8年	免	
336	涿郡	梁乡[①]	刘交	赵共王子	成绥和元年（公元前8年）	6	公元8年	免	
337		襄乡	刘福	赵共王子	成绥和元年（公元前8年）	6		子嗣免	
338		容乡	刘强	赵共王子	成绥和元年（公元前8年）	6		子嗣免	
339		缊乡	刘固	赵共王子	成绥和元年（公元前8年）	6	公元8年	免	
340	代	广昌	刘贺	河间孝王子	成绥和元年（公元前8年）	6	公元8年	免	
341		都安	刘普	河间孝王子	成绥和元年（公元前8年）	6		子嗣免	
342		乐平	刘永	河间孝王子	成绥和元年（公元前8年）	6	公元8年	免	
343		方乡	刘常得	广阳惠王子[②]	成绥和元年（公元前8年）	6	公元8年	免	

资料来源：《史记》卷21《建元以来王子侯者年表第九》；《汉书》卷15上、下《王子侯表第三上、下》；王先谦《汉书补注》相应表；吴越、徐克范《读史记十表》；夏燮《校汉书八表》；周振鹤《西汉政区地理》。

①疑为良乡，《汉志》涿郡有良乡侯国。
②疑为思王子。

2—D 武成时期功臣、外戚侯城统计

编号	郡国/县	侯名	侯者	始封户数	封侯之因	始封		侯除之年	失侯之因	备注
						年	月			
1	魏郡/内黄	翕	赵信	1680	匈奴相降，又击匈奴，益封	武元光四年（公元前131年）	10	元朔六年（公元前123年）	降匈奴	先封邯郸
2	南阳	持装（特辕）	乐	650	匈奴都尉降	武元朔元年（公元前127年）	后9	武元鼎元年（公元前116年）	无后	
3	颍川/舞阴	亲阳	月氏	680	匈奴相降	武元朔二年（公元前127年）	10	武元朔五年（公元前124年）	逃亡	
4	南阳/平氏	若阳	猛	530	匈奴相降	武元朔二年（公元前127年）	10	武元朔五年（公元前124年）	逃亡	
5	汝南	长平	卫青	3000	取朔方、河南，破右贤王，皇后弟	武元朔二年（公元前127年）	3	武元封五年（公元前106年）	薨	宣帝元康四年（公元前62年），赐钱五十万复家；成永始元年以“长安公乘”为侍郎
6	南阳/武当	平陵	苏建	1000	击匈奴	武元朔二年（公元前127年）	3	武元朔六年（公元前123年）	战败，独归，斩，赎	分置后封范明友
7	河东/皮氏	岸（安）头	张次公	2000	击匈奴	武元朔二年（公元前127年）	5	武元狩元年（公元前122年）	与淮南王女姦，收财物罪	
8	渤海/高城	平津	公孙弘	373?	丞相诏所褒	武元朔三年（公元前126年）	11	武元封四年（公元前107年）	为山阳太守有罪	
9	魏	涉安	於单		匈奴太子降	武元朔三年（公元前126年）	4	武元朔三年（公元前126年）	卒，无后	
10	颍川/舞阳	昌武	赵安稽		匈奴王降，击右贤王	武元朔四年（公元前125年）	7	武太初元年（公元前104年）	无后	省
11	上党/襄垣	襄城	杰（无）龙	400	匈奴相国降	武元朔四年（公元前125年）	7	武后元二年（公元前87年）	祝诅上，下狱瘐死	省

续表

编号	郡国/县	侯名	侯者	始封户数	封侯之因	始封		侯除之年	失侯之因	备注
						年	月			
12		南峁	公孙贺		以将军击匈奴得王	武元朔五年（公元前124年）	4	武元鼎五年（公元前112年）	坐酎金	
	东海/下邳	葛绎侯	公孙贺		以丞相	武太初二年（公元前103年）		武征和二年（公元前91年）	有罪	
13	渤海/高城	合骑	公孙敖	9500	击匈奴，至右贤王庭得王	武元朔五年（公元前124年）	4	武元狩二年（公元前121年）	击匈奴畏懦	
14	千乘/昌	乐安	李蔡	2000	击匈奴	武元朔五年（公元前124年）	4	武元狩五年（公元前121年）	以丞相侵卖孝景園陵神道壖地罪，自杀	
15	平原	龙额	韩说		击匈奴	武元朔五年（公元前124年）	4	武元鼎五年（公元前112年）	坐酎金	
	齐郡	案（按）道	韩说		击东越	武元封元年（公元前110年）		武征和二年（公元前91年）	有罪	
	平原	龙頟	韩会（曾）			武后元元年（公元前88年）		成鸿嘉元年（公元前20年）	无后	
16	千乘	随成	赵不虞	700	击匈奴，得王	武元朔五年（公元前124年）	4	武元狩三年（公元前120年）	为定襄都尉，匈奴败，太守以闻非实，谩免	
17	东郡/乐昌	从平	公孙戎奴	1100	击匈奴，为雁行先登石山	武元朔五年（公元前124年）	4	武元狩二年（公元前121年）	为上郡太守发兵不以闻，谩	
18	齐/西安	涉轵	李朔		击匈奴，得王，虏阏氏	武元朔五年（公元前124年）	4	武元狩元年（公元前122年）	有罪	
19	汝南	宜春	卫伉		父功，卫青之子	武元朔五年（公元前124年）	4	武太初元年（公元前104年）	矫制不害	闯入宫，完为城旦。后复封王昕
20	魏郡	阴安	卫不疑		父功，卫青之子	武元朔五年（公元前124年）	4	武元鼎五年（公元前112年）	坐酎金	
21	东郡	发干	卫登		父功，卫青之子	武元朔五年（公元前124年）	4	武元鼎五年（公元前112年）	坐酎金	
22	南阳/犨县	博望	张骞		击匈奴，知水道，使绝域	武元朔六年（公元前123年）	3	武元狩二年（公元前121年）	左击匈奴畏懦，当斩，赎	后封许舜

续表

编号	郡国/县	侯名	侯者	始封户数	封侯之因	始封		侯除之年	失侯之因	备注
						年	月			
23	南阳	冠军	霍去病		击匈奴左右贤王，迎浑邪王	武元朔六年（公元前123年）	4	武元封元年（公元前110年）	无后	
24	琅邪/姑莫	众利	贺（郝）贤	1100	以太守击匈奴	武元朔六年（公元前123年）	5	武元狩二年（公元前121年）	为上谷太守入戍卒财物上计谩罪	后封即轩（姑幕）
25	南阳/舞阳①	潦	王煖訾	560	以匈奴赵王降	武元狩元年（公元前122年）	7	武元狩二年（公元前121年）	无后	
26	琅邪/昌	宜冠	高不识	1100	击匈奴	武元狩二年（公元前121年）	5	武元狩四年（公元前119年）	击匈奴战功不实当斩，赎	
27	南阳/鲁阳	煇渠	仆多（朋）		击匈奴，虏六王	武元狩二年（公元前121年）	2	武征和三年（公元前90年）	战死	
28		从骠	赵破奴		击匈奴，陆良王子，击楼兰	武元狩二年（公元前121年）	5	武元鼎五年（公元前112年）	坐酎金	
		浞野	赵破奴			武元封三年（公元前108年）		武太初二年（公元前103年）	被虏	
29	河东/猗氏	下麾	呼毒尼		匈奴王降	武元狩二年（公元前121年）	6	宣神爵三年（公元前59年）	将家属闯入恶师居，免	
30	平原	漯（濕）阴	浑（昆）邪	10000	匈奴王将十万众降	武元狩三年（公元前120年）	7	武元封五年（公元前106年）	无后	
31	南阳/鲁阳	浑渠	应庀		匈奴王降	武元狩三年（公元前120年）	7	武元鼎二年（公元前115年）	无后	
32[1]	济南	河綦	乌黎	600	匈奴右王与浑邪降	武元狩三年（公元前120年）	7	宣本始二年（公元前72年）	无后	
33	济南	常乐	稠雕（雎）	570	匈奴大当户与浑邪王	武元狩三年（公元前120年）	7	武太始元年（公元前96年）	无后	

①瞭析自颍川鲁阳，后属南阳。

续表

编号	郡国/县	侯名	侯者	始封户数	封侯之因	始封		侯除之年	失侯之因	备注
						年	月			
34	沛郡	符离	路博德	1600	击匈奴	武元狩四年（公元前119年）	6	武太初元年（公元前104年）	见知子犯逆不道罪	
35	渤海/东平	杜	復陆支	1300	击匈奴	武元狩四年（公元前119年）	6	成河平四年（公元前25年）	坐非子免	
36	琅邪/姑幕	众利	伊即轩	1100	匈奴归义楼击匈奴	武元狩四年（公元前119年）	6	昭始元五年（公元前82年）	无后	后并入诸县，公元前82年封武诸邑公主
37	南阳/阳城	湘成	敞屠洛	1800	匈奴符离王降	武元狩四年（公元前119年）	6	武元鼎五年（公元前112年）	坐酎金	
38	南阳/平氏	义阳	卫山	1100	以北地都尉击匈奴	武元狩四年（公元前119年）	6	武太始四年（公元前93年）	坐教人诳告众利侯当时弃市，病死狱中	后封傅介子
39	南阳/阳城	散	董荼（舍）吾	1100	匈奴都尉降	武元狩四年（公元前119年）	6	武征和三年（公元前90年）	坐祝诅，下狱病死	
40	琅邪/朱虚	臧马	（雕）延年	870	匈奴王降	武元狩四年（公元前119年）	6	武元狩五年（公元前118年）	死后不得置，国除	
41	颍川/长社	周子南君	姬嘉	3000	周后绍封	武元鼎四年（公元前113年）	11	宣地节三年（公元前67年）	使奴杀家丞，弃市	
42	临淮/高平	乐通	栾大	3000	以方术	武元鼎四年（公元前113年）	4	武元鼎五年（公元前112年）	罔上，腰斩	省
43	颍川/舞阳	瞭	次公	790	以匈奴归义王降	武元鼎四年（公元前113年）	6	武元鼎五年（公元前112年）	坐酎金	先封王援訾
44	东海/下邳	术阳	建德	3000	以南越王兄	武元鼎五年（公元前112年）	3	武元鼎五年（公元前112年）	使南海逆不道诛	
45	沛郡	龙（亢）	广德	670	父功（击南越），故济北相	武元鼎五年（公元前112年）	3	武元封六年（公元前105年）	有罪	
46	颍川/郏	成安（乡）	韩延年	1380	父功（击南越）	武元鼎五年（公元前112年）	3	武元封六年（公元前105年）	有罪	
47	巨鹿	昆	渠复絫		属国大且渠击匈奴	武元鼎五年（公元前112年）	5	宣地节四年（公元前66年）	无后	

续表

编号	郡国/县	侯名	侯者	始封户数	封侯之因	始封		侯除之年	失侯之因	备注
						年	月			
48	河东/北屈	骐	驹几	520	兄功（击匈奴、不单于）	武元鼎五年（公元前112年）	5	成阳朔二年（公元前23年）	无后	
49	魏郡	梁期	任破胡			武元鼎五年（公元前112年）	5	武太始四年（公元前93年）	卖马一匹贾钱十五万，过平，臧五百以上免	
50	平原/平原	牧丘	石庆		以丞相及先人万石积德谨行	武元鼎五年（公元前112年）	9	武天汉元年（公元前100年）	为太常失法罔上，祠不如令，完为城旦	
51	南阳	瞭	毕取		南越将	武元鼎六年（公元前111年）	3	武后元二年（公元前87年）	坐祝诅上，腰斩	
52		将梁	杨仆		击南越	武元鼎六年（公元前111年）	3	武元封四年（公元前107年）	为将军击朝鲜畏懦，入竹二万个，赎完为城旦	
53	南阳	安道	揭阳定	600	以南越揭阳令降	武元鼎六年（公元前111年）	3	武征和四年（公元前89年）	杀人，弃市	后封中山靖王子
54	南阳	随	赵光	3000	南越苍梧王降	武元鼎六年（公元前111年）	4	宣本始元年（公元前73年）	子嗣有罪不得代	
55	南阳/堵阳	湘成（城）	居翁	830	南越桂林监谕瓯骆兵四十余万降	武元鼎六年（公元前111年）	5	宣五凤四年（公元前54年）	为九真太守盗，使人出卖犀、奴婢，臧百万以上，不道诛	
56	琅邪	海常	苏弘		捕得南越王	武元鼎六年（公元前111年）	7	武太初元年（公元前104年）	无后	
57	济南	北（外）石	吴阳	1000	以东越衍侯佐繇王斩余善	武元封元年（公元前110年）	1	武后元二年（公元前87年）	祝诅上，腰斩	
58	南阳	下鄜	黄酮	700	以故瓯骆将左斩西于王功	武元封元年（公元前110年）	4	武后元二年（公元前87年）	祝诅上，腰斩	
59		缭安（荧）	刘福		击南越	武元封元年（公元前110年）	5	武元封二年（公元前109年）	有罪免	
60	会稽	御儿	辕终古		以军卒斩东越徇北将军	武元封元年（公元前110年）	5	武太初元年（公元前104年）	无后	

续表

编号	郡国／县	侯名	侯者	始封户数	封侯之因	始封		侯除之年	失侯之因	备注
						年	月			
61	临淮	开陵	建成	2000	斩余善	武元封元年（公元前110年）	后4	武征和二年（公元前91年）①	舍卫太子所私幸女子，又祝诅上，腰斩	公元前91年封成娩
62	河内	临蔡	孙都	1000	得南粤相吕嘉	武元封元年（公元前110年）	后4	武太初元年（公元前104年）	击番禺夺人虏，掠，死	
63	九江	东成（城）	居服（股）	10000	故东越繇王斩东越王余善	武元封元年（公元前110年）	后4	武征和三年（公元前90年）	卫太子举兵谋反，腰斩	先封淮南厉王子良
64	会稽	无锡	多军	1000	以东越将军降	武元封元年（公元前110年）	缺	武征和四年（公元前89年）	追反虏到弘农擅弃兵还，赎罪免	
65	南阳／筑阳	涉都	嘉（喜）	2040	以父故南海守以城邑降	武元封元年（公元前110年）	缺	武太初二年（公元前103年）	无后	
66	泰山／梁父	平州	王𡺭	1480	朝鲜将降	武元封三年（公元前108年）	4	武元封四年（公元前107年）	无后	先封昭涉掉尾
67	渤海	荻苴	韩陶	540	以朝鲜相降	武元封三年（公元前108年）	4	武征和二年（公元前91年）	封终身，不得嗣	
68	齐郡	澅清	参	1000	以朝鲜尼谿相使人杀其王右渠降	武元封三年（公元前108年）	6	武天汉二年（公元前99年）	匿朝鲜亡虏，下狱病死	
69	琅邪	騠兹	稽谷姑	1900	以小月氏若（右）苴王将众降	武元封四年（公元前107年）	11	武太初元年（公元前104年）	无后	
70		浩	王恢		捕得车师王	武元封四年（公元前107年）	1	武元封四年（公元前107年）	使酒泉矫制害当死，赎，仅三个月	
71	河东	狐讘	扜（杆）者	760	以小月氏王将众降	武元封四年（公元前107年）	1	武天汉二年（公元前99年）	制所幸封，不得嗣	
72	河东	几	张格		以朝鲜王子降	武元封四年（公元前107年）	3	武元封六年（公元前105年）	使朝鲜谋反	

①依王先谦改为征和二年，《汉书补注》，书目文献出版社，1995年，第249页。

续表

编号	郡国/县	侯名	侯者	始封户数	封侯之因	始封		侯除之年	失侯之因	备注
						年	月			
73	南阳	涅阳	最	8000	以父朝鲜相降	武元封四年（公元前107年）	3	武太初二年（公元前103年）	无后	先封吕胜?
74	东海	海西	李广利	8000	以贰师将军击大宛，斩王	武太初四年（公元前101年）	4	武征和三年（公元前90年）	兵败降	
75	齐郡	新畤	赵弟		以贰师将军士斩郁成王	武太初四年（公元前101年）	4	武太始三年（公元前94年）	坐为太常鞠狱不实，入钱百万赎死，完为城旦	
76	东莱	丞父	续相如	1150	斩扶乐王首虏2500人	武太始三年（公元前94年）	5	武征和四年（公元前89年）	贼杀军吏谋人蛮夷，祝诅上，腰斩	
77	临淮	开陵	成娩		击车师	武征和二年（公元前91年）	缺		孙蘢，无后	
78	济阴	秺	商丘成	2120	以大鸿胪击反将张光	武征和二年（公元前91年）	7	武后元二年（公元前87年）	为詹事侍祠孝文庙醉歌堂下，大不敬自杀	后封金日磾
79	渤海	重合	莽通	4870	以侍郎击反者	武征和二年（公元前91年）	7	武后元二年（公元前87年）	谋反，腰斩	
80	济南	德	景建	3735	以长安大夫击反者	武征和二年（公元前91年）	7	武后元二年（公元前87年）	共莽通谋反，腰斩	先封高祖兄子广
81	巨鹿	题	张富昌	858	以山阳卒得戾太子	武征和二年（公元前91年）	9	武后元二年（公元前87年）	为人所贼杀	
82	河内/野王	邘	李寿	150	以新安令史得戾太子	武征和二年（公元前91年）	9	武后元元年（公元前88年）	为卫尉居守，擅出长安界，送海西侯至高桥，又使吏谋杀方士不道杀	
83	九江	当涂	魏不害	2200	捕反叛	武征和三年（公元前90年）	11			1
84	琅邪	蒲	苏昌	1026	捕反者、定策	武征和三年（公元前90年）	11	成鸿嘉三年（公元前18年）	婢自赎为农后略以为婢	
85	清河	轑阳	江德	1120	捕反者（故越王子）	武征和三年（公元前90年）	11	元永光四年（公元前40年）	使家丞上书归印符，随方士	

续表

编号	郡国/县	侯名	侯者	始封户数	封侯之因	始封		侯除之年	失侯之因	备注
						年	月			
86	东莱	丞父	孙王	1150	告反者太原白义等	武征和四年（公元前89年）	3	昭始元元年（公元前86年）	杀人，会赦免	续相如国除更封
87	沛/蕲	富民	车千秋	3000/1600	以丞相、遗诏	武征和四年（公元前89年）	6	宣本始三年（公元前71年）	为虎牙将军击匈奴诈增虏，获，自杀	
88	济阴/成武	秺	金日磾	2218	匈奴王太子、捕反叛	昭始元元年（公元前86年）	9	元初元四年（公元前45年）	无后，先封商丘成	
89		博陆	霍光	2300+7200	兄功、捕反叛、辅幼主、事宣帝、天下信	昭始元二年（公元前85年）	1	宣地节四年（公元前66年）	谋反，腰斩，族灭	
90	河内/荡阴	安阳	上官桀	2300?	善骑射、捕反叛，孙女为皇后	昭始元二年（公元前85年）	1	昭元凤元年（公元前80年）	谋反，族灭	
91	千乘	桑乐	上官安	1500?	皇后父，父功	昭始元五年（公元前82年）	6	昭元凤元年（公元前80年）	谋反，族灭	
92	平原	富平	张安世	13640	车骑将军定策	昭始元六年（公元前81年）	11			2
93	临淮/徐	商利	王山（寿）	915	丞相少吏诱捕反者	昭元凤元年（公元前80年）	7	宣元康元年（公元前65年）	为人上书系狱，赦为庶人 坐为代郡太守劾十人罪不直，免	
94	沛郡	建平	杜延年	2360	父功、发觉谋反者	昭元凤元年（公元前80年）	7			3
95	汝南	弋阳	任宫	915	捕杀谋反者	昭元凤元年（公元前80年）	7			4
96	济南	宜城	燕仓	700	发谋反者有功	昭元凤元年（公元前80年）	7			先封菑川懿王子偃5

续表

编号	郡国/县	侯名	侯者	始封户数	封侯之因	始封		侯除之年	失侯之因	备注
						年	月			
97	颍川	成安	郭忠	724	以张掖属国都尉斩黎汗王	昭元凤三年（公元前78年）	2	玄孙嗣蘢	无后	
98	南阳/武当	平陵	范明友	2920	家世习外国事、击乌桓功	昭元凤四年（公元前77年）	7	宣地节四年（公元前66年）	与诸霍子谋反灭族	
99	南阳/平氏	義阳	傅介子	759	刺楼兰王，不烦师，有功	昭元凤四年（公元前77年）	7	宣元康元年（公元前65年）	子争财相告有罪，不得代	
100	汝南	宜春	王䜣	680	以丞相侯	昭元凤四年（公元前77年）	2			卫伉国除更封 6
101	涿郡	安平	杨敞	5547	以丞相封	昭元凤六年（公元前75年）	2	宣五凤四年（公元前54年）	坐为典属国季父恽有罪	
102	东郡	阳平	蔡义	700	以丞相封、定策	昭元平元年（公元前74年）	9	宣本始四年（公元前70年）	病死，绝，无后	后封王禁
103	济南	营平	赵充国	1279	以大司农安宗庙	宣本始元年（公元前73年）	8	成元延三年（公元前10年）	坐父钦诈以长安女子王君侠子为嗣免	
104	济阴	（阳城）成阳	田延年	2453	以少府安宗庙	宣本始元年（公元前73年）	8	宣本始二年（公元前72年）	昭帝崩，方上事并急，因以盗都内钱三千万，自杀	
105	山阳/单父	爰氏	便（史）乐成	2327	安宗庙	宣本始元年（公元前73年）	8	宣地节二年（公元前68年）	子绝	
106	泰山/肥城	平丘	王迁	1253	安宗庙	宣本始元年（公元前73年）	8	宣地节二年（公元前68年）	受诸侯王金钱财，漏泄中事，诛死	
107	济南/於陵	昌水	田广明	2700	绝疑、定策、安宗庙	宣本始元年（公元前73年）	8	宣本始四年（公元前70年）	为祁连将军击匈奴，军不至期，当死，自杀	
108	沛郡/萧	扶阳	韦贤	711	以人主师、丞相封	宣本始三年（公元前71年）	6	宣甘露二年（公元前52年）	为太常坐祠庙骑夺爵为关内侯	
109	陈留	长罗	常惠	2850	击匈奴	宣本始四年（公元前70年）	4			7

续表

编号	郡国/县	侯名	侯者	始封户数	封侯之因	始封		侯除之年	失侯之因	备注
						年	月			
110	南阳/平氏	乐成	霍山	2327	以少府与大将军光定策功	宣地节二年（公元前68年）	4	宣地节二年（公元前68年）	无子	
111	山阳	爰戚	赵成（长年）	1530	用发觉楚国事侯、告楚、广陵谋反	宣地节二年（公元前68年）	4			8
112	魏郡	平恩	许广汉	5600	有恩于宣，皇太子外祖父	宣地节三年（公元前67年）	4	宣神爵元年（公元前61年）	薨无后	
113	临淮/柘	高平	魏相	813	以丞相（谮毁韦贤）	宣地节三年（公元前67年）	6	宣甘露元年（公元前53年）	坐酎宗庙骑至司马门不敬削爵一级为关内侯	国除后封王逢时
114	平原	平昌	王长君（无故）	600	宣帝舅	宣地节四年（公元前66年）	2			9
115	汝南	乐昌	王稚君（武）	600	宣帝舅	宣地节四年（公元前66年）	2			先封张敖子张受 10
116	汝南	阳城	刘德	640	以宗正关内侯行谨重为宗室率	宣地节四年（公元前66年）	3			11
117	南阳	鄼	萧建世		祖功	宣地节四年（公元前66年）	缺	成永始元年（公元前16年）	坐使奴杀人减死完为城旦	
118	平原	乐陵[①]	史子长（高）	2300	以悼皇考舅子	宣地节四年（公元前66年）	8	成建始四年（公元前29年）	无后	
119	临淮	博成	张章	3913	上书告诸霍子反	宣地节四年（公元前66年）	8	成建始四年（公元前29年）	坐尚阳邑公主与婢奸主旁，数醉骂主免	
120	颍川	都成	金安上	1771	发诸霍子谋反、行谨善，退让以自持	宣地节四年（公元前66年）	8	宣五凤四年（公元前54年）	薨无后	

①［清］王先谦曰：“乐陵，平原县，见《河水注》，案临淮乐陵志注侯国疑误”，《汉书补注》，书目文献出版社，1995年，第263页。

续表

编号	郡国/县	侯名	侯者	始封户数	封侯之因	始封		侯除之年	失侯之因	备注
						年	月			
121	汝南/博阳	平通	杨恽	2500	告诸霍子反	宣地节四年（公元前66年）	8	宣五凤三年（公元前55年）	作为光禄勋诽谤政治免	后封东平思王旦
122	千乘	高昌	董忠	790	告诸霍子反	宣地节四年（公元前66年）	8		坐祠宗庙乘小车夺百户	13
123	颍川	周子南	姬延年		绍封	宣元康元年（公元前65年）	3	元初元五年（公元前44年）		位次诸侯，绥和元年晋爵
	颍川	周承休侯	姬延年		更封	元初元五年（公元前44年）				为公，地满百里 13
124	南阳	博望	许舜	1500	兄功，有私恩	宣元康二年（公元前64年）	3	成河平四年（公元前25年）	无后	先封张骞
125	南阳/平氏	乐成	许延寿	1500	以皇太子外祖父同产弟侍中关内侯，有旧恩	宣元康二年（公元前64年）	3	元永光五年（公元前39年）	薨	
126		将陵	史子回（鲁）	2200	以宜宣帝大母家封	宣元康二年（公元前64年）	3	宣神爵四年（公元前58年）	无后	
127	常山	平台	史子叔（玄）	1900	以外家有亲故贵	宣元康二年（公元前64年）	3			13
128	山阳	邛成（部成）	王奉光（先）	2750	宣帝皇后父	宣元康二年（公元前64年）	3	哀元将元年（公元前5年）	选举不以实，骂廷史，大不敬免	14
129	汝南/南顿	博阳	邴吉	1330	施旧恩于宣帝	宣元康三年（公元前63年）	2	宣甘露元年（公元前53年）	坐祠宗庙不乘大车而骑至庙门有罪，夺爵为关内侯	
130	城阳	阳都	张彭祖	1600	祖恩	宣元康三年（公元前63年）	3	宣神爵三年（公元前59年）	为小妻所杀	
131	平原	合阳	梁喜	1500	告反者	宣元康四年（公元前62年）	4			14

续表

编号	郡国／县	侯名	侯者	始封户数	封侯之因	始封		侯除之年	失侯之因	备注
						年	月			
132	汝南／慎	安远	郑吉	790	击日逐王、破车师	宣神爵三年（公元前59年）	4	元永光三年（公元前41年）	无后	
133	汝南	归德	贤掸	2250	以匈奴单于从兄日逐王	宣神爵三年（公元前59年）	4			15
134	汝南／细阳	信成	王定	500	匈奴乌桓屠蓦单于子佐大将军率众降	宣五凤二年（公元前56年）	9	元永光三年（公元前41年）	无后	
135	南阳／平氏	义阳	温敌	1500	匈奴呼连累单于率众降	宣五凤三年（公元前55年）	2	宣甘露三年（公元前51年）	子谋反，削爵为关内侯，食邑1000户	
136	沛郡	建成	黄霸	2200	以丞相（代邴吉）	宣五凤三年（公元前55年）	2			16
137	临淮	西平	于定国	660	以丞相（代黄霸）	宣甘露三年（公元前51年）	5			17
138	魏郡	平恩	许嘉		广汉弟子中常侍绍封	元初元元年（公元前48年）	缺			18
139	千乘	安平	王舜		王奉先子，皇太后兄	元初元元年（公元前48年）	3			19
140	东郡	阳平	王傑（禁）	8000	元帝皇后父	元初元元年（公元前48年）	3			先封蔡义 20
141	沛／萧	扶阳	韦玄成		丞相	元永光二年（公元前42年）	2			21
142	临淮／僮	乐安	匡衡	647	以丞相	元建昭三年（公元前36年）	7	成建始四年（公元前29年）	坐颛地盗土，免	
143	沛郡	义成	甘延寿	2000	斩王以下1500级	元竟宁元年（公元前33年）	4			22
144	汝南	安成（平）	王崇	10000	皇太后弟	成建始元年（公元前32年）	2			23

续表

编号	郡国/县	侯名	侯者	始封户数	封侯之因	始封		侯除之年	失侯之因	备注
						年	月			
145	沛郡	平阿	王谭	2111	皇太后弟	成河平二年（公元前27年）	6			24
146	山阳	成都	王商	4000	皇太后弟	成河平二年（公元前27年）	6	成绥和二年（公元前7年）	坐山陵未成置酒歌舞，免	25
147	南阳	红阳	王立	2100	皇太后弟	成河平二年（公元前27年）	6			26
148	九江	曲阳	王根	12400	皇太后弟	成河平二年（公元前27年）	6			27
149	临淮	高平	王逢时	3000	皇太后弟	成河平二年（公元前27年）	6			28
150	汝南	安昌	张禹	1017	以丞相	成河平四年（公元前25年）	6	更始元年	为兵所杀	29
151	琅邪/东莞	高阳	薛宣	9010	以丞相	成鸿嘉元年（公元前20年）	4	成绥和二年（公元前7年）	坐不忠孝，父子贼伤近臣免	30
152	东海/武阳	武强	史丹	1307	帝为太子是辅导有旧恩	成鸿嘉元年（公元前20年）	4			31
153	汝南	安阳	王音	1600	皇太后从弟	成鸿嘉元年（公元前20年）	6			先封周左车 32
154	汝南/南顿	博阳	丙昌			成鸿嘉元年（公元前20年）	6			33
155	琅邪	驷望	冷广	1800	告男子马政谋反	成鸿嘉元年（公元前20年）	7			34
156	汝南/新息	成阳	赵临	2000	皇后父	成永始元年（公元前16年）	4	哀建平元年（公元前6年）	坐弟昭仪绝继嗣免，徙辽西	35
157	南阳	新都	王莽	1500	以帝舅子	成永始元年（公元前16年）	5			36

续表

编号	郡国/县	侯名	侯者	始封户数	封侯之因	始封		侯除之年	失侯之因	备注
						年	月			
158	南阳	鄼	萧喜		萧何玄孙之子绍封	成永始元年（公元前16年）	7			37
159	琅邪	高陵	翟方进	500	以丞相	成永始二年（公元前15年）	11			38
160	千乘	延乡	李谭	1000	捕反者	成永始三年（公元前14年）	7			39
161	琅邪	新山	称忠	1000	捕反者	成永始三年（公元前14年）	7			40
162	渤海	童乡	锺祖	1000	捕反者	成永始三年（公元前14年）	7			41
163	平原	楼虚	訾顺	1000	捕反者	成永始三年（公元前14年）	7			先封齐悼惠王子刘将闾42
164	河东/北屈	骐	驹诗	550	绍封	成元延元年（公元前12年）	6			43
165	平原	龙額	韩共		绍封	成元延元年（公元前12年）	6			44
166	临淮	开陵	成级		绍封	成元延元年（公元前12年）	6			45
167	平原	乐陵	史叔		绍封	成元延元年（公元前12年）	6			46
168	南阳	博望	许報子		绍封	成元延二年（公元前11年）	6			47
169	南阳/平氏	乐成	许恭		绍封	成元延二年（公元前11年）	缺			48
170	汝南	定陵	淳于长	1000	言昌陵不可成，皇后姊子	成元延三年（公元前10年）	2	成绥和元年（公元前8年）	大逆，下狱死	

续表

编号	郡国/县	侯名	侯者	始封户数	封侯之因	始封		侯除之年	失侯之因	备注
						年	月			
171	汝南	殷绍嘉[①]	孔何齐	2702	以殷后孔子世吉嫡子	成绥和元年（公元前8年）	2	元始二年（2年）	更为宋公	49
172	上郡	宜乡	冯参	1000	以中山王舅	成绥和元年（公元前8年）	2	哀建平元年（公元前6年）	姊中山太后祝诅自杀	50
173	南阳	氾乡	何武	1000	以大司空	成绥和元年（公元前8年）	4			51
174	南阳	博山	孔光	1000＋9000	以丞相	成绥和二年（公元前7年）	3			52

资料来源：《史记》卷20《建元以来侯者年表第八》；《汉书》卷17《景武昭宣元成功臣表第五》；王先谦《汉书补注》相应表；吴越、徐克范《读史记十表》；夏燮《校汉书八表》；钱大昕《廿二史考异》；周振鹤《西汉政区地理》。

①［清］王先谦曰："（殷绍嘉侯）封在新郪县，属汝南，非沛也"，《汉书补注》，书目文献出版社，1995年，第267页。

附录3 考古所见西汉城址统计

说明：（1）遗址按现行政区划列出，大致按西汉刺史部：司隶部—并—豫—兖、青、徐—冀—扬—荆—闽粤—交趾—益—凉—朔方—幽的顺序排列。

（2）“规模”一栏中括号内的数据为遗址的分布范围，周指周长，面指面积。

（3）本表的时代确定均据调查与发掘者的推断意见。

（4）表中资料来源编号，既表示注释顺序，又是城址编号。

（5）★ 表示春秋战国延续至西汉的城市，共有232处。转引自许宏《先秦城市考古学》，北京燕山出版社，2000年。

（6）☆ 表示周长山《汉代城市研究》亦有的城址，共有82处。

考古所见西汉城址一览表

遗址名	推断城名	所在地	形状	规模：东西×南北（米）	资料来源（编号）
汉城	长安☆	秦·西安	近方	东6000、西4900、南7600、北7200	1
韩家湾怡魏	长陵城☆	秦·咸阳		西220、南1245	2
韩家湾白庙	安陵城☆	秦·咸阳	不规则	1548×445	3

续表

遗址名	推断城名	所在地	形状	规模：东西×南北（米）	资料来源（编号）
大王乡	平陵城☆	秦·咸阳			4
西吴乡	茂陵城☆	秦·兴平			5
马家湾乡	阳陵	秦·高陵			6
少陵原	杜陵城☆	秦·西安	长方	2250×700	7
铁王乡	云陵城☆	秦·淳化	长方	370×700	8
新丰镇	新丰城☆	秦·临潼	长方	600×670	9
栎阳	栎阳★	秦·临潼		西残1420、南残1640（2500×1600）	10
户县	钟官城[1]	秦·户县		600×1500	11
京师仓城	京师仓☆	秦·华阴		1120×700	12
晋城村	重泉★	秦·蒲城	长方	1150×750	13
瓦头村	夏阳城★☆	秦·韩城	长方	1750×1500	14
圣佛峪	★	秦·富县	不规则三角形	面0.8万平方米	15
尹家沟	高奴城★	秦·延安	近三角形	1000×900	16
米家园	★	秦·榆林	长方	大：500×600；小：100余×200	17
大堡当		秦·神木	五边形	面28万平方米，周2200，北540、东北370、东南360、南540、西410	18
古城村	★	秦·府谷	方	500×500	19
古城村	★	秦·丹凤		东1000（300×1000）	20
范村	★	晋·洪洞	长方	1300×580	21
凤城村/曲沃古城	绛城★	晋·侯马		大：西残2600、北3100；小：东残600、西残1000、北1100	22
郭马		晋·侯马	长方	外城：350×250，面9万平方米 内城：不详（沿用）	23
曜头	★	晋·临县	不规则梯形	大：东630、西1800、南1250、北1300；小：东残170、西915、南975、北820	24
南庄西	★	晋·临县		400×100	25

①上林三官之一。

续表

遗址名	推断城名	所在地	形状	规模：东西×南北（米）	资料来源（编号）
城东村	★	晋·临猗		1500×1000	26
铁匠营	★	晋·临猗		1500×1000	27
毛张	★	晋·曲沃	长方	西600、南540	28
庙前村	汾阴城★☆	晋·万荣		东残750	29
大马	★	晋·闻喜			30
禹王城	安邑城[①]★☆	晋·夏县	梯形	大：1300；小：75；中：面600万平方米	31
古城庄	★	晋·襄汾		1500×1000	32
永固	★	晋·襄汾	方	334×324	33
赵康	临汾城★☆	晋·襄汾	长方	大：东2600、西2700、南1650、北1530，面500万平方米；周8480 小：东770、南700、北660	34
苇沟—北寿	★	晋·冀城	方	800×800	35
上亳城村	★	晋·垣曲		北残200	36
亳城		晋·垣曲	东西两城	北总长1530、南残长880、东890、中墙为二城合用长600，面120万平方米	37
告城	阳城城★☆	豫·登封	长方	700×1700～1850	38
贾庄	穰城★	豫·邓州		周3000	39
固城村	新汲城★	豫·扶沟	不规则长方	480×800，面40万平方米	40
古城村	扶沟城★	豫·扶沟		残30	41
后郑村	★	豫·扶沟			42
康北村	★	豫·巩义	方		43
固城仓	★	豫·淮滨	长方	面20万平方米	44
期思村	★	豫·淮滨	长方	1700×400～500	45
天桥村	★	豫·潢川	椭圆	455×305，面14万平方米	46
城关	修武城★	豫·获嘉			47
南阳屯	★	豫·获嘉	方	500×500	48
轵城村	轵城★	豫·济源	近方	东1766、南1865，面326万平方米	49

①河东郡治安邑中城。

续表

遗址名	推断城名	所在地	形状	规模：东西×南北（米）	资料来源（编号）
府城村	★	豫·焦作	近方	295×277，面8万平方米	50
城峪村	★	豫·林县	长方	400×300	51
卢氏城	卢氏城★	豫·卢氏	长方	周2300	52
王城	河南城[①]★☆	豫·洛阳	不规则方形	东残1000、西3200、南残1000、北2890，小城周5720	53
宛城	宛城[②]★☆	豫·南阳	长方	2500×1600	54
古城村	★	豫·平舆	长方	1350×1500	55
古戚城	★	豫·濮阳	方	周1520，面14.4万平方米	56
朝歌城	朝歌城★（南部）	豫·淇县	长方	1750×2500或2100×3100	57
城关镇	雍丘城★	豫·杞县	长方	周4500	58
前后城村	圉城★	豫·杞县	长方	周4400	59
邘邰村	★	豫·沁阳		东：面670万平方米，西：残20	60
旧城村	★	豫·清丰	方	周3000	61
大黄湾村	安昌城★	豫·确山	长方	400×620	62
古城村	★	豫·汝州	近方	600×1000	63
黑寨沟	★	豫·汝州		84万平方米	64
程刘村	阳城城？★	豫·商水	方	500×500，面25万平方米	65
扶苏城	阳城城★	豫·商水	大：长方，小：方	大：800×500，小：250×250	66
南利城	★	豫·商水		（大小2城）	67
陆浑村	陆浑城★	豫·嵩高		西、北残150	68
文城	★	豫·遂平	不规则长方	900×2400	69
城关	吴房城★	豫·遂平	长方	北残550，周3774	70
西城村	★	豫·通许	方	1000×1000	71
北舞渎	东不羹[③]★	豫·舞阳	不规则	周5500	72
城关镇	舞阳城★	豫·舞阳		周6500	73
马岗村	★	豫·舞阳		周1227	74

①河南郡治（新筑小城）。
②南阳郡治。
③不曾为西汉行政机构治所。

续表

遗址名	推断城名	所在地	形状	规模：东西×南北（米）	资料来源（编号）
东张村	怀城[①]★	豫·武陟		残400	75
龙城	博山城★	豫·淅川	方	东730、西915、南1030、北974	76
董城村	长平城★	豫·西华	方	面16万平方米	77
女娲城	★	豫·西华	方	大：面100万平方米，小：面16.96万平方米	78
西华城	★	豫·西华		面100万平方米	79
莲花寺岗	★	豫·西峡	长方	东700、西750、南500、北400	80
邪地村	★	豫·西峡	长方	750～800×400～500，面37.5 万平方米	81
小河村	颍阴城★	豫·襄城		残200	82
沂城村	★	豫·襄城	长方	1200×1800	83
光武台	南顿城★	豫·项城		北残217，面50万平方米	84
楚王城	成阳城★	豫·信阳	小：梯形	大:东640、西747、南936、北770，面68万平方米；小：东500、西325、南524、北530，面20万平方米	85
大索城	★	豫·荥阳	长方	周3400，面67万平方米	86
河阴城	★	豫·荥阳		西残400，南残500	87
京襄城	京城★	豫·荥阳	长方	周6300	88
平咷城	★	豫·荥阳	长方	700×900	89
小索城	★	豫·荥阳	长方	周3000	90
前步村	鄢陵★	豫·鄢陵	大：长方，小：近方	大：800～998×1959；小：148×184	91
召陵村	召陵城	豫·郾城	方	大：周6000；小：100×120	92
滑城村	缑氏城★☆	豫·偃师	不规则	500～1500×2500	93
陶家村	★	豫·偃师	近椭圆	650×1200（三面临涧，仅筑南垣）	94
昆阳城	★	豫·叶县	长方	500×2000，面100万平方米	95
古城村	新成城★	豫·伊川	长方	1680×1250	96
八里营	★	豫·禹州		周3000，面50万平方米	97

①河内郡治。

续表

遗址名	推断城名	所在地	形状	规模：东西×南北（米）	资料来源（编号）
涂店村	安阳城★	豫・正阳	长方	400×600	98
郑州城	管城（南部近2/3）★☆	豫・郑州	长方	周6960，面300万平方米	99
古荥镇	★	豫・郑州	不规则长方	东1860、西2016、南976、北1283	100
石河村	★	豫・郑州		残800	101
常庙村	★	豫・郑州	长方	周5000	102
李家西部村	梧城城★	鲁・安丘	长方	400×300，面12万平方米	103
杞城村	淳于城★	鲁・安丘	长方	1800×2000	104
嫌城	★	鲁・博兴	方	1100×1100	105
寨卞村	★	鲁・博兴	方	面25或16万平方米	106
古城村	营陵城[①]★	鲁・昌乐	近方	1700×1600，面280万平方米	107
城湖	★	鲁・成武	长方	3000×1700，面510万平方米	108
须城村	须昌城★	鲁・东平	方	1500×1500	109
古城村	★	鲁・费县	近长方	东1935、西2170、南1077、北954	110
离孤城	★	鲁・菏泽			111
南张村	亢父城★	鲁・济宁	方	1200×1200	112
小官庄	★	鲁・莒南	长方	3000×2500	113
城关	★	鲁・莒县		南残700（三重垣）	114
赵泉村	★	鲁・莱芜	椭圆?	520×620	115
郚古城村	★	鲁・临沂		500×400，面20万平方米	116
鲁故城	鲁城[②]★☆	鲁・曲阜	不规则长方	大：3700×2700，面1000万平方米 小：2500×1500	117
西斟灌村	★	鲁・寿光	方	1500×1500	118
县城北	★	鲁・郯城	不规则四边形	东1370、西1260、南780、北1260	119
东滕城村	公丘城★☆	鲁・滕州	不规则方	（内城？）东555、西590、南850、北800	120

①北海郡治。
②鲁国治鲁县小城。

续表

遗址名	推断城名	所在地	形状	规模：东西×南北（米）	资料来源（编号）
张旺镇	★	鲁·滕州	大、小：不规则长方；宫、宫东：方	大：3300×2300，736万平方米； 小：913×700，面60万平方米； 宫：170×150，面2.5万平方米； 宫东：190×190（注108—2）	121
王庄	东阿城[1]★	鲁·阳谷	长方		122
城里村	傅阳城★	鲁·枣庄	长方	周3293	123
曲成村	曲成城★	鲁·招远		850×200，面17万平方米	124
昌城村	昌国城★	鲁·淄博	方	1250×1250	125
皇城营村	★	鲁·淄博	长方	1800×2000，面360万平方米	126
齐故城	临淄城[2]★☆	鲁·淄博	长方	2000万平方米，大：4500×4000 小：1400×2200，面300万平方米	127
纪王城	驺城★☆	鲁·邹城	近方	2530×2500	128
城阴城		鲁·高密	长方	1950×1850	129
福山县	牟平城☆	鲁·福山	长方	200×100	130
龙山镇	东平陵[3]☆	鲁·章丘	方	边2000；面400万平方米	131
上冶镇	费城[4]	鲁·费县		(400余万平方米)	132
头沟	★	冀·承德		220×130、面2.86万平方米	133
大海陀	★	冀·赤城	长方	100×70	134
近北庄	★	冀·赤城	长方	178×60	135
李家火	★	冀·赤城	方	110×110	136
东土城	★	冀·崇礼	长方	250×165	137
红旗营	★	冀·崇礼	方	350×350，面12.2万平方米	138
太子城	★	冀·崇礼	方	200×200	139

①东郡都尉治。
②齐郡治大城东北部。
③济南郡治。
④东海都尉治。

续表

遗址名	推断城名	所在地	形状	规模：东西×南北（米）	资料来源（编号）
炭灰火	★	冀・崇礼	方	200×200	140
讲武城	★	冀・磁县	近方	1100×1150	141
完城村	★	冀・大城		（625万平方米）	142
故城村	藁城城★☆	冀・藁城		面4.8万平方米	143
九门村	九门城★	冀・藁城		（1170×713；81.4万平方米）	144
大宏城	★	冀・沽源	长方	170×140	145
赵王城（大北城）	邯郸城[①]★☆	冀・邯郸	长方	面1900万平方米 大：3240×4880； 小：面505万平方米	146
伏漪城	章武城★☆	冀・黄骅	方	520×510	147
第五窖	★	冀・怀安	长方	300×300	148
东韩家屯	★	冀・怀安	长方	50×53	149
尖台寨	★	冀・怀安	方	1000×750； 面75万平方米	150
旧怀安村	★	冀・怀安	长方	170×300； 面5.1万平方米	151
大古城	造阳？沮阳★	冀・怀来	大：不规则长方 小：方	大（西）：1500×1000 小（东）：1000×1000	152
东八里	★	冀・怀来	长方	100×50	153
麻峪口	★	冀・怀来	长方	100×50	154
古县	★	冀・廊坊			155
柏畅城	★	冀・临城	长方	420×600， 面25.2万平方米	156
临漳县	邺北城☆	冀・临漳		2400×1700	157
二道河	★	冀・隆化	近椭圆	径199；3.1万平方米	158
滦平	要阳城[②]☆	冀・滦平	不规则	东300、西残90、北133	159
东魏村	乐成[③]	冀・献县	方	边2000，面400万平方米	160
古贤村	★	冀・容城		1200×1000	161
东古城	真定城[④]★	冀・石家庄		面300万平方米	162

①赵国治邯郸县大北城。
②渔阳都尉治。
③河间国都。
④真定国都。

续表

遗址名	推断城名	所在地	形状	规模：东西×南北（米）	资料来源（编号）
武垣城	★	冀·肃宁	方	面300万平方米； 大：周8000，小：周1500	163
岱尹上	★	冀·围场		面1640平方米	164
岱尹梁顶	★	冀·围场		面6400平方米	165
半截塔	★	冀·围场		（面9万平方米）	166
城子	★	冀·围场		（面2.25万平方米）	167
棋盘山	★	冀·围场			168
簸箕掌	★	冀·围场		1万平方米	169
大兴永东台子	★	冀·围场		（面9025 平方米）	170
富各庄	★	冀·文安		（面6万平方米）	171
大董村	★	冀·文安		2000×2000	172
午汲	★	冀·武安	不规则长方	889×768 面68.8万平方米	173
固镇	★	冀·武安	长方	1500×1750	174
店子	★	冀·武安	方	500×500	175
北田村	★	冀·武安	长方	500×730	176
付家堡	★	冀·宣化		南残20	177
西堡		冀·阳原	长方	230×330	178
燕下都	故安城①★	冀·易县	不规则长方	8000×4000， 面3200万平方米 东：4500×4000 西：3500×3700	179
陈家湾	★	冀·蔚县	长方		180
代王城	代城②★	冀·蔚县	椭圆	3400×2200	181
故城村	元氏城③★☆	冀·元氏		1100×1100， 面121万平方米	182
宋子城	宋子城★	冀·赵县	长方	450×400，面18万平方米	183
保岱	潘城★	冀·涿鹿	方	1400×1400	184
岔道村	★	冀·涿鹿	方		185
朝阳寺	★	冀·涿鹿	近方	300×350，面10万平方米	186

①故安县主要使用的是战国燕下都武阳城的东城南部。
②代郡治。
③常山郡治。

续表

遗址名	推断城名	所在地	形状	规模：东西×南北（米）	资料来源（编号）
大堡乡	★	冀·涿鹿	上：方、 中：长方、 下：方	上：120×120 中：360×390 下：120×120	187
皇帝城	涿鹿城★	冀·涿鹿	不规则；方	450～500×500～540	188
吉庆堡	★	冀·涿鹿		东残30	189
口前村	★	冀·涿鹿		75×75	190
龙王塘	★	冀·涿鹿		380×380， 面14.4万平方米	191
卧佛寺	★	冀·涿鹿			192
湘广村	★	冀·涿鹿		北残15	193
小斜阳村	★	冀·涿鹿		东残120	194
佐卫村	★	冀·涿鹿		60×60	195
长沟	西乡城★☆	京·房山	曲尺形	320～360×500	196
窦店（芦村）	良乡城★☆	京·房山	长方	西残830、南1230， 128万平方米	197
良乡镇	广阳城☆	京·房		残500	198
蔡庄	★	京·房山	方	300×300	199
西钓台	东平舒★☆	津·静海	方	周2055	200
军粮城	漂榆邑☆	津·东郊		300×170	201
蜀岗	★☆	苏·扬州		1900×1400	202
泗阳西北	凌城城☆	苏·泗阳		500×300	203
泗阳南	☆	苏·泗阳		1000×1300	204
洪泽南	☆	苏·洪泽			205
盱眙县	东阳城☆	苏·盱眙		东城：东838、西933 西城：东838、西862	206
徐州市东北	☆	苏·徐州		（500×300）	207
小卞庄	★	皖·凤阳	长方	360×380	208
阮城	★	皖·阜南	长方	1700×1000	209
曹市乡	山桑城★	皖·涡阳	方	600×600，面36万平方米	210
下符桥	潜城★	皖·霍山			211
艾亭乡	★	皖·临泉	长方	500×1000， 面50万平方米	212
郭大庄	★	皖·临泉	长方	500×1600， 面160万平方米	213

续表

遗址名	推断城名	所在地	形状	规模：东西×南北（米）	资料来源（编号）
李大寨	★	皖·临泉	长方	1000×800，面80万平方米	214
史庄	★	皖·临泉	长方	1500×1000	215
桐阳城	★	皖·临泉	长方	1200×800	216
土坡乡	★	皖·临泉	长方	残120×800，面128万平方米	217
迎仙乡	★	皖·临泉	长方	1300×1500	218
长城寺	★	皖·六安	长方	400×750，面30万平方米	219
西古城（白沙城）	六城[①]★	皖·六安	长方	229×471，面10.8万平方米或20万平方米以上	220
红城村	★	皖·蒙城	长方	周4660，面130万平方米	221
姜楼村	★	皖·蒙城	长方	长500，宽300，面15万平方米	222
涧洼村	★	皖·寿县		面11.3万平方米（1500×750）	223
寿春城	寿春城[②]★	皖·寿县	长方	4250×6200，面2600万平方米	224
原墙集	细阳城？★	皖·太和			225
楚王城	芜湖城★	皖·芜湖	长方	面近12万平方米	226
吕王城	★	鄂·大悟		残100（500×1500）	227
大城濠	州陵城？★	鄂·洪湖	长方	500×280，面14万平方米	228
作京城	★☆	鄂·黄陂	亚字形	200×144，面2.88万平方米	229
岳飞城	★	鄂·荆门	长方		230
女王城	★	鄂·麻城	长方	1000×1500，面150万平方米	231
安居	随城？★	鄂·随州		（800×1000）	232
邓城	★	鄂·襄阳	长方	700×800	233
草店坊	★	鄂·孝感	不规则长方	518×326，面11万平方米	234
楚皇城	宜城城★☆	鄂·宜城	不规则长方	东2000、西1840、南1500、北1080，面220万平方米	235
楚王城	★☆	鄂·云梦	不规则长方	2050×1200（汉初筑中墙，沿用西部）	236

①六安国都。

②九江郡治寿春县西北小城。

续表

遗址名	推断城名	所在地	形状	规模：东西×南北（米）	资料来源（编号）
罗州城址（内城垣）		鄂·蕲春	圆角长方形	东263、南450、西349、北314，面15万平方米	237
城址村	索城★	湘·常德	方	大：500×500，25万平方米； 小：100×100	238
西湖砖厂	★	湘·汉寿			239
老屋地	★	湘·江华	长方	100×80	240
古城岗	★	湘·澧县	长方	350×250	241
鸡叫城	★	湘·澧县	长方	500×400，20万平方米或320×400	242
中黄村	★	湘·平江	不规则长方	东207、西298、南240、北255，面6万平方米	243
义陵城	★	湘·溆浦	长方	500×350	244
铁铺岭	★	湘·益阳	长方	200×300	245
魏家寨	迁陵城☆	湘·保靖	近方	75×86	246
白公城	☆	湘·慈利	方	边300，10万平方米	247
里耶古城		湘·龙山	长方	103～107×210	248
东城	冷道☆	湘·宁远		东180、西157、南120、北130	249
柏家坪	舂陵城☆	湘·宁远	长方	200×160	250
古城村	故鄣城★	浙·吉安			251
营盘里	★	赣·樟树		4处小城	252
筑卫城	★	赣·樟树	不规则	410×360	253
新店	冶城①★☆	闽·福州		东残287、西残478、北残310	254
崇安	王城②☆	闽·福州		550×860	255
徐闻县	徐闻城☆	粤·徐闻		85×95，周360，面8075平方米	256
连县	☆	粤·连县			257
七里圩	☆	桂·兴安		东164、西149、南257、北214；周1070，面3.8万平方米	258
全县	桃阳☆	桂·全县		300×100	259

①汉初闽越国都。

②闽越国所建“王城”。

续表

遗址名	推断城名	所在地	形状	规模：东西×南北（米）	资料来源（编号）
宁谷		黔·安顺		（10余万平方米）	260
旧县坪	朐忍城☆	渝·云阳		500×1000	261
古城坪	严道城☆	川·荥经		主城：400×375	262
李店乡	成纪城☆	陇·静宁	近方	500×500，面25万平方米	263
湟中多巴镇	临羌城☆	青·湟中		380×300	264
天池子		宁·盐池	近方	东195、南190，西、北无存	265
古城乡	萧关	宁·固原	长方	800×500	266
破城子	居延城①☆	内蒙古·额济纳旗	方	周1205	267
绿城子	居延城	内蒙古·额济纳旗	椭圆形，南北两壁略直	180×150	268
河拐子	临戎城②☆	内蒙古·磴口	近方	东637、西620、南450、北450	269
土城子	窳浑城③☆	内蒙古·保尔浩特	不规则	城内最宽处280×202，东墙较短175	270
陶升井	三封城④☆	内蒙古·乌兰布和		内城：118×118；外城：740×560	271
黄羊木头乡	沃野城☆	内蒙古·临河		周1000	272
土城子	临河城☆	内蒙古·临河		东西残222、南北520	273
增龙昌	★	内蒙古·乌拉特前旗		周1500	274
古城村	云中城⑤★	内蒙古·托克托	不规则	周8000	275
城梁村	雁门城☆	内蒙古·东胜		东西480	276
三道营	武要城⑥★☆	内蒙古·卓资	长方	西：东570、西690、南480、北580；东：晚期增筑，周2320	277

①张掖都尉治，李并城先生新近考证汉居延县遗址当在绿城子，而破城子可能是路博德所筑的遮鹿障，详见“汉居延县城新考”，《考古》，1998年第5期。

②朔方郡旧治。

③朔方都尉治。

④朔方郡治。

⑤云中郡治。

⑥定襄东部都尉治。

续表

遗址名	推断城名	所在地	形状	规模：东西×南北（米）	资料来源（编号）
土城子	成乐城①☆	内蒙古·和林格尔		670×655，周2080	278
陶卜齐	武皋城②☆	内蒙古·呼和浩特		周2190	279
美岱古城	安陶城☆	内蒙古·呼和浩特		大小两城，（面23.5平方米）	280
塔布秃	☆	内蒙古·呼和浩特		内城：230×230；外城：850×900 周3500	281
新店子	武成城	内蒙古·和林格尔			282
城嘴子	桐过城	内蒙古·清水河			283
霍洛柴登	增山③	内蒙古·杭锦旗			284
纳林北镇	美稷④	内蒙古·准格尔旗			285
瓦尔土沟	广衍☆	内蒙古·准格尔旗			286
沙巴营子	★	内蒙古·奈曼旗	近方	周1350	287
西土城子	★	内蒙古·奈曼旗	近方	大：周1419；小：60×63	288
外罗城	平刚城⑤★	内蒙古·宁城	长方	1800×800，周5200	289
冷水塘	★	内蒙古·赤峰	近方	东270、西294、南294、北306	290
北山根	★	内蒙古·喀喇沁旗		东残60、南残250	291
二龙湖	（汉初）★☆	吉·梨树	方	东193、西190、南183、北185	292
叆河尖	安平城⑥☆	辽·丹东	长方	500×600	293

①定襄郡治。

②定襄中部都尉治。

③西河北部都尉治。《新中国考古发现与研究》中认为是西河郡治有误，因西河郡治“平定”不在杭锦旗，而在准格尔旗，“增山”则在杭锦旗。文物出版社，1984年，第405页。

④西河属国都尉治。

⑤右北平郡治。

⑥涿郡都尉治。

续表

遗址名	推断城名	所在地	形状	规模：东西×南北（米）	资料来源（编号）
复兴堡	临榆城☆	辽·义县			294
牧羊城	★☆	辽·大连		156×146 / 90×146	295
小荒地北城	★☆	辽·葫芦岛	不规则半椭圆	弧长856	296
小荒地南城	★☆	辽·葫芦岛	近方	东225、西210、南240、北220	297
葫芦岛连山	且虑城[④]	辽·葫芦岛		主城周900，北城周1500	298
大岭屯	☆	辽·新金		156×154，面2.4万平方米	299
大柏官屯	高显城☆	辽·抚顺			300
永陵镇	☆	辽·新宾			301
安杖子	石城城★☆	辽·凌源	不规则长方	大200～230×150～328；小：80～116×128，周910	302
宫后里	★	辽·沈阳		东残455、西残375、南残215	303
土城里	平壤[①]☆	朝鲜		700×600，周2400，面400万平方米	304

资料来源

1. 王仲殊：《汉代考古学概说》，中华书局，1994年。
2. 刘庆柱、李毓芳："西汉诸陵调查与研究"，《文物资料丛刊》6，1982年。
3. 陕西省文物考古研究所："西汉安陵调查简报"，《文物与考古》，2002年第4期。
4. 刘庆柱、李毓芳："西汉诸陵调查与研究"，《文物资料丛刊》6，1982年。
5. 刘庆柱、李毓芳："西汉诸陵调查与研究"，《文物资料丛刊》6，1982年。
6. 中国考古学会："中国考古学年鉴2003"，文物出版社，2004年。
7. 中国社会科学院考古研究所：《汉杜陵陵园遗址》，科学出版社，1993年。
8. 姚生民："汉云陵、云陵邑勘查记"，《考古与文物》，1982年第4期。
9. 林泊："陕西临潼汉新丰遗址调查"，《考古》，1993 年 10 期。
10. 陕西省文物管理委员会："秦都栎阳遗址初步勘探记"，《文物》，1966年第1期；中国科学院考古研究所栎阳发掘队："秦汉栎阳城遗址的勘探与试掘"，《考古学报》，1985年第3期。
11. 姜宝莲等："陕西户县兆伦汉代铸钱遗址调查报告"，《文博》，1998年第3期。
12. 陕西省考古研究所：《西汉京师仓》，文物出版社，1990年。

①辽西郡治。
②乐浪郡治。

13.《中国文物地图集·陕西分册》编辑组："重要古城址"，《文博》，1997年第3期（陕西省文物普查专号）。
14. 呼林贵："陕西韩城秦汉夏阳故城遗址勘察记"，《考古与文物》，1987年第6期。
15. 姬乃军："富县发现一战国至秦汉时期古城址"，《中国文物报》，1991年6月16日。
16.《中国文物地图集·陕西分册》编辑组："重要古城址"，《文博》，1997年第3期（陕西省文物普查专号）。
17.《中国文物地图集·陕西分册》编辑组："重要古城址"，《文博》，1997年第3期（陕西省文物普查专号）。
18. 孙周勇："大保当汉代聚落的考古学观察"，《文博》，1999年第6期。
19.《中国文物地图集·陕西分册》编辑组："重要古城址"，《文博》，1997年第3期（陕西省文物普查专号）。
20. 王子今等："陕西丹凤商邑遗址"，《考古》，1989年第7期；杨亚长等："商鞅封邑考古取得重要成果"，《中国文物报》，1997年8月10日。
21. 张德光："山西洪洞古城的调查"，《考古》，1963年第10期。
22. 李永敏整理："1960、1988年凤城古城遗址、墓葬发掘报告"，载《晋都新田》，山西人民出版社，1996年。
23. 中国考古学会：《中国考古学年鉴2001》，文物出版社，2002年。
24. 傅淑敏："临县曜头古城址"，《中国考古学年鉴1994》，文物出版社，1997年。
25. 傅淑敏："临县南庄西城堡遗址"，《中国考古学年鉴1994》，文物出版社，1997年。
26. 中国社会科学院山西工作队："晋南考古调查报告"，《考古学集刊》第6集，科学出版社，1989年。
27. 中国社会科学院山西工作队："晋南考古调查报告"，《考古学集刊》第6集，科学出版社，1989年。
28. 北京大学考古专业山西实习组等："冀城曲沃考古勘察记"，北京大学考古学丛书《考古学研究》（一）收载，文物出版社，1992年。
29. 杨富斗："山西万荣县发现古城址"，《考古》，1959年第4期。
30. 陶正刚："山西境内东周古城调查"，"晋文化研究会座谈纪要"收载，侯马，1985年。
31. 陶正刚等："古魏城和禹王城调查简报"，《文物》，1962年4、5合期；中国科学院考古研究所山西工作队："山西夏县禹王城调查"，《考古》，1963年第10期。
32. 中国社会科学院考古研究所山西工作队："晋南考古调查报告"，《考古学集刊》第6集，科学出版社，1989年。
33. 陶富海等："山西襄汾永固古城遗址的调查"，《考古与文物》1990年第6期。
34. 山西省文物管理委员会侯马工作站："山西襄汾赵康附近古城址调查"，《考古》，1963年10期。
35. 北京大学考古专业山西实习组等："翼城曲沃考古勘察记"，北京大学考古学丛书《考古学研究》（一）收载，文物出版社，1992年。
36. 中国社会科学院考古研究所山西工作队："山西垣曲古文化遗址的调查"，《考古》，1985年第10期。
37. 中国考古学会：《中国考古学年鉴2001》，文物出版社，2002年12月。
38. 河南省文物研究所等：《登封王城岗与阳城》，文物出版社，1992年。
39. 国家文物局：《中国文物地图集·河南分册》，中国地图出版社，1991年。

40. 周口第五文化局："扶沟古城初步调查"，《中原文物》，1983年第2期。
41. 国家文物局：《中国文物地图集·河南分册》，中国地图出版社，1991年。
42. 国家文物局：《中国文物地图集·河南分册》，中国地图出版社，1991年。
43. 国家文物局：《中国文物地图集·河南分册》，中国地图出版社，1991年。
44. 国家文物局：《中国文物地图集·河南分册》，中国地图出版社，1991年。
45. 李绍曾：《期思古城遗址调查》，《中原文物》，1983年特刊。
46. 国家文物局：《中国文物地图集·河南分册》，中国地图出版社，1991年。
47. 国家文物局：《中国文物地图集·河南分册》，中国地图出版社，1991年。
48. 国家文物局：《中国文物地图集·河南分册》，中国地图出版社，1991年。
49. 国家文物局：《中国文物地图集·河南分册》，中国地图出版社，1991年。
50. 李德保等："焦作市发现一座古城"，《文物参考资料》，1958年第4期；杨贵金等："焦作市府城古城遗址调查报告"，《华夏考古》，1994年第1期。
51. 国家文物局：《中国文物地图集·河南分册》，中国地图出版社，1991年。
52. 国家文物局：《中国文物地图集·河南分册》，中国地图出版社，1991年。
53. 中国科学院考古研究所洛阳发掘队："洛阳涧滨东周城址发掘报告"，《考古学报》，1959年第2期；中国科学院考古研究所：《洛阳发掘报告（1955～1960年洛阳涧滨考古发掘资料）》，北京燕山出版社，1989年。
54. 王建中："南阳宛城建置考"，载《楚文化研究论集》第4集，河南人民出版社，1994年。
55. 马世之："关于楚之别都"，《江汉论坛》，1985年第2期。
56. 廖永民："戚城遗址调查记"，《河南省文博通讯》，1978第4期。
57. 张玉石等："淇县朝歌故城"，《中国考古学年鉴1992》，文物出版社，1994年；河南省文物考古研究所：《河南考古四十年（1952～1992）》，河南人民出版社，1994年；国家文物局：《中国文物地图集·河南分册》，中国地图出版社，1991年。
58. 国家文物局：《中国文物地图集·河南分册》，中国地图出版社，1991年。
59. 国家文物局：《中国文物地图集·河南分册》，中国地图出版社，1991年。
60. 国家文物局：《中国文物地图集·河南分册》，中国地图出版社，1991年。
61. 国家文物局主编：《中国文物地图集·河南分册》，中国地图出版社，1991年。
62. 李芳芝："河南确山发现春秋战国青铜器"，《中原文物》，1992年第2期；国家文物局：《中国文物地图集·河南分册》，中国地图出版社，1991年。
63. 国家文物局：《中国文物地图集·河南分册》，中国地图出版社，1991年。
64. 国家文物局：《中国文物地图集·河南分册》，中国地图出版社，1991年。
65. 国家文物局：《中国文物地图集·河南分册》，中国地图出版社，1991年。
66. 商水县文物管理委员会："河南商水县战国城址调查记"，《考古》，1983年第9期；黄盛璋："商水扶苏城出土陶文及其相关问题"，《中原文物》，1988年第1期。
67. 国家文物局：《中国文物地图集·河南分册》，中国地图出版社，1991年。
68. 国家文物局：《中国文物地图集·河南分册》，中国地图出版社，1991年。
69. 国家文物局：《中国文物地图集·河南分册》，中国地图出版社，1991年。
70. 国家文物局：《中国文物地图集·河南分册》，中国地图出版社，1991年。
71. 国家文物局：《中国文物地图集·河南分册》，中国地图出版社，1991年。
72. 朱帜："河南舞阳北舞渡古城调查"，《考古通讯》，1958年第2期。
73. 国家文物局：《中国文物地图集·河南分册》，中国地图出版社，1991年。

74. 国家文物局：《中国文物地图集·河南分册》，中国地图出版社，1991年。
75. 国家文物局：《中国文物地图集·河南分册》，中国地图出版社，1991年。
76. 裴明相："楚都丹阳试探"，《文物》，1980年第10期；文碧桂："河南淅川下寺龙城与楚析邑"，《考古》，1983年第6期；李玉山："楚都丹阳管见"，载《楚文化研究论文集》第4集，河南人民出版社，1994年。
77. 国家文物局：《中国文物地图集·河南分册》，中国地图出版社，1991年。
78. 国家文物局：《中国文物地图集·河南分册》，中国地图出版社，1991年。
79. 国家文物局：《中国文物地图集·河南分册》，中国地图出版社，1991年。
80. 韩维周等："河南西峡县及南阳市两古城调查记"，《考古通讯》，1956年第2期；国家文物局：《中国文物地图集·河南分册》，中国地图出版社，1991年。
81. 国家文物局：《中国文物地图集·河南分册》，中国地图出版社，1991年。
82. 国家文物局：《中国文物地图集·河南分册》，中国地图出版社，1991年。
83. 国家文物局：《中国文物地图集·河南分册》，中国地图出版社，1991年。
84. 国家文物局：《中国文物地图集·河南分册》，中国地图出版社，1991年。
85. 欧潭生："信阳楚王城是楚顷襄王的临时国都"，《中原文物》，1983年特刊。
86. 国家文物局：《中国文物地图集·河南分册》，中国地图出版社，1991年。
87. 张松林："郑州市西北郊区考古调查简报"，《中原文物》，1986年第4期。
88. 于晓兴："荥阳京襄城发现汉代金币"，《河南文博通讯》，1980年第3期。
89. 国家文物局：《中国文物地图集·河南分册》，中国地图出版社，1991年。
90. 国家文物局：《中国文物地图集·河南分册》，中国地图出版社，1991年。
91. 刘东亚："河南鄢陵县古城址的调查"，《考古》，1963年第4期。
92. 国家文物局：《中国文物地图集·河南分册》，中国地图出版社，1991年。
93. 中国科学院考古研究所洛阳发掘队："河南偃师'滑城'考古调查报告"，《考古》，1964年第1期。
94. 梁晓景："刘国史迹考略"，《中原文物》，1985年第4期。
95. 国家文物局：《中国文物地图集·河南分册》，中国地图出版社，1991年。
96. 洛阳市地方史志编纂委员会：《洛阳市志·文物志》（第14卷），中州古籍出版社，1995年。
97. 国家文物局：《中国文物地图集·河南分册》，中国地图出版社，1991年。
98. 国家文物局：《中国文物地图集·河南分册》，中国地图出版社，1991年。
99. 河南省博物馆等："郑州商代城遗址发掘报告"，《文物资料丛刊》（1），文物出版社，1977年。
100. 秦文生："荥阳古城新考"，《中原文物》，1983年特刊。
101. 张松林："郑州市西北郊区考古调查简报"，《中原文物》，1986年第4期；国家文物局：《中国文物地图集·河南分册》，中国地图出版社，1991年。
102. 张松林："郑州市西北郊区考古调查简报"，《中原文物》，1986年第4期。
103. 山东省地方志编纂委员会：《山东省志·文物志》（第70卷），山东人民出版社，1996年。
104. 车吉心等：《齐鲁文化大辞典》，山东教育出版社，1989年。
105. 车吉心等：《齐鲁文化大辞典》，山东教育出版社，1989年。
106. 车吉心等：《齐鲁文化大辞典》，山东教育出版社，1989年。

107. 王永波等：《齐鲁名物博览》，人民出版社，1994年。
108. 张启龙："成武发现古城址"，《中国文物报》，1987年8月21日。
109. 山东省地方志编纂委员会：《山东省志·文物志》（第70卷），山东人民出版社，1996年；车吉心等：《齐鲁文化大辞典》，山东教育出版社，1989年。
110. 山东省地方志编纂委员会：《山东省志·文物志》（第70卷），山东人民出版社，1996年。
111. 黄绍甲等："山东菏泽县古遗址的调查"，《考古通讯》，1958年第3期。
112. 王永波等：《齐鲁名物博览》，人民出版社，1994年。
113. 山东省地方志编纂委员会：《山东省志·文物志》（第70卷），山东人民出版社，1996年。
114. 车吉心等：《齐鲁文化大辞典》，山东教育出版社，1989年。
115. 山东省地方志编纂委员会：《山东省志·文物志》（第70卷），山东人民出版社，1996年。
116. 车吉心等：《齐鲁文化大辞典》，山东教育出版社，1989年。
117. 山东省文物考古研究所等：《曲阜鲁国故城》，齐鲁书社，1982年。
118. 寿光县博物馆："寿光县古遗址调查报告"，载《海岱考古》第1辑，山东大学出版社，1989年。
119. 山东省地方志编纂委员会：《山东省志·文物志》（第70卷），山东人民出版社，1996年。
120. 中国科学院考古研究所山东工作队："山东泗水、兖州考古调查简报"，《考古》，1965年第12期。
121. 中国科学院考古研究所山东工作队："山东泗水、兖州考古调查简报"，《考古》，1965年第12期；山东省济宁市文物管理局："薛国故城勘察和墓葬发掘报告"，《考古学报》，1991年第4期；山东省文物考古研究所："薛故城勘探试掘获重大成果"，《中国文物报》，1994年6月26日。
122. 山东省地方志编纂委员会：《山东省志·文物志》（第70卷），山东人民出版社，1996年。
123. 山东省地方志编纂委员会：《山东省志·文物志》（第70卷），山东人民出版社，1996年。
124. 山东省地方志编纂委员会：《山东省志·文物志》（第70卷），山东人民出版社，1996年。
125. 徐龙国："昌国故城"，《管子学刊》，1990年第4期。
126. 张龙海："安平故城"，《管子学刊》，1991年第3期。
127. 山东省文物管理处等：《山东临淄齐故城试掘简报》，《考古》，1961年第6期；群力：《临淄齐国故城勘探纪要》，《文物》，1972年第5期。
128. 中国科学院考古研究所山东工作队："山东泗水、兖州考古调查简报"，《考古》，1965年第12期。
129. 中国考古学会：《中国考古学年鉴1992》，文物出版社，1994年。
130. 原田淑人等："牧羊城——南满洲老铁山麓汉以前遗址"，东亚考古学会，1931年。转引自周长山《汉代城市研究》（第51页）。
131. 中国考古学会：《中国考古学年鉴2002》，文物出版社，2003年。

132. 中国考古学会：《中国考古学年鉴2003》，文物出版社，2004年。
133. 承德地区行政公署文化局：“承德地区文物普查报告”，1978年。
134. 刘建华：“张家口地区战国时期古城址调查发现与研究”，《文物春秋》，1993第4期。
135. 刘建华：“张家口地区战国时期古城址调查发现与研究”，《文物春秋》，1993第4期。
136. 刘建华：“张家口地区战国时期古城址调查发现与研究”，《文物春秋》，1993第4期。
137. 刘建华：“张家口地区战国时期古城址调查发现与研究”，《文物春秋》，1993第4期。
138. 刘建华：“张家口地区战国时期古城址调查发现与研究”，《文物春秋》，1993第4期。
139. 刘建华：“张家口地区战国时期古城址调查发现与研究”，《文物春秋》，1993第4期。
140. 刘建华：“张家口地区战国时期古城址调查发现与研究”，《文物春秋》，1993第4期。
141. 河北省文物管理委员会：“河北磁县讲武城调查简报”，《考古》，1959年第7期。
142. 廊坊地区行政公署文化局：“廊坊地区文物普查资料汇编”，1979年。
143. 石家庄地区文化局文物普查组：“河北省石家庄地区的考古新发现”，《文物资料丛刊》（1），文物出版社，1977年。
144. 河北省地名委员会：《河北省地名词典》，河北科学技术出版社，1991年。
145. 刘建华：“张家口地区战国时期古城址调查发现与研究”，《文物春秋》，1993第4期。
146. 邯郸市文物保管所：“河北邯郸市区古遗址调查简报”，《考古》，1980年第2期；河北省文物管理处等：“赵都邯郸古城调查报告”，《考古学集刊》第4集，科学出版社，1984年。
147. 天津市文化局考古发掘队：“渤海湾西岸古文化遗址调查”，《考古》，1965年第2期。
148. 李兴盛：“内蒙古卓资县三道营古城调查”，《考古》，1992年第5期。
149. 刘建华：“张家口地区战国时期古城址调查发现与研究”，《文物春秋》，1993年第4期。
150. 刘建华：“张家口地区战国时期古城址调查发现与研究”，《文物春秋》，1993年第4期。
151. 刘建华：“张家口地区战国时期古城址调查发现与研究”，《文物春秋》，1993年第4期。
152. 安志敏：“河北怀来大古城村古城址调查记”，《考古通讯》，1955年第3期；刘建忠等：“河北怀来官厅水库沿岸考古调查简报”，《考古》，1988年第8期。
153. 刘建华：“张家口地区战国时期古城址调查发现与研究”，《文物春秋》，1993年第4期。
154. 刘建华：“张家口地区战国时期古城址调查发现与研究”，《文物春秋》，1993年第4期。
155. 廊坊地区行政公署文化局：“廊坊地区文物普查资料汇编”，1979年。
156. 刘龙启：“河北临城柏畅城发现战兵器”，《文物》，1988年第3期。
157. 河北省文物研究所邺城考古工作队：“河北临漳邺北城遗址勘探发掘简报”，《考古》，1990年第7期。
158. 承德地区行政公署文化局：“承德地区文物普查报告”，1978年。
159. 周长山：《汉代城市研究》“考古所见汉代城址一览表”，人民出版社，2001年，第47页。
160. 中国考古学会：《中国考古学年鉴2000》，文物出版社，2002年。
161. 孙继安：“河北容城县南阳遗址调查”，《考古》，1993年第3期。
162. 河北省地名委员会：《河北省地名词典》，河北科学技术出版社，1991年。
163. 河北省地名委员会：《河北省地名词典》，河北科学技术出版社，1991年。
164. 承德地区行政公署文化局：“承德地区文物普查报告”，1978年。
165. 承德地区行政公署文化局：“承德地区文物普查报告”，1978年。
166. 承德地区行政公署文化局：“承德地区文物普查报告”，1978年。

167. 承德地区行政公署文化局："承德地区文物普查报告"，1978年。
168. 承德地区行政公署文化局："承德地区文物普查报告"，1978年。
169. 承德地区行政公署文化局："承德地区文物普查报告"，1978年。
170. 承德地区行政公署文化局："承德地区文物普查报告"，1978年。
171. 廊坊地区行政公署文化局："廊坊地区文物普查资料汇编"，1979年。
172. 廊坊地区行政公署文化局："廊坊地区文物普查资料汇编"，1979年。
173. 孟浩等："河北武安午汲古城发掘记"，《考古通讯》，1957年第4期。
174. 邯郸地区文化局："邯郸地区文物普查资料汇编"，1978年。
175. 邯郸地区文化局："邯郸地区文物普查资料汇编"，1978年。
176. 邯郸地区文化局："邯郸地区文物普查资料汇编"，1978年。
177. 刘建华："张家口地区战国时期古城址调查发现与研究"，《文物春秋》，1993年第4期。
178. 中国考古学会：《中国考古学年鉴1998》，文物出版社，2000年。
179. 河北省文物研究所：《燕下都》，文物出版社，1996年。
180. 刘建华："张家口地区战国时期古城址调查发现与研究"，《文物春秋》，1993年第4期。
181. 刘建华："张家口地区战国时期古城址调查发现与研究"，《文物春秋》，1993年第4期；蔚县博物馆："代王城城址调查报告"，《文物春秋》，1997年第3期。
182. 石家庄地区文化局文物普查组："河北省石家庄地区的考古新发现"，《文物资料丛刊》（1），文物出版社，1977年。
183. 河北省地名委员会编：《河北省地名词典》，河北科学技术出版社，1991年。
184. 刘建华："张家口地区战国时期古城址调查发现与研究"，《文物春秋》，1993年第4期。
185. 刘建华："张家口地区战国时期古城址调查发现与研究"，《文物春秋》，1993年第4期。
186. 刘建华："张家口地区战国时期古城址调查发现与研究"，《文物春秋》，1993年第4期。
187. 刘建华："张家口地区战国时期古城址调查发现与研究"，《文物春秋》，1993年第4期。
188. 刘建华："张家口地区战国时期古城址调查发现与研究"，《文物春秋》，1993年第4期。
189. 刘建华："张家口地区战国时期古城址调查发现与研究"，《文物春秋》，1993年第4期。
190. 刘建华："张家口地区战国时期古城址调查发现与研究"，《文物春秋》，1993年第4期。
191. 刘建华："张家口地区战国时期古城址调查发现与研究"，《文物春秋》，1993年第4期。
192. 刘建华："张家口地区战国时期古城址调查发现与研究"，《文物春秋》，1993年第4期。
193. 刘建华："张家口地区战国时期古城址调查发现与研究"，《文物春秋》，1993年第4期。
194. 刘建华："张家口地区战国时期古城址调查发现与研究"，《文物春秋》，1993年第4期。
195. 刘建华："张家口地区战国时期古城址调查发现与研究"，《文物春秋》，1993年第4期。
196. 北京市文物工作队："北京市房山县考古调查简报"，《考古》，1963年第3期；北京市文物研究所拒马河考古队："北京市窦店古城调查与试掘报告"，《考古》，1992年第8期。
197. 北京市文物研究所拒马河考古队："北京市窦店古城调查与试掘报告"，《考古》，1992年第8期。
198. 中国考古学会：《中国考古学年鉴1996》，文物出版社，1998年。
199. 王汉彦："周口店区蔡庄古城遗址"，《文物》，1959年第5期。
200. 赵文刚："静海县西钓台战国、汉代城址"，《中国考古学年鉴1984》，文物出版社，1984年。
201. 天津市历史博物馆考古部："天津军粮城海口汉唐遗迹调查"，《考古》，1993年第2期。
202. 南京博物院："扬州古城1978年调查发掘简报"，《文物》，1979年第9期；纪仲庆："扬州古城址变迁初探"，《文物》，1979年第9期。
203. 尹焕章等："洪泽湖周围的考古调查"，《考古》，1964年第5期。
204. 尹焕章等："洪泽湖周围的考古调查"，《考古》，1964年第5期。
205. 尹焕章等："洪泽湖周围的考古调查"，《考古》，1964年第5期。
206. 南京博物院："江苏盱眙东阳公社出土的秦权"，《文物》，1965年第11期；邹厚本："江苏盱眙东阳汉墓"，《考古》，1979年第5期；尹焕章等："洪泽湖周围的考古调查"，《考古》，1964年第5期；中国考古学会：《中国考古学会第五次年会论文集1985年》，文物出版社，1988年。
207. 尹焕章等："1959年冬徐州地区考古调查"，《考古》，1960年第3期；黎忠义："利国驿古代炼铁炉的调查及清理"，《文物》，1960年第4期。
208. 刘和惠：《楚文化的东渐》附录一，湖北教育出版社，1995年。
209. 刘和惠：《楚文化的东渐》附录一，湖北教育出版社，1995年。
210. 刘和惠：《楚文化的东渐》附录一，湖北教育出版社，1995年。
211. 李天敏：《巨阳考》，《安徽文博·建馆三十周年特刊》，1986年。
212. 刘和惠：《楚文化的东渐》附录一，湖北教育出版社，1995年。
213. 刘和惠：《楚文化的东渐》附录一，湖北教育出版社，1995年。
214. 刘和惠：《楚文化的东渐》附录一，湖北教育出版社，1995年。
215. 刘和惠：《楚文化的东渐》附录一，湖北教育出版社，1995年。
216. 刘和惠：《楚文化的东渐》附录一，湖北教育出版社，1995年。
217. 刘和惠：《楚文化的东渐》附录一，湖北教育出版社，1995年。
218. 刘和惠：《楚文化的东渐》附录一，湖北教育出版社，1995年。
219. 刘和惠：《楚文化的东渐》附录一，湖北教育出版社，1995年。
220. 《安徽省》编辑委员会：《中华人民共和国地名词典·安徽省》，商务印书馆，1994年；胡仁宜："大莫嚣古官玺"，《文物》，1988年第2期。
221. 刘和惠：《楚文化的东渐》附录一，湖北教育出版社，1995年。
222. 刘和惠：《楚文化的东渐》附录一，湖北教育出版社，1995年。
223. 刘和惠：《楚文化的东渐》附录一，湖北教育出版社，1995年。
224. 丁邦钧："楚都寿春城考古调查综述"，《东南文化》，1987年第1期；丁邦钧："寿春城考古的收获"，《东南文化》，1991年第2期。
225. 国家文物事业管理局：《中国名胜词典》，上海辞书出版社，1981年；李天敏："巨阳考"，"安徽文博·建馆三十周年特刊"，1986年。
226. 谢小成："芜湖县'楚王城'遗址调查简报"，《文物研究》，1994年第9期。
227. 孝感地区博物馆："大悟吕王城重点调查简报"，《江汉考古》，1985年第3期；孝感地区博物馆："湖北大悟吕王城遗址"，《江汉考古》，1990年第2期。
228. 洪湖市博物馆："湖北省洪湖市小城濠、大城濠、万铺塌遗址调查"，《江汉考古》，1992年第4期。
229. 黄陂县文化馆："黄陂县作京城遗址调查简报"，《江汉考古》，1985年第4期。
230. 陈振裕："东周楚城的类型探析"，《江汉考古》，1992年第1期。
231. 湖北省文物考古研究所等："京九铁路（红安、麻城段）文物调查"，《江汉考古》，

1993年第3期。
232. 武汉大学荆楚史地与考古研究室："随州安居遗址初次调查简报"，《江汉考古》，1984年第4期。
233. 徐少华："邓国铜器及其历史地理与文化"，《华夏考古》，1996年第1期。
234. 草店坊城联合考古勘探队："孝感市草店坊城的调查与勘探"，《江汉考古》，1990年第2期；孝感地区博物馆："湖北孝感地区两处古城遗址调查简报"，《考古》，1991年第1期。
235. 湖北省文物管理委员会："湖北宜城'楚皇城'遗址调查"，《考古》，1965年第8期；楚皇城考古发掘队："湖北宜城楚皇城勘察简报"，《考古》，1980年第2期。
236. 湖北省文物考古研究所等："1992年云梦楚王城发掘简报"，《文物》，1994年第4期；孝感地区博物馆："湖北孝感地区两处古城遗址调查简报"，《考古》，1991年第1期。
237. 中国考古学会编：《中国考古学年鉴2001》，文物出版社，2002年12月。
238. 曹传松："湘西北楚城调查与探讨——兼谈有关楚史几个问题"，载《楚文化研究论文集》第2集，荆楚书社，1990年。
239. 常德市文物事业管理处等："湖南汉寿县祝家岗战国墓发掘简报"，《江汉考古》，1996年第4期。
240. 国家文物局：《中国文物地图集·湖南分册》，湖南地图出版社，1997年。
241. 曹传松："湘西北楚城调查与探讨——兼谈有关楚史几个问题"，载《楚文化研究论文集》第2集，荆楚书社，1990年；湖南省地方志编纂委员会：《湖南省志·文物志》（第28卷），湖南出版社，1995年。
242. 曹传松："湘西北楚城调查与探讨——兼谈有关楚史几个问题"，载《楚文化研究论文集》第2集，荆楚书社，1990年；湖南省地方志编纂委员会：《湖南省志·文物志》（第28卷），湖南出版社，1995年。
243. 李科威："平江县安定区古城址调查"，《湖南考古辑刊》第4集，1987年；国家文物局：《中国文物地图集·湖南分册》，湖南地图出版社，1997年。
244. 高至喜：《楚文化的南渐》，湖北教育出版社，1995年；国家文物局：《中国文物地图集·湖南分册》，湖南地图出版社，1997年。
245. 国家文物局：《中国文物地图集·湖南分册》，湖南地图出版社，1997年。
246. 中国考古学会：《中国考古学年鉴1998》，文物出版社，2000年。
247. 中国考古学会：《中国考古学年鉴1994》，文物出版社，1997年。
248. 中国考古学会：《中国考古学年鉴2003》，文物出版社，2004年。
249. 周世荣："长沙出土西汉印章及其有关问题研究"，《考古》，1978年第4期。
250. 周世荣："长沙出土西汉印章及其有关问题研究"，《考古》，1978年第4期。
251. 程亦胜："浙江吉安古城发现楚金币"，《考古》，1995年第10期。
252. 江西省文物管理委员会等："江西清江营盘里遗址发掘简报"，《考古》，1962年第4期。
253. 江西省博物馆等："清江筑卫城遗址发掘简报"，《考古》，1976年第6期。
254. 欧潭生："南方古城考古有重大发现"，《中国文物报》，1997年6月15日。
255. 福建省文物管理委员会："福建崇安城村汉城遗址试掘"，《考古》，1960年第10期；福建省文物管理委员会："崇安城村汉城探掘简报"，《文物》，1985年第11期。
256. 中国考古学会：《中国考古学年鉴1990》，文物出版社，1991年。

257. 周世荣："长沙出土西汉印章及其有关问题研究"，《考古》，1978年第4期。
258. 中国考古学会：《中国考古学年鉴1999》，文物出版社，2001年。
259. 周世荣："长沙出土西汉印章及其有关问题研究"，《考古》，1978年第4期。
260. 中国考古学会：《中国考古学年鉴1995》，文物出版社，1997年。
261. 中国考古学会：《中国考古学年鉴1999》，文物出版社，2001年；四川大学考古专业编：《四川大学考古专业创建三十五周年纪念文集》，四川大学出版社，1998年。
262. 中国考古学会：《中国考古学年鉴1989》，文物出版社，1990年。
263. 中国考古学会：《中国考古学年鉴1990》，文物出版社，1991年。
264. 中国考古学会：《中国考古学年鉴1989》，文物出版社，1990年。
265. 中国考古学会：《中国考古学年鉴2000》，文物出版社，2002年。
266. 中国考古学会：《中国考古学年鉴1989》，文物出版社，1990年。
267. 李并成："汉居延县城新考"，《考古》，1998年第5期。
268. 中国考古学会：《中国考古学年鉴1999》，文物出版社，2001年。
269. 侯仁之、俞伟超："乌兰布和沙漠的考古发现和地理环境的变迁"，《考古》，1973年第2期；张郁："汉朔方郡河外五城"，《内蒙古文物考古》，1997年第2期。
270. 侯仁之、俞伟超："乌兰布和沙漠的考古发现和地理环境的变迁"，《考古》，1973年第2期。张郁："汉朔方郡河外五城"，《内蒙古文物考古》，1997年第2期。
271. 侯仁之、俞伟超："乌兰布和沙漠的考古发现和地理环境的变迁"，《考古》，1973年第2期。
272. 张郁："汉朔方郡河外五城"，《内蒙古文物考古》，1997年第2期。
273. 张郁："汉朔方郡河外五城"，《内蒙古文物考古》，1997年第2期。
274. 唐晓峰："内蒙古西北部秦汉长城调查记"，《文物》，1977年第5期。
275. 内蒙古文物工作队等："内蒙古文物考古工作三十年"，载《文物考古工作三十年（1949～1979）》，文物出版社，1979年；中国考古学会：《中国考古学年鉴2002》，文物出版社，2003年。
276. 内蒙古文物工作组："东胜城梁村发现汉代古城址"，《文物参考资料》，1954年第8期。
277. 李兴盛："内蒙古卓资县三道营古城调查"，《考古》，1992年第5期。
278. 内蒙古文物考古研究所："内蒙古和林格尔土城子发掘报告"，《考古学集刊》，第6集，科学出版社，1986年。
279. 内蒙古文物考古研究所："呼和浩特市榆林镇陶卜齐古城发掘简报"，《内蒙古文物考古文集》（二），第431页，1997年。发掘者认为，由于陶卜齐古城发现的"安陶"字样空心砖，因此该城是安陶县城。但李兴盛将陶卜齐古城定为定襄郡武皋县城，而美岱县二十家子古城为安陶县城（见《考古》1992年第5期）。本文从此说。
280. 李兴盛："内蒙古卓资县三道营古城调查"，《考古》，1992年第5期。
281. 吴荣曾："内蒙古呼和浩特市东郊塔布秃村古城遗址调查"，《考古》，1961年第4期。
282. 盖山林：《和林格尔汉墓壁画》，文物出版社，1978年。
283. 中国考古学会：《中国考古学年鉴2000》，文物出版社，2002年。
284. 盖山林等："内蒙古自治区文物考古工作的重大成果"，《文物》，1977年第5期。
285. 内蒙古自治区文物工作队：《内蒙古文物考古工作的主要收获》，1979年。转引自中国社会科学院考古研究所：《新中国的考古发现和研究》，文物出版社，1984年9月，第405页。

286. 崔璿："秦汉广衍故城及其附近的墓葬"，《文物》，1977年第5期。
287. 李殿福："吉林省西南部的燕秦汉文化"，《社会科学战线》，1978年第3期。
288. 李殿福："吉林省西南部的燕秦汉文化"，《社会科学战线》，1978年第3期。
289. 冯永谦等："宁城县黑城古城址调查"，《考古》，1982年第2期。
290. 佟柱臣："考古学上汉代及汉代以前的东北疆域"，《考古学报》，1956年第1期。
291. 内蒙古自治区昭乌达盟文物工作站："昭乌达盟汉代长城遗址调查报告"，《文物》，1985年第4期。
292. 四平地区博物馆等："吉林省梨树县二龙湖古城址调查简报"，《考古》，1988年第6期。
293. 曹汛："叆河尖古城河汉安平瓦当"，《考古》，1980年第6期。
294. 王绵厚："考古学所见两汉之际辽西郡县的废迁和边塞的内徙"，载《中国考古学会第六次年会论文集》，文物出版社，1990年。
295. 原田淑人等："牧羊城——南满洲老铁山麓汉以前遗址"，东亚考古学会，1931年。转引自许宏《先秦城市考古学研究》（第146页）、周长山《汉代城市研究》（第46页），但二人的数据有差异，不知孰是。
296. 朱永刚等："辽宁锦西部集屯三座古城址考古纪略及相关问题"，《北方文物》，1997年第2期。
297. 朱永刚等："辽宁锦西部集屯三座古城址考古纪略及相关问题"，《北方文物》，1997年第2期。
298. 王成生："汉且虑县及相关陶铭考"，《辽海文物学刊》，1997年第2期。
299. 周长山：《汉代城市研究》"考古所见汉代城址一览表"，人民出版社，2001年，第46页。
300. 周长山：《汉代城市研究》"考古所见汉代城址一览表"，人民出版社，2001年，第46页。
301. 中国考古学会：《中国考古学年鉴1990》，文物出版社，1991年。
302. 辽宁省文物考古研究所："辽宁凌源安杖子古城址发掘报告"，《考古学报》，1996年第2期。
303. 张克举等："沈阳市战国至汉代城墙址"，《中国考古学年鉴1994》，文物出版社，1997年。
304. 原田淑人等："牧羊城——南满洲老铁山麓汉以前遗址"，东亚考古学会，1931年。转引自周长山《汉代城市研究》，第54页。

后　记

转眼之间一个五年计划就要过去了，原本早点整理书稿、早点出版的计划就这样延迟了下来。如果不是今年四月份北京大学李孝聪先生的引导可能还要因为修改再拖一个五年计划，到那时肯定就与博士学位论文的关系不是那么密切了。

此时，也就想起刚进入西安建筑科技大学建筑学博士后流动站与合作导师刘克成先生的一次谈话，刘先生说："人的精力有限，一生中能干好一两件事也就不错了。"至此，我已深有体会，在站期间因为要学习一些新的知识，撰写出站报告等工作，没有时间处理学位论文的出版工作。去年暑期出站之后原准备整理出版的，但因之前答应了帮别人做课题也只好放下。直至今春搜索相关资料，发现其他学者已发表了与本研究相近的成果，才感到必须尽快整理出版。

再读文稿，感觉回到了撰写论文之时，仿佛又听到我的导师朱士光先生问："最近到了哪个境界了？似乎还没有到'为伊消得人憔悴'这个阶段！"朱先生经常用王国维《人间词话》的意境来比拟我们撰写论文的三个阶段："独上高楼，望尽天涯路。衣带渐宽终不悔，为伊消得人憔悴。众里寻他千百度，蓦然回首，那人却在灯火阑珊处。"一种意境，一种儒雅！先生从未直接追问过论文进展，即便在我博士读完两年之后更换了研究内容，先生仍以包容的心态让我处于学术自觉状态，在发现问题、研究问题、解决问题的过程中适时给予帮助，由此我认为读博士学位不仅要能够完成命题作文，还要学会命题的本领，我想这应是从先生那里学到的让我享用一生的收获了！

在撰写过程中，陕西师范大学西北历史环境与社会经济发展研究院的侯甬坚教授、李令福研究员、张萍研究员、王社教研究员、副校长萧正洪教授，西北大学李健超教授、吕卓民教授，暨南大学吴宏岐教授等诸位师长提出了许多建设性意见。陕西师范大学西北环发中心刘景纯博士、张力仁博士、史红帅博士、张莉博士等诸位师友提出了写作建议，并给予了精神鼓励。三门峡职业技术学院李久昌博士、西安建筑科技大学任云英博士、西北大学徐象平博士、西安文理学院于凤军博士及本校严艳博士等诸位给予的无私帮助和关心更是感念至深！复旦大学邹逸麟教授、中科院王守春教授、武汉大学徐少华教授、鲁西奇教授（现在厦门大学任教）、西南大学蓝勇教授书面评议了我的论文。暨南大学郭声波教授百忙之中主持了我的论文答辩会，诸位先生在充分肯定的同时，也提出了诸多宝贵的意见。谨致以深深的谢忱！

在资料收集过程中，台湾政治大学国际关系研究中心陈墇津教授、陕西师范大学西北环发中心资料室张西平女士提供了很大帮助，西安建筑科技大学的赵毅、洪蕾同学，陕西师范大学孙建国先生协助绘制了文中部分插图，在此表示感谢。

此外，中国地理学会人文地理学专业委员会副主任、中山大学地理科学与规划学院副院长薛德升教授为本书写序推荐，中山大学地理科学与规划学院曹小曙教授和商务印书馆颜廷真博士为本书提出了很多修改意见，在此表示衷心的感谢。

在本书写作、修改过程中，感谢家人给予了充分的理解和支持！博士毕业时女儿肖雪小学毕业，修改完毕之时她又将高中毕业，十年光阴，相知相惜，凝聚在这薄薄纸张中！

作者谨记

2011年7月27日